Edition KWV

Die „Edition KWV" beinhaltet hochwertige Werke aus dem Bereich der Wirtschaftswissen-schaften. Alle Werke in der Reihe erschienen ursprünglich im Kölner Wissenschaftsverlag, dessen Programm Springer Gabler 2018 übernommen hat.

Weitere Bände in der Reihe http://www.springer.com/series/16033

Kristian Foit

Marktorientierte Steuerung im Krankenhaussektor

Springer Gabler

Kristian Foit
Wiesbaden, Deutschland

Bis 2018 erschien der Titel im Kölner Wissenschaftsverlag, Köln
Dissertation Universität zu Köln, 2005

Edition KWV
ISBN 978-3-658-24069-1   ISBN 978-3-658-24070-7   (eBook)
https://doi.org/10.1007/978-3-658-24070-7

Die Deutsche Nationalbibliothek verzeichnet diese Publikation in der Deutschen Nationalbibliografie; detaillierte bibliografische Daten sind im Internet über http://dnb.d-nb.de abrufbar.

Springer Gabler
© Springer Fachmedien Wiesbaden GmbH, ein Teil von Springer Nature 2006, Nachdruck 2019
Ursprünglich erschienen bei Kölner Wissenschaftsverlag, Köln, 2006

Springer Gabler ist ein Imprint der eingetragenen Gesellschaft Springer Fachmedien Wiesbaden GmbH und ist ein Teil von Springer Nature
Die Anschrift der Gesellschaft ist: Abraham-Lincoln-Str. 46, 65189 Wiesbaden, Germany

Vorwort

Im Rahmen der allgemeinen Diskussion um die Kostenentwicklung im Gesundheitssektor stellen Fragen der Wirtschaftlichkeit im Krankenhaussektor seit langer Zeit ein zentrales Thema dar. Vor diesem Hintergrund lässt sich bei den Veränderungen in den Rahmenbedingungen von Krankenhausbetrieben in Form der Krankenhausgesetzgebung eine zunehmende Tendenz zu einer marktorientierten Steuerung feststellen: Durch die Einführung eines leistungsorientierten und pauschalierten Vergütungssystems auf der Basis von Diagnosis Related Groups (DRG) ab dem Jahre 2004 wird ein erhöhter Kosten- und Wettbewerbsdruck für die Leistungserbringer angestrebt.

Die vorliegende Arbeit greift diesen Aspekt als Ausgangspunkt für ein Gesamtkonzept der marktorientierten Steuerung im Krankenhaussektor auf. Die Bedeutung dieser Reform, welche die zukünftigen Entwicklungen - nicht nur im Krankenhausmarkt - nachhaltig prägen wird, motiviert die Untersuchung nach den Aus- und Wechselwirkungen auf das Krankenhausfinanzierungs- und Planungssystem ebenso wie nach den Anpassungsnotwendigkeiten für die betriebliche Steuerung der Leistungsprozesse in Krankenhäusern.

Die Arbeit, welche im Wintersemester 2004/05 von der Wirtschafts- und Sozialwissenschaftlichen Fakultät der Universität zu Köln als Dissertation angenommen wurde, entstand während meiner Tätigkeit als wissenschaftlicher Mitarbeiter am Seminar für Allgemeine Betriebswirtschaftslehre sowie Seminar für Allgemeine Betriebswirtschaftslehre und Management im Gesundheitswesen der Universität zu Köln.

Mein besonderer Dank gilt meinen akademischen Lehrern, Herrn Prof. Dr. Ludwig Kuntz und Herrn Prof. Dr. Franz Eisenführ, die meine Arbeit in den vergangenen Jahren in jeder nur denkbaren Form unterstützt haben.

Meinen derzeitigen und ehemaligen Kollegen – insbesondere Herrn Dr. Antonio Vera - danke ich für das Interesse an meiner Arbeit und die jederzeitige Diskussionsbereitschaft, die mit vielen guten Anregungen verbunden war.

Meiner Freundin Verena danke ich für die während der Entstehungszeit der Arbeit gewährte emotionale und moralische Unterstützung sowie die Übernahme des Korrekturlesens.

Schließlich danke ich meiner ganzen Familie – vor allem meinen Eltern – die mich zu jeder Zeit gefördert, motiviert und ertragen haben. Erst durch ihren Rückhalt wurde ein Gelingen dieser Arbeit letztendlich ermöglicht.

Kristian Foit

Inhaltsverzeichnis

Abbildungsverzeichnis

1 Einleitung

1.1 Gegenstand der Arbeit

Die finanzielle Situation im Gesundheitssektor nimmt in Deutschland seit Jahren eine exponierte Stellung innerhalb der wirtschaftspolitischen Diskussion ein. Grund der Diskussion ist die Tatsache, dass das Gesundheitssystem einen immer größeren Anteil der gesamtwirtschaftlich zur Verfügung stehenden Ressourcen beansprucht.[1] Diese Ausgabenentwicklung, jahrelang als ein Indikator für eine zunehmende und bessere Versorgung der Bevölkerung mit Gesundheitsleistungen angesehen, wird zunehmend kritisch betrachtet, welches durch die Problematik forciert wird, dass die Steigerungsraten der Kosten größer als die Beitragsentwicklung der gesetzlichen Krankenversicherung (GKV) ausfallen.[2] Vor diesem Hintergrund ist es nicht verwunderlich, dass sich im Hinblick auf das angestrebte Ziel der Beitragsstabilität[3] permanent Forderungen nach umfassenden Reformen im gesamten Gesundheitssektor ergeben, welche eine qualitativ hochwertige Versorgung der Bevölkerung gewährleisten und das Kostenwachstum reduzieren bzw. dem Ausgabenanstieg entgegenwirken sollen.[4]

Besondere Beachtung findet dabei der Krankenhaussektor als Subsystem des Gesundheitssektors, denn die Ausgabenanstiege werden entscheidend auf die Entwicklungen in diesen Leistungssektor zurückgeführt: Zum einen sind die Kosten im Krankenhaussektor in den letzten dreißig Jahren gegenüber allen anderen Bereichen im Gesundheitssektor am stärksten gestiegen.[5] Zum zweiten verursachen innerhalb des Budgets der GKV die Krankenhäuser mit rund einem Drittel den größten Anteil der Ausgaben.[6] Die Entwicklungen der Kosten und Leistungen in diesem Bereich sind somit als wichtigster Faktor für die Ausgabenentwicklung im gesamten Ge-

---

[1] 1970 betrugen die Gesundheitsausgaben 69,7 Mrd. DM, was einem Anteil am Bruttoinlandsprodukt (BIP) in Deutschland von 6,4 Prozent entspricht. 2002 erreichten die Ausgaben ein Niveau von 234,2 Mrd. €, welches einem Anteil von 11,1 Prozent des BIP entspricht; vgl. Statistisches Bundesamt (2004).
[2] Vgl. Wille (1999), S. 20.
[3] Vgl. § 141 Abs. 2 SGB V.
[4] Vgl. bspw. Ebsen et al. (2003); Wasem (2003); Knappe/Schulz-Nieswandt (2003); Jacobs/Schulze (2004); Zweifel/Breuer (2002); Henke (2002); Henke (2004); Henke et al. (2002); Cassel at al. (1997).
[5] So betrugen die Kosten pro Patient im Jahr 1970 1.519 DM. Im Jahre 1999 haben sie sich mit 3.434 € mehr als vervierfacht; vgl. Statistisches Bundesamt (2000); Stapf-Finé/Schölkopf (2003), S. 72.
[6] Vgl. Deutsche Krankenhausgesellschaft (DKG) (2002), S. 46. 2002 wendete die GKV absolut 34,4 % aller Leistungsausgaben für die stationäre Versorgung auf, das entsprach 46,2 Mrd. €.

© Springer Fachmedien Wiesbaden GmbH, ein Teil von Springer Nature 2006
K. Foit, *Marktorientierte Steuerung im Krankenhaussektor*,
Edition KWV, https://doi.org/10.1007/978-3-658-24070-7_1

sundheitssektor anzusehen, was wiederholt zu einem steigenden Interesse an der grundlegenden Problematik der Steuerung im Krankenhaussektor, geführt hat.[1]

Im Zusammenhang mit den Ausgabensteigerungen wird zunehmend deutlich, dass nachhaltige Erfolge im Hinblick auf das Wirtschaftlichkeitsziel nur dann zu erreichen sind, wenn sich die Anreizstrukturen auf der Individualebene der Leistungsanbieter verändern.[2] Diesen Überlegungen liegt die These zugrunde, dass neben exogenen Faktoren der Ausgabenentwicklung durch demographische und medizinisch-technologische Entwicklungen, insbesondere Anreiz- und Steuerungsprobleme im Bereich der Leistungserstellung einen maßgeblichen Einfluss auf die Effizienz der Leistungsprozesse und damit auf das Erreichen des Wirtschaftlichkeitsziels haben, mithin Steuerungsdefizite für die Kostenentwicklung verantwortlich sind.[3]

Demzufolge lässt sich auch bezüglich der Rahmenbedingungen von Krankenhäusern ein stetiger Wechsel bei den politischen Interventionen in Form von Änderungen der Krankenhausgesetzgebung beobachten. Während in den 70er und 80er Jahren des 20. Jahrhunderts hauptsächlich die Kostendämpfung durch dirigistische Maßnahmen erreicht werden sollte, wird seit den neunziger Jahren mit der Einführung des Gesundheitsstrukturgesetzes (GSG) den Anreizstrukturen größere Beachtung beigemessen. Gleichzeitig ist bei den Reformen, welche sich im Kern auf die fallpreisorientierte Weiterentwicklung des Entgeltsystems für Krankenhausleistungen beziehen und zu einer Steigerung der Wirtschaftlichkeit von Krankenhäusern führen sollen, die Tendenz zu einer marktorientierten Steuerung erkennbar.[4] Die im Rahmen des GKV-Reformgesetzes 2000 beschlossene Vorgabe zur Einführung eines durchgängigen, leistungsorientierten und pauschalierenden Vergütungssystems auf der Basis von Diagnosis Related Groups (DRG) mit der konkreten Implementierung ab 2004 bedeutet endgültig eine Neuordnung der Steuerung und stellt damit

---

[1]   Vgl. bspw. Kirch (1998), S. 17; Fink (1998), S. 24.
[2]   Diese Verlagerung der Steuerung wurde schon 1994 vom Sachverständigenrat für die konzertierte Aktion im Gesundheitswesen (SVRKAiG) empfohlen, der sich dafür aussprach, der Individualebene zukünftig eine stärkere Steuerungskompetenz zuzuordnen und auch weitergehende Verhaltensanreize bei den Akteuren auf dieser Ebene zu setzen; vgl. SVRKAiG (1994), S. 217.
[3]   Vgl. SVRKAiG (1998), Tz. 423. Einen Versuch der Quantifizierung der durch exogene Faktoren nicht zu erklärenden Kostensteigerungen für das gesamte Gesundheitswesen machen Schwartz/Busse (1998), S. 397. Sie veranschlagen diesen Anteil an der gesamten Kostensteigerung im Gesundheitswesen zwischen 1970 und 1980 auf rund 50 %.
[4]   Vgl. bspw. Scott et al. (2000), S. 21f.

eine „Notbremse" zur Beendigung der durch dirigistische Maßnahmen schweren Steuerbarkeit der Ausgaben im stationären Sektor dar.[1]

Vor diesem Hintergrund beschäftigen sich die folgenden Ausführungen mit dem Thema der marktorientierten Steuerung im Krankenhaussektor. Obwohl Forderungen nach einer verstärkten Implementierung marktwirtschaftlicher Prinzipien nicht nur in diesem Leistungserbringersektor schon seit geraumer Zeit angemahnt werden,[2] erlangen diesbezügliche Überlegungen durch die geschilderten Veränderungen in den Rahmenbedingungen von Krankenhäusern hohe Aktualität sowie praktische Relevanz.[3]

Dies ergibt sich insbesondere aus der Tatsache, dass sich eine marktorientierte Perspektive im Rahmen der Steuerung von Krankenhäusern durch die externen Anreize der Krankenhausfinanzierung nicht nur auf die Steuerungswirkung des Entgeltsystems beschränkt, sondern auch auf die diesbezügliche Wirkung des Finanzierungssystems und der Organisation der Krankenhausversorgung abstellt.[4] Aus einem solchen Blickwinkel stellt die Reform des Entgeltsystems nur eine begrenzte Einzelmaßnahme dar, dessen alleinige Änderung nicht zu einer insgesamt wettbewerblichen Ausgestaltung des Krankenhaussektors führen wird. Vielmehr sollten, ausgehend von der Umstellung des Entgeltsystems durch den Abbau von staatlichen Reglementierungen und Förderung von Elementen der marktwirtschaftlichen Steuerung wie die Stärkung des Wettbewerbs, die Effektivität und Effizienz der Krankenhausversorgung beeinflusst werden. Für ein solches marktorientiertes Gesamtkonzept müssen somit die weiteren Rahmenbedingungen der Finanzierungsstruktur und der Organisation der Krankenhausversorgung für ein Finanzierungssystem mit DRG angepasst werden.

Ziel der externen Regelungen ist es, das Krankenhaus unter permanenten Zwang zu setzen, bestehende Wirtschaftlichkeits- und Produktivitätsreserven zu mobilisieren und somit zu einer ver-

---

[1]   Die mangelnde Wirksamkeit dirigistischer Maßnahmen im Hinblick auf die Kostendämpfung wird darüber hinaus durch die Anzahl der politischen Interventionen dokumentiert. Die Tatsache, dass es in den letzten zwanzig Jahren mit 200 Einzelgesetzen nicht gelungen ist, den Ausgabenanstieg an das Beitragsvolumen der GKV anzupassen, belegen die mangelnde Steuerungswirkung dieser Maßnahmen. Vgl. SVR (2000), Tz. 470f.

[2]   Stellvertretend für diese Meinung forderte der Sachverständigenrat zur Begutachtung der gesamtwirtschaftlichen Entwicklung (SVR) schon 1985, S. 174, dass „die Bedarfsdeckung im Gesundheitswesen mehr und mehr dem Markt überlassen werden" könne und verstärkte seine Forderung nach einer marktwirtschaftlichen Ausrichtung noch einmal in seinem Jahresgutachten 1986/87, Tz. 327, in dem er feststellte:"Ohne eine Stärkung marktwirtschaftlicher Anreize...kommt eine wirksame gesundheitspolitische Reform nicht aus." Vgl. SVR (1985) und (1987).

[3]   Vgl. bspw. Cassel (2003); Greß et al. (2004); Robra et al. (2004); Neubauer (2004).

[4]   Vgl. Neubauer (2003a), S. 92.

besserten Ressourcenallokation im Krankenhausbereich beizutragen. Allerdings werden Veränderungen im Rahmen der Krankenhausvergütung und Krankenhausfinanzierung nur dann in Bezug auf die Erschließung von Wirtschaftlichkeitsreserven durch eine effiziente Leistungserstellung Erfolg haben, wenn Krankenhausträger und Krankenhausmanagement die damit intendierten Effekte aufgreifen und sie zielgerichtet krankenhausintern umsetzen.[1] Nicht das Krankenhaus
als Institution verhält sich wirtschaftlich, sondern die darin tätigen Handlungs- und Entscheidungsträger.[2]

Während in der Vergangenheit, ausgehend von einem bisher vergleichsweise geringen Kosten-
und Wettbewerbsdruck aufweisenden Krankenhausmarkt, eine nur geringe Steuerungsnotwen-
digkeit der betrieblichen Aktivitäten mit dem Ergebnis eines unwirtschaftlichen Verhaltens bestand, wird durch die beschriebenen Entwicklungen deutlich, dass auch der Steuerung der Leistungserstellungsprozesse in Krankenhäusern durch geeignete Organisationsstrukturen sowie dem
Prozess- und Personalmanagement ein zunehmendes Interesse zukommt.[3] Angesichts der sich
verändernden Rahmenbedingungen durch die Krankenhausfinanzierung werden die einzelnen
Träger gezwungen, der Wirtschaftlichkeit in den von ihnen betriebenen Häusern oberste Priorität
einzuräumen. Um bei weiteren Wettbewerbsverschärfungen bestehen zu können, rücken für
Krankenhäuser Kriterien wie Effizienz und Effektivität im Zuge der Auseinandersetzung mit Er-
trags- und Kostengesichtspunkten sowie dem Qualitätsmanagement in den Mittelpunkt der Überlegungen. Um diese Ziele zu erreichen, müssen Instrumente der internen Unternehmenssteuerung
stärker als in der Vergangenheit zur Geltung kommen.[4]

Neben der Verstärkung des Handlungsdrucks durch die Krankenhausfinanzierung erhält die Unternehmenssteuerung unter dem Eindruck der Finanzkrise in öffentlichen Haushalten oder durch
die finanziellen Schwierigkeiten frei-gemeinnütziger Träger einen erhöhten Stellenwert. Diesen

---

[1]   Vgl. Philippi (1987), S. 26.
[2]   Vgl. Pauly (1974), S. 19.
[3]   Vgl. bspw. Damkowski/Precht (1998), S. 240ff.; Kraus (1998); Greiling (2002), 17ff.; Eichhorn/Schmidt-Rettig (2001);
        Eichhorn/Greiling (2003), S. 31ff.; Mühlbauer (2004), S. 23ff.; Frese et al. (2004), S. 737ff.
[4]   Zur wachsenden Bedeutung der Betriebswirtschaft sowie der Erhöhung des Controllingbedarfes unter Berücksichtigung der
        Reformen im Krankenhaussektor vgl. bspw. Braun (1994), S. 142; Wendel (2001), S. 49ff.; Adam (2002), S. 33ff.;
        Kuntz/Vera (2003).

bleiben häufig nur die die Wahl, die in ihrem Eigentum befindlichen Einrichtungen zu schließen, zu veräußern oder die Zuschüsse zu minimieren.[1]

Vor dem Hintergrund der Diskussion um die Effizienz- und Steuerungsdefizite im Krankenhaussektor bedeuten die Ausführungen zu beiden Steuerungsebenen im Ergebnis eine umfassende Analyse der Steuerung im Krankenhaussektor, womit gleichzeitig auch das Ziel der Arbeit beschrieben ist. Im Mittelpunkt steht eine, durch die Einführung der DRG-basierten Vergütung angestoßene marktorientierte Steuerungskonzeption, welche den spezifischen institutionellen und strukturellen Besonderheiten und Kontextfaktoren des Objektbereiches gerecht wird. Der Schwerpunkt der Arbeit liegt dann in der Auseinandersetzung mit einer dementsprechenden Ausgestaltung sowie den damit verbundenen Chancen und Problemen einer solchen Konzeption. Der in den vorausgegangenen Ausführungen skizzierte Bezugsrahmen mit der Ableitung von zentralen Steuerungsparametern stellt die Grundlage für die Auswahl, Gestaltung und auch für die Beurteilung der in den folgenden Ausführungen behandelten Ansätze und Instrumente dar.

Der Krankenhaussektor als Untersuchungsgegenstand dieser Arbeit macht eine starke interdisziplinäre Sicht notwendig. Um die komplexen Zusammenhänge zu erfassen, bedarf es eines breiten Spektrums theoretischer (volks- und betriebswirtschaftlicher) Forschungsrichtungen. Dabei wird deutlich, dass die gewählten Ansätze sowohl in ihrem Erklärungsanspruch hinsichtlich der Gestaltungsdimensionen als auch hinsichtlich der methodischen Ansätze zur Beurteilung von Fehlentwicklungen konkurrieren. Während z. B. Marktversagensgründe staatliche Eingriffe in die Krankenhausversorgung legitimieren, fokussieren institutionenökonomische Ansätze auf regulierungsbedingte Fehlanreize. Aus diesem Grund werden im Folgenden die im Zusammenhang mit der marktorientierten Steuerung relevanten Modelle und Kontextfaktoren hinsichtlich der Lösung krankenhaussektorspezifischer Probleme thematisiert und kombiniert.

Neben Markt- und Wettbewerbstheorien wird sowohl auf Theorierichtungen zurückgegriffen, die sich mit Anreiz- und Steuerungsproblemen durch institutionelle und strukturelle Rahmenbedingungen auf der Individualebene des Krankenhauses, wie z.B. die Institutionenökonomie, als auch

---

[1]   Die Daten des Statistischen Bundesamtes weisen einen stetigen Rückgang der Zahl von Allgemeinkrankenhäusern aus. Allein zwischen 1991 und 2001 verringerte sich deren Zahl um 7,8 %, im gleichen Zeitraum wurden 13,7 % der aufgestellten Betten abgebaut. In dieser Zeit hat sich der Anteil der privaten Krankenhäuser um 41,8 % auf 468 erhöht, während öffentliche und frei-gemeinnützige Anstalten um 27,4 % bzw. 4,1 % abnahmen; vgl. Rolland/Rosenow (2003), S. 338.

auf Theorien, die sich explizit mit der Unternehmenssteuerung wie z. B. Organisations- und Mo-tivationstheorie und Controllinginstrumenten, beschäftigen.

Darüber hinaus kann als weitere theoretische Grundlage die Strömung des New Public Manage-ment aufgegriffen werden.[1] Diese beschäftigt sich mit der Leistungserstellung durch (vornehm-lich) öffentliche bzw. Non-Profit Unternehmen, was im Hinblick auf den Krankenhaussektor ei-nen relevanten Bereich darstellt. Ziel des New Public Management ist es, durch eine Erhöhung der Steuerungsintensität auf der Sektor- und der betrieblichen Ebene unter besonderer Beachtung der Implementierung von marktorientierten Instrumenten und der verstärkten Anwendung von Controllingmethoden die Effizienz der Leistungserstellung deutlich zu verbessern, ohne dass ei-ne vorherige Privatisierung stattgefunden hat.

1.2   Gang der Untersuchung

Die Arbeit ist untergliedert in sieben Kapitel. Das folgende *zweite Kapitel* beschäftigt sich mit den Grundlagen der marktorientierten Steuerung im Krankenhaussektor. In diesem Zusammen-hang erfolgt eine Darstellung des für diese Arbeit relevanten Untersuchungsgegenstands, dem Krankenhaussektor als Subsystem des Gesundheitssektors. Durch das Aufzeigen von aus öko-nomischer Sicht bedeutsamen Eigenschaften von Krankenhausgütern wird gleichzeitig dargelegt, warum es sich bei dem Krankenhaussektor um einen ökonomischen Ausnahmebereich handelt, in dem keine Marktsteuerung im engeren Sinne im Rahmen einer direkten Steuerung über den Preis als Ausgleichsmechanismus zwischen Angebot und Nachfrage erfolgt, es demnach nur zu einer marktorientierten Steuerung kommen kann. Abschließend erfolgt eine Erläuterung der zentralen Aspekte der Gestaltungsebenen und diesbezüglichen Gestaltungsparameter im Kran-kenhaussektor, welche dann als Grundlage einer marktorientierten Ausgestaltung des Kranken-haussektors dienen.

Die Betrachtung der Leistungserstellung im Krankenhaussektor aus dem Blickwinkel verschie-dener theoretischer Ansätze erfolgt in *Kapitel drei*. Ziel der Analyse ist die Generierung von Aussagen mikroökonomischer Ansätze zur Problematik der Krankenhaussteuerung aus theoreti-

---

[1]   Vgl. bspw. Budäus (1998); Schedler/Proeller (2000); Naschold/Bogumil (1998) und (2000).

scher Sicht, wobei insbesondere auf die Kontextfaktoren der inneren Steuerung, wie z.B. der Unternehmensverfassung oder der Krankenhausvergütung, eingegangen wird. Diese Ansätze betrachten das Problem der (ineffizienten) Leistungserstellung in einer eher grundsätzlichen Weise, bei der die Feinheiten der unternehmensinternen Steuerung (Organisationsstruktur, Prozesssteuerung, Controlling- und Anreizsysteme) ausgeblendet werden. Die im Rahmen dieser Ansätze erkennbaren Steuerungsdefizite im Hinblick auf eine effiziente Leistungserstellung verweisen gleichzeitig auf die Notwendigkeit einer marktorientierten Steuerung und können indirekt als Grundlage für eine Forderung einer erhöhten (marktorientierten) Steuerungsintensität im Krankenhaussektor verstanden werden. Gleichzeitig erfolgt eine Definition der marktorientierten Steuerung.

Kapitel vier behandelt ausführlich die Krankenhausvergütung als ein Element des Krankenhausfinanzierungssystems. Nach dem Aufzeigen der historischen Entwicklung und den damit verbundenen Fehlanreizen beschäftigen sich die Ausführungen mit der leistungsorientierten Vergütung als Mechanismus der marktorientierten Steuerung. Das Ziel des Kapitels besteht neben der Darstellung von DRG in der diesbezüglichen theoretischen Analyse und Bewertung des Konzepts um gleichzeitig Implikationen für eine adäquate Ausgestaltung einer optimalen Vergütung abzuleiten.

In *Kapitel fünf* erfolgt eine Auseinandersetzung mit den Aus- und Wechselwirkungen von DRG auf die weiteren Strukturelemente des Krankenhausfinanzierungssystems. Ausgehend von der Unterteilung in die weiteren Subsysteme der Krankenhausfinanzierung und Organisation der Krankenhausversorgung werden diesbezügliche Ausgestaltungen erläutert und Zusammenhänge für ein marktorientiertes Gesamtkonzept des Krankenhausfinanzierungssystems aufgezeigt.

Ein marktorientiertes Krankenhausfinanzierungssystem stellt neue Anforderungen an die Handlungsfähigkeit des Krankenhausmanagements sowie, damit verbunden, die Notwendigkeit einer verstärkten internen Steuerung der Leistungsprozesse. Dem zufolge werden im *Kapitel sechs* die innerbetrieblichen Strukturen der Leistungserstellung und damit verbundene Probleme und Möglichkeiten im Hinblick auf eine verbesserte Steuerung unter besonderer Berücksichtigung von marktorientierten Instrumenten auf der Struktur-, Prozess- sowie der Potentialebene thematisiert.

Besonderes Interesse findet die Frage nach dem Beitrag dieser Instrumente zu einer kosteneffizienten Leistungserstellung im Krankenhaus. Dieser Themenkomplex wird zum Abschluss der
Arbeit empirisch überprüft.

In *Kapitel sieben* erfolgt eine Schlussbetrachtung.

2 Grundlagen

In den weiteren Ausführungen werden grundlegende Aspekte einer marktorientierten Steuerung mit dem Ziel einer verbesserten Ressourcenallokation im Krankenhaussektor thematisiert. In Kapitel 2.1. erfolgt zunächst die Abgrenzung des Krankenhaussektors als relevantem Untersuchungsgegenstand der Arbeit sowie Kennzeichen von Krankenhäusern, als die in diesem Sektor relevanten Leistungserbringer. Kapitel 2.2. greift durch die Darstellung von ökonomisch relevanten Gütereigenschaften und Charakteristika des Krankenhausmarktes die grundlegende Problematik einer Marktsteuerung im Krankenhaussektor auf. Kapitel 2.3 behandelt den Aspekt der Steuerungsebenen und damit verbundenen Steuerungsparameter im Krankenhaussektor.

2.1 Kennzeichen des Krankenhaussektors

2.1.1 Der Krankenhaussektor im System der Gesundheitsversorgung

Das Gesundheitsversorgungssystem ist ein Teilsystem des gesamten Bereichs der sozialen Sicherung. Es umfasst in funktionaler Hinsicht alle Elemente, welche dem Ziel dienen, die Gesundheit zu erhalten, zu fördern oder wieder herzustellen.[1] Unter dem Aspekt der Aufgabenverteilung sind dem System alle Personen und Institutionen im Sinne von Leistungserbringern zuzurechnen, welcher der Prävention, Kuration, Rehabilitation und Pflege dienen. In einem weiteren Sinn lassen sich auch Forschung, Lehre und Ausbildung zu den Aufgaben zählen. Zum Erreichen dieser Ziele können bestimmte institutionelle Einrichtungen und somit verschiedene Leistungserbringersektoren unterschieden werden, zu denen insbesondere Einrichtungen der ambulanten und stationären Versorgung zählen. Entsprechend der sektoralen Aufgabenaufteilung lassen sich im stationären Bereich Vorsorge- und Rehabilitationseinrichtungen, Pflegeeinrichtungen und Krankenhäuser unterscheiden.[2]

---

[1] Vgl. Henke/Göpffarth (2002), S. 1.

[2] *Vorsorge- und Rehabilitationseinrichtungen* stellen entsprechend § 107 Abs. 2 SGB V Einrichtungen dar, in denen Patienten stationär behandelt werden, um entweder einer absehbaren zukünftigen Gesundheitsschwächung entgegenzuwirken (Vorsorge) oder einen vorherigen Behandlungserfolg zu festigen sowie Behinderungen zu beheben, zu bessern oder eine Verschlechterung zu verhindern (Rehabilitation). *(Stationäre) Pflegeeinrichtungen (Pflegeheime)* übernehmen die Versorgung pflegebedürftiger, meist älterer Menschen; vgl. zur Legaldefinition § 71 SGB XI. Rehabilitations- und Pflegeeinrichtungen sind gemein, dass nicht die Behandlung akuter Krankheitsbeschwerden durch ärztliche Leistungen im Mittelpunkt steht.

© Springer Fachmedien Wiesbaden GmbH, ein Teil von Springer Nature 2006
K. Foit, *Marktorientierte Steuerung im Krankenhaussektor,*
Edition KWV, https://doi.org/10.1007/978-3-658-24070-7_2

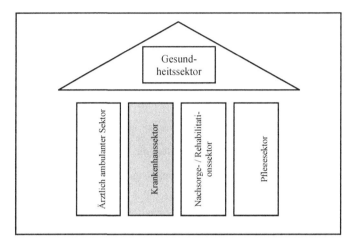

Abb. 2-1: Der Krankenhaussektor als Leistungserbringersubsystem im Gesundheitswesen

Der Krankenhaussektor stellt somit neben dem ärztlich-ambulanten Sektor mit niedergelassenen Ärzten sowie dem Pflege- und Rehabilitations-/Nachsorgesektor eine Säule der Leistungserbringung im Gesundheitswesen dar.[1] Im Gegensatz zu den anderen Institutionen des stationären Sektors verfolgen Krankenhäuser in diesem System die kurative Zielsetzung durch die Erbringung von vornehmlich stationären Leistungen und werden auch als Akutkrankenhäuser bezeichnet.[2]

In den einschlägigen Rechtsvorschriften wird der Krankenhausbegriff unterschiedlich weit gefasst. Entsprechend § 2 Nr.1 KHG sind Krankenhäuser „Einrichtungen, in denen durch ärztliche und pflegerische Hilfestellung Krankheiten, Leiden oder Körperschäden festgestellt, geheilt oder gelindert werden sollen oder Geburtshilfe geleistet wird und in denen die zu versorgenden Personen untergebracht und verpflegt werden können." Die Definition des Krankenhausbegriffs in § 107 Abs. 1 SGB V basiert auf dieser Grundlage und ergänzt diese um zusätzliche Merkmale hinsichtlich der fachlich-medizinischen Leitung und der diagnostischen und therapeutischen Ausstattung der Einrichtung.[3]

[1]   Daneben stellen beispielsweise Apotheken oder Heil- und Hilfsmittelerbringer einen weiteren Leistungserbringersektor dar;
        für eine Gesamtübersicht vgl. bspw. Henke/Hesse (1999), S. 259.
[2]   Zur Systematisierung von Krankenhäusern vgl. Kap. 2.1.2.
[3]   Nach § 107 Abs. 1 SGB V handelt es sich bei Krankenhäusern „um Einrichtungen, die 1. der Krankenhausbehandlung oder
        Geburtshilfe dienen, 2. fachlich-medizinisch unter ständiger Leitung stehen, über ausreichende, ihrem Versorgungsauftrag
        entsprechende diagnostische und therapeutische Möglichkeiten verfügen und nach wissenschaftliche anerkannten Metho-
        den arbeiten, 3. mit Hilfe von jeder Zeit verfügbarem ärztlichen, Pflege-, Funktions- und medizinisch-technischen Personal
        darauf eingerichtet sind, vorwiegend durch ärztliche und pflegerische Hilfeleistung Krankheiten zu erkennen, zu heilen, ih-

Gleichzeitig werden jene Einrichtungen bestimmt, welche zur stationären Versorgung von gesetzlich versicherten Patienten zugelassen werden. Nach § 108 SGB V dürfen die Träger der gesetzlichen Krankenversicherung nur Krankenhausleistungen von so genannten zugelassenen Krankenhäusern akzeptieren. Dazu gehören nach § 108 Nr. 1 bis 3 SGB V Hochschulkliniken, Plankrankenhäuser und Häuser, die einen Versorgungsauftrag mit den Landesverbänden der Krankenkassen und den Verbänden der Ersatzkassen abgeschlossen haben.

Im Mittelpunkt der betrieblichen Betätigung von Krankenhäusern stehen somit die vollstationäre Krankenversorgung und damit die Behandlung der einer stationären Behandlung bedürftigen Person nach Maßgabe des medizinischen Kenntnisstandes und unter Berücksichtigung des medizinischen Fortschritts. Dazu gehören neben der ärztlichen Diagnostik und Behandlung auch die Unterbringung und Versorgung sowie die pflegerische Betreuung und im jeweiligen Rahmen auch die soziale Fürsorge. Hinzu kommen die Aufgaben der Sicherung der Aus- und Weiterbildung der Ärzte, Pflegekräfte und weiterer Berufe im Gesundheitswesen für das gesamte System sowie die Unterstützung von Forschung und Lehre. Neben vollstationären Leistungen bieten Krankenhäuser auch teilstationäre und ambulante Leistungen an. Darüber hinaus stellt die Vorhaltung von ausreichenden Sach- und Personalressourcen zum Aufbau einer ständigen Notfallbereitschaft im Sinne eines Optionsnutzens „Versorgungssicherheit" bei Unfällen und Katastrophen eine weitere wesentliche Aufgabe von Krankenhäusern dar.[1] Im Hinblick auf eine sektorübergreifende Betrachtung sind Krankenhäuser damit Teil einer Versorgungskette, durch welche gesundheitliche Beschwerden in Abhängigkeit der Schwere und Art angepasst behandelt werden.

---

re Verschlimmerung zu verhüten, Krankheitsbeschwerden zu lindern oder Geburtshilfe zu leisten und in denen 4. Patienten untergebracht und verpflegt werden können."
[1] Vgl. Kaltenbach (1993), S. 49.

2.1.2   Leistungsstrukturen im Krankenhaussektor

Grundsätzlich lassen sich Krankenhäuser in verschiedene Gruppen unterteilen. Zu den üblichen Unterscheidungskriterien gehören dabei[1]

- eine Systematisierung hinsichtlich des staatlichen Einflusses im Rahmen der Zulassung der stationären Krankenhausbehandlung bzw. Krankenhausplanung,

- eine Unterscheidung nach betrieblichen Funktionen bzw. medizinischen Aspekten,

- eine Differenzierung nach Anforderungs- und Versorgungsstufen, Ausbildungsaufgaben und Forschungstätigkeiten sowie

- eine Abgrenzung nach Art der Trägerschaft.

Eine Systematisierung hinsichtlich des staatlichen Einflusses erfolgt unter dem Aspekt, welche Krankenhäuser zur Behandlung gesetzlich versicherter Patienten zugelassen sind. Nach den gesetzlichen Regelungen dürfen die Krankenkassen Behandlungen nur durch Hochschul-, Plan- und Versorgungskrankenhäuser erbringen lassen.[2] Ein Versorgungsauftrag wird somit nicht allen, sondern lediglich bestimmten Krankenhäusern erteilt. Besondere Bedeutung erlangt in diesem Zusammenhang die Krankenhausplanung, deren Kompetenz in den Händen der Länder liegt.[3] Mittels eigener Krankenhauspläne wird der Bedarf an Krankenanstalten bestimmt, der für eine bedarfsgerechte Versorgung der Bevölkerung notwendig ist. Durch die Aufnahme in den Krankenhausplan haben Krankenhäuser nach § 109 Abs. 1 SGB V Anspruch auf den Abschluss eines Versorgungsvertrages mit den Krankenkassen, der gleichzeitig gemäß dem Krankenhausplan das vorzuhaltende Leistungsangebot konkretisiert. Unter diesem Aspekt ergibt sich folglich die Unterscheidung in Plankrankenhäuser und außerplanmäßigen Krankenhäusern. Letztere sind kein Bestandteil des Krankenhausplans. Innerhalb dieser Gruppe kann man weiterhin danach systematisieren, ob Kliniken über einen Versorgungsauftrag nach § 108 Nr. 3 SGB V verfügen (Vertrags-/ Versorgungskrankenhäuser) oder nicht (Sonstige Krankenhäuser).

---

[1]   Vgl. bspw. Eichhorn (1975), S. 14f. und 98ff.; Deutsche Krankenhausgesellschaft (2002), S. 14.; Rühle (2000), S. 21ff.; Kaschny (1998), S.26ff.; Hurlebaus (2004), S. 20ff.

[2]   Vgl. hierzu die Regelungen in §§ 108 bis 110 SGB V.

[3]   Vgl. § 1 Abs. 1 KHG und § 6 KHG.

Im Hinblick auf ihre Aufgaben im Rahmen des Versorgungsauftrags und der Krankenhausplanung kann man Krankenhäuser weiterhin nach dem Versorgungsumfang bzw. medizinischen
Zielsetzung und ihrer Versorgungsstufe untergliedern.

Nach dem ersteren Kriterium können Allgemeinkrankenhäuser und Fachkrankenhäuser unterschieden werden.[1] Diese verfügen über Betten in vollstationären Fachabteilungen, welche auf die
Behandlung Akutkranker bzw. auf Patienten mit speziellen Krankheitszuständen ausgerichtet
sind. Während die allgemeinen Krankenhäuser über mehrere Fachabteilungen verfügen, ohne
dass eine bestimmte Fachabteilung im Vordergrund steht und damit eine Abdeckung des gesamten Behandlungsspektrums erfolgt, sind Fachkrankenhäuser auf bestimmte Krankheitsarten oder
Behandlungsverfahren spezialisiert.

Abb. 2-2: Systematisierung von Krankenhäusern nach staatlichem Einfluss

Die allgemeinen Krankenhäuser werden gemäß der Krankenhauspläne der Länder in Abhängigkeit der vorgehaltenen Betten und Fachdisziplinen in verschiedene Versorgungsstufen der
Grund-, Regel-, Schwerpunkt- und Zentralversorgung unterteilt. In Abhängigkeit der Versorgungsstufe und dem damit verbundenen Versorgungsniveau wird damit auch indirekt das Ein-
zugsgebiet des Krankenhauses bestimmt.

---

[1]   Die Unterteilung des Statistischen Bundesamtes sieht (neben psychiatrischen und/oder neurologischen Krankenhäusern und
      reinen Tages- und Nachtkliniken mit ausschließlich teilstationärer Versorgung) nur noch Allgemeine Krankenhäuser vor.
      Bis 1990 erfolgte eine Unterteilung in Allgemeinkrankenhäuser (Akutkrankenhäuser mit mehreren Fachabteilungen ohne
      Spezialisierung) und Fachkrankenhäuser (Akutkrankenhäuser mit Spezialisierung auf eine Fachrichtung) sowie in die hier
      nicht betrachteten Sonderkrankenhäuser; vgl. Rühle (2000), S. 22f.

Krankenhäuser der Grundversorgung dienen zur Sicherstellung der wohnortnahen Versorgung der Bevölkerung im Rahmen von Grunddisziplinen (i. d. R. Innere Medizin, Chirurgie, Gynäkologie). Innerhalb dieser Grunddisziplinen werden leichtere Behandlungsfälle versorgt. Die Bettenzahl beträgt meistens 200 Betten. Demgegenüber sichern Krankenhäuser der Regelversorgung auch die überregionale Versorgung ab. Gegenüber den Krankenhäusern der Grundversorgung ist das Leistungsangebot um verschiedene Spezialdisziplinen (bspw. Hals-Nasen-Ohrenheilkunde, Augen- und Kinderheilkunde) erweitert. Im Gegensatz zu den Häusern der Grundversorgung werden neben leichteren auch mittelschwere Fälle behandelt. Die Mindestbettenzahl beträgt rund 400 Betten. Krankenhäuser der Schwerpunktversorgung besitzen verschiedene Großgeräte und nehmen an der Unfall- und Notversorgung teil. Sie verfügen über eine umfassende Abteilungsdifferenzierung, decken jedoch nicht alle Fachdisziplinen ab. Versorgt werden leichtere bis schwere Behandlungsfälle. Häuser der Zentral- oder Maximalversorgung sind Anstalten der höchsten Versorgungsstufe. Sie verfügen über ein weites Spektrum an Abteilungen und halten sämtliche Leistungen vor, die zur Versorgung mit hoch differenzierten und spezialisierten Diagnose- und Behandlungsleistungen notwendig sind. Die Anzahl der vorgehaltenen Betten beträgt typischerweise mehr als 700. Alle Anbieter dieser Versorgungsstufe nehmen an der Unfall- und Notversorgung teil.

Hinsichtlich der Ausbildungsaufgaben lassen sich Hochschulkliniken und akademische Lehrkrankenhäuser unterscheiden. Hochschulkliniken, welche auch als Universitätsklinken bezeichnet werden, sind Krankenhäuser an Hochschulen, bei denen neben den Versorgungsauftrag auch ein Forschungs- und Lehrauftrag tritt. Bei diesen Kliniken handelt es sich um allgemeine Krankenhäuser, die der Versorgungsstufe der Maximalversorgung entsprechen. Akademische Lehrkrankenhäuser sind dagegen außerhalb von Hochschulen angesiedelt und übernehmen gleichzeitig Aufgaben in der klinisch-praktischen Ausbildung von Medizinstudenten.

Abschließend sei auf eine Systematisierung hinsichtlich des Leistungsangebotes durch den Träger hingewiesen. Damit werden Beleg- und Anstaltskrankenhäuser voneinander unterschieden. Bei Belegkrankenhäusern wird die stationäre Behandlung ausschließlich durch niedergelassene Ärzte vollzogen. Der Träger des Krankenhauses sorgt nur für die Unterkunft, Verpflegung, pflegerische Betreuung und die Bereitstellung von medizinisch-technischem Gerät. Bei Anstaltskrankenhäusern wird die ärztliche Versorgung vorrangig durch fest angestellte Krankenhausärzte vorgenommen. Im Gegensatz zu den Belegkrankenhäusern sorgt der Träger des Krankenhauses neben der Hotelleistung und Pflege auch für die ärztliche Behandlung.

Üblicherweise werden Krankenhäuser nach Art der Trägerschaft in öffentliche, freigemeinnützige und private Kliniken eingeteilt:[1]

Unter öffentliche Trägerschaft fallen Einrichtungen, die im Eigentum von Gebietskörperschaften oder von Zusammenschlüssen solcher Körperschaften stehen. Freigemeinnützige Krankenhäuser werden von der freien Wohlfahrtspflege, Kirchen, Stiftungen oder Vereinen unterhalten. Kennzeichen solcher Träger ist das vorrangige Ziel der Bedarfsversorgung unter der Nebenbedingung des effizienten Mitteleinsatzes. Eine private Trägerschaft bedeutet, dass die Einrichtung gemäß § 30 Gewerbeordnung einem Gewerbebetrieb mit besonderem Genehmigungsbedarf entspricht.

2.1.3   Krankenhäuser als Leistungserbringer

2.1.3.1   Eigenschaften von Krankenhausleistungen

Im Mittelpunkt der betrieblichen Betätigung von Krankenhäusern stehen die Krankenversorgung und damit die Behandlung der einer stationären Behandlung bedürftigen Person nach Maßgabe des medizinischen Kenntnisstandes und unter Berücksichtigung des medizinischen Fortschritts. Zu diesem Zweck werden wirtschaftliche Güter eingesetzt, welche im Falle einer Krankheit den patientenbezogenen Gesundheitszustand verbessern bzw. nicht verschlechtern sollen. Krankenhausleistungen sind somit der Kategorie der Gesundheitsgüter zuzuordnen.[2]

---

[1]   Vgl. hierzu auch die Ausführungen in Kapitel 2.2.1.
[2]   In der Literatur existieren zahlreiche Versuche, den Begriff Gesundheit zu definieren. Eine Grundlage für die Definition von Gesundheit bildet das bereits 1946 aufgestellte Gesundheitskonzept der Weltgesundheitsorganisation WHO, welches unter dem Begriff sowohl körperliches als auch soziales und seelisches Wohlbefinden versteht. Somit basiert diese Definition auf einem positiven Gesundheitsverständnis. Insgesamt lässt sich konstatieren, dass sich dieses Konzept dahingehend durchgesetzt hat, als dass insbesondere in der Gesundheitsmessung zwischen physischer, psychischer und sozialer Gesundheit unterschieden wird; vgl. Zweifel/Zysset-Pedroni (1992), S. 41f.

Krankenhausleistungen als Dienstleistungen

Gesundheitsleistungen werden überwiegend im Rahmen von ärztlichen, pflegerischen oder medizinisch-technischen Leistungen erbracht und sind als personengebundene Dienstleistungen zu
qualifizieren. Die zentralen Eigenschaften mit einer gleichzeitig verbundenen Abgrenzung von
Sachleistungen lassen sich zu den folgenden konstitutiven Merkmalen zusammenfassen (vgl.
Abb. 2-3):[1]

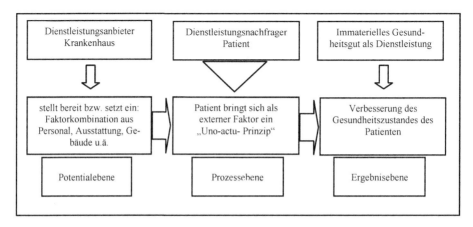

Abb. 2-3: Dienstleistungseigenschaften von Krankenhausgütern

Das Leistungspotential (bereitgehaltene Leistungsfähigkeit) ergibt sich aus der Kombination leis-
tungsfähiger und leistungsbereiter Faktoren.[2] Krankenhausleistungen als Dienstleistungen zeichnen sich jedoch nicht durch die grundsätzliche Notwendigkeit von faktorenbezogener Leistungsfähigkeit und Leistungsbereitschaft aus, vielmehr entspricht dieses Leistungspotential dem
Dienstleistungsangebot selbst. Gegenüber Sachgütern, bei denen sich das Angebot durch ein
zugrunde liegendes Objekt konkretisiert, besteht das Dienstleistungsangebot in einem bloßen
Leistungsversprechen, weil zum Angebotszeitpunkt noch keine fertigen Produkte vorliegen.[3]
Auch die Notwendigkeit der Bereithaltung von Leistungspotentialen für eine potentiell auftre-

---

[1]   Vgl. die Diskussion zur Abgrenzung von Sachleistungen bei Engelhardt et al. (1993), S. 404 und Engelhart et al. (1995), S.
        676.
[2]   Zur Darstellung der Produktionsfaktoren bei der Dienstleistungserstellung vgl. Maleri (1997), S. 67ff. Die Leistungsfähig-
        keit kann in Form von bestimmtem Know-How oder körperlichen Fähigkeiten vorliegen. Die Leistungsbereitschaft bezieht
        sich auf die zeitliche, räumliche, quantitative und qualitative Verfügbarkeit der Faktoren.
[3]   Vgl. bspw. Corsten (1988), S. 81ff.. Die ärztliche Leistung erfolgt erst beim entsprechenden Bedarf auch diesem Gut. Diese
        Situation verdeutlicht die Notwendigkeit der Präsenz und einer (aktiven oder passiven) Beteiligung des Patienten im Leis-
        tungserstellungsprozess.

tende Nachfrage und damit verbundene Entstehung von Leerkosten bei einer Nicht-Inanspruchnahme sind Kennzeichen von Gesundheitsleistungen.[1] Somit werden medizinische Leistungen auch als Optionsgüter bezeichnet, da schon das Bestehen einer gewissen Reservekapazität dem Konsumenten Nutzen stiftet.[2]

Die Einbindung eines externen Faktors ist eine Grundvoraussetzung jeder Dienstleistungserstellung.[3] Externe Faktoren in der Gestalt von Patienten werden zeitlich begrenzt in den Verfügungsbereich des Anbieters gebracht und mit dessen internen Produktionsfaktoren kombiniert. Kennzeichen einer Dienstleistung ist demnach, dass die Leistung nicht unabhängig vom Patient hergestellt werden kann und eine räumliche Nähe zwischen Leistungserbringer und Leistungsnehmer erfordert.[4] Die Produktion und der Verbrauch von Dienstleistungen erfolgen am gleichen Ort und zum gleichen Zeitpunkt („uno-actu-Prinzip"). Bezogen auf Gesundheitsgüter bedeutet das, dass neben der Präsenz des Patienten auch eine aktive Beteiligung desselben von zentraler Bedeutung für die Wirksamkeit medizinischer Leistungen ist („Compliance"). Die Autonomie des Anbieters in der Leistungserstellung wird durch dieses Integrationserfordernis reduziert, denn im Gegensatz zu den internen Produktionsfaktoren sind externe Faktoren nicht frei disponierbar und nur bedingt in ihrem Integrationsverhalten beeinflussbar.[5]

Bezogen auf das Ergebnis der Leistungserstellung stellt Immaterialität ein weiteres Merkmal von Dienstleistungen dar.[6] Bezogen auf die Wirkung am externen Faktor bedeutet dies, dass das Dienstleistungsergebnis direkt am externen Faktor haftet und somit erst nach der Inanspruchnahme gemessen oder bewertet werden kann. Es existiert somit kein Transferobjekt zwischen Anbieter und Kunde, welches die Funktion des Qualitätsträgers einnimmt. Verdeutlicht wird dies durch die Dienstleistungseigenschaften der Nichtlagerfähigkeit und Nichttransportfähigkeit.

---

[1] Bezogen auf Gesundheitsgüter ist dies notwendig, um die Versorgung von Akutfällen sicherzustellen und lange Wartezeiten bei Eingriffen zu vermeiden. Die bereitgehaltenen Kapazitäten müssen vorliegen in Form von qualifiziertem Personal und Sachgütern. Dabei ergibt sich eine beschränkte Substituierbarkeit der Produktionsfaktoren sowie eine mangelnde Kapazitätselastizität; vgl. Herder-Dorneich (1994), S. 632ff.

[2] Vgl. Breyer/Zweifel/Kifmann (2004), S. 178.

[3] Vgl. Lehmann (1989), S. 102.

[4] Vgl. Maleri (1997). S. 67ff.; Herder-Dorneich (1994), S. 638; Herder-Dorneich/Wasem (1986), S. 112.

[5] Aus der Notwendigkeit des Zusammenwirkens von Produzent und Konsument handelt es sich bei Gesundheitsgütern hauptsächlich um inhomogene Güter, welches zu einer starken räumlichen und zeitlichen Präferenz der Nachfrager führt. Damit widerspricht dies der Voraussetzung der Güterhomogenität im kompetitiven Markt und führt zu einer Quasi-Monopolisierung im Bereich der Leistungserbringung; vgl. Herder-Dorneich (1980), S. 6ff.

[6] Vgl. Maleri (1997), S. 95ff.

Krankenhausleistungen als Vertrauensgüter

Ein weiteres, aus den bisher beschriebenen Merkmalen ableitbares Charakteristikum von Gesundheitsleistungen als Dienstleistungen liegt in ihrer Zugehörigkeit zur Kategorie der Güter mit
Vertrauenseigenschaften.[1] Im Gegensatz zu Such- oder Erfahrungseigenschaften sind Vertrauenseigenschaften von Gütern dadurch gekennzeichnet, dass sie vom Konsumenten hinsichtlich
der Qualität weder vor noch nach dem Kauf vollständig beurteilt werden können.[2] Bei Gesundheitsleistungen ist davon auszugehen, dass dies insbesondere bei personengebundenen Dienstleistungen in Form von ärztlicher Diagnosen oder Behandlungen zutrifft, weil es sich bei Gesundheitsleistungen um ein Leistungsversprechen als Austauschobjekt handelt. Da zwischen
Arzt und Patient ein Vertrag vor der Leistungserbringung geschlossen wird, steht nur die Leistungsfähigkeit (fachliche Qualifikation), nicht jedoch der Leistungswille (Anstrengung) des Anbieters fest. Dieses ist von Konsumentenseite auch nach der Behandlung in den meisten Fällen
kaum festzustellen. Die Beurteilungsunfähigkeit ist zum einen darauf zurückzuführen, dass der
Patient nicht über ein entsprechendes Know-how verfügt und dieses auch nicht in einer vertret-
baren Zeit aufbauen kann bzw. will, zum anderen handelt es sich bei Veränderungen hinsichtlich
des Gesundheitszustands um eine nicht deterministische Input-Output-Beziehung, so dass andere
Vorgänge den Gesundungsprozess überlagern können.

2.1.3.2 Krankenhausproduktionsprozess

Die Krankenhausproduktion stellt einen komplexen Versorgungsprozess mit differenziertem
Mitteleinsatz dar, der insbesondere durch die Interaktion zwischen Patient und dem Krankenhaus
geprägt ist. Die in diesem Zusammenhang erbrachte Krankenhausleistung lässt sich nicht durch
die Summe der einzelnen Verrichtungen erfassen. Da Krankenhausleistungen kein Selbstzweck,
sondern vielmehr Mittel zum Zweck sind, zeigen auch aus Einzelleistungen zusammengesetzte
Leistungsbündel, z. B. medizinische Leistungen, Pflege- oder Hotelleistungen den Umfang der
Krankenhausleistungen nicht vollständig auf. Die Patienten fragen grundsätzlich eine Verbesse-

---

[1] Vgl. Kaas (1990), S. 543ff. und (1992), S. 884ff.; Darby/Karny (1973), S. 69.
[2] Vgl. Weiber/Adler (1995), S. 54; Allerdings gibt es auch innerhalb der Menge von Gesundheitsgütern durchaus einige, die
    eine Erfahrungseigenschaft aufweisen. Hierbei handelt es sich um standardisierte Produkte wie Kopfschmerz- oder Erkäl-
    tungsmittel; vgl. Toepffer (1997), S. 34ff.

rung des Gesundheitszustandes nach, wobei sich Probleme der Leistungsmessung und der Zu-rechnung zur Zielerreichung ergeben. Somit bietet es sich an, zur Beschreibung der Leistungs-erbringung im Krankenhaus auf abgeleitete, beobachtbare Indikatoren auszuweichen. Zu den ge-bräuchlichsten Indikatoren zählen die Mengen der eingesetzten Produktionsfaktoren, die Menge der erbrachten medizinischen oder pflegerischen Einzelleistungen, die Anzahl der Patienten so-wie die Anzahl der geleisteten Pflegetage.

Grundsätzlich lassen sich verschiedene Modelle der Krankenhausproduktion unterscheiden. Kennzeichen des einstufigen Modells ist die Outputdefinition als die Summe der Behandlungs-fälle, gewichtet nach den verschiedenen Diagnosekategorien. In diesem Zusammenhang entfällt die Definition eines Zwischenprodukts.[1] Alternativ lässt sich die Leistungserstellung als mehr-stufiger Prozess darstellen (vgl. Abb. 2-4).

Die originäre Primärleistung bzw. der Primär-Output des Betriebsprozesses besteht in der positi-ven Veränderung des Gesundheitszustandes des Patienten. Dieser wird durch den Einsatz von Diagnose-, Therapie, Pflege- und Versorgungsleistungen bewirkt, welche gleichzeitig als Pri-mär- Input angesehen werden. Die Leistungen des Primär-Inputs ergeben sich wiederum aus der Kombination von elementaren Produktionsfaktoren, welche als Sekundär-Inputs fungieren und im Rahmen des Krankenhausleistungserstellungsprozesses Einzelleistungen der Bereiche Dia-gnostik, Therapie, Pflege und Versorgung darstellen.[2] Dieser Sekundär-Output stellt dann gleichzeitig den Primär-Input dar. In diesem Zusammenhang lassen sich zwei Fälle unterschei-den: Zum einen können Behandlungsfälle und Pflegetage als Indikatoren verschiedener, aber prinzipiell gleichrangiger Zwischenprodukte interpretiert werden. Erstere stehen für die pflegeri-sche Komponente der Krankenhausleistung, während die Behandlungsfälle die medizinische Komponente abdecken. Alternativ können die Pflegetage als Inputfaktor für die Gesamtbehand-lung eines Patienten angesehen werden.[3]

---

[1]   Im Rahmen dieser Ansätze werden weitere z. T. auch krankenhausbezogene Merkmale (Auslastungsgrad, Verweildauer, Krankenhausgröße) zur indirekten Beschreibung der Fallmischung als Leistungsdefinition verwendet; vgl. Morra (1996), S. 34.
[2]   Vgl. Eichhorn (1979), S. 177; Preuß (1996), S. 32.
[3]   Vgl. Breyer/Zweifel/Kifmann (2004), S. 358f.

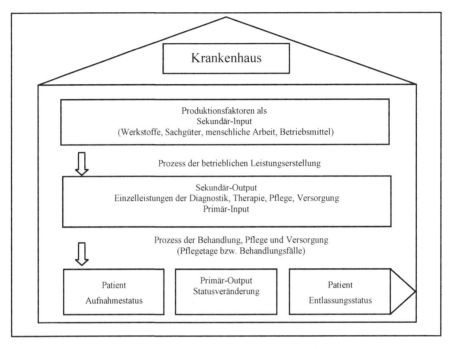

Abb. 2-4: Krankenhausproduktionsprozess[1]

Abschließend ist als primärer Kernprozess somit die im Krankenhaus ablaufende mehrstufige Leistungserstellung im Hinblick auf die gesundheitsorientierte Patientenversorgung und – behandlung zu definieren, in deren Rahmen eine Reihe unterstützender sekundärer Prozesse stattfinden.

2.2   Marktcharakteristika im System der Krankenhaus-versorgung

Im Mittelpunkt der betrieblichen Leistungen von Krankenhäusern steht die Erbringung von Ge-sundheitsleistungen. Diese weisen bestimmte, in den folgenden Ausführungen aufzuzeigende Besonderheiten auf, durch die sich der Krankenhausmarkt grundlegend von regulären Märkten unterscheidet: Zum einen handelt es sich um Güter und Dienstleistungen, welche sich im Hin-blick auf ihre ökonomischen Eigenschaften von üblicherweise unter Wettbewerbsbedingungen

---

[1]   Vgl. Breyer/Zweifel/Kifmann (2004), S. 357ff.; Preuß (1996), S. 32.

hergestellten und auf kompetitiven Märkten gehandelten Gütern unterscheiden.[1] Diese bringen es mit sich, dass die Allokation von Gesundheitsgütern durch einen kompetitiven Markt nicht zu optimalen Ergebnissen führt und staatliche Eingriffe notwendig werden. Eine weitere Besonderheit des Krankenhausmarktes stellt die Tatsache dar, dass es gegenüber einem regulären Markt durch die Versicherungsfunktion zu einem Auseinanderfallen der Marktfunktion kommt.

Der Krankenhausmarkt in Deutschland ist somit ein System, welches sich im Spannungsfeld zwischen einer dezentralen marktlichen und einer zentralen staatlichen Steuerung bewegt.[2] Im Rahmen der konkurrierenden Gesetzgebung des Bundes und der Länder ist der Krankenhaussektor ein Teil eines in hohem Maße staatlich regulierten Gesundheitssystems,[3] welches auf der einen Seite durch ein staatlich geregeltes Vergütungssystem und auf der anderen Seite durch eine auf Länderebene verankerte Krankenhausplanung sowie eine damit verbundene Investitionsförderung gekennzeichnet ist.[4] Als wesentliche Akteure im Krankenhaussektor lassen sich die Krankenhäuser als Leistungserbringer, die Patienten bzw. Versicherten, die Krankenversicherungen und der Staat ausmachen (vgl. Abb. 2-5).

Auf einem regulären Markt, verstanden als der „ökonomische Ort des Aufeinandertreffens von Angebot und Nachfrage"[5] ist der Nachfrager Bedarfsträger, Bedarfsbestimmer und Kostenträger in einer Person.[6] Als Bedarfsträger versucht der Nachfrager über Markttransaktion seinen Bedarf zu befriedigen. Den Bedarf an notwendigen Leistungen bestimmt der Nachfrager als Bedarfsbestimmer aufgrund von Kosten-Nutzen-Abwägungen weitgehend autonom. Als Kostenträger erbringt er gegenüber dem Anbieter die notwendige Gegenleistung und trägt den entsprechenden Ressourcenverbrauch.[7] Eine solche Form der Marktsteuerung impliziert, dass Krankenhäuser und Patienten die volle Handlungsautonomie besitzen und ihre Angebots- respektive Nachfrageentscheidungen auf der Basis der gegebenen Marktsituation und ausschließlich durch Vorteilhaftigkeitsüberlegungen und somit an dem Kosten-Nutzen-Verhältnis der Versorgungsleistungen

---

[1]   Vgl. bspw. Herder-Dorneich (1994), S. 628ff.; Breyer/Zweifel/Kifmann (2004), S. 173ff.
[2]   Es stellt damit einen Mittelweg zwischen einem staatlichen Versorgungssystem britischer Prägung und einer vorrangig marktwirtschaftlichen Versorgung, wie sie in den USA oder der Schweiz anzutreffen ist, dar; vgl. Sommer (1999).
[3]   So liegt beispielsweise auch die Gesetzgebungskompetenz für die im Sozialgesetzbuch geregelte gesetzliche Krankenversicherung (GKV) beim Bund.
[4]   Vgl. hierzu Kapitel 4 und 5 dieser Arbeit.
[5]   Engelhardt (1995), Sp. 1697.
[6]   Zu dieser Differenzierung vgl. Eichhorn (1975), S. 39ff.
[7]   Vgl. Herder-Dorneich/Wasem (1986), S. 300.

ausrichten. Die Lenkung der medizinischen Leistungen erfolgt nach der Zahlungsbereitschaft der Patienten, das wichtigste Steuerungsinstrument stellt damit der Preis dar.[1]

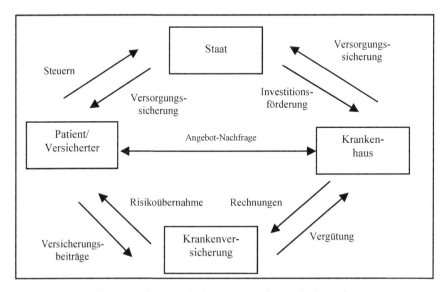

Abb. 2-5: Beziehungsgeflecht der Akteure im Krankenhaussektor

Wesentliche Voraussetzung für eine gesamtwirtschaftliche Allokationsfunktion der Angebots- und Nachfrageprozesse durch den funktionsfähigen kompetitiven Markt im Sinne der Neoklassik ist die Erfüllung von Merkmalen des vollkommenen Marktes. Dieser gilt, im Rahmen einer solchen Definition von Marktsteuerung, als diesbezüglicher Referenzmaßstab in der ökonomischen Theorie, weil jedes Gleichgewicht unter bestimmten Voraussetzungen, gemäß der Theorie von Pareto eine aus ökonomischer Sicht optimale Allokation der Güter gewährleistet.[2]

Für den Gesundheitssektor sind die Voraussetzungen des vollkommenen Marktes nur teilweise erfüllt. Dies lässt sich insbesondere durch Abweichungen bezüglich der Markttransparenz aller Beteiligten, bezüglich der Marktfähigkeit von Gesundheitsgütern durch das Auftreten von externen Effekten, die sich in dem meritorischen oder öffentlichen Gütercharakter manifestieren oder

---

[1]   Vgl. Robert-Bosch-Stiftung (1987), S. 124ff.
[2]   Diese Form der „Marktsteuerung" geht von der Vorstellung aus, dass der Markt durch Angebot und Nachfrage zu einer räumenden Preisbildung kommt. Es wird angenommen, dass es einen Gleichgewichtszustand gibt, der eine immanente Tendenz zum Ausgleich von Überschuss- und Mangelsituationen besitzt; vgl. Fritsch et al. (1999), S. 13ff. Dieser Zustand wird nach Pareto als optimal im Sinne der allokativen Effizienz bezeichnet: „There is no other allocation of resources to services which will make all participants in the market better off." Arrow (1963), S. 942.

auch mit einer fehlenden individuellen Preiselastizität durch den Versicherungscharakter be-
gründen.[1]

Mangelnde Konsumentensouveränität

Es ist davon auszugehen, dass durch das Auftreten von Informationsmängeln die Konsumentensouveränität als konstituierendes Element der Marktwirtschaft bei einer gleichzeitigen Ange-
botsdominanz eingeschränkt ist.

Der Patient ist aufgrund seines unzureichenden medizinischen Wissens nur begrenzt in der Lage,
den Bedarf an zur Wiederherstellung der Gesundheit notwendigen medizinischen Leistungen zu
bestimmen. Dazu bedarf es der Mithilfe des Krankenhauspersonals. Insofern reduziert sich die
Entscheidung des Patienten auf die Funktion des Bedarfsträgers. Dieser sucht den niedergelassenen Arzt oder das Krankenhaus auf, der dann über Art, Intensität und zeitliche Inanspruchnahme
der Leistung entscheidet und eine Behandlungsstrategie vorschlägt. Die eigentliche Bedarfsbe-
stimmung wird somit durch den besser informierten Arzt erbracht, der damit Anbieter und Bedarfsbestimmer in einer Person ist. Auf diese Weise wird die Funktionsfähigkeit des Marktmechanismus eingeschränkt, die Kosten-Nutzen-Abwägungen werden vom Patienten nur eingeschränkt getroffen.

Des Weiteren handelt es sich bei Gesundheitsleistungen um Dienstleistungen, bei denen die Erstellung und der Verbrauch zusammenfallen. Da es sich bei den Eingriffen um inhomogene Leistungen handelt, ist ein Qualitätsvergleich durch den Konsum von Gesundheitsgütern gleicher Art
nicht möglich. Auch ein Vergleich mit anderen Konsumenten über die Qualität der Behandlung
ist aus dem gleichen Grund kaum möglich. Die oben erwähnte Vertrauenseigenschaft von Gesundheitsleistungen bedeutet, dass die Patienten auch nach dem Konsum die Qualität des Pro-
duktes nicht kontrollieren können.

Darüber hinaus ist in diesem Zusammenhang auch die Fähigkeit zum rationalen Entscheiden auf
der Konsumentenseite zu erwähnen, welche die Konsumentensouveränität einschränkt. Diese
kann nur bedingt unterstellt werden, weil in den durch Krankheiten entstehenden Grenzsituatio-

---

[1]   Vgl. bspw. Lankers (1997), S. 65ff.; Zerth (2004), S. 43ff; Binder (1999); Neuffer (1999); Faber (2002), S. 41ff.; Brey-
      er/Zweifel/Kifmann (2004), S. 173ff.; Robert-Bosch-Stiftung (1987).

nen, wie Notfällen, den Patienten die Möglichkeit des aktiven Handelns aus der Hand genommen wird. Darüber hinaus wird ein Patient nicht um den Preis der Krankenhausbehandlung verhandeln.

Externe Effekte

Der Konsum von Krankenhausleistungen eines Patienten kann Nutzenwirkungen für andere Patienten, die nicht in der Kosten-Nutzen-Abwägung berücksichtigt werden, entfalten. In einem solchen Fall übersteigt der soziale Nutzen den individuellen Nutzen des Leistungsempfängers durch die Existenz von positiven externen Effekten. Dies bedeutet gleichzeitig, dass man das sog. „Ausschlussprinzip" nicht auf alle Bestandteile der Kosten bzw. Nutzen eines Gutes anwenden kann.[1] Der Marktmechanismus verfehlt bei dem Vorliegen von externen Effekten eine optimale Allokation, da die anderen Patienten als indirekte Nutznießer keinen Beitrag zur Finanzierung der Versorgung leisten werden. Es kommt in einem solchen Fall zu der Situation, dass für die Gesellschaft erstrebenswerte Leistungen in nicht ausreichendem Maße nachgefragt und hergestellt werden.

In einer solchen Situation müssen staatliche Einrichtungen dafür sorgen, dass alle, die Vorteile aus der Leistungsinanspruchnahme des Einzelnen ziehen, entsprechend ihres Nutzens zur Finanzierung der Leistungen herangezogen werden. Darüber hinaus können bestimmte Leistungserbringer vom Staat beauftragt werden, ein Angebot an Krankenhausleistungen zu gewährleisten, wobei der Staat die Finanzierung garantiert. Alternativ kann dieser andere Institutionen mit der Sicherstellung und Finanzierung beauftragen.[2]

Meritorische Güter

Neben der oben erwähnten durch objektive Faktoren eingeschränkten Rationalität der Patienten werden staatliche Eingriffe in die private Konsumentscheidung auf der Basis der Rationalitätenfalle gerechtfertigt, denn auch das subjektiv rationale Handeln führt zu gesamtwirtschaftlich un-

---

[1] Durch die Nichtgeltung des „Ausschlussprinzips" sind solche Güter gleichzeitig als Kollektivgüter zu qualifizieren. Ein weiteres Kennzeichen solcher Kollektivgüter ist die Nicht-Rivalität im Konsum. Der Verbrauch solcher Güter durch mehrere Individuen rivalisiert nicht in dem Sinne, dass die Nutzenteilhabe eines Individuums den Nutzen eines anderen beeinträchtigt; vgl. zur Theorie der öffentlichen Güter Olson (1992), S. 13ff.; Herder-Dorneich (1994), S. 644.
[2] Vgl. Robert-Bosch-Stiftung (1987), S. 125.

erwünschten Ergebnissen. Gesundheitsgüter sind als zukunftsorientierte Güter einzuordnen,[1] welche dadurch charakterisiert sind, dass aufgrund von Zeitpräferenzen die meisten Menschen zukünftige Risiken gegenüber gegenwärtigen Bedürfnissen geringer schätzen. Die beschriebene Situation bedeutet, dass individuelle und gesamtwirtschaftliche Nutzenvorstellungen hinsichtlich des Gutes Krankenversorgung divergieren. Der Staat hat ein Interesse an einem angemessenen Gesundheitsversorgungsniveau der Gesellschaft, welches vom Individuum nicht zwingend als notwendig angesehen wird.[2] Gesundheitsgüter fallen somit in den Bereich von meritorischen Gütern.[3] Darunter versteht man Güter, bei denen man davon ausgeht, dass die auf Märkten für diese Güter geäußerten Präferenzen der Konsumenten korrekturbedürftig sind. Die Nachfrage wird den Konsumenten aus der Hand genommen und an Dritte (i.d.R. staatliche Stellen) übergeben, die sich dafür einen besseren Sachverstand zuschreiben.

Versicherungseigenschaft

Eine weitere Eigenschaft, die Gesundheitsleistungen von den meisten anderen Marktgütern unterscheidet, resultiert aus ihrem Versicherungscharakter. Aus gesundheitspolitischen Gründen und Verteilungsargumenten erfolgt der Zugang zur stationären Gesundheitsversorgung weitgehend unabhängig von der individuellen Zahlungsfähigkeit der einzelnen Bürger.[4] Anstelle der individuellen Nachfragekraft treten somit kollektive Institutionen, die die notwendigen Zahlungen leisten.[5]

Es kommt hierdurch zu einem Auseinanderfallen der Marktfunktion, der Nachfrager ist nicht mehr gleichzeitig Kostenträger. Hierdurch wird der Patient in eine Situation versetzt, in der er keiner Budgetrestriktion gegenübersteht, die ihn zwingt, zwischen dem Nutzengewinn aus Ge-

---

[1] Vgl. Herder-Dorneich (1994), S. 638.
[2] Vgl. Kliemt (1993), S. 9ff.
[3] Vgl. Musgrave (1987), S. 453; Herder-Dorneich (1986), S. 63.
[4] Als Grund für eine kollektive Finanzierung von Krankenhausleistungen werden insbesondere die Unsicherheit der Erkrankung und das damit verbundene finanzielle Risiko angebracht. Erfolgt die Vorsorge gemeinschaftlich, bewirkt dies, dass der Einzelne nur noch für die durchschnittlichen Kosten des Risikofalls vorsorgen muss.
[5] In Deutschland existiert eine umfassende Versicherungspflicht. Dabei lassen sich gesetzliche und private Krankenversicherungen unterscheiden. Rund 90 Prozent der Patienten sind in der erstgenannten Form versichert. Kennzeichen der gesetzlichen Krankenversicherungen sind das Sachleistungs-, Solidar- und Subsidiaritätsprinzip. Nach dem Sachleistungsprinzip werden die Kosten des Versicherten für die Krankenhausbehandlung direkt an das Krankenhaus geleistet. Das Solidarprinzip besagt, dass alle Versicherten die gleichen Leistungen in Anspruch nehmen können, wobei die Versicherungsbeiträge sich nach den finanziellen Möglichkeiten der Versicherten und nicht nach dem individuellen Krankheitsrisiko richten. Das Subsidiaritätsprinzip sieht vor, dass Patienten auch Eigenverantwortung durch die finanzielle Beteiligungen übernehmen sollen. Diese Selbstbeteiligungen sind allerdings in Deutschland äußerst gering einzustufen; vgl. Leidl (2003), S. 354 f.

sundheitsleistungen und einem Nutzengewinn aus dem Konsum anderer Güter abzuwägen. Der umfangreiche Versicherungsschutz führt demnach dazu, dass Kosten-Nutzen-Überlegungen als konstitutives Element der Nachfrageentscheidung eine geringe Priorität aufweisen, vielmehr haben Gesundheitsgüter für Patienten Kollektivgutcharakter. Hieraus ergibt sich eine Situation, in der der Versicherte sein Verhalten derart ändern kann, dass er die Schadensabwehr vernachlässigt oder den Leistungsanspruch gegenüber dem Versicherer ausdehnt (Moral Hazard-Problem). Ein kostenbewusstes Verhalten wird nicht durch die Maßnahme einer Versicherungsbeitragsreduktion honoriert. Als Ergebnis ist festzuhalten, dass die Nachfrage demnach in hohem Maße preisunelastisch ist. Da somit keine Preisverhandlungen zwischen Anbietern und Nachfrager erfolgen, hängt es von der Ausgestaltung der Regulierung des Marktes ab, ob die Markttransaktionen zu angemessenen Preisen durchgeführt werden.

2.3   Steuerung im Krankenhaussektor

Im Rahmen dieser Arbeit soll unter der Steuerung in einem allgemeinen Sinne die zielgerichtete Einflussnahme auf Entscheidungseinheiten verstanden werden. Unter dem Steuerungssystem sind somit alle Elemente und Instrumente zu verstehen, durch welche Entscheidungseinheiten zu bestimmten Handlungen und Verhaltensweisen veranlasst werden. Bei der Betrachtung des Krankenhaussektors lassen sich grundsätzlich verschiedene Steuerungsperspektiven und damit verbundene Steuerungsparameter unterscheiden.

2.3.1   Steuerungsperspektiven als Bezugsrahmen für das Steuerungssystem

Für die folgenden Ausführungen gilt es zwischen einem externen und einem internen Steuerungsmodul zu unterscheiden: Die erste Begriffsdimension bezieht sich auf die Systemebene und fokussiert auf die *Steuerung von Krankenhäusern*. In einem diesbezüglichen Kontext haben die Ausgabensteigerungen im Krankenhaussektor die Diskussion um den richtigen Weg zur Erreichung der angestrebten Ziele zu einer grundsätzlichen Auseinandersetzung über die verschiedenen Steuerungsmöglichkeiten werden lassen.[1] Die zentrale Fragestellung bezieht sich in diesem Zusammenhang auf das Verhältnis marktwirtschaftlich-wettbewerblicher Elemente zur staatli-

---

[1]   Vgl. bspw. Newhouse (1978), S. 89ff.; Dröge (1989); Gocdereis (1999).

chen Steuerung in regulierten Märkten, mithin ob und insbesondere wie staatlicher Dirigismus zugunsten marktlicher verhaltenslenkender Anreize eingeschränkt und ersetzt werden sollte.

Ziel ist es, die externen Parameter so zu gestalten, dass für den Einzelbetrieb wirksame, gesamtzielkonforme Anreize geschaffen werden.[1] Somit wird die Diskussion auf der bisher beschriebenen Krankenhaussystemebene auf mikroökonomischer Ebene der Krankenhausbetriebe fortgesetzt. Die zweite Begriffsdimension der Steuerung bezieht sich somit auf die innerbetriebliche Ebene und damit auf den Problemkreis der *Steuerung in Krankenhäusern*. In diesem Kontext beschreibt Steuerung die Lenkung von Entscheidungseinheiten in Richtung auf die offiziell formulierten Unternehmensziele[2] und findet ihren Ausgangspunkt in der Frage nach einer kosteneffizienten Leistungserstellung. Der Steuerungsbegriff umfasst zum einen Maßnahmen zur gezielten Beeinflussung realisationsnaher Aufgaben, zum anderen die zielgerichtete Beeinflussung der laufenden, noch relativ große Freiheitsgrade aufweisenden Aktivitäten des Managements.[3] Des weiteren umfasst Steuerung neben einer „vorausschauenden" ex-ante Dimension, welche sich im Wesentlichen durch den Prozess der Planung und somit durch die Formulierung von Entscheidungsaufgaben und Zuweisung in Form von Entscheidungskompetenzen auf die verschiedenen Organisationseinheiten vollzieht, auch eine ex-post Dimension im Sinne von Kontrolle.[4] Steuerung ist mit dem anglo-amerikanischen Begriff „Control" gleichzusetzen, wodurch deutlich wird, dass Steuerung einen engen Bezug zum Controlling als (informationsversorgendes) System zur Unterstützung der Unternehmensführung durch Planung, Kontrolle, Analyse und Entwicklung von Handlungsalternativen zur Steuerung des Betriebsgeschehens, aufweist.[5]

---

[1]   Vgl. Philippi (1987), S. 14.
[2]   Vgl. Laux/Liermann (2003), S. 16ff.
[3]   Anthony spricht im ersten Fall von "operational control", während er den zweiten Fall mit "management control" umschreibt; vgl. Anthony (1988), S. 42ff.
[4]   Vgl. Engels (2001), S. 157. Bei der Kontrolle handelt es sich im traditionellen Sinne um jene abschließende Aufgabe unternehmerischer Abläufe, die auf die Phasen der Planung und Realisation folgt und in der ein Vergleich zwischen erreichter und erwarteter Zielrealisierung vorgenommen wird. Steuerung geht allerdings über den traditionellen Begriff der Kontrolle hinaus, denn es werden zugleich die Ursachen eventueller Zielabweichungen zwischen Ist- und Soll-Größen analysiert und Maßnahmen zur Verbesserung der Zielerreichung vorgeschlagen.
[5]   Die Auswertung einer von Eschenbach konzipierten synoptischen Darstellung ausgesuchter Controllingkonzeptionen ermöglicht eine Systematisierung in rechnungswesenorientierte, informationsorientierte sowie führungssystembezogene Controllingkonzeptionen; vgl. Eschenbach (1996), S. 52ff.

2.3.2   Gestaltungselemente der Steuerung im Krankenhaussektor

Den bisherigen Aussagen folgend, wird bei den Steuerungsparametern zwischen der System-
und der betrieblichen Ebene unterschieden:

Auf der Systemebene steht das Krankenhausfinanzierungssystem im Mittelpunkt der Analyse.
Bei einer marktorientierten Ausgestaltung darf man die Krankenhausfinanzierung nicht isoliert
betrachten, vielmehr bestehen Abhängigkeiten zwischen dem Finanzierungssystem, der Organisation der Krankenhausversorgung (Planungssystem) sowie dem Vergütungs- bzw. Entgeltsystem.[1]

Das *Finanzierungssystem* bzw. die *Finanzierungsstruktur* umfasst die grundlegenden Regelungen, was von wem in welcher Höhe finanziert wird und beinhaltet damit die Frage nach der Mit-
telaufbringung für den Leistungserbringer. Die Differenzierung der Finanzierungsträgerschaft
umschreibt die Anzahl der Finanzierungsquellen zur Deckung der Investitions- und Betriebskosten von Krankenhäusern. Bei einer monistischen Finanzierungsstruktur werden sämtliche Kosten
des Krankenhauses und somit der gesamte Mittelbedarf über eine Quelle abgerechnet, während
bei einer „dualen Finanzierungsstruktur" Investitions- und Betriebskosten separat verrechnet
werden und das Krankenhaus Mittel aus zwei unterschiedlichen Quellen erhält. Bei einer multiplen Finanzierungsträgerschaft sind mehr als zwei Finanzierungsträger an der Deckung des Fi-
nanzmittelbedarfs beteiligt.

Die *Organisation der Krankenhausversorgung* legt fest, was (Standorte, Kapazitäten, Leistungen) von wem geplant wird. Damit wird zugleich auch die Frage des Zentralisierungsgrades im
Krankenhaussektor angesprochen, denn die Organisation der Krankenhausversorgung legt fest,
wie die organisatorischen und rechtlichen Beziehungen zwischen den Entscheidungsträgern gestaltet werden.[2]

Das *Vergütungssystem* bzw. das *Entgeltsystem* als Teilaspekt des Krankenhausfinanzierungssystems beantwortet die Frage, auf welcher Entgelt- bzw. Abrechnungseinheit und auf welcher Ent-
geltbasis die Krankenhausvergütung erfolgt.

---

[1]   Vgl. Robert-Bosch-Stiftung (1987); Philippi (1987).
[2]   Vgl. bspw. Goedereis (1999), S. 6.

Unter den Steuerungsvariablen in Krankenhäusern lassen sich die Methoden subsummieren, die Entscheidungen der zu Steuernden auf die Unternehmensziele ausrichten sollen. Dabei können mit einer Einräumung von Verfügungsrechten über Ressourcen, der Vorgabe von Verhaltensnormen sowie dem Ergreifen von ergänzenden Steuerungsmaßnahmen verschiedene „Basisvariablen organisatorischer Gestaltung"[1] unterschieden werden:[2]

Der zu steuernde Entscheidungsträger erhält bestimmte *Verfügungsmöglichkeiten über Ressourcen*, um Handlungen ausführen zu können. Die Verfügungsmöglichkeiten geben ihm einerseits Gelegenheit, Handlungen auszuführen, begrenzen jedoch zugleich seinen Handlungsspielraum.

Verhaltensnormen bringen personen- oder stellenbezogen zum Ausdruck, welche Handlungen zu erbringen oder welche Ergebnisse zu erreichen sind. Verhaltensnormen können expliziter oder impliziter Natur sein.[3] Die direkte Steuerung erfolgt durch die expliziten Verhaltensnormen, welche in Form von bindenden Weisungen über die Konkretisierung potentieller Handlungsalternativen zum Ausdruck bringen, wie etwas getan werden soll (Alternativen- oder Handlungssteuerung).[4] Die indirekte Steuerung vollzieht sich in dem Sinne, dass anstelle unmittelbarer Handlungsanweisungen der zu steuernden Einheit ein Ziel vorgegeben wird, an dem diese ihre Verhaltensweise auszurichten hat (Ergebnissteuerung).

Ergänzende Steuerungsmaßnahmen stellen die dritte Form von Instrumenten der Steuerung dar. Das wichtigste Instrument innerhalb der dritten Gruppe stellt die Motivierung der Entscheidungsträger dar.[5] Dies kann sowohl durch die Einbeziehung des Entscheidungsträgers in die Ermittlung von Verhaltensnormen geschehen, bedeutender ist jedoch die Motivation der Entscheidungsträger durch ein Beurteilungssystem. Das Beurteilungssystem verknüpft die aus der Sicht der Unternehmensleitung gewünschten oder unerwünschten Verhaltensweisen des Entscheidungsträgers mit derartigen Konsequenzen, die sich auf seine persönlichen Ziele positiv oder negativ auswirken. Voraussetzung für die Gewährung von Belohnungen als positive Konsequenzen

---

[1]   Laux/Liermann (2003), S. 152ff. sowie Abbildung IX.1 auf S. 153.
[2]   Für eine Übersicht der Instrumente der Steuerung in Abhängigkeit von Führungssystemen (Organisation, Informationssystem, Personalführungssystem, Planungs- und Kontrollsystem sowie Controlling) und Steuerungsdimensionen vgl. Hofmann (2001), S. 13.
[3]   Die begriffliche Unterscheidung expliziter versus impliziter Verhaltensnormen geht auf Hax (1965), S. 74 zurück.
[4]   Vgl. Theuvsen (2001), S. 46ff.; Hofmann (2001), S.12ff.
[5]   Vgl. Laux/Liermann (2003), S. 155ff. Neben der Motivierung gehören die Verbesserung der Information über den Inhalt der Verhaltensnormen sowie die Verbesserung der Informationsstände und der Fähigkeiten der Entscheidungsträger zu den ergänzenden Steuerungsmaßnahmen.

sowie von Sanktionen als negative Konsequenzen ist die Überprüfbarkeit der Entscheidungen durch Kontrolle. Durch das Beurteilungssystem können somit Anreize für den Entscheidungsträger bereitgestellt werden.

Steuerungswirkungen gehen auch, neben den bisher genannten Aspekten, welche sich auf die Organisation der Leistungserstellung durch die Gestaltung der Strukturen und Prozesse sowie das Mitarbeiterpotential beziehen, von der *Unternehmensverfassung* aus. Sie thematisiert die Verteilung von Entscheidungsrechten, Pflichten und Kontrollbefugnissen zwischen den Mitgliedern, d.h. zwischen Trägerorganen und der Krankenhausleitung sowie zwischen den Mitgliedern der Krankenhausleitung.

Abbildung 2-6 verdeutlicht die bisherigen Zusammenhänge und gibt einen Überblick bezüglich des Steuerungssystems im Krankenhaussektor.

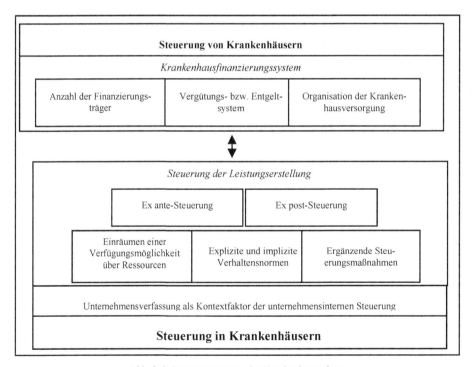

Abb. 2-6: Steuerungssystem im Krankenhaussektor

3 Erkenntnisse zur Krankenhaussteuerung aus theoretischer Sicht

Die folgenden Ausführungen beschäftigen sich mit theoretischen Aspekten der Unternehmenssteuerung im Hinblick auf eine effiziente Leistungserstellung aus verschiedenen Blickwinkeln. Diesbezügliche Erklärungsformen können in unternehmensverfassungsbezogene Ansätze und ökonomische Krankenhausmodelle unterteilt werden. Beiden Ansätzen ist gemein, aus mikroökonomischer Sicht das Allokationsverhalten des Krankenhauses zu untersuchen und darüber hinaus, die Bedeutung einer marktorientierten Steuerung für eine effiziente Leistungserstellung zu unterstreichen.

3.1 Unternehmensverfassungsbezogene Perspektive

Die Diskussion der Unternehmenssteuerung wird im Kontext der Unternehmensverfassung von Krankenhäusern geführt, welche die Entscheidungsfindung und Entscheidungsdurchsetzung im Krankenhaus maßgeblich determiniert. Hierzu zählen insbesondere die Stellung der Eigentümer sowie die Möglichkeiten der Wahl und Gestaltung der Rechtsform, die Unternehmensführungskompetenzen der Manager und die Mitbestimmungsrechte der Arbeitnehmer.

Als geeigneter Ansatz einer unternehmensverfassungsbezogenen Effizienzanalyse von Krankenhäusern wird die Theorie der Verfügungsrechte (Property-Rights) herangezogen. Diese gehört neben der Transaktionskostentheorie und der Vertretungstheorie zum Theorienkomplex der Neuen Institutionenökonomik, welche in der Tradition neoklassischer Denkansätze steht.[1] Die Aufgabenstellung des Theorienkomplexes der Neuen Institutionenökonomik liegt in dem Nachweis der Relevanz von Institutionen in einer Modellwelt, in der Märkte in realiter Unvollkommenheiten aufweisen. Während die Neoklassik die institutionell-organisatorischen Bedingungen einer näheren Betrachtung entzieht und sich damit vollständig gegen Aspekten, die interne Abläufe und Strukturen in Unternehmen zum Gegenstand haben, immunisiert, wird die Handlungs- und Verfügungsrechtsstruktur in Property-Rights-theoretischen Überlegungen als Gestaltungsvariab-

---

[1] Vgl. Richter/Furubotn (1996).

© Springer Fachmedien Wiesbaden GmbH, ein Teil von Springer Nature 2006
K. Foit, *Marktorientierte Steuerung im Krankenhaussektor*,
Edition KWV, https://doi.org/10.1007/978-3-658-24070-7_3

le betrachtet.[1] Die Institutionenökonomik setzt mit der Fokussierung auf den methodischen Individualismus bei der Erfassung ökonomischer Vorgänge an dem Handeln von Individuen an. Ihr liegt die Annahme zugrunde, dass sich Organisationen durch ein vertragliches Netzwerk nutzenmaximierender Ressourcenträger mit unterschiedlicher Zielvorstellung konstituieren, die versuchen, ihre Interessen gegebenenfalls zulasten ihrer Vertragspartner durchzusetzen. Im Rahmen der verfügungsrechtstheoretischen Analyse soll aufgezeigt werden, wie die Verfügungsrechte zwischen den Handlungsträgern verteilt sind und welche Auswirkungen in ökonomischer Hinsicht von dieser Verteilung zu erwarten sind.

Vor den steuerungsrelevanten Aussagen aus theoretischer Sicht werden im Folgenden die grundlegenden Elemente der Unternehmensverfassung ausgeführt. Dabei wird insbesondere das Verhalten der (institutionellen) Akteure in Krankenhäusern herausgearbeitet, da dieses einen Ansatzpunkt für den Zusammenhang von Unternehmensverfassung und Erfolg bietet.

3.1.1   Grundlagen

Die Unternehmensverfassung bildet die wesentlichen Rahmenbedingungen, durch die das Verhältnis verschiedener Individuen und Interessengruppen zueinander bestimmt wird. Sie hat damit direkte Auswirkungen auf die Kompetenzabgrenzung im Rahmen der Führungsstruktur und damit auf die Entscheidungsfindung im Krankenhaus, die (rechtliche) Einbindung in die Organisation des Trägers und die wirtschaftliche und finanzielle Einbindung in den Trägerhaushalt. Trägerschaft und Rechtsform können als zentrale Elemente der Unternehmensverfassung angesehen werden.[2]

Die *Trägerschaft* ist gekennzeichnet durch die Art und Stellung des Eigentümers sowie die Ausprägung des Formalziels des Krankenhauses. Entsprechend der Trägerschaft bieten sich unterschiedliche Möglichkeiten der Wahl und Gestaltung der Rechtsform. Die Rechtsform ist Ausdruck der gesetzlich umschriebenen Form, durch welche die Rechtsbeziehungen des Krankenhauses im Innen- und Außenverhältnis geregelt werden.

---

[1]   Vgl. Stauss (1983), S. 280.
[2]   Vgl. Sachs (1994), S. 57; Oswald (1995), S. 41ff.

Krankenhäuser lassen sich hinsichtlich ihrer Ausrichtung in gewinnorientierte (For Profit) und bedarfswirtschaftlich-orientierte (Not for Profit) Unternehmen unterscheiden (vgl. Abb. 3-1). In For Profit-Krankenhäusern dominieren aufgrund ihrer erwerbswirtschaftlichen Ausrichtung ökonomische Fundamentalziele. Die Bedarfsdeckung stellt einen Sekundäreffekt dar. Der überwiegende Teil der deutschen Krankenhäuser ist bedarfswirtschaftlich orientiert. Kennzeichen solcher Träger ist das vorrangige Ziel der Bedarfsversorgung unter der Nebenbedingung des effizienten Mitteleinsatzes.[1]

Innerhalb des Not for Profit-Bereichs können Krankenhäuser hinsichtlich der Trägerschaft weiterhin in Krankenhäuser mit öffentlicher Trägerschaft (öffentliche Krankenhäuser) und privater Trägerschaft (freigemeinnützige Krankenhäuser) unterschieden werden. Unter öffentliche Trägerschaft fallen Einrichtungen, die im Eigentum von Gebietskörperschaften oder von Zusammenschlüssen solcher Körperschaften stehen. Freigemeinnützige Krankenhäuser haben im Gegensatz zu öffentlichen Krankenhäusern nicht-öffentliche, d.h. private Träger und werden von der freien Wohlfahrtspflege, Kirchen, Stiftungen oder Vereinen unterhalten.

Trägerschaft	Einrichtungen		Aufgestellte Betten		Pflegetage	
	Anzahl	MA	Anzahl	MA	Anzahl	MA
Freigemeinnützig	804	40,4 %	198.205	38,4 %	56.998.506	37,75 %
Öffentlich	723	36,2 %	276.754	53,6 %	82.118.225	54,39 %
Gesamt	1995	100 %	516.242	100 %	150.976.069	100 %

Abb. 3-1: Anzahl der Krankenhäuser und aufgestellte Betten sowie Marktanteile nach Trägertypen (2002)[2]

---

[1]   Vgl. grundlegend zu dem Zielsystem von Krankenhäusern Eichhorn (1976), S. 24ff. und Adam (1972), S. 19ff. und S. 37ff.
[2]   Vgl. DKG (2002), S. 1.

Hinsichtlich der institutionellen Entscheidungsträger[1] im Krankenhaus lassen sich mit der Unternehmensleitung und der Krankenhausleitung verschiedene Ebenen des Krankenhausmanagements unterscheiden.[2]

Die Unternehmensleitung, welche als höchste Instanz an der Unternehmensspitze angesiedelt ist, übernimmt die obersten Leitungs- und Führungsaufgaben. Dabei werden neben dem internen Leitungsorgan, welches die eigentliche Krankenhausleitung darstellt, alle Leitungsorgane, insbesondere Aufsichts- und Verwaltungsräte, in den Begriff der Unternehmensleitung einbezogen.[3] Die Leitungsstruktur des Krankenhauses umfasst in öffentlichen und freigemeinnützigen Krankenhäusern neben der Betriebsleitung weitere Organe, die dem Krankenhausträger zuzurechnen sind. Die Krankenhausleitung, welche häufig durch ein dreigliedriges Direktorium aus ärztlicher Direktion, Pflegedirektion und Verwaltungsdirektion dargestellt wird, stellt somit nur ein Organ der Unternehmensleitung dar. Bei privaten Krankenhäusern beschränkt sich die Unternehmensleitung auf die Krankenhausleitung und der Rechtsform entsprechende Aufsichts- und Kontrollorgane des Trägers.

Bezogen auf die Aufgabenverteilung umfassen die Managementaufgaben des Krankenhausträgers die strategischen Grundsatzentscheidungen und deren abgeleitete Führungsaufgaben.[4] So sind die Festlegung der Unternehmenspolitik und ihrer Planung, Organisation und Kontrolle sowie die Vorgabe von Leistungszielen (Kundenorientierung, Ausweitung oder Reduzierung der Produktpalette) Aufgaben des Trägers. Die Mitglieder der Krankenhausleitung sind den Organen des Krankenhausträgers gemeinsam für eine ordnungsgemäße Betriebsführung verantwortlich.[5] Durch die Satzung kann der Betriebsführung in bestimmten Grenzen eine größere Autonomie zugestanden werden, so dass bestimmte Entscheidungen von der Krankenhausleitung getroffen werden können. Diese Aufgaben- und Kompetenzverteilung ist je nach Abhängigkeit vom Träger höchst unterschiedlich geregelt.[6]

---

[1]   Neben den institutionellen Organen der Unternehmensleitung spielen im Krankenhausbereich aus organisationstheoretischer Sicht die Ärzte eine Expertenrolle; vgl. hierzu die Ausführungen von Perrow (1965); Harris (1977); Pauly/Redisch (1973); Mintzberg (1979).
[2]   Vgl. Schwarz (1997), S. 34.
[3]   Vgl. Naegler (1992), S. 104ff.
[4]   Vgl. hierzu im Folgenden Eichhorn/Schmidt-Rettig (2001), S. 24ff. und die Übersicht auf S. 175f.
[5]   Vgl. Oswald (1995), S. 53.
[6]   Vgl. hierzu Sachs (1994), S. 40ff.

Die *Rechtsform* ist die vom Gesetzgeber festgelegte Gesamtheit von Eigenschaften und Verhaltensweisen, die für die Gestalt und das Handeln des Krankenhauses Restriktionen darstellt. Für den Krankenhausbetrieb muss die Rechtsform immer in Verbindung zur Trägerschaft gesehen werden. Beide Determinanten sind nicht unabhängig, sondern bedingen sich gegenseitig.[1] In Abhängigkeit von der Trägerschaft gestalten sich demnach die jeweiligen Wahlmöglichkeiten hinsichtlich der Rechtsform. Als Rechtsformen finden sich fast sämtliche Rechtsformen des Privatrechts, die grundsätzlich sämtlichen Trägern offen stehen, sowie Rechtsformen, die speziell für öffentliche Krankenhäuser relevant sind.[2]

Öffentlich rechtliche Rechtsformen stehen nur Krankenhäusern offen, die in öffentlicher Trägerschaft sind. Diese können unterschieden werden in nicht voll rechtsfähige Anstalten (Landesbetriebe, Regiebetriebe, Eigenbetriebe) sowie selbstständige juristische Personen des öffentlichen Rechts (Anstalten und Stiftungen des öffentlichen Rechts). In dem für die weiteren Ausführungen relevanten ersten Fall ist für die Beziehung des Krankenhauses zum Träger charakteristisch, dass das Krankenhaus keine eigene Rechtspersönlichkeit besitzt, sondern in die allgemeine Verwaltung und rechtliche Organisation des Trägers eingebunden ist.[3]

Bei privatrechtlichen Rechtsformen kann eine Unterscheidung in Kapitalgesellschaften (AG und GmbH) und Personengesellschaften (KG, OHG und GbR) erfolgen. Die Personengesellschaften zeichnen sich dadurch aus, dass neben die Haftung der Gesellschaft die der Gesellschafter mit ihrem eigenen Vermögen tritt. Diese Rechtsform ist für das Betreiben von (kommunalen) Krankenhäusern wenig geeignet, da den Kommunen bei der Gründung von Unternehmen des Privatrechts vorgeschrieben wird, eine Rechtsform zu wählen, bei der die Haftung der Gesellschafter auf einen bestimmten Betrag begrenzt wird.

Die Forderung einer Haftungsbegrenzung wird bei der Rechtsform der Kapitalgesellschaft (AG oder GmbH) erfüllt. Dieser Rechtsform ist die Verselbstständigung der Gesellschaftsorgane gegenüber den Eigentümern gemein.[4] Die Gründung einer Aktiengesellschaft ist von Vorteil, wenn eine hohe Streuung und eine hohe Kapitalaufbringung erfolgen sollen. Die AG unterscheidet sich

---

[1] Vgl. Schwarz (1997), S. 40.
[2] Vgl. Knorr/Wernick (1991), S. 15ff.; Gronemann (1988).
[3] Vgl. Lorenser (1987), S. 107.
[4] Vgl. Sachs (1994), S. 62.

von der GmbH insbesondere darin, dass die Möglichkeiten der satzungsmäßigen Ausgestaltung geringer sind, Weisungsrechte des Eigentümers gegenüber den Aufsichtsratmitgliedern ausgeschlossen sind und ein Durchgriff der Eigentümer auf die Geschäftsführung nicht möglich ist.

Als weitere Alternative zu den öffentlich-rechtlichen Rechtsformen kommt die GmbH in ihrer gewerblichen oder gemeinnützigen Form (gGmbH) in Frage. Die Gesellschafter der GmbH besitzen im Innenverhältnis ein Durchgriffsrecht auf die Entscheidungen der Geschäftsführung. Die Vertretungsmacht der Geschäftsführer kann allerdings nicht eingeschränkt werden. Der Aufsichtsrat hat eine Kontrollfunktion, jedoch keine Funktion der Geschäftsführung und Vertretung der Gesellschaft. Genehmigungsvorbehalte des Aufsichtsrates können in der Satzung verankert werden.

Bedeutung der Rechtsform für die Entscheidungsfindung

Ein als Regiebetrieb geführtes Krankenhaus ist unselbstständiger Bestandteil der allgemeinen Verwaltung. Er zeichnet sich durch eine völlige Integration in die kommunale Verwaltung und ihrer Wirtschaftsführung aus, ist demnach finanzwirtschaftlich und organisatorisch in den Gesamthaushalt und die Organisation des Trägers integriert.[1] Der Eigenbetrieb ist hingegen zwar nicht rechtlich, jedoch organisatorisch von der Kommune getrennt. Er ist aus der öffentlichen Verwaltung ausgegliedert und wird im kommunalen Haushalt als Sondervermögen ausgewiesen. Er verfügt über eine eigene Krankenhausleitung, die als Organ mit eigenen Kompetenzen neben die außerbetrieblichen Organe des Trägers tritt, sowie über eine eigene Betriebssatzung.

Als problematisch wird bei diesen Rechtsformen die geringe Eigenständigkeit gesehen.[2] Die wesentlichen Entscheidungen werden in der Regel von Seiten des Stadtrates (Kreistag) gefällt. Die Betriebsführung besitzt nur eine nachgeordnete organisatorische Stellung. Insgesamt wird bemängelt, dass das Fehlen selbstständiger und eigenverantwortlicher Leitungsorgane aufgrund der ständigen Rückkopplung zur allgemeinen Verwaltung eine Schwerfälligkeit in der Betriebsführung bedeutet, die ein unternehmerisches Handeln häufig verzögert.[3] Auch wird darauf hingewiesen, dass die Verwaltungsstellen des Trägers selten über den notwendigen Sachverstand ver-

---

[1]   Vgl. Lorenser (1987), S. 107.
[2]   Vgl. Rühle (2000), S. 118ff.
[3]   Vgl. Schwarz (1997), S. 56.

fügen, um sachgerechte Entscheidungen treffen zu können. Zudem werden die Verwaltungsstellen häufig von politischen Zielsetzungen und Interessen beeinflusst und entsprechen auch aus diesem Grund nicht unbedingt sachlichen Erfordernissen.

Privatrechtliche Organisationsformen, z. B. in einer GmbH, weisen eine völlig andere Struktur auf. Sie ist als juristische Person selbst Trägerin von Rechten und Pflichten und handelt deshalb durch ihre eigenen Organe. Diese sind die Gesellschafterversammlung und die Geschäftsführung, durch welche die GmbH gegenüber Dritten vertreten wird. In dieser Rechtsform sind die Entscheidungsebenen relativ eindeutig getrennt. Die Gesellschafterversammlung gibt nur den Rahmen vor, in dem die Geschäftsführung die Leitung der Gesellschaft eigenverantwortlich durchführt. An die Stelle einer Pluralinstanz, der Krankenhausleitung, tritt eine Singularinstanz, der Geschäftsführer. Er verfügt über die Entscheidungs- und Durchführungskompetenz, ist jedoch an die Beschlüsse der Gesellschafterversammlung und den Gesellschaftsvertrag gebunden.

Abschließend bleibt festzuhalten, dass bestimmte Rechtsformen mit spezifischen Regelungen der Unternehmensverfassung verknüpft sind. Allerdings ist dabei zu beachten, dass die meisten Regelungen erhebliche Spielräume bei der Verteilung der Entscheidungskompetenzen lassen. Für eine Beurteilung der Entscheidungsstruktur ist demnach nicht nur die Frage nach notwendigen Kompetenzen, sondern auch die Nutzung von bestehenden Kompetenzen von Bedeutung.[1]

Im Folgenden sollen verfügungsrechtstheoretische Aussagen zur Unternehmenssteuerung von Krankenhäusern gemacht werden. Dargestellt werden soll, wie sich die durch die Unternehmensverfassung bedingte Zuordnung von Verfügungsrechten auf die einzelnen Entscheidungsträger der Krankenhausträger und Betriebsleitung in ökonomischer Hinsicht auswirken.[2]

3.1.2 Verfügungsrechtstheorie

Der Hauptaspekt der Theorie der Verfügungsrechte besteht darin, Ressourcen als Rechtebündel und den Handelsprozess als Tausch von Rechtebündeln zu begreifen.[3] Im Zentrum steht die The-

---

[1] Vgl. Sachs (1994), S. 15.
[2] Vgl. Gäfgen (1982), S. 101ff. und (1990), S. 169ff. Eine verfügungsrechtstheoretische Analyse von frei-gemeinnützigen Krankenhäusern stammt von Buschmann (1977).
[3] Vgl. zur Theorie der Verfügungsrechte bspw. Gäfgen (1984a), S. 43ff.; Gerum (1992), Sp. 2116; Schüller (1983), S. VII. Als Protagonisten der Property Rights-Theorie gelten Alchian/Demsetz; vgl. Alchian/Demsetz (1972), S. 777ff.

se, dass die Ausgestaltung und der Umfang der getauschten Rechtebündel die Nutzung und Allokation von Ressourcen determinieren.[1] Insgesamt werden durch diese Perspektive die Anreizwirkungen, die aus einer spezifischen Distribution von Rechten hervorgeht, hervorgehoben.[2] Das Verhalten menschlicher Individuen wird in der Theorie der Verfügungsrechte mit rationalem, eigennützigem Maximieren beschrieben.[3] Die Zielfunktion der Nutzenmaximierung bezieht sich sowohl auf pekuniäre als auch auf immaterielle Größen (Prestige, Selbstverwirklichung) und erweitert die Präferenzen eines ursprünglich rein monetär orientierten homo oeconomicus.[4] Damit wird gleichzeitig unterstellt, dass Handlungsspielräume opportunistisch ausgenutzt werden können.

3.1.2.1 Terminologische Bestimmung von Verfügungsrechten

Hinsichtlich der Bedeutung von Verfügungsrechten ist die Unterscheidung zwischen physischen und effektiven Eigenschaften einer Ressource maßgebend, wobei beide einen wesentlichen Einfluss auf deren Wert besitzen.[5] Aus der Sicht der Property Rights-Theorie können physisch absolut homogene Ressourcen einen unterschiedlichen Wert besitzen, wenn mit ihrem Eigentum unterschiedliche Nutzungsrechte verbunden sind.[6]

Das Rechtebündel lässt sich konkret in folgende Verfügungsrechtspositionen aufspalten:[7]

- das Recht auf Nutzung einer Ressource (usus)

- das Recht auf Einbehaltung der Erträge einer Ressource (usus fructus)

- das Recht auf Veränderung der Ressource in ihrer Substanz (abusus)

- das Recht auf Veräußerung der Ressource.

---

[1]   Vgl. Furubotn/Pejovich (1972), S. 1139.
[2]   Vgl. Richter (1991), S. 403.
[3]   Vgl. Meckling (1976), S. 549.
[4]   Vgl. Gerum (1988), S. 24.
[5]   Vgl. Demsetz (1967), S. 347.
[6]   Rechte sind in diesem Kontext als interpersonell akzeptierte Handlungspotentiale von Individuen definiert. Werden zugestandene Handlungsräume verweigert oder überschritten, muss der Verursacher damit rechnen, die Konsequenzen seines Verhaltens in Form von Sanktionen zu tragen; vgl. Leipold (1978), S. 518.
[7]   Vgl. Alchian/Demsetz (1972), S. 783; Furubotn/Pejovich (1972), S. 1139; Picot (1981), S. 157.

3.1.2.2 Verfügungsrechtsstrukturen

Die aufgelisteten Rechte umschreiben die Verfügungsgewalt über Ressourcen und definieren Entscheidungsräume für deren Nutzung. Der Wert eines Gutes leitet sich aus den rechtlichen Nutzungspotentialen ab, welche durch den Umfang der Zuordnung der Rechte auf ein Wirtschaftssubjekt und der Spezifikation der Rechte bestimmt wird.[1]

So ist eine effiziente Allokation von Ressourcen grundsätzlich nur dann möglich, wenn sämtliche Verfügungsrechte an den Ressourcen vollständig spezifiziert und in voller Höhe einem Wirtschaftssubjekt zugeordnet sind, denn nur in einem solchen Fall werden alle Kosten und Erträge aus der Nutzung einer Ressource internalisiert.[2] Sind dagegen obige Rechte nicht vollständig auf einen, sondern auf mehrere Träger verteilt, kann eine Partei nicht alleine über die Nutzung der Ressource entscheiden.[3] Da in diesem Fall die aus dem Ressourceneinsatz resultierenden Gewinne geteilt werden, sinkt der Wert des Ertragsrechts aus der Ressource pro Rechteinhaber. Die damit verbundene geteilte Zuordnung prägt das Individualverhalten, in der Form, dass Anreize für effiziente Benutzung von Ressourcen abnehmen. Werden die Folgen der Nutzung von Verfügungsrechten nicht vollständig durch den Eigentümer internalisiert, driften soziale und private Grenzkosten bzw. Grenzerträge auseinander und es kommt zu Ineffizienzen aufgrund externer Effekte.

Neben der Zuordnung hat die Spezifikation von Ressourcen einen bedeutenden Einfluss auf deren Wert. Je eindeutiger Verfügungsrechte inhaltlich bestimmt sind und je geringer der Grad der Verwendungsbeschränkung ist, desto größer ist der Nutzen für das über die Rechte verfügende Wirtschaftssubjekt.[4]

Zusammenfassend stellt aus verfügungsrechtstheoretischer Sicht die Akkumulation sämtlicher im Rechtebündel enthaltener Einzelrechte auf ein Wirtschaftsobjekt und deren unbeschränkte Durchsetzbarkeit die Grundlage für eine effiziente Ressourcenallokation dar, denn nur dann werden die gesamten Vorteile sowie sämtliche Kosten, die im Zusammenhang mit der Nutzung

---

[1]   Vgl. Picot et al. (2002), S. 55ff; Schreyögg (1988), S. 152.
[2]   Vgl. Furubotn/Pejovich (1972), S. 1139.
[3]   Vgl. Kaulmann (1987), S. 16.
[4]   Vgl. Richter/Furubotn (1996), S. 100f. Dabei muss beachtet werden, dass Verfügungsrechte in ein Netz von Rechtsansprüchen Dritter eingebettet sind, so dass ihre Durchsetzung dort Grenzen findet, wo Dritte in ihren Handlungsmöglichkeiten eingeengt werden.

des Gutes anfallen, internalisiert. Sind die Rechte nicht vollständig zugeordnet oder spezifiziert, liegen Verfügungsrechtsverdünnungen vor.

Die Einbeziehung des Phänomens abgeschwächter Property Rights in die theoretische Analyse stellt einen wichtigen Aspekt der Verfügungsrechtstheorie dar, da deren Erklärungsgehalt in den unterschiedlichen Anreizeffekten differierender verfügungsrechtlicher Strukturen liegt. Die Verteilung von Property Rights wäre ohne Bedeutung, wenn alle externen Effekte durch Verhandlungen gelöst werden könnten. Tatsächlich treten im Zusammenhang mit Verfügungsrechtsübertragungen Kosten für die Anbahnung, Durchsetzung und insbesondere Kontrolle auf.[1] Diese Transaktionskosten wirken, da sie eine Nutzenbeschränkung von Verfügungsrechten bedeuten, verhaltensbeeinflussend und stellen bei der ökonomischen Beurteilung verschiedener Property Rights Strukturen das zentrale Kriterium dar.[2] Obwohl im Grundsatz Verfügungsrechtsarrangements vorzuziehen sind, die einer möglichst vollständigen Zuordnung und Spezifizierung Rechnung tragen, scheitert dieser Idealzustand an der Existenz von Transaktionskosten. Diese bedingen, dass Verfügungsrechtsverteilungen nicht nur durch die bisher genannten Kriterien der Zuordnung und Spezifikation, sondern auch anhand der anfallenden Kosten für die Transaktion zu beurteilen sind.[3]

3.1.2.3 Verfügungsrechtsstrukturen und Effizienzwirkungen

Die Property-Rights-Theorie untersucht die Anreizeffekte differierender verfügungsrechtlicher Strukturen hinsichtlich einer effizienten Ressourcenallokation unter der Annahme, dass es bei Existenz von Transaktionskosten von der Zuordnung und Spezifikation der Rechte abhängt, inwieweit Anreize zu einem wirtschaftlichen Umgang mit Ressourcen gegeben werden. Bezogen auf die Transaktionskosten kommt den Kontrollkosten, welche dem Eigentümer aufgrund einer Verfügungsrechtsverdünnung (attenuation) entstehen, eine besondere Bedeutung zu.[4]

---

[1]   Vgl. Tietzel (1981), S. 211ff.; Gäfgen (1984a) S. 51ff.
[2]   Vgl. Picot (1981), S. 158f. Der Begriff geht zurück auf Coase (1937).
[3]   Vgl. Picot et al. (2002), S. 58ff.
[4]   Ausgangspunkt der Property Rights-Theorie ist die (neoklassische) Eigentümerunternehmung. In einem solchem Fall sind die Rechte bei einer Person gebündelt. Aus Property Rights-theoretischer Sicht sind in diesem Fall die Transaktionskosten aufgrund der Konzentration der Verfügungsrechte gering. In motivationaler Hinsicht sorgen das Recht und damit die Aussicht auf Gewinnaneignung für effizientes Verhalten.

In Abhängigkeit der Unternehmensverfassung lassen sich verschiedene Zuordnungen und Spezifikationen von Verfügungsrechten auf die Handlungs- und Entscheidungsträger im Krankenhaussektor darstellen.[1]

Unabhängig von der Zielsetzung können Krankenhäuser als managergeleiteter Unternehmenstyp interpretiert werden, da bei erwerbswirtschaftlich als auch bei bedarfswirtschaftlich orientierten Krankenhäusern die Leitungsfunktion von der Krankenhausleitung übernommen wird. Jedoch bestehen hinsichtlich der Verteilung der Verfügungsrechte bedeutende Unterschiede zwischen diesen beiden Krankenhaustypen, welche Aussagen hinsichtlich der Effizienz der Leistungserbringung im Krankenhaus erlauben.

3.1.2.3.1 Verfügungsrechtsstrukturen eines For Profit-Krankenhauses

Im Fall einer (For Profit) Publikumsaktiengesellschaft liegt das Koordinationsrecht allein bei dem angestellten Management, während das Recht auf Einbehaltung der Erträge einer Ressource (usus fructus) und das Recht auf Veräußerung der Ressource bei den Anteilseignern oder privaten Trägern verbleibt (vgl. Abb. 3-2).[2]

Somit kommt es bei Publikumsgesellschaften zur „Separation of ownership and control"[3], welche -neben den mit der Unternehmensform verbundenen Vorteilen der Kapitalsammlung durch Anteilsfinanzierung sowie Spezialisierungsvorteile und Reduktionspotentiale von Koordinationskosten[4]- aus verfügungsrechtstheoretischer Sicht Steuerungsprobleme erwarten lassen.

Das Management wird versuchen, die durch die Verdünnung der Eigentumsrechte und die Existenz von Transaktionskosten entstehenden Handlungsspielräume opportunistisch zu nutzen. Die Anteilseigener eines Privatkrankenhauses haben allerdings einen Anreiz das Managerverhalten zu überwachen, da nur sie die Folgen der Ressourcenverwendung über die Wertveränderung des Vermögensrechts verspüren. Die Verfügungsrechte sind demnach verdünnt individualisiert. Zur

---

[1]   Vgl. Picot (1981), S. 158f.; Schwarz (1997), S. 41f.
[2]   Im Gegensatz hierzu geht das Koordinationsrecht bei mitbestimmten Unternehmen neben dem Management auch an die Arbeitnehmer über. In den folgenden Ausführungen wird nur noch die Publikumsaktiengesellschaft als bedeutendste Form der Unternehmung dargestellt werden.
[3]   Fama/Jensen (1983), S. 301ff.
[4]   Vgl. Alchian/Demsetz (1972), S. 777ff.; Picot/Michaelis (1984), S. 256f.; Ridder-Aab (1980), S. 71 und S. 134. Besonders wichtig ist in diesem Zusammenhang die für Aktionäre bestehende Möglichkeit, jederzeit und ohne Zustimmung der anderen Anteilseigner ihre Anteile veräußern zu können. Damit ist auch die Möglichkeit des jederzeitigen freiwilligen „Markteintritts" gegeben.

Reduzierung des entstehenden Delegationsrisikos werden von den Eigentümern bestimmte Richtlinien, Vorgaben und Kontrollmaßnahmen eingesetzt, wobei sich bei Publikumsaktiengesellschaften das systematische Kontrolldefizit des Managementverhaltens durch die Aktionäre als problematisch erweist.[1]

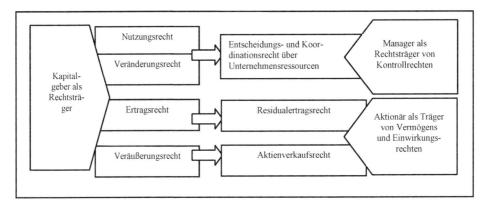

Abb. 3-2: Verfügungsrechtsverteilungen in der Aktiengesellschaft[2]

Die *Lösung* des aktionärsseitigen Kontrollproblems besteht in der Institutionalisierung eines Kontrollorgans, des Aufsichtsrats. Diesem kommt die Aufgabe zu, als Vertreter der Aktionäre das Leistungsverhalten des Managements zu überwachen und es beim Vorliegen von Unregelmäßigkeiten auszutauschen.

Des Weiteren verweisen die Vertreter der Verfügungsrechtstheorie auf Eigentumssurrogate, denen vergleichbare Wirkungen zugesprochen werden, wie sie aus unverdünnten Rechtszuordnungen zu erwarten sind.[3] Damit wird im Rahmen der Verfügungsrechtstheorie der Bogen zur marktorientierten Steuerung geschlagen und die Bedeutung dieser marktlichen Instrumente herausgestellt.[4] Zu den Eigentumssurrogaten zählen vor allem wettbewerbliche Bedingungen auf dem Kapitalmarkt, den Ressourcenmärkten und dem Arbeitsmarkt für Manager:[5]

---

[1]   Dieses entsteht, da sich die Überwachung des Managements nur lohnt, wenn der zusätzliche Nutzen die marginalen Kontrollkosten überschreitet. Dies ist allerdings aufgrund der geringen Anteile bei Kleinaktionären zu bezweifeln. Darüber hinaus ergeben sich externe Effekte, da die Kontrolle ein unteilbares Gut darstellt und der Nutzen allen Aktionären als Trittbrettfahrern zu gute kommt, während nur die eine Partei die Kosten trägt; vgl. Michaelis (1988), S. 129.
[2]   Vgl. Schanz (1983), S. 260.
[3]   Vgl. Picot et al. (2002), S. 61; Flassak (1995).
[4]   Vgl. Theuvsen (2001), S. 85.
[5]   Für einen Überblick der Eigentumssurrogate vgl. Ridder-Aab (1980); Geldmacher (2000).

Das Bestehen eines Kapitalmarktes wirkt sich dahingehend aus, das sinkende Börsenkurse einerseits zu Reputationsverlusten der Führungskräfte führen, die Finanzierungsmöglichkeiten für das Unternehmen und damit die Handlungsspielräume einschränken. Befürworter der Wirksamkeit eines „Market for Corporate Control"[1] verweisen auf die Gefahr einer Unternehmensübernahme, in deren Verlauf das amtierende Management durch eine neue Führungsspitze ersetzt wird. Wettbewerb bei Absatz- und Beschaffungsmärkten bestimmen den Handlungsrahmen für Manager bei der Ressourcenbeschaffung und dem Leistungsabsatz. Befindet sich das Unternehmen auf einem dieser Märkte unter starkem Konkurrenzdruck, schlagen sich schlechte unternehmerische Entscheidungen am Kapitalmarkt idealtypisch in fallenden Börsenkursen nieder. Auf dem Arbeitsmarkt steht die Qualität und Leistung der Manager selbst zur Disposition. Die Verfügungsrechte am Humankapital werden zum Handelsgegenstand. Manager müssen ihre Position gegenüber externen und internen Führungskräften verteidigen. Diejenigen, die die Unternehmensziele zugunsten eigener Ziele vernachlässigen, laufen Gefahr durch andere ersetzt zu werden, die vorgeben, die Interessen der Eigentümer besser zu vertreten.

Eigentumssurrogate sorgen demnach auch bei verdünnten Eigentumsrechten für ein vertragskonformes Verhalten der beteiligten Vertragsparteien und reduzieren Nutzenminderungen durch Fehlverhalten[2], da die Notwendigkeit zur Anpassung an die Marktbedingungen Manager zu effizientem Handeln zwingt. Auch können durch erfolgsabhängige Entlohnungssysteme Manager zum zielkonformen Verhalten bewegt werden. Durch diese kann ein möglicher Interessengegensatz zwischen Manager und Aktionär abgemildert werden, da durch die Koppelung des Gehalts an den erzielten Gewinn oder durch die Übertragung von Anteilen eine Interessenangleichung erreicht wird.

3.1.2.3.2 Verfügungsrechtsstruktur eines Not for Profit-Krankenhauses

Eine andere Situation ergibt sich für bedarfswirtschaftlich orientierte Krankenhäuser.[3] Die Zuordnung der Verfügungsrechte ist hier nur eingeschränkt möglich. In den Fällen, in denen öffent-

---

[1] Der Begriff geht zurück auf Manne (1965), S. 110ff.
[2] Vgl. Picot/Michaelis (1984), S. 259f.; Kaulmann (1987), S. 65f.
[3] Vgl. Picot/Kaulmann (1985), S. 962f.; Picot/Wolff (1994), S. 218; Picot (1981), S. 169f.; Budäus (1988), S. 59f. Für den Krankenhaussektor vgl. Schwarz (1997), S. 48f.

liche oder freigemeinnützige Krankenhäuser in die Trägerverwaltung eingegliedert sind, liegt das Koordinationsrecht bei staatlichen Stellen, d. h. bei Politikern als Repräsentanten des Staates bzw. beim Management, an das die Politiker das Recht delegieren oder bei den (z. B. kirchlichen) Verwaltungsorganen.[1] Allerdings erfolgt im Gegensatz zur privaten Gesellschaft keine Zuordnung des Rechts auf Veräußerung (successionis) und das Gewinnaneignungsrecht (usus fructus) zu einer speziellen Person oder Gruppe. Eine Zuordnung unterbleibt deshalb, weil die Möglichkeit einer individuellen Zuordnung nicht besteht.[2] Es existieren demnach nicht private, sondern nur „kollektive" Verfügungsrechte an solchen Unternehmen.[3] Die Unternehmenssteuerung solcher Unternehmen besteht damit aus einem Beziehungsgeflecht von Wählern, den von ihnen gewählten Politikern und den Managern öffentlicher Krankenhäuser.[4]

Diese Rechtezuordnung[5] lässt aus verfügungsrechtstheoretischer Sicht erwarten, dass eine bedarfswirtschaftliche Leistungserstellung weniger effizient und damit kostenungünstiger erfolgt als eine private Produktion. Dies wird weniger aus dem Zusammenhang zwischen Verfügungsrechten und entstehenden Transaktionskosten durch Verfügungsrechtsverdünnungen, sondern vielmehr aus der Möglichkeit der Individualisierung von Verfügungsrechten geschlussfolgert.[6] Aus verfügungsrechtstheoretischer Sicht erscheint im Hinblick auf die Transaktionskosten zwischen einem For Profit-Eigentümerunternehmen und einem Regiebetrieb, der unselbstständiger Bestandteil der Trägerverwaltung ist und bei dem alle Verfügungsrechte beim Staat konzentriert sind, kein Unterschied.[7] Wie private Aktiengesellschaften weisen managergeleitete (öffentliche) Not for Profit-Unternehmen Verdünnungen der Eigentumsrechte auf.

---

[1]   Vgl. De Allessi (1996), S. 260.
[2]   Vgl. Stauss (1983), S. 285ff.
[3]   Vgl. Budäus (1988), S. 59. Bei freigemeinnützigen Krankenhäusern stellen die Mitglieder, z. B. kirchlicher Organisationen oder Stiftungen das Kollektiv dar, welche durch die Trägerorgane vertreten werden. Im Falle eines öffentlichen Krankenhauses tritt der Staat als Vertreter für jeden einzelnen Bürger bzw. Wähler auf; vgl. Picot/ Kaulmann (1985), S. 964, die erklären, dass „der Staat wird letztlich von Individuen der Gesellschaft gebildet, so dass eigentlich jeder einzelne Staatsbürger Eigentümer/Anteilseigner der in diesem Zusammenhang betrachteten Unternehmen ist."
[4]   Vgl. Theuvsen (2001), S. 90.
[5]   Im Folgenden wird insbesondere auf die Diskussion über die Effizienz der Leistungserstellung zwischen öffentlichen und privaten Unternehmen fokussiert.
[6]   Vgl. Budäus (1988), S. 60.
[7]   Vgl. Stauss (1983), S. 285f. „Unter Transaktionskostengesichtspunkten gibt es zwischen der privaten und öffentlichen Unternehmung klassischer Art theoretisch keinen Unterschied. In beiden Fällen liegt die Konzentration aller Verfügungsrechte vor...". Stauss (1983), S. 286.

Allerdings induzieren staatlich bzw. kollektiv wahrgenommene Verfügungsrechte andersartige Verhaltensweisen als private bzw. individualisierte Rechte im Hinblick auf Anreize zur Kontrolle durch die nominellen Eigentümer.[1]

So ist im Fall öffentlicher Krankenhäuser jeder Bürger mit nur einem kleinen Anteil am öffentlichen Eigentum beteiligt, so dass der einzelne von Kontrollanstrengungen kaum profitieren würde. Auch wird bei bedarfswirtschaftlichen Unternehmen durch die untergeordnete Rolle des Gewinnziels der Anreiz, das Management -direkt oder indirekt über die Einflussnahme auf Politiker und Verwaltung bzw. auf die Trägerorgane- zu kontrollieren, für die Eigentümer gering, weil sie davon keinen individuellen geldlichen Vorteil erlangen können; ihre Vermögensposition ist demnach unabhängig von der Kontrollqualität und der Effizienz dieser Unternehmen.[2]

Ein wichtiger Unterschied zwischen Anteilen an öffentlichen Institutionen und an Privatunternehmen besteht darin, dass erstere nicht verkäuflich oder übertragbar sind.[3] Somit kann es nicht zur stärkeren Konzentration der Anteile an diesen Unternehmen und damit zu einer engeren Koppelung von Handlungen und Handlungsergebnissen kommen. Die Nichtübertragbarkeit der Rechte verhindert außerdem, die Ausnutzung von Spezialisierungsvorteilen in der Form, dass es zu einer Rechtskonzentration in der Hand von Individuen kommt, die zur Übernahme bestimmter Risiken bereit oder zur Führung bestimmter Unternehmen besonders befähigt sind. Auch Politiker, als Repräsentanten der nominellen Eigentümer, haben kein großes Interesse an der Effizienz von solchen Unternehmen,[4] da davon ausgegangen werden muss, dass Bürger sich in ihrem Wahlverhalten kaum an der Gewinn- und Verlustsituation von Krankenhäusern ausrichten.[5] Auch die Kontrollinstitutionen freigemeinnütziger Träger, die als Vertreter ihrer Mitglieder agieren, haben aus den gleichen Gründen wenige Anreize zur Kontrolle.[6]

Aus Property Rights-theoretischer Sicht haben somit Manager oder Verwaltungsleiter bedarfswirtschaftlicher Unternehmen größere Freiräume für effizienzminderndes Verhalten als Kollegen in privatwirtschaftlichen Krankenhäusern. Diese Freiräume werden insbesondere durch die Ziel-

---

[1] Vgl. Picot/Kaulmann (1985), S. 963.
[2] Vgl. Buschmann (1977), S. 94.; Picot/Wolff (1994), S. 219f.
[3] Vgl. hierzu und im folgenden Theuvsen (2001), S. 90ff.
[4] So die These von Stauss (1983), S. 286.
[5] Vgl. Picot/Kaulmann (1985), S. 963f.
[6] Vgl. McLean (1989), S. 66; Neuhauser/Eigner (1987), S. 430.

formulierung von bedarfswirtschaftlichen Unternehmen verstärkt. Als vorrangiges Ziel solcher Unternehmen wird die bedarfsgerechte Versorgung der Bevölkerung (Versorgung nach dem neuesten Stand der Medizin unter Berücksichtigung der Wirtschaftlichkeit) angesehen, welches nur sehr vage formuliert ist und folglich erst einer Auslegung, Operationalisierung und Gewichtung bedarf.[1] Darüber hinaus wird eine wirksame Kontrolle durch die unzureichende Fachkenntnis bei den Kontrollorganen noch verschärft.[2]

Auch sind die Träger bzw. Kontrollorgane der Träger eher politisch bzw. karitativ als pekuniär orientiert, so dass auch von dieser Seite ein Interesse an nach außen vorzeigbaren Merkmalen wie Prestige oder medizinische Ausstattung besteht, demnach eine weitgehende Zielidentität zwischen den Kontrollorganen und dem Management unterstellt werden kann.[3] Neben den aus verfügungsrechtstheoretischer Perspektive fehlenden Anreizen zur Kontrolle wird als weitere Begründung für Ineffizienzen der geringe Anreiz des Managements in Richtung effizienter Leistungserstellung gesehen. Dies ist in der Tatsache zu sehen, dass Leitern oder Verwaltungsstellen von Non Profit-Unternehmen, die als Personifizierung des Staates oder der Mitglieder interpretiert werden können, das individuelle Gewinnaneignungsrecht fehlt, welches den größten Anreiz für den Einsatz von betriebsinternen Überwachungs- und Kontrollinstrumenten bietet.[4]

Als weitere mögliche Begründung für Ineffizienzen gilt aus verfügungsrechtstheoretischer Sicht, dass die marktlichen Steuerungsmechanismen in bedarfswirtschaftlichen Unternehmen nur sehr eingeschränkt wirken.[5]

Dies geschieht durch die Tatsache, dass die wenigsten Krankenhäuser am Kapitalmarkt gehandelt werden, Signale in Form von steigenden oder fallenden Kursen nicht ausgesandt werden können. Auch die Möglichkeit, dass der Staat oder der Träger Verluste ausgleicht, vermindert den Druck in Richtung der Verfolgung einer effizienten Leistungserstellung. Des Weiteren werden auch vom Wettbewerb auf dem Markt für Manager in nur geringem Maße Einschränkungen

---

[1]   Vgl. Buschmann (1977), S. 61; Neuhauser/Eigner (1987), S. 430.
[2]   Vgl. Sloan/Becker (1981), S. 224ff.
[3]   Vgl. Gäfgen (1990), S. 210.
[4]   Vgl. Budäus (1988), S. 60. Zur Teamproduktion vgl. Alchian/Demsetz (1972), S. 777ff.
[5]   Vgl. Picot (1981), S. 170; Picot/Kaulmann (1985), S. 964ff.; McLean (1989), S. 66.

auf die Handlungsmöglichkeiten der Krankenhausleitung ausgeübt, welches durch sehr langfristig bestehende Arbeitsverträge bedingt ist.[1]

Insgesamt lässt sich aus dieser Perspektive festhalten, dass in bedarfwirtschaftlichen Krankenhäusern insbesondere durch die nur schwer messbaren Zielformulierungen, verbunden mit fehlenden Anreizen zur Wahrnehmung von Kontrollaufgaben durch die Trägerorgane und schwach ausgeprägten marktlichen Steuerungsmechanismen, ein größerer Handlungsspielraum zur Verfolgung eigener Ziele für das Krankenhausmanagement als bei privatwirtschaftlichen Krankenhäusern besteht. Auch führt die mangelnde individuelle Zurechenbarkeit des Gewinnaneignungsrechts zu einer Verhinderung einer effizienten Betriebsführung durch das Management. Dies alles führt dazu, dass die Effizienz bedarfswirtschaftlicher Krankenhäuser geringer ist als die vergleichbarer Privatunternehmen.

Aus verfügungsrechtstheoretischer Sicht stellt eine Privatisierung eine erfolgsversprechende Lösung dar, denn sie bewirkt eine Zuordnung des Gewinnaneignungs- und Veräußerungsrechts auf einen privaten Träger. Die Aufsichtsorgane des Trägers haben, insbesondere wenn sie am Unternehmenserfolg beteiligt werden, ein größeres Kontrollinteresse. Auch eine erfolgsabhängige Entlohnung für die Entscheidungsträger im Krankenhaus, vor allem der Ärzteschaft und der Krankenhausleitung, stellt eine Möglichkeit dar, um ein zielkonformes Verhalten dieser Gruppen zu bewirken.

---

[1]   Vgl. McLean (1989), S. 66.

3.2   Ökonomische Krankenhausmodelle

Neben den bisher aufgezeigten Aussagen zur Unternehmenssteuerung durch die Unternehmensverfassung existieren Ansätze, die auf das Verhalten des Krankenhausmanagements abheben und
deren Auswirkungen auf die Leistungserstellung thematisieren. Im Folgenden werden diesbezügliche ökonomische Krankenhausmodelle von Newhouse[1] und Lee[2] vorgestellt,[3] wobei diese Ansätze in unmittelbarem Zusammenhang zu dem vorherigen Ansatz stehen, da die Handlungsspielräume des Krankenhausmanagements durch die Unternehmensverfassung determiniert werden.[4]

3.2.1   Qualitäts-/ Quantitätsmaximierung des Krankenhausmanagements

Newhouse untersucht in seinem Modell das Allokationsverhalten des Krankenhauses und begründet technisch ineffizientem Mitteleinsatz[5] mit dem Streben nach individuellen Zielen durch
die im Krankenhaus verantwortlichen Entscheidungsträger.[6] Diese werden durch einen Verbund
aus Verwaltungsdirektor, Trustees und Ärzteschaft dargestellt. Sowohl der Verwaltungsleiter als
auch die Eigentümer haben ein Interesse am Prestige des Krankenhauses, welches durch die medizinische Ausstattung und die Qualität der angebotenen Leistungen beeinflusst wird. Dieses
Prestigestreben wird durch die Ärzteschaft, welche als Entscheidungsträger im Leistungserstellungsprozess im Krankenhaus eine wesentliche Rolle spielen und damit eine große Macht ausüben,[7] verstärkt. Im Unterschied zu den erstgenannten Gruppen ist für die Ärzte das Prestige
gleichbedeutend mit hoher Inputqualität. Technisch ineffiziente Produktionsweise entsteht durch
die Abneigung der Entscheidungsträger gegen eine geringe Inputqualität, obwohl auch durch eine relativ geringere Inputqualität ein vorgegebenes Behandlungsergebnis bewirkt werden könnte.
Dieser Wunsch der Ärzteschaft und das Prestigestreben von Eigentümern und Verwaltung führt

---

[1]   Vgl. Newhouse (1970), S. 64ff.
[2]   Vgl. Lee (1971), S. 48ff.
[3]   Die folgenden Ausführungen orientieren sich an Heeß (1988), S. 71ff.
[4]   Für eine Übersicht über weitere ökonomische Modelle des Krankenhauses vgl. Forster (1974); Newhouse (1978), S. 68ff.
[5]   Technisch effizient, verstanden als Maß für die Produktivität des Faktoreneinsatzes, wird produziert, wenn ein vorgegebe-
        ner Output, bei gegebenem Stand der Technik, mit den geringstmöglichen Mengen aller Produktionsfaktoren produziert
        wird.
[6]   Vgl. Newhouse (1970), S. 64ff; Pauly/Redisch, (1973), S. 98, sprechen in diesem Zusammenhang anschaulich von „dupli-
        cation of facilities".
[7]   Vgl. hierzu Harris (1977); Mintzberg (1979); Perrow (1965); Pauly/Redisch (1973).

zur Bereitstellung einer „Cadillac only"-Medizin, welches durch eine große Ressourcenausstattung mit hoch qualifizierten Spezialisten sowie einer guten Kapitalausstattung gekennzeichnet ist. Insofern entsteht nach Newhouse das Problem, dass die Entscheidungsträger einen Produktionspunkt auf einer Qualitäts- und Quantitäts-Trade-Off-Linie wählen, der für sie selbst, gesamtgesellschaftlich jedoch nicht optimal sein muss. [1]

Der Krankenhausentscheidungsträger optimiert den Krankenhausoutput aus den Produkten „Quantität" (gemessen in Pflegetagen) und „Qualität". Jedes Qualitätsniveau wird durch eine u-förmige Durchschnittskostenkurve dargestellt, wobei Qualität und Durchschnittskosten positiv korrelieren, d.h. je höher die Qualität, desto höher die Durchschnittskosten. Diese Situation ist für ein bestimmtes Qualitätsniveau 0 in Abbildung 3-3 dargestellt.

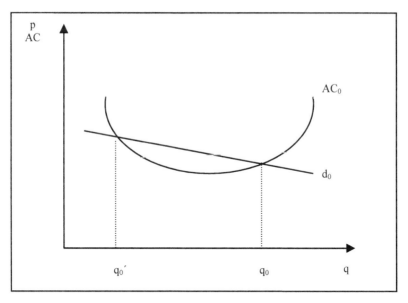

Abb. 3-3: Annahmen der Qualitätsmaximierung

AC_0 stellt die Durchschnittskostenkurve pro Pflegetag bei einem durch Personal- oder Kapitaleinsatz erzielten Qualitätsniveau 0, q_0 die bei dem Qualitätsniveau absetzbaren Anzahl von Pflegetagen und d_0 die Nachfragekurve nach Leistungen (Pflegetag) bei Durchschnittskosten in Höhe von AC_0 dar.

---

[1]   Vgl. Newhouse (1970), S. 70.

Newhouse unterstellt, dass zu jeder Durchschnittskostenkurve genau eine (qualitätsabhängige) Nachfragekurve existiert, die die absetzbare Anzahl an Leistungen (Pflegetage) bei einer bestimmten Qualität des Krankenhauses festlegt.[1] Unter der Annahme, dass das Krankenhaus die Menge an Leistungen maximieren möchte, stimmen im Produktionspunkt q_0 die Durchschnittskosten AC_0 mit dem (Durchschnitts-)Erlös pro Pflegetag überein. Gibt es mehr als einen Schnittpunkt, so wird stets die relativ größere Menge produziert.

Aus der Verbindungslinie alternativer Schnittpunkte von Durchschnittskostenkurve und dazugehöriger Nachfragekurve ergibt sich für das Krankenhaus eine Trade-Off Produktionslinie *(PL)* zwischen angebotener Qualität und Quantität, welche für jedes Qualitätsniveau die jeweils maximal mögliche Anzahl an absetzbaren Leistungen angibt (vgl. Abb. 3-4).[2]

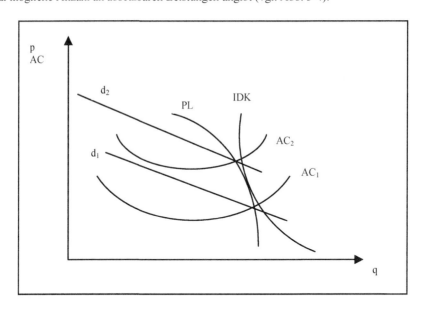

Abb. 3-4: Entscheidungsverhalten des Krankenhausmanagements

Der optimale Produktionspunkt wird durch den Tangentialpunkt zwischen der Trade-Off Produktionslinie *(PL)* und der höchstmöglichen Indifferenzkurve des Krankenhauses *(IDK)* deter-

---

[1]   Bezüglich der Nachfrage wird eine Qualitätsabhängigkeit unterstellt. Eine vom Patienten empfundene Qualitätssteigerung, welche durch einen überhöhten Personal- oder Kapitalbestand induziert wird, führt dann zu einer Rechtsverschiebung der Nachfragekurve. Gleichzeitig wird die Nachfrage als preisreagibel angenommen. Insgesamt ergibt sich dann für jedes Qualitätsniveau genau eine Nachfragekurve, bei der die Nachfrage nach Pflegetagen mit steigendem Preis sinkt.

[2]   Im Optimum gilt dann, dass ein zusätzlicher Pflegetag einen zusätzlichen Erlös in Höhe der Durchschnittskosten eines Pflegetages erbringen muss. Da dieser unterschiedliche Leistungen umfasst, kann nur von Durchschnittskosten und nicht von Grenzkosten ausgegangen werden.

miniert. Dieser garantiert dem Krankenhaus das höchste Nutzenniveau, wobei der krankenhaus-individuelle Produktionsumfang nicht von medizinischen Notwendigkeiten bestimmt ist, sondern vielmehr dem Eigeninteresse des Krankenhauses entspricht.[1]

Im Weiteren hebt Newhouse die anfängliche Annahme der vollständigen Konsumentensouveränität auf und analysiert die Folgen eines Versicherungsschutzes, der mit dem Durchsetzen der Eigeninteressen verbundenen Ineffektivität im Mitteleinsatz zwar nicht direkt auslöst, aber durch eine Nachfragesteigerung indirekt ermöglicht. Darüber hinaus verweist er zur Verhinderung der Durchsetzung von Eigeninteressen auf die Notwendigkeit von marktorientierten Vergütungssystemen.[2] Somit stellt auch er eine Verbindung zur marktorientierten Steuerung her und hebt die Bedeutung dieser Form der Steuerung heraus.

Besondere Beachtung findet bei Newhouse die Unternehmensverfassung von Krankenhäusern. Er unterstreicht die Bedeutung des bedarfswirtschaftlichen Charakters des Großteils von Krankenhäusern, welche es dem Krankenhaus erlaubt, von der Minimalkostenproduktion eines privaten Anbieters abzuweichen und ineffizient zu produzieren. Trotzdem kann es aber einen Preis verlangen, der dem eines gewinnorientierten Anbieters entspricht oder darüber liegt. Die Ursache liegt in der Zuschussfreudigkeit der öffentlichen Hand oder der Großzügigkeit von privaten Spendern, durch welche die „selection of the fittest" verhindert wird. Als Konsequenz fordert Newhouse daher den Abbau von Eintrittsschranken für gewinnorientierte Krankenhäuser.

3.2.2   Statusmaximierung des Krankenhausmanagements

Als weitere Begründung für Ineffizienzen und damit verbundene Kostensteigerungen im Krankenhaussektor sieht Lee[3] das Bestreben von Verwaltungsleitern, den Statusunterschied zu anderen Krankenhäusern derselben Kategorie anzugleichen. Lee stellt dabei auf die besondere Inputstruktur bei der Leistungserbringung von Krankenhäusern im Unterschied zu gewinnorientierten Unternehmen ab.

---

[1]   Vgl. Heeß (1988), S. 75.
[2]   „The importance of third party schemes (…) makes it important to modify the model to take account of their existence. (…) However, simple charge or cost reimbursement by a third party introduces a further potential inefficiency. Under this system the decision maker could conceivably push both quality and quantity to the point where the additional utility to him was zero." Newhouse (1970), S. 73.
[3]   Vgl. Lee (1971), S. 48ff.

Krankenhäuser konkurrieren in diesem Ansatz um Status und Prestige, wobei als Statussymbole die Produktionsfaktoren Personaleinsatz L und Sachmitteleinsatz N pro Pflegetag dienen. Dabei versuchen sie, den Abstand zwischen dem gewünschten Status S^* und aktuellen Status S zu minimieren. Für jede Statuskategorie gibt es in jedem Zeitpunkt ein gewünschtes Set an Inputs (L^*, N^*) und die tatsächlich vorhandenen Inputfaktoren (L, N). L^* und L stellen dabei den gewünschten bzw. tatsächlichen Personaleinsatz pro Pflegetag, N^* und N den gewünschten bzw. tatsächlichen Sachmitteleinsatz pro Pflegetag dar.

Nutzenmaximierung des Verwaltungsleiters bedeutet in dieser Modellvariation die Minimierung der Spanne zwischen gewünschten und tatsächlichen Inputbündeln:

(3-1) $Min(L^* - L, N^* - N)$ mit $L^* > L, N^* > N$

unter der Nebenbedingung einer Erlösrestriktion

(3-2) $C = P$ mit $C = rN + wL$.

Die Erlösrestriktion besagt, dass die Durchschnittskosten pro Pflegetag *(C)*, welche von den Faktorpreisen von Sachmittel r und Personal w abhängen, gleich dem Preis *(P)* pro Pflegetag sein müssen.

Im Gegensatz zu gewinnorientierten Krankenhäusern hängt die Inputnachfrage eines Krankenhauses innerhalb einer Statusgruppe von den Inputs der anderen Krankenhäuser in dieser Gruppe ab. Der Nutzen eines Inputs resultiert nicht nur aus seinem Beitrag zur Outputerhöhung, sondern auch zur Demonstration von Kapazität. Inputs werden somit ohne Rücksicht auf ihre produktionstechnische Relevanz eingesetzt, dienen damit nicht der Gewinnerzielung, sondern der Erzielung von Status und Prestige.

Durch die Tatsache, dass die nachgefragten Inputs eine Funktion der Inputstrukturen der anderen Krankenhäuser und nicht eine Funktion des Outputs sind, ist die Kostenentwicklung unabhängig von dem tatsächlichen medizinisch notwendigen Bedarf.[1] Die Kosten können sich demnach auch dann erhöhen, wenn keine Outputänderung, d.h. keine Veränderung bei der Anzahl und Struktur von Pflegetagen stattgefunden hat. Im Ergebnis wird nach Lee zwar das Potential für immer bes-

---

[1]   Vgl. Heeß (1998), S. 79.

sere Behandlungsmöglichkeiten aufgebaut, allerdings müssen diese neuen Methoden nicht unbedingt in die Praxis umgesetzt werden. Vielmehr werden Ärzte und Pflegepersonal in diesem Modell als Input betrachtet. In Abhängigkeit der Menge und Qualität des medizinischen Personals steigt die Anzahl potentieller Patienten und das Prestige des Krankenhauses. Krankenhausleiter konkurrieren somit um gutes medizinisches Personal mit einer quantitativ und qualitativ hochwertigen Medizinausstattung, die die Produktionskosten in die Höhe treibt. Als Konsequenz dieser Entwicklung ist die Inputstruktur gekennzeichnet durch eine Überqualifikation des Personals und eine Spezialisierung im Kapitalbestand, die der Bedürfnisstruktur des behandelten Patientenspektrums nicht entspricht. Die Produktion ist gekennzeichnet durch relativ hohe Ausgaben und eine relativ niedrige durchschnittliche Produktivität.[1]

Ineffizienzen durch die Verfolgung individueller Ziele sind eng mit dem Preisbildungssystem verknüpft. Ähnlich wie Newhouse verweist auch Lee auf die Bedeutung der Vergütung von Krankenhausleistungen und damit auf die Preisbildung als Steuerungsinstrument im Krankenhaussektor. Damit wird auch bei den ökonomischen Krankenhausmodellen die Bedeutung einer marktorientierten Steuerung im Sinne einer geeigneten Ausgestaltung der Vergütung herausgestellt. Statusmaximierung bzw. Quantitäts- und Qualitätsmaximierung lassen sich nämlich nur unter einem vollkommenen Selbstkostendeckungssystem verwirklichen. Kennzeichnend für dieses System ist die Tatsache, dass Krankenhäuser ihren Outputpreis (bei beiden Autoren sind es die Pflegesätze) beliebig hoch ansetzen können und immer die Garantie haben, dass sie ihn voll erstattet bekommen. Ein retrospektives System erlaubt es dem Krankenhaus, seine Ausgaben[2] ohne Verlustrisiko abdecken zu können. Alle Ausgaben werden über den Preis an den Patienten bzw. dessen Versicherung abgewälzt, so dass das Krankenhaus seine Inputs nach anderen Kriterien als technischer Effizienz einsetzen kann.[3]

---

[1] Vgl. Heeß (1988), S. 80.

[2] Lee unterscheidet dabei noch zwischen Kosten und Ausgaben. Kosten sind immer mit einem ökonomisch und technisch effizienten Mitteleinsatz verbunden. Ausgaben fallen unabhängig davon an, ob Inputs technisch und/oder ökonomisch effizient oder ineffizient eingesetzt werden.

[3] „The utility derived from a unit of an input depends (…) on its contribution to demonstrating the capacity of the hospital (…)." Lee (1973), S. 522.

3.3 Zusammenfassung der Ergebnisse und Kennzeichen der marktorientierten Steuerung

Ziel der bisherigen Ausführungen war die Darstellung von möglichen Ursachen für Ineffizienzen im Krankenhaussektor aus verschiedenen Perspektiven. Hierbei wurde deutlich, dass insbesondere die nicht-marktorientierten Rahmenbedingungen des Krankenhausbetriebes für Ineffizienzen verantwortlich sind. Insbesondere das Preisbildungsprinzip ermöglicht es dem Krankenhaus, andere als medizinisch induzierte Ziele wie Prestige, Status und für eine gegebene Fallmischung nicht adäquate Faktorqualität, zu verfolgen.

Es wurde gezeigt, dass Krankenhausgüter als Gesundheitsgüter eine Reihe von Eigenschaften aufweisen, die sie von auf Märkten gehandelten Gütern unterscheiden.[1] So stellt der Krankenhaussektor einen gesellschafts- und sozialpolitisch determinierten Bereich dar, welcher noch nie einer selbstständigen wirtschaftlichen Entwicklung überlassen, sondern immer der marktlichen Steuerung im Sinne eines reinen Preiswettbewerbs zwischen Patienten als Nachfragern und Krankenhäusern als Anbietern entzogen wurde. In vielen Systemen übernehmen die Krankenversicherungen oder der Staat für die Patienten diese Nachfragefunktion und binden diese in die Entscheidungen mit ein.

Wenn auch die Allokationscharakteristika von Gesundheitsgütern keine reine Form der Marktsteuerung im Gesundheitssektor erlauben, kann dennoch, weil den Selbstheilungskräften des Marktes ein entscheidender Beitrag zur Kostendämpfung im Krankenhaussektor zugetraut wird, durch die Implementierung von marktwirtschaftlichen Steuerungsprinzipien im Sinne von Marktsurrogaten eine marktorientierte Steuerung erreicht werden.[2]

Kennzeichen der marktorientierten Steuerung

Der marktorientierten Steuerungskonzeption liegt nicht die Vorstellung des Marktes als gedachter Rahmen, in dem sich Anbieter und Nachfrager treffen, um Güter und Dienstleistungen zu tauschen, zugrunde, sondern es wird die Einbettung des „Marktes" in einem bestimmten institutionellen Rahmen unterstellt: Diesbezüglich sind die Existenz von privaten Eigentumsrechten,

---

[1]   Vgl. Kapitel 2.2.
[2]   Vgl. hierzu statt vieler Cassel (2003), S. 3ff., der als einzige Lösung den „Wettbewerb als Reformoption" sieht. Das bedeutet gleichzeitig, dass stets die Bewahrung der medizinischen Qualität der stationären Versorgung im Vordergrund stehen muss, wenn ökonomische Anreize wirksam werden; vgl. Paffrath (2000), S. 268.

wettbewerblichen Strukturen und eine leistungsorientierte Vergütung entscheidend.[1] Marktorientierte Steuerung ist somit ein dynamischer Begriff, der nicht auf die marktliche Organisation im neoklassischen Sinne (Modell der vollkommenen Konkurrenz) begrenzt ist. Die grundlegende Problematik der Steuerung im Krankenhaussektor ist somit nicht ausschließlich mit den Begriffen Markt und Nicht-Markt-Steuerung zu umschreiben, sondern zutreffender mit den Begriffen zentrale vs. dezentrale Steuerung, wettbewerbliche vs. nicht-wettbewerbliche Strukturen oder leistungsorientierte preisliche Vergütung versus individuelle Kostenerstattung.

- *Private Eigentumsrechte* sind in einer Marktwirtschaft in zweifacher Hinsicht von Bedeutung: Zum einen stellen sie eine Voraussetzung dafür dar, dass die Konsequenzen des Handelns von den Handelnden selbst getragen werden müssen. Durch die damit verbundene Internalisierung sichert Privateigentum die Bereitschaft der Marktakteure, sich über die Marktverhältnisse zu informieren, notwendige Anpassungen vorzunehmen und wirtschaftliche Initiativen zu ergreifen. Zum anderen bieten private Eigentumsrechte aufgrund der Transferierbarkeit bessere Voraussetzungen als andere Eigentumsformen dafür, dass die Güter der jeweils günstigsten Verwendung zugeführt und die überlegenen wirtschaftlichen Initiativen realisiert werden können. Zugleich wird durch transferierbare Eigentumsrechte die Voraussetzung für individuell optimale Ausstattungen mit Verfügungsrechten geschaffen. Die Akteure können sich bei der Realisierung individuell optimaler Präferenzstrukturen unter gleichzeitiger Ausnutzung komparativer Vorteile flexibel an Veränderungen im Markt anpassen.[2]

- Die Steuerungsfunktion des *Preises*, welche neben der Ressourcenbewertung und Ressourcenallokation in der leistungsorientierten Vergütung besteht, ist seit jeher in marktwirtschaftlichen Systemen anerkannt. Preise erfüllen damit eine Allokations-, Vergütungs- und Anreizfunktion.[3] Mit Allokation wird die Zuordnung von knappen Ressourcen zu unterschiedlichen Verwendungszwecken bezeichnet. Allokationseffizienz kennzeichnet die verschwendungsfreie Disposition von Verfügungsrechten an Ressourcen, wobei eine effiziente Allokation bedingt, dass die knappen Ressourcen zu jenen Nutzern gelenkt werden, welche

---

[1] Vgl. bspw. Theuvsen (2001), S. 38ff.
[2] Vgl. Schneider (1993), S. 74; Richter/Furubotn (1996), S. 297; Hilke (1975), Sp. 2770ff.
[3] Vgl. zum Folgenden Leipold (1985), S. 90ff.

sie am vorteilhaftesten verwenden. Die vor allem bei den Anbietern wirksame Anreizfunkti-on des Preismechanismus im Rahmen der Vergütung besteht in der Überschuss- und Ver-lustmöglichkeit beim Einsatz der knappen Produktionsfaktoren. Führen bei Anbietern die Preise nachhaltig zu Verlusten, so werden sie aus dem Markt ausscheiden. Umgekehrt wer-den Anbieter, deren Kosten unter den zu erzielenden Erlösen liegen, mit Gewinnen belohnt. Die Anbieter werden dadurch motiviert ein Kostenniveau zu realisieren, das bei dem Preis die Erzielung von Gewinnen erlaubt. Somit werden durch den Preismechanismus Anreize zu effizientem Handeln gegeben.

- *Wettbewerb* in einer Marktwirtschaft liegt dann vor, wenn zwei oder mehrere Interessenten das gleiche Ziel verfolgen, es aber nicht gleichzeitig erreichen können.[1] Unter der Voraus-setzung knapper Ressourcen sind die ökonomischen Akteure also gezwungen, sich aktiv mit den Konkurrenten auseinanderzusetzen, um die eigene Zielerreichung zu verbessern. Wett-bewerb gilt als die wichtigste organisierende Kraft in einem marktwirtschaftlichen Rahmen, die sowohl Entscheidungen koordiniert als auch für bestmögliche Ergebnisse sorgt. Aus ö-konomischer Sicht[2] soll der Wettbewerb[3]

• die Unternehmen zum Bereitstellen eines marktgerechten Angebots,

• zur flexiblen Anpassung an sich ändernde Marktdaten,

• zur kostengünstigen Produktion und

• zur raschen Durchsetzung des technischen Forschritts anhalten.

Wettbewerb besitzt die Funktion der Koordination arbeitsteiliger Aktivitäten. Im Zusammenspiel mit dem Preismechanismus werden die unablässigen Korrekturprozesse in Gang gesetzt, die die notwendige Abstimmung der Einzelaktivitäten im dezentralen Entscheidungssystem gewährleis-ten. Die autonom erstellten Einzelpläne werden auf diese Weise abgestimmt, ohne dass ein ein-

---

[1]   Vgl. Olten (1998), S. 13.
[2]   Neben den hier im Mittelpunkt stehenden ökonomischen Funktionen werden dem Wettbewerb auch nicht-ökonomische Funktionen wie die bspw. von Hoppmann (1975), S. 231, betonte Freiheitsfunktion zugeschrieben; vgl. auch Fritsch et al. (1999), S. 16.
[3]   Vgl. Cassel (2003), S. 5; Fritsch et al. (1999), S. 13ff.; Schmidt (1999), S. 11; vgl. grundlegend Kantzenbach (1967), S. 15ff.

ziger Entscheidungsträger die Gesamtzusammenhänge überblicken würde.[1] Die wichtigste Funktion des Wettbewerbs auf der Anbieterseite ist die Anreizfunktion.[2] Die Aussicht auf die Erzielung ökonomischer Gewinne, die mit der Teilnahme eines Akteurs am Wettbewerb einhergeht, bildet ein zentrales Anreizelement im ökonomischen Prozess. Um diese Gewinne realisieren zu können, muss der einzelne Akteur stets seine Leistungskraft unter Beweis stellen, da der Vertragspartner stets denjenigen Akteur bevorzugen wird, der die höhere Leistung erbringt. Somit ist Wettbewerb unter Anreizgesichtspunkten außerordentlich bedeutsam, da Konkurrenten, die in dem mit Wettbewerb einhergehenden Ringen um knappe Ressourcen zurückfallen, mit dem Ausscheiden aus dem Markt und damit verbundenen Verschlechterungen ihrer Einkommens- und Vermögenslage bedroht werden. Wettbewerb setzt weiterhin voraus, dass die Marktakteure Handlungsfreiheiten im Bezug auf Wettbewerbsparameter, z. B. Vertragsfreiheit zur Gestaltung der Erbringung und Honorierung von Leistungen, erhalten. Eine wettbewerbliche Ordnung entwickelt sich spontan. Wettbewerb kennt keinen Stillstand, sondern ist ein dynamisches Verfahren, denn die oben genannten Wettbewerbsfunktionen werden in einem Prozess erfüllt, der durch das Handeln jener Markakteure in Gang gehalten wird, die ihre Marktposition als unbefriedigend empfinden und deshalb Kosten und Preise senken, Qualitäten verbessern und neue Produkte hervorbringen.[3]

Zusammenfassend geht von einer marktorientierten Steuerung eine disziplinierende Wirkung aus, denn auf Märkten erfolgt die Zuteilung von Ressourcen auf der Basis des Preismechanismus. Der Vorteil der Steuerung arbeitsteiliger Aktivitäten durch Märkte ist somit in der hohen Anreizintensität, als Maß, in dem die wirtschaftlichen Akteure zur Reduzierung von Kosten und zur Anpassung an geänderte Rahmenbedingungen motiviert werden, begründet. Durch die geschilderten Eigenschaften erfolgt eine Annäherung zwischen Einzel- und gesamtwirtschaftlichen Kalkülen. Durch die Suche nach der besten Verwendungsmöglichkeit der knappen Ressourcen auf der Seite der einzelnen Wirtschaftssubjekte wird auch eine gesamtwirtschaftlich effiziente Ressourcenallokation erreicht.

---

[1]   Vgl. Leipold (1985), S. 77 und S. 91ff.; Berg (1995), Sp. 1854f. und 1859ff.
[2]   Vgl. Ahrns/Feser (1997), S. 39.
[3]   Das dynamische Verständnis von Wettbewerbsprozessen geht zurück auf Schumpeter und zielt auf die Wandlungs- und Innovationsprozesse ab; vgl. Schumpeter (1950), S. 137ff. Wettbewerb ist daher ein „evolutorischer Prozess" der „schöpferischen Zerstörung" und damit zugleich ein äußerst effizientes „Entdeckungsverfahren" für neue Problemlösungen; vgl. v. Hayek (1969), S. 249ff.

Die weiteren Ausführungen beschäftigen sich mit einer marktorientierten Ausgestaltung des Krankenhaussektors. Eine krankenhausspezifische Ausgestaltung erfordert dann vor dem Hintergrund der bisherigen Ausführungen eine Verknüpfung der erwähnten Steuerungsebenen und damit verbundenen Steuerungsparameter mit den Kennzeichen der marktorientierten Steuerung: In Kapitel vier wird die marktorientierte Steuerung im Rahmen der Betriebskostenfinanzierung durch die Einführung preislicher, leistungsorientierter Entgeltsysteme thematisiert. Kapitel fünf behandelt die Wechselwirkungen des Entgeltsystems bezogen auf die weiteren Strukturelemente des Krankenhausfinanzierungssystems und eine marktorientierte Ausgestaltung der Investitionskostenfinanzierung sowie wettbewerbliche Organisation der Krankenhausversorgung. Kapitel sechs widmet sich den Auswirkungen eines marktorientierten Krankenhausfinanzierungssystems auf die Steuerung in Krankenhäusern. Im Mittelpunkt stehen dann marktorientierte Reorganisationstendenzen durch die Einführung von modularen Strukturen sowie einer dezentralen Steuerung durch Bereichserfolge, Benchmarking als Wettbewerbssurrogat sowie leistungsorientierten Anreizsystemen.

4 Leistungsorientierte Entgelte als Mechanismus marktorientierter Steuerung

Die folgenden Ausführungen beschäftigen sich mit der Steuerungswirkung von Entgeltsystemen. Nach einer Einführung über die Ziele und Module von Vergütungssystemen wird ein Überblick über die historische Entwicklung der Krankenhausvergütung gegeben. Im Mittelpunkt stehen die von den verschiedenen Arrangements ausgehenden Anreizwirkungen. Die in diesem Zusammenhang zu konstatierenden Fehlanreize sind Grund für die Fehlentwicklungen im Krankenhaussektor, was zu einer weitestgehend marktorientierten Ausgestaltung durch das für Krankenhäuser ab 2003 fakultativ und ab 2004 obligatorisch geltende, auf DRG basierende Fallpauschalensystem geführt hat.

In den weiteren Ausführungen wird das für Deutschland eingeführte Entgeltsystem ausführlich hinsichtlich seiner Struktur und Funktionsweise betrachtet. Im Rahmen einer sich anschließenden Effizienzanalyse werden Möglichkeiten und Grenzen fallorientierter Preise als effizienzsteigernde Maßnahme aufgezeigt. Abschließend wird der Frage nachgegangen, wie die aufgezeigten Problemfelder durch vertragliche und außervertragliche Ansätze beseitigt werden können. Neben Qualitätssicherungsmaßnahmen als zentralem Kontrollinstrument wird ausführlich die Möglichkeit einer anreizkompatiblen Vergütung für Krankenhausleistungen aus theoretischer Sicht erörtert.

4.1 Grundlagen der Krankenhausvergütung

4.1.1 Ziele von Vergütungssystemen

Unter dem Vergütungs- oder Entgeltsystem wird ein Preissystem verstanden, das durch den Staat begründet ist, demnach handelt es sich um ein reguliertes und nicht um ein freies Preissystem.[1] Der originäre Zweck von Vergütungsverfahren liegt in der Kanalisierung der Zahlungsströme zwischen Finanzierungsträgern und Leistungserbringern. Sie dienen der Mittelhingabe an die

---

[1] Vgl. Neubauer (2004), S. 108.

© Springer Fachmedien Wiesbaden GmbH, ein Teil von Springer Nature 2006
K. Foit, *Marktorientierte Steuerung im Krankenhaussektor*,
Edition KWV, https://doi.org/10.1007/978-3-658-24070-7_4

Leistungserbringer und lassen sich somit als die Organisation des Zahlungsverkehrs zwischen Krankenkassen und Krankenhäusern auffassen.[1]

Aus ordnungspolitischer Sicht kommen Vergütungssystemen im Allgemeinen deutlich mehr Funktionen zu, wobei übergeordnete Kriterien die Rolle von unabdingbaren Nebenbedingungen einnehmen, welche sich in der Finanzierungs-, der sozialpolitischen und einer ökonomischen Funktion konkretisieren:[2]

Ein Vergütungssystem soll im Rahmen der Finanzierungsfunktion die Abdeckung der entstehenden Kosten der gewünschten Leistung gewährleisten. Darüber hinaus soll durch Vergütungssysteme auch die sozialpolitische Aufgabe von Krankenhäusern gewahrt bleiben, worunter die Sicherstellung einer flächendeckenden, bedarfsgerechten Versorgung sowie eines gewissen Qualitätsstandards zu verstehen ist.[3] Gleichzeitig sollen Innovationen medizinisch-technischer Art unterstützt werden.[4] Die ökonomische Funktion gliedert sich in eine Steuerungs- und Wettbewerbsfunktion und lässt sich durch den Grad des Anreizes zur Wirtschaftlichkeit mit dem Ziel der technischen Effizienz und des optimalen Faktoreinsatzverhältnisses ausdrücken. Die Steuerungsfunktion eines Vergütungssystems liegt in einer effizienten Ressourcenallokation durch die Lenkung von Produktionsfaktoren in ihre beste Verwendungsmöglichkeit. Die Wettbewerbsfunktion übernimmt die Selektionsfunktion zwischen wirtschaftlicher und unwirtschaftlicher sowie bedarfsgerechter und unnötiger Leistungserbringung.

Vor diesem Hintergrund tritt die oben erwähnte originäre Aufgabe der organisatorischen Gestaltung des Zahlungsverkehrs im Krankenhausbereich gegenüber der Zwecksetzung in den Hintergrund, mit Hilfe der Vergütungsverfahren das Verhalten der Entscheidungsträger im Krankenhaus zu beeinflussen. Vergütungsverfahren sind als Steuerungsinstrumente zu klassifizieren, die gezielt zur Erreichung bestimmter gesamtwirtschaftlicher Ziele genutzt werden können.[5] Im vorliegenden Kontext bestehen die Ziele in einer möglichst hohen Effizienz der Leistungserbrin-

---

[1]   Vgl. Jegers et al. (2002), S. 256.
[2]   Vgl. Neubauer (1998a), S. 578ff.; Neubauer (1998b), S. 652ff.
[3]   § 17b KHG spricht im Zusammenhang mit sozialpolitisch gewollten Leistungen von der Notfallversorgung, Vorhaltung zum Zwecke der räumlichen Erreichbarkeit und Ausbildungsleistungen.
[4]   Vgl. Neubauer (2000), S. 164.
[5]   Vgl. Aas (1995), S. 205ff.

gung, um den Ressourceneinsatz im Gesundheitswesen zu optimieren, unter Berücksichtigung von Qualitätsaspekten der produzierten Gesundheitsgüter.[1]

4.1.2 Module von Vergütungssystemen

Vergütungssysteme lassen sich grundsätzlich auf mehrere Komponenten zurückführen, die zugleich Stellschrauben im Hinblick auf die Steuerungswirkung darstellen.

Unbedingter Bestandteil von Vergütungssystemen ist die Entgeltstruktur, welche sich durch eine Preis- und Mengenkomponente konkretisieren lässt.[2] Während die Preiskomponente die Verbindung zwischen Vergütung und „input costs" thematisiert, bezieht sich die Mengenkomponente auf die zu vergütende Outputeinheit des Krankenhauses. Hier stellt sich die grundsätzliche Frage, welche Krankenhausleistung sich als Grundlage einer leistungsorientierten Vergütung im Hinblick auf die Abbildung des Leistungsgeschehens anbietet und wie diese dann hinsichtlich der Leistungsmenge und Leistungsqualität definiert werden kann. Dies kann z. B. eine Einzelleistung wie eine Operation oder ein Leistungskomplex wie die Behandlung und Pflege eines Patienten von der Aufnahme bis zur Entlassung sein. In diesem Zusammenhang wird die Frage nach der Verknüpfung zwischen den vom Leistungserbringer aufgewandten Aktivitäten und der korrespondierenden Vergütung gestellt.[3]

Darüber hinaus ist eine Differenzierung in ein Vergütungssystem „mit Ausgleichsregelungen" und „ohne Ausgleichsregelungen" möglich.[4] Auch dieser Zusammenhang knüpft an die Verbindung zwischen den vom Leistungserbringer aufgewandten Aktivitäten und der korrespondierenden Vergütung an, allerdings stehen hier die Vereinbarungen bezüglich der insgesamt zu erstattenden Menge der einzelnen Leistungseinheiten im Mittelpunkt.

---

[1]   Vgl. Jegers et al. (2002), S. 256. „A key issue in contracting for health services is how to design contracts to induce providers to supply appropriate standards of service while keeping costs down." Chalkey/Malcolsom (1996), S. 1691.

[2]   Vgl. Neubauer/Zelle (2000), S. 551f.; Neubauer (2000), S. 164, unterscheidet darüber hinaus noch ein ergebnisorientiertes Zulagenmodul, welches besonders wichtig ist, je weniger die gewählte Mengeneinheit das gewünschte Leistungsergebnis abbildet.

[3]   Vgl. Jegers et al. (2002), S. 255ff. Dieser unterscheidet Vergütungssysteme in eine Preiskomponente (prospective vs. retrospective) sowie in fixe und variable Vergütungssysteme. Fixe Vergütungssysteme sind demnach Systeme, bei denen der Leistungserbringer eine „lump sum" unabhängig von der Anzahl der Aktivitäten erhält. Somit erfolgt die Vergütung unter Nichtberücksichtigung seiner „Produktionsleistung". Bei variablen Vergütungssystemen wird das Einkommen des Leistungserbringers durch die Anzahl der Aktivitäten determiniert. Es ist offensichtlich, dass von solchen Vergütungssystemen ein großer Anreiz zu einer Leistungsausweitung ausgeht, da der Leistungserbringer durch eine Ausweitung der Aktivitäten sein Einkommen maximieren kann.

[4]   Vgl. Heeß (1988), S. 91ff.

Ohne Berücksichtigung des Aspektes der dualen Krankenhausfinanzierung, d.h. die Übernahme der Investitionskostenfinanzierung durch den Staat, lassen sich vor dem Hintergrund der obigen Aussagen im Bereich der Betriebskostenfinanzierung grundsätzlich folgende Gestaltungsparameter identifizieren: [1]

- Entgeltstruktur mit Mengen- und Preiskomponente

- vereinbarte Leistungsmenge

- Ausgleichsregelungen bei Minder- und Mehrerlösen.

4.1.2.1 Gestaltungsparameter im Rahmen der Entgeltstruktur

Im Rahmen der Entgeltstruktur ist eine zu vergütende *Mengeneinheit* zu definieren. Diese Komponente ist die Bezugseinheit der Vergütung, d. h. die Bezugsgröße, an der sich die Mittelhingabe orientiert.[2] Dabei dient sie als Abrechnungseinheit und ist somit der Gegenstand, der bei Erfüllung die Anspruchsgrundlage gegenüber den Kostenträgern darstellt. Das Spektrum möglicher Bezugsgrößen ist sehr weit. Grundsätzlich lassen sich folgende Leistungsebenen und Leistungsmaßstäbe für Krankenhausleistungen unterscheiden:

- Einzelleistungen, gemessen an Einzelverrichtungen

- Leistungskomplexe

- Pflegetage (pauschalierte oder differenzierte Pflegesätze)

- Behandlungsfälle (pauschaliert oder differenziert)

- Patientenzahlen

- Bettenzahlen

Auch wenn keine der aufgezeigten Mengenkomponenten die eigentliche Leistung des Krankenhauses, welche in der Verbesserung des Gesundheitszustandes des Patienten liegt, voll abbildet,

---

[1] Kuntz (2003), S. 67. Dieser bezieht bei den Steuerungsinstrumenten der Krankenhausfinanzierung noch den Grundsatz der Beitragsstabilität („Rahmen für die zeitliche Entwicklung der Erlösbudgets") mit ein.
[2] Vgl. Neubauer (1998a), S. 579.

hat sich im Laufe der Zeit die Meinung durchgesetzt, dass Leistungskomplexe in Form von differenzierten Behandlungsfällen den Output von Krankenhäusern am besten erfassen.[1] Da auch das
neue Vergütungssystem durch DRG so konzipiert ist, soll eine weitere Diskussion an dieser Stelle unterbleiben.[2]

Allerdings soll kurz auf die grundlegenden Unterschiede der dargestellten Mengenkomponente
eingegangen werden. Grundsätzlich kann eine Vergütung eher input- oder outputbezogen sein:
Im ersten Fall ergibt sich eine Orientierung an einzelnen Behandlungsleistungen. Darüber hinaus
ergibt sich die Möglichkeit, Zwischenprodukte in Form von Behandlungstagen oder Betten als
Vergütungsobjekt heranzuziehen. In beiden Fällen resultiert das Entgelt aus der Summe der Beiträge für die erbrachten Einzelleistungen in Diagnose, Therapie und Versorgung oder der Pflege-
satzsumme entsprechend der Aufenthaltsdauer des Patienten. Im zweiten Fall orientiert sich die
Vergütung am Gesamtprodukt im Sinne eines gesamten Behandlungsfalls. Hier wird nur ein
fallbezogener Pauschalbetrag bezahlt.

Neben der Mengenkomponente besteht die Entgeltstruktur auch aus einer *Bewertungskomponente*. Diese Aufteilung bezieht sich auf das Abrechnungsprinzip und thematisiert, wie hoch die
Leistung zu bewerten ist und wie die Vergütungshöhe gefunden wird.[3] Sie wird deshalb auch als
Preiskomponente eines Vergütungssystems bezeichnet.[4] Entscheidend für die Wirkungen der
Bewertungskomponente ist, ob die Preisfindung an den angefallenen Kosten oder an der Vorgabe von exogenen Standards anknüpft und somit in welcher Form das Krankenhaus in die Vergü-
tungsfindung einbezogen wird.

Beim *Prinzip der Kostenerstattung* werden die (angefallenen) Kosten des Krankenhauses vom
Kostenträger erstattet. Dies hat zur Folge, dass die Krankenhäuser nach Ablauf der Rechnungsperiode ihre Selbstkosten offen legen müssen, die dann auf ihre Angemessenheit geprüft werden.
Da beim Prinzip einer Verrechnung entstandener Ist-Kosten die Entgelte für die Leistungen aus
den tatsächlichen Kosten des betrachteten Krankenhauses abgeleitet werden, kann die Differenz

---

[1]   Vgl. Neubauer (2004), S. 108.
[2]   Vgl. hierzu die Ausführungen in Kapitel 4.3.3.
[3]   Vgl. Neubauer/Zelle (2000), S. 551ff.
[4]   Vgl. Neubauer (2000), S. 164.

aus Erlösen und Kosten nicht negativ sein.[1] Vergütungssysteme, welche an den entstandenen (betriebsindividuellen) Kosten ansetzen, sehen somit einen Gewinn- oder Verlustausgleich vor.

Demgegenüber erfolgt bei der *Vorgabe fester Erlöse* die Vergütung durch Bezahlung eines vorher festgelegten Preises je Abrechnungseinheit.[2] Diese besteht in einer ebenfalls vorher klar definierten Leistung.[3] Die Vergütung wird vor Beginn der Rechnungsperiode und unter Berücksichtigung von exogenen Standards[4] unabhängig von den während der Rechnungsperiode tatsächlich anfallenden Kosten der einzelnen Krankenhäuser festgelegt. Krankenhäuser werden dazu angeregt, ihre Selbstkosten an die prospektiv festgelegten Preise anzupassen. Bezüglich der Risikoteilung ergibt sich damit eine Verschiebung: Während bei dem Prinzip der Kostenerstattung das finanzwirtschaftliche Risiko allein beim Kostenträger liegt, wird bei der Vorgabe fester Erlöse idealtypisch das Risiko allein auf den Leistungserbringer als Kostenverursacher übertragen.[5] Solche Entgeltsysteme implizieren idealtypisch Gewinnchancen für die Krankenhäuser bei gleichzeitiger Übernahme des Verlustrisikos und werden als leistungsorientierte Entgeltsysteme bezeichnet.

4.1.2.2 Gestaltungsparameter im Rahmen der vereinbarten Leistungsmenge

Neben der Entgeltstruktur mit Preis- und Mengenkomponente wurde im Rahmen der obigen Systematisierung auch auf die insgesamt zu vergütende Leistungsmenge als Vergütungsparameter hingewiesen. So ergeben sich Systeme, bei denen einzelne Leistungseinheiten oder Leistungsgruppen als Grundlage der Vergütung dienen. Bei diesen an „reinen Vergütungsformen" orientierten Systemen werden nicht die zukünftigen Gesamtkosten des Krankenhauses in Form eines Budgets festgeschrieben.[6] Das Krankenhaus kann durch die Ausdehnung des Leistungsvolumens seine Gesamtkosten und folglich seine Gesamterlöse erhöhen. Die Anzahl der vergüteten Leistungen und damit die Gesamteinnahmen des Krankenhauses können erst nach Ablauf der Rech-

---

[1]   Vgl. Breyer/Zweifel (1999), S. 347. Neben retrospektiv ermittelten Ist-Kosten können auch Plankosten oder andere Formen angemessener Kosten als Vergütungsbasis herangezogen werden.
[2]   Vgl. Neubauer (1999), S. 19ff. Dabei kann zwischen Marktpreisen, Verhandlungspreisen, administrierten Preisen oder Kostenfestpreisen unterschieden werden.
[3]   Vgl. Breyer (1992), S. 97.
[4]   So kann die Erstattung in Höhe von Durchschnittswerten von vergleichbaren Krankenhäuser oder des bspw. teuersten (billigsten) Krankenhauses einer betreffenden Leistungsstufe angesetzt werden.
[5]   Vgl. Jegers et al. (2002), S. 262.
[6]   Vgl. Heeß (1988), S. 97.

nungsperiode bestimmt werden. Damit sind solche Systeme als „Vergütungssysteme ohne Ausgleichregelungen" zu charakterisieren, bei denen in einer vereinbarten Zeit eine beliebige Menge
von Leistungseinheiten erstellt wird, die erst im Nachhinein vergütet wird. Alternativ existieren
Systeme, bei denen die Vergütung als fester und damit unveränderlicher Gesamtbetrag für einen
zukünftigen Zeitraum festgelegt wird. Diese „variablen" Systeme beinhalten eine echte Budgetierung der kalkulierten Gesamtkosten. Für den Fall, dass die realisierte Leistungsmenge von der
geplanten Leistungsmenge abweicht, werden die entstehenden Mehr- oder Minderlöse durch
Ausgleichszahlungen geregelt. Daher kann man sie auch als „Vergütungssystem mit Ausgleichsregeln" bezeichnen. In Abhängigkeit der Ausgestaltung der geltenden Ausgleichregelungen lassen sich „fixe Systeme" und „flexible Systeme" unterscheiden. Gemäß den obigen Gestaltungs-
parametern lassen sich Vergütungssysteme wie in der folgenden Abbildung 4-1 systematisieren:

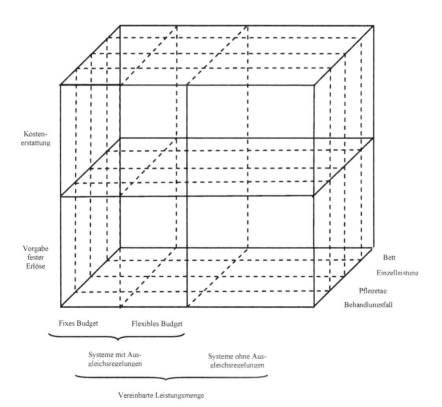

Abb. 4-1: Systematisierung von Elementen des Vergütungssystems

4.2   Historische Entwicklung der Krankenhausvergütung

Im Hinblick auf eine marktorientierte Steuerung im Rahmen der Krankenhausvergütung ist es insbesondere unter dem Gesichtspunkt der Anreizwirkung notwendig, auf deren historische Entwicklung einzugehen. Dabei wird erkennbar, dass gerade die ab 2004 für alle Krankenhäuser verbindliche Form der DRG-basierten Fallpauschalenvergütung ein Ergebnis dieser Entwicklung ist, welche nachfolgend ab 1972 aufgezeigt wird.

4.2.1   Grundlagen

Im Jahre 1969 wurde mit dem Artikel 74 Ziffer 19a GG die Kompetenz des Bundes verankert, Regelungen über die wirtschaftliche Sicherung der Krankenhäuser und über die Krankenpflegesätze zu treffen. Zugleich erhielt mit Artikel 104 a der Bund eine Mitfinanzierungskompetenz, welches im Ergebnis die Vorhaltung von Krankenanstaltsleistungen als öffentliche Aufgabe definierte.[1] Diese Überlegungen hinsichtlich eines staatlichen Eingreifens entwickelten sich aufgrund der jährlich steigenden Verluste (im Jahre 1970 stiegen die Verluste auf 980 Mio. DM) innerhalb des Krankenhaussektors sowie der erkennbaren Überalterung der Krankenhäuser, die einen erheblichen Leistungsabfall erwarten ließen.[2] Um der hieraus abgeleiteten Gefahr einer Unterversorgung der Bevölkerung mit Krankenhausleistungen entgegenzuwirken, wurde die wirtschaftliche Sicherung von Krankenhäusern im Jahre 1972 durch das Krankenhausfinanzierungsgesetz (KHG) umgesetzt. Dieses zielt auf eine bedarfsgerechte Versorgung der Bevölkerung mit Krankenhausleistungen ab und ist durch die Festlegung der Grundsätze der Krankenhausbedarfsplanung,[3] der Pflegesatzregelung[4] und der staatlichen Investitionsförderung,[5] der Dreh- und Angelpunkt der staatlichen Steuerung im stationären Sektor.

Neben dem KHG bilden die Bundespflegesatzverordnung (BPflV) bzw. das Krankenhausentgeltgesetz (KHEntgG) sowie das Sozialgesetzbuch V (SGB V) die Grundlagen der Regulierung des Krankenhaussektors.

---

[1]   Vgl. Harsdorf/Friedrich (1975), S. 2ff.
[2]   Vgl. Tuschen/Quaas (2001), S. 5.
[3]   Vgl. §§ 2ff. KHG.
[4]   Vgl. §§ 16ff. KHG.
[5]   Vgl. §§ 8ff. KHG.

4.2.2   Duale Finanzierung und Selbstkostenerstattung

1972 wurden die gesetzlichen Regelungen für den Krankenhaussektor verabschiedet, die über die folgenden 20 Jahre die rechtliche Situation weitgehend bestimmte. Entsprechend §1 KHG (1972) ergibt sich als Oberziel der Ausgestaltung des Krankenhaussektors die Sicherstellung einer bedarfsgerechten, möglichst regional vergleichbaren stationären Versorgung der Bevölkerung unter Einbehaltung der Nebenbedingung, dies möglichst wirtschaftlich zu erreichen.

Die entscheidenden Säulen des KHG beruhen auf folgenden Prinzipien:[1]

Gemäß § 4 KHG (1972) werden die Selbstkosten des Krankenhauses nach dem Modell der dualen Finanzierung zweigeteilt finanziert und nach laufenden Betriebskosten und nach Investitionskosten getrennt. Somit kommen bei diesem Ansatz der Staat und die Krankenkassen für die Hauptlast der Finanzierung auf.

Grundgedanke dieses Systems ist, dass die laufenden Betriebskosten durch die Pflegesätze gedeckt und damit von den Benutzern bzw. deren Kostenträger bezahlt werden. Demgegenüber hat die öffentliche Hand die Ersteinrichtung eines Krankenhauses durch Zuwendung der tatsächlich entstehenden Kosten zu finanzieren und die Kosten der Wiederbeschaffung von Anlagegütern durch pauschale Zuwendungen zu tragen.[2]

Die Bundespflegesatzverordnung von 1973 (BPflV 1973) regelte folgerichtig nur noch Art und Umfang der Betriebskostenerstattung. Zentrales Prinzip des KHG und der BPflV ist die Selbstkostenerstattung ex post. Diese Garantie der Deckung der Selbstkosten ergibt sich aus § 4 Absatz 1 KHG (1972), welcher vorschreibt, dass die Investitionsförderung und die Erlöse aus den Pflegesätzen zusammen die Selbstkosten eines sparsam wirtschafteten und leistungsfähigen Krankenhauses decken müssen. Die Pflegesätze[3] sind von der zuständigen Landesbehörde für alle Patienten nach einheitlichen Grundsätzen zu bestimmen.[4] Aufgrund dieser Garantie erlangte der

---

[1]   Vgl. Jung (1985), S. 4.
[2]   Gleichzeitig wurde nach §§ 9 Absatz 3, 10 Absatz 1 und 11 Absatz 1 KHG (1972) der Grundsatz der Mischfinanzierung bei Investitionsgütern festgelegt, welcher den Förderungsanteil des Bundes und der Länder festlegt. Dieser bestimmte, dass die Investitionsausgaben zu einem Drittel vom Bund und zu zwei Dritteln von den Ländern zu tragen seien.
[3]   Vgl. § 17 Absatz 1 Satz 1 und 2 KHG (1972).
[4]   Vgl. § 18 Absatz 1 Satz 1 KHG (1972) i. V. m. § 16 BPflV (1973). Dabei ist zu beachten, dass § 17 Absatz 1 Satz 2 KHG nicht eine bestimmte Pflegesatzstruktur vorschrieb, sondern Spielraum für alternative Vergütungsformen enthielt. Durch die Bundespflegesatzverordnung wurde sich dann für einen allgemeinen vollpauschalierten und tagesgleichen Pflegesatz entschieden.

Pflegesatz automatisch eine Höhe, die zur gesamten Kostendeckung führte. Dies geschah durch einen Gewinn- und Verlustausgleich gemäß §17 BPflV.[1] Da die Pflegesatzhöhe nur angegeben werden kann, wenn die genauen Kosten bekannt sind, erfordert dies eine abschließende Beurteilung und Festlegung am Jahresende und demnach ex post.

Es ist ersichtlich, dass von einem solchen System keine Anreize zu Kostensenkungsmaßnahmen ausgehen, vielmehr sind die Gesamteinnahmen des Krankenhauses umso höher, je größer die Anzahl der Abrechnungseinheiten (Pflegetage) oder je größer die durchschnittlichen Kosten pro Abrechnungseinheit (Pflegetag) sind.[2] Dies bedeutet, dass bei einem solchen Kostenerstattungsregime gesamtwirtschaftliches Interesse mit einzelwirtschaftlichem Verhalten kollidiert: Während die Zielsetzung aus gesamtwirtschaftlicher Sicht in einer Begrenzung der Anzahl von Pflegetagen und eine Senkung von Durchschnittskosten pro Pflegetag besteht, ist es aus der Sicht des Krankenhauses in wirtschaftlicher Hinsicht rational, beide Komponenten zu erhöhen.[3]

Zusammenfassend wurde durch den automatischen Gewinn- und Verlustausgleich das Interesse des Krankenhauses an einer wirtschaftlichen Betriebsführung deutlich beeinträchtigt. Vielmehr entstanden eine Nachweismentalität und keine Wirtschaftlichkeitsorientierung. Damit bestand auch kein Anreiz für den Einsatz von internen Steuerungsmaßnahmen z. B. einer Kostenrechnung, mittels derer Kosten verursachungsgerecht einzelnen Kostenstellen oder Kostenträgern zugeordnet werden konnten.

Die genannte Fehlentwicklung wurde im Rahmen der Kostenentwicklung deutlich.[4] Diese stiegen je Behandlungsfall bei der gesetzlichen Krankenversicherung von 1.584 DM im Jahre 1972

---

[1]   Für den Fall, dass die Krankenhäuser einen positiven Deckungsbeitrag pro Pflegetag erwirtschafteten, kam dieser in voller Höhe den Kostenträgern zugute. Zum Verhandlungszeitpunkt waren die Gesamteinnahmen des Krankenhauses gleich dem auf Grundlage des bis dahin geltenden Pflegesatzes erwirtschafteten Erlöses und einem Ausgleich in Höhe der fehlenden Mindereinnahmen oder in Höhe des erwirtschafteten Überschusses. Ein negativer Deckungsbeitrag pro Pflegetag ging voll zu Lasten des Kostenträgers, während ein positiver Deckungsbeitrag voll zu Lasten des Leistungserbringers ging. Kosteneinsparungen durch bessere Organisation, erhöhte Arbeitsleistung oder günstigere Technik kamen durch sinkende Erlöse ausschließlich den Kassen zugute. Dies wurde auch mit dem „Kellertreppeneffekt" umschrieben.
[2]   Vgl. Neubauer/Unterhuber (1984), S. 467ff.
[3]   Vgl. Heeß (1988), S. 27. Dies lässt sich unter Berücksichtigung der Zukunftsperspektive erklären, denn wenn nach einer Abrechnungsperiode der Erlös die Kosten für diese Abrechnungseinheit (Pflegetag) übersteigt, waren Krankenhäuser verpflichtet, einen Gewinnausgleich vorzunehmen mit der Folge, dass zukünftige Pflegesatz reduziert wurde. Darüber hinaus bedeutet eine Verkürzung der Verweildauer aufgrund der fixen Kosten in Form von Aufnahme- und Diagnoseleistungen eine Erhöhung der Kosten pro Pflegetag. Dies führt zu einem Risiko überhöhter Preisforderungen am Periodenende. Insofern ist es aus Krankenhaussicht leichter, die Kosten pro Pflegetag und Anzahl von Pflegetagen zu erhöhen, als in Verhandlungen zukünftige Kostenerhöhungen zur Beeinflussung des Pflegesatzes anzubringen; vgl. hierzu auch die Ausführungen zum sog. Fallkosteneffekt in Kapitel 4.2.3.
[4]   Vgl. hierzu und im Folgenden Heeß (1988), S. 20.

um 81 Prozent auf 2.866 DM im Jahre 1977. Die jährliche Wachstumsrate bei Krankenhaus-Fallkosten betrug 1973 und 1974 jeweils über zwanzig Prozent. Die Ausgaben der gesetzlichen Krankenversicherung für stationäre Leistungen stiegen im Durchschnitt um 10 Prozent, während die für die Einnahmen maßgebliche Bruttolohnsumme und Gehaltssumme je durchschnittlich beschäftigtem Arbeitnehmer nur um sieben Prozent jährlich angestiegen ist. Die Ausgabenentwicklung hatte Einfluss auf die Beitragsentwicklung in der gesetzlichen Krankenversicherung: Der durchschnittliche Beitragssatz stieg von 9,15 Prozent im Jahr 1973 auf 11, 83 Prozent 1983 und 13 Prozent im Jahr 1985.

4.2.3   Einführung von Kostenbudgets

Bedingt durch den unkontrollierten Kostenanstieg wurde das Krankenhausneuordnungsgesetz (KHNG) mit dem Ziel der Kostendämpfung am 20. 12. 1984 verabschiedet. Mit dem Gesetz sollten die offensichtlichen Mängel der Krankenhausfinanzierung beseitigt werden, allerdings ohne das gesamte Finanzierungssystem grundlegend zu verändern. Wichtigste Veränderungen[1] waren zum einen die Auflösung der Mischfinanzierung, so dass die Länder ab diesem Zeitpunkt allein für die Investitionsfinanzierung zuständig sind. Zum anderen erfolgte eine Modifizierung des Selbstkostendeckungsprinzips. Ab Inkrafttreten des KHNG müssen die Pflegesätze nicht mehr die Selbstkosten, sondern nur noch die vorauskalkulierten Selbstkosten eines sparsam wirtschaftenden und leistungsfähigen Krankenhauses decken.[2] Wesentlich für die Gesamteinnahmen eines Krankenhauses war allerdings das flexible Budget, da Ausgleichsregeln bei Abweichungen von der geplanten Belegung ausgelöst wurden.[3]

Die Vorgaben der Änderungen im KHG erforderten eine weitgehende Neufassung der Bundespflegesatzverordnung (BPflV 1986). Schwerpunkte des Gesetzes waren die flexible Budgetierung und Vorauskalkulation der Selbstkosten, die Schaffung leistungsbezogener Vergütungsfor-

---

[1]   Vgl. zu den weiteren Änderungen Tuschen/Trefz (2003), S. 24ff.
[2]   Vgl. § 4 Satz 2 KHG und § 17 Abs. 1 KHG.
[3]   Durch die Einführung der (flexiblen) Budgetierung verliert der tagesgleiche Pflegesatz seine Funktion als alleinige Erlösgröße, vielmehr erhielt er jetzt die Funktion einer Abschlagszahlung auf das Budget. Der Pflegetag, dessen Höhe im Prinzip durch eine Divisionskalkulation des Budgets durch die geplanten Tage ermittelt wird, kann daher als Schlüssel betrachtet werden, um dem Krankenhaus einen gleichmäßigen Strom an finanziellen Mitteln zukommen zu lassen; vgl. Tuschen/Quaas (2001), S. 72.

men, Vereinbarung der Pflegesätze und Beschleunigung des Pflegesatzverfahrens sowie die Möglichkeit, abweichende Pflegesatz-Vereinbarungen zu treffen.[1]

Kernstück der neuen Finanzierungsvorschrift war jedoch die in § 4 BPflV geregelte flexible Erstattung der Benutzerkosten auf der Basis eines vereinbarten Budgets. Nach Maßgabe der neu eingeführten „prospektiven" Budgetierung ist dieses Budget auf der Grundlage der vorauskalkulierten Selbstkosten zu vereinbaren. Dabei wird die voraussichtliche Belegung für einen zukünftigen Zeitraum berücksichtigt. Somit können nun nicht mehr die im vergangenen Zeitraum entstandenen Kosten in Rechnung gestellt werden, Krankenhäuser sind gezwungen, das Budget einzuhalten, auf das sie sich mit den Kostenträgern geeinigt haben. Mit dieser Gesetzesänderung ermöglichte der Gesetzgeber einem wirtschaftlich arbeitenden Krankenhaus bei leistungsgerechten, beitragsstabilen Entgelten nach § 17 KHG Gewinne und Verluste selbst zu tragen. Krankenhäuser konnten erstmalig Gewinne erzielen, wenn sie das Budget unterschritten hatten. Darüber hinaus ergab sich nach § 4 Abs. 5 BPflV die Möglichkeit, Überschüsse aus einer erhöhten Wirtschaftlichkeit in den folgenden Jahren erneut in den Pflegesätzen zu berücksichtigen. Damit sollte der sog. „Kellertreppeneffekt", nach dem Rationalisierungsgewinne des Krankenhauses in einer Periode von den Krankenkassen in der nächsten Periode abgeschöpft werden, verringert werden.

Die Gewinn- und Verlustmöglichkeiten wurden durch eine flexible Gestaltung der Erlössituation bei Belegungsabweichungen eingeschränkt (flexible Budgetierung). Ziel der flexiblen Budgetierung war die Bestandssicherung eines Krankenhauses durch die Vorgabe, dass die Erlöse einer Periode die kurzfristig nicht veränderbaren Kosten abdecken (vgl. Abb. 4-2).

Ein Krankenhaus, das eine überplanmäßige Belegung realisiert $(x^+ > x)$ kann nur 25 % der hieraus entstammenden Erlöse einbehalten und muss den Rest mit dem Budget der Folgeperiode verrechnen (A^+ ist die Ausgleichszahlung in Höhe von 75 %).[2] Bei einer Unterbelegung

---

[1]   Vgl. Jung (1985), S. 73f. Mit § 5 Abs. 2 wurde die Möglichkeit eröffnet, für Abteilungen oder besondere Einrichtungen vom allgemeinen Pflegesatz abweichende Sätze zu vereinbaren, wenn diese lt. Gesetz besonders teure Leistungen erbringen.

[2]   Ohne Einschränkung würde eine über die ursprüngliche Planzahl hinausgehende Belegung über die Multiplikation des geplanten Pflegesatzes mit den überzähligen Belegungstagen zu einer prozentual entsprechenden Ausweitung des Budgets führen. Da aber im geplanten Pflegesatz auch anteilig Fixkosten enthalten sind, würde eine derartige Erlösausweitung über die entstandenen Kosten hinausgehen. Für eine Bestandssicherung reicht allerdings die Deckung der Fixkosten aus. § 4 Abs. 1 Satz 2 BPflV ging dabei von einem Fixkostensatz von 75 % und variablen Kosten von 25 % aus, mit denen das Krankenhaus seine Kostendeckung erzielen soll. Somit wurde sichergestellt, dass bei Belegschwankungen nur die fixen

$(x_- < x)$ werden spiegelbildlich dem betroffenen Krankenhaus nur 25 % des Budgets gekürzt. In beiden Varianten werden nur die angenommenen variablen Kosten, die auf eine Belegänderung zurückzuführen sind, ausgeglichen. Im Fall der geplanten Belegung erhält das Krankenhaus das vereinbarte Budget.

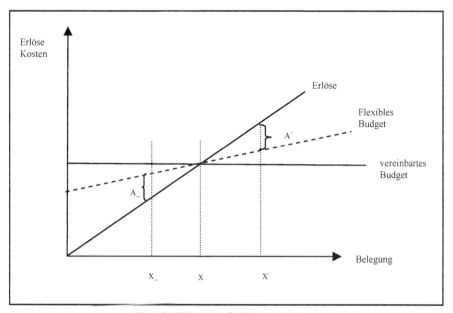

Abb. 4-2: Wirkung der flexiblen Budgetierung

Kritik an dieser Form der flexiblen Budgetierung wurde aus mehreren Gründen geübt: Diese bezog sich zum einen auf den Kostenspaltungssatz, der das Verhältnis der fixen und variablen Kosten -und damit auch die Höhe der Ausgleichszahlungen- zueinander bestimmt.[1] Mit der Schätzung des Kostenspaltungssatzes wurde demnach unterstellt, dass genau ein gewisser Prozentsatz der Gesamtkosten als variable Kosten des Krankenhauses mit der Aufnahme eines weiteren Patienten steigt, welches als unrealistisch gelten kann. Darüber hinaus wurde angemerkt, dass die Anteile des Kostenspaltungssatzes, die der Gesetzgeber vorgab (Verhältnis fixer zu variablen Kosten 3:1) nicht unbedingt mit der Praxis übereinstimmt. In diesem Zusammenhang wurde insbesondere die Frage aufgeworfen, wie Personalkosten, die fixe Kosten darstellen, im Kranken-

---

Kosten gedeckt sind, indem Mehr- und Mindererlöse zu 75 % auszugleichen sind. Aufgrund der Ausgleichsmethodik kann ein Krankenhaus während eines Planungszeitraums nur durch Personaleinsparungen oder durch variable Kosten, die unterhalb der 25 %-Grenze bei Über- oder Unterbelegung liegen, Gewinne erzielen.

[1] Vgl. Eichhorn (1986), S. 253.

haus sich in Bezug auf Berechnungstagsänderungen verhalten. Auch wurde angemerkt, dass sich im Laufe der Jahre aufgrund von sich ändernden Rahmenbedingungen, z. B. auf dem Arbeitsmarkt, Verschiebungen in der Personalstruktur ergeben, die den Anteil lohnabhängiger Fixkosten senken.[1]

Als weiterer Kritikpunkt an der Form der flexiblen Budgetierung wurden die Anreizeffekte der intertemporalen Budgetentwicklung durch die Ausgleichssätze diskutiert (sog. „Dukateneseleffekt"[2]). Zwar wurde der verweildauerverlängernde Anreiz der einheitlichen Tagespauschale (sog. „Fallkosteneffekt"), durch die Budgetierung abgeschwächt, dennoch muss auch der Dukateneseleffekt vor dem Hintergrund gesehen werden, dass die typische Erstattung der Kosten eines Behandlungsfalles im Rahmen einer einheitlichen Tagespauschale als Vergütungseinheit, unter Durchschnittskosten pro Behandlungstag erfolgt: In den ersten behandlungsintensiven Tagen verursacht der Patient höhere Kosten als durch die Vergütung abgegolten wird, während in den darauf folgenden Tagen im Allgemeinen eine Überdeckung besteht. Im Ergebnis deckt die Tagespauschale die Fallkosten, wenn die geplante Verweildauer mit der tatsächlichen Verweildauer übereinstimmt.[3] Der „Dukateneseleffekt" ergab sich dadurch, dass vor dem Hintergrund der gesetzlichen Regelung das auszuhandelnde Budget keine Konstante ist, sondern sich an die bisherigen Selbstkosten des Krankenhauses anpasst.[4] Daher führt eine kurzfristige Steuerung der Verweildauer zu einem Gewinn, der auf Grund des § 17 Abs. 1 Satz KHG dem Krankenhaus dauerhaft verbleibt.[5] Die Gewinnsteuerung geschieht durch den Mechanismus, dass eine Absenkung der Verweildauer im aktuellen Zeitraum den prospektiv zu schätzenden Tagespflegesatz des nächsten Jahres erhöht. Wird im folgenden Budgetjahr die Verweildauer wieder ausgedehnt, so steigen aufgrund der geringeren Grenzkosten die Einnahmen stärker als die tatsächlichen Kosten. Der Saldo für beide Jahre ist immer positiv.

---

[1]   Vgl. Böning (1991), S. 62.
[2]   Finsinger/Mühlenkamp (1986), S. 266ff.
[3]   Der „Fallkosteneffekt", welcher durch die Mengenkomponente des tagesgleichen Pflegesatzes ausgelöst wurde, besteht in der Tatsache, dass es nach einer Vereinbarung über die tagesgleichen Pflegesätze für Krankenhäuser möglich war, die Gesamterlöse der Behandlung zu variieren. Durch Verlängerung der Verweildauer fließt dem Krankenhaus ein positiver Deckungsbeitrag zu, während es bei einer Verkürzung Gefahr läuft, über die Vergütungseinheit keine Vollkostendeckung des Falles zu erreichen. Im Ergebnis wird die Streckung der Verweildauer zum Finanzierungsinstrument. Diese Problematik ergab sich allerdings schon im Rahmen des BPflV 1973; vgl. Herder-Dorneich/Wasem (1986), S. 333ff.
[4]   Vgl. hierzu und im Folgenden Finsinger/Mühlenkamp (1986), S. 271-274.
[5]   Vgl. Stolterfoht (1986), S. 823ff.

Die Erwartungen, die der Gesetzgeber in das KHNG 1985 und BPflV 1986 gesetzt hatte, wurden nicht erfüllt. So betrug 1992 das Defizit der GKV 10 Mrd. DM und der Beitragssatz war auf 13,4 Prozent gestiegen. Eine weitere Erhöhung war politisch nicht mehr vertretbar.[1] Der Gesetzgeber sah sich veranlasst, sowohl kurzfristige Sofortmaßnahmen als auch grundlegende strukturelle Veränderungen vorzunehmen, welche durch die Verabschiedung des Gesundheits-Strukturgesetzes (GSG) 1993 angestrebt wurden.[2] Hauptanliegen des Reformansatzes war die Lösung der bisherigen Finanzierungs- und Strukturprobleme des stationären Sektors durch eine Abkehr von einer bisherigen dirigistischen Kostendämpfungspolitik hin zu einer Steuerung durch mehr marktwirtschaftliche Mechanismen.[3]

Vor dem Eintritt in die Reform wurde als Sofortmaßnahme eine Übergangszeit von 1993 – 1995 vereinbart, in der den Krankenhäusern ein festes, nicht mehr an Belegschwankungen angepasstes Budget vorgeschrieben wurde (§ 4 Abs. 3 Nr. 1 BPflV).[4] Dieses feste Budget basiert auf dem Budget des Jahres 1992 und wird für die folgenden Jahre um die jährliche Veränderungsrate der Beitragseinnahmen der GKV (sog. Grundlohnsumme) angepasst (Regeln zur intertemporalen Budgetentwicklung).[5] Neben der Begrenzung der Steigerungsraten des Krankenhausbudgets, sowie der Zulassung von vor- und nachstationärer Behandlung und des ambulanten Operierens im Krankenhaus, enthielt das GSG als weiteren zentralen krankenhausbezogenen Regelungskomplex die Grundstruktur für ein neues, differenziertes und leistungsbezogenes Entgeltsystem,[6] welches eine deutliche Abkehr von der Selbstkostendeckung darstellt und in seinen Einzelheiten in der BPflV 1995 umgesetzt wurde.

---

[1] Vgl. Tuschen/Quaas (2001), S. 16f.
[2] Vgl. Oswald (1995), S. 106.
[3] Vgl. Eichhorn (1995), S. 3.
[4] Dadurch, dass dem Krankenhaus das Budget auch bei einer Verkürzung der Verweildauer zusteht und Gewinne und Verluste dem Krankenhaus verbleiben, hat jede wirtschaftliche Verbesserung eine Ausweitung des Finanzspielraumes zur Folge. Nur für den Fall, dass der erwirtschaftete Überschuss auf einer Nichterfüllung des Versorgungsauftrages beruht, darf er nicht behalten werden (§ 4 Abs. 4 Satz 2 BPflV).
[5] Ein fixes Budget gibt dem Krankenhaus ungeachtet der tatsächlich erbrachten Leistungen und der damit entstandenen Kosten eine feste Vergütungssumme vor, deren Höhe zu Beginn der Rechnungsperiode feststeht. Die proportional zur Belegung verlaufenden Pflegesatzeinnahmen decken das Budget nur bei der vorauskalkulierten Belegung. Kennzeichen eines fixen Budgets ist die Tatsache, dass die bei einem anderen Belegungsgrad entstehenden Über- und Unterdeckungen zu 100 Prozent ausgeglichen werden müssen.
[6] Vgl. §§ 4 und 17 Abs. 1 KHG. Danach sollten die Pflegesätze „medizinisch leistungsgerecht sein und es einem Krankenhaus bei wirtschaftlicher Betriebsführung ermöglichen, den Versorgungsauftrag zu erfüllen". Somit bestand für ein Krankenhaus kein Anspruch mehr auf die Deckung seiner vorauskalkulierten Selbstkosten. Dennoch sollten auch jetzt die Pflegesätze im Voraus bemessen werden.

4.2.4   Einführung von gemischten Erlösbudgets

Ab dem 1. 1. 1996 wurde für alle Krankenhäuser verbindlich der bis dahin vorherrschende allgemeine Pflegesatz durch das neue Entgeltsystem für stationäre und teilstationäre Leistungen ersetzt. Dieses ist durch zwei Kernaspekte gekennzeichnet. Zum einen ist dies die Einführung pauschalierter, rein leistungsorientierter Entgeltformen, zum anderen sind dies die Vereinbarungen von Abschlagszahlungen auf das individuell vereinbarte Krankenhausbudget.[1] Das neue Entgeltsystem besteht damit aus vier Entgeltelementen: Fallpauschalen und Sonderentgelte, Abteilungs- und Basispflegesätze. Insgesamt ergibt sich ein Mischsystem aus der Kombination von zwei grundsätzlich verschiedenen Entgeltformen: Auf der Grundlage der Selbstkosten des Krankenhauses kalkulierte Pflegesätze und extern vorgegebene, landesweit festgelegte pauschale Erlöse (Fallpauschalen und Sonderentgelte).[2] Es kann daher als gemischtes Erlösbudget angesehen werden (vgl. Abb. 4-3).

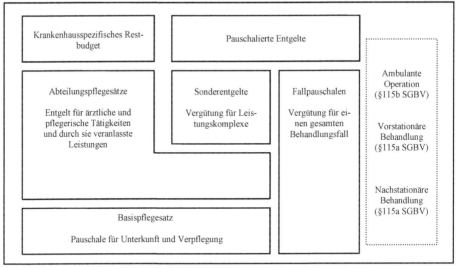

Abb. 4-3: Krankenhausvergütung nach der BPflV 1995

Von den individuellen Selbstkosten unabhängig sind den Krankenhäusern für eine Reihe von Leistungen Fallpauschalen und Sonderentgelte vorgegeben.[3] Mit einer Fallpauschale, welche im

---

[1]   Vgl. Tuschen (1994), S. 442f.; Oswald (1995), S. 113 und Müller (1993), S. 14f.
[2]   Vgl. Adam (1996), S. 7.
[3]   Die BPflV sah zum Zeitpunkt der Anwendung am 1.1. 1996 die Einführung von 73 Fallpauschalen und 147 Sonderentgel-
       ten vor. Auf eine Vollständigkeit der einbezogenen Fachdisziplinen wurde verzichtet, so dass nur ein Teil des Leistungs-

Rahmen der Abrechnung Vorrang vor den Sonderentgelten und der tagesgleichen Pflegsätze hat, werden die gesamten allgemeinen Krankenhausleistungen für einen Behandlungsfall vergütet, unabhängig von der Verweildauer des Patienten und damit von den effektiv entstandenen Kosten (§ 17 Abs. 2a KHG).[1] Fallpauschalen enthalten alle pflegesatzfähigen Kostenarten.[2] Nach der Hauptleistungsbezogenheit kann eine Fallpauschale nur dann berechnet werden, wenn die Hauptdiagnose des Patienten der für eine Fallpauschale vorgegebenen Diagnose entspricht und als Hauptleistung die entsprechend vorgesehene (operative) Behandlung durchgeführt wird. Um allerdings das wirtschaftliche Risiko des Krankenhauses zu begrenzen, ist für jede Fallpauschale eine Grenzverweildauer vorgesehen, nach deren Überschreiten für jeden Tag der jeweilige Abteilungspflegesatz berechnet werden kann (§ 14 Abs.7 BPflV).[3]

Sonderentgelte sollen die direkt einer Leistung zurechenbaren Kosten abdecken. Somit sind sie pauschale Vergütungen für einen Teil der allgemeinen Krankenhausleistungen, sog. Leistungskomplexe. Die Sonderentgelte unterteilen sich in Vergütung für Operationsleistungen, sonstige therapeutische und diagnostische Maßnahmen. Ein Sonderentgelt deckt insbesondere nur die Personal- und Sachkosten ab, sofern diese typisch für die Behandlung sind.[4] Die übrigen Kosten sollen über die zusätzlich anzusetzenden Abteilungs- und Basispflegesätze gedeckt werden (§ 14 Abs. 3 BPflV), welche, zur Vermeidung einer doppelten Kostenabrechnung, um 20 % gekürzt werden (§ 14 Abs. 2 BPflV).[5]

Sonderentgelte und Fallpauschalen werden im Rahmen der Preisfindung nach § 16 Abs. 5 BPflV auf Landesebene durch die Vertragsparteien vereinbart. Ausgangspunkt des Kalkulationsschemas bilden die bundeseinheitlichen Bewertungsrelationen. Dabei werden die Entgelte nicht direkt monetär festgelegt, vielmehr werden nur unterschiedliche Punktzahlen, durch welche die Unterschiede im Behandlungsaufwand abgebildet werden sollen, festgelegt. Um auf unterschiedliche Entwicklungen reagieren zu können, werden jeweils Punktzahlen für den Personal- und den

---

[1] spektrums, ca. 20 – 25 % der Krankenhausumsätze über diese Form abgerechnet wurde; vgl. Mentzel (1998), S. 58; Tuschen/Dietz (1998), S. 62.
Dies bedeutet, dass Gewinne aus der Fallpauschale dem Krankenhaus verbleiben, Verluste müssen von diesem getragen werden.
[2] Vgl. Tuschen/Quaas (2001), S. 80ff.
[3] Nach § 12 BPflV sind diese allerdings auf das Restbudget anzurechnen.
[4] Dies umfasst die Kostenarten 1 bis 4 und 14 in Blatt 1 der LKA.
[5] Im Gegensatz zur Fallpauschale, welche alle Kosten abdeckt, handelt es sich bei Sonderentgelten um „Teilkostenerstattungspreise".

Sachmittelbereich unterschieden, welche dann in der Summe die Gesamtpunktzahl der Leistung ergeben. Der Wert eines Punktes wird dann monetär bewertet. Aus dem Produkt von Punktzahl und Punktwert ergibt sich schließlich die für alle Krankenhäuser eines Bundeslandes verbindliche Vergütung durch die pauschalen Entgelte.

Diejenigen Krankenhausleistungen, die nicht über pauschalierte Entgelte abgerechnet werden, sind nach § 12 BPflV über ein krankenhausindividuell prospektiv zu verhandelndes (Rest-) Budget zu vergüten. Die Verteilung des Budgets wurde, wie bei den bisherigen Entgeltsystemen auch, entsprechend seiner Inanspruchnahme über die zeitanteilige Aufteilung durch tagesgleiche Pflegesätze geregelt, welche somit ebenfalls den Charakter von Abschlagszahlungen auf das Gesamtbudget haben (§13 BPflV). Abteilungspflegesätze umfassen die Entgelte für ärztliche und pflegerische Tätigkeiten und durch diese Berufsgruppen veranlasste Leistungen (§ 13 Abs. 2 BPflV). Diese gelten für jede bettenführende Fachabteilung individuell, so dass das neue Entgeltsystem auf die Berechnung eines allgemeinen tagesgleichen Pflegesatzes zugunsten einer Differenzierung nach Fachabteilungen verzichtet.[1] Aus den Abteilungspflegesätzen sind damit auch die von der Abteilung angeforderten Leistungen zu finanzieren. Der nach § 13 Abs. 3 BPflV zu bildende Basispflegesatz soll alle nicht ärztlichen und pflegerischen Tätigkeiten abbilden und stellt demnach eine Restgröße dar. In ihm sind alle pflegesatzrelevanten Kostenbereiche zu erfassen, die nicht durch pauschalierte Entgelte oder Abteilungspflegesätze abgedeckt werden (z.B. Leistungen der Küche, Wäscherei und Verwaltung). Der Basispflegesatz ist für das jeweilige Krankenhaus einheitlich zu ermitteln.

Bezüglich der *Mengensteuerung* galt auch die Regel, dass, sofern die tatsächliche Belegung im Krankenhaus oder den Abteilungen von der geplanten Belegung abwich, die Fixkostenunterdeckung bzw. Fixkostenüberdeckung durch dann resultierende Erlösausgleichzahlungen korrigiert wurden.[2]

---

[1]   Für jede Fachabteilung, die die Voraussetzungen des § 13 Abs. 2 Satz 1 BPflV erfüllt, ist zwingend ein Abteilungspflegesatz zu vereinbaren.

[2]   Durch die Verabschiedung des Stabilisierungsgesetzes 1996 wurde das fixe Budget für diesen Zeitraum verlängert. Zur Senkung der Ausgaben wurden durch das 2. GKV-Neuordnungsgesetz ab dem 1.1. 1997 die in § 12 Abs. 4 vorgegebenen Ausgleichssätze der flexiblen Budgetierung geändert, welches zu veränderten Steuerungswirkungen führte und damit eine Verschärfung der wirtschaftlichen Situation der Krankenhäuser bedeutete: Mindererlöse wurden nicht mehr zu 75 %, sondern nur noch zu 50 % ausgeglichen. Durch das GKV-Gesundheitsreformgesetz 2000 wurde der Mindererlös-ausgleich auf 40 % weiter abgesenkt. Mehrerlöse sind nicht mehr zu 75 %, sondern zu 85 % zurückzuzahlen, wenn sie den Umfang von 5

Darüber hinaus kann festgehalten werden, dass auch in den Folgejahren (1997 – 2003) zahlreiche Neuregelungen verabschiedet wurden, die unter dem Ziel der Beitragsstabilität standen. Zur Senkung der Ausgaben der Krankenkassen für den stationären Bereich wurde ein Gesamtbetrag (§ 6 BPflV) eingeführt, was bedeutete, dass neben den Abteilungspflegesätzen und dem Basispflegesatz auch die pauschalierten Entgelte in die Budgetierung einbezogen wurden.[1] Des Weiteren wurde der Zuwachs des Gesamtbetrages durch die Veränderungsrate nach § 71 SGB V (sog. Grundlohnrate) begrenzt.

Als *problematisch* erwies sich bei dem aufgezeigten Mischsystem die Tatsache, dass nur 20% der Krankenhauserlöse durch Fallpauschalen vergütet wurden und somit trotz einer Ausweitung der Fallpauschalen und Sonderentgeltkataloge weiterhin das sog. Restbudget bei der Vergütung von Krankenhausleistungen eine dominierende Rolle spielt. Schwierigkeiten ergaben sich bei dem bestehenden Patientenklassifikationssystem, Fälle mit steigender Behandlungskomplexität einer leistungsorientierten Vergütung zuzuführen. Somit wurde die überwiegende Mehrzahl der Behandlungsfälle weiterhin über tagesgleiche Pflegesätze abgerechnet, welche lediglich durchschnittliche Verrechnungskosten darstellen und keinen Zusammenhang zwischen Kosten und Leistungen eines Behandlungsfalls aufzeigen. Obwohl die Fallpauschalen einen ersten Schritt in Richtung leistungsorientierter Vergütung durch fallorientierte Preise aufweisen und einen erheblichen Anreiz zur Wirtschaftlichkeit bieten, war der Hauptvorwurf gegenüber dem Mischsystem, dass Kostenverschiebungen zwischen beiden Entgeltbereichen möglich sind und somit dieses System keine ausreichenden ökonomischen Anreize entfaltet.[2] Nach § 11 Abs. 8 BPflV sind Mehrerlöse zu 75 % vom Krankenhaus zurückzuzahlen, Mindererlöse werden zur Hälfte erstattet.

% des vereinbarten Budgets nicht überschreiten. Höhere Mehrerlöse, die die Grenze von 5 % des vereinbarten Budgets überschreiten, sind zu 90 % auszugleichen.

[1] Vgl. Tuschen/Quaas (2001), S. 26ff. und S. 84ff.

[2] Vgl. Tuschen/Dietz (1998), S. 65. Dies lag daran, dass im Rahmen der Budgetverhandlung zunächst das gesamte Budget von Bedeutung ist. Von diesem Gesamtbudget werden die geplanten Erlöse für Fallpauschalen und Sonderentgelte abgezogen und das verbleibende Restbudget auf die Pflegetage verteilt (Erlösabzugsverfahren nach § 12 Abs. 2 BPflV). Fallen die pauschalierten Entgelte in ihrer Höhe geringer aus, steigen automatisch die Pflegesätze an, da das Gesamtbudget abgedeckt werden muss. Für effiziente Krankenhäuser mit niedrigen Kosten können mögliche Gewinne im Bereich der Fallpauschalen und Sonderentgelte mit dem Budgetbereich saldiert werden und damit voraussichtlich verloren gehen, für ineffiziente Krankenhäuser mit hohen Kosten können mögliche Verluste unerkannt bleiben und über den Budgetbereich ausgeglichen werden.

Grundsätzlich bestand seit der Einführung der neuen Vergütungsstrukturen Einigkeit darüber, dass es einer Weiterentwicklung der Krankenhausvergütung dahingehend bedarf, das leistungsorientierte Vergütungsmodul, bestehend aus Fallpauschalen und Sonderentgelten, zu Lasten der Kostenbudgets, bestehend aus tagesgleichen Pflegesätzen, auszudehnen[1] und das bestehende Mischsystem so rasch wie möglich in ein einheitliches modifiziertes Fallpauschalensystem zu überführen. Insofern wurde auch das bisherige Verfahren der Preisfindung mittels landesweiter Punktverhandlungen und bundesweiter Punktwerte nicht zur Disposition gestellt. Die Diskussion konzentrierte sich vielmehr auf die Frage nach der Abrechnungseinheit, welche in einem zukünftigen System als Grundlage dienen sollte. Im Ergebnis wurde die Übernahme von Systemen favorisiert, die in anderen Ländern bereits erprobt waren und die es erlaubten, alle Krankenhausleistungen einer leistungsorientierten Vergütung zuzuführen.

4.2.5   Einführung von DRG-basierten Erlösbudgets

Mit dem „Gesetz zur Reform der gesetzlichen Krankenversicherung ab dem Jahr 2000" (GKV-Reformgesetz 2000) wurden 1999 die Spitzenverbände der Krankenkassen, der Verband der privaten Krankenversicherung und die Deutsche Krankenhausgesellschaft beauftragt, ein Fallpauschalensystem auf der Grundlage von DRG zu entwickeln, welches durch das „Gesetz zur Einführung des diagnoseorientieren Fallpauschalensystems für Krankenhäuser" (Fallpauschalengesetz, FPG) sowie das „Gesetz zur Änderung der Vorschriften zum diagnoseorientierten Fallpauschalensystem für Krankenhäuser" (Fallpauschalenänderungsgesetz, FPÄndG) präzisiert wurde. Die voll- und teilstationären Leistungen von Krankenhäusern, die durch DRG vergütet werden, unterliegen den Vorschriften des Krankenhausentgeltgesetzes (KHEntgG) und der „Verordnung zum Fallpauschalensystem für Krankenhäuser" (KFPV).[2]

Mit Hilfe des Patientenklassifikationssystems der DRG werden Fallgruppen gebildet. Das Krankenhaus erhält für jeden behandelten Patienten eine DRG-Pauschale im Sinne von Festpreisen, die zunächst einheitlich für alle Krankenhäuser auf der Ebene der Bundesländer festgesetzt

---

[1]   Vgl. hierzu z.B. das von der Gesellschaft für Systemberatung vorgeschlagene „Modulare Klassifikations- und Kalkulationssystem" (MOKKA), welches eine konsequente Weiterentwicklung der BPflV 1995 durch eine schrittweise Ausdehnung der Fallgruppierung und eine standardisierte Bewertung auf Basis von Durchschnittskosten mehrerer Krankenhäuser vorsieht.

[2]   Vgl. Krankenhausfinanzierungsrecht 2004.

wird.[1] Bei DRG-Fallpauschalen handelt es sich damit um ein administriertes Festpreissystem. Ab dem Jahr 2004 gilt das DRG-System für alle Krankenhäuser verpflichtend.[2] Die Jahre 2005 und 2006 sind für eine Konvergenzzeit vorgesehen, in denen die sog. budgetneutrale Umsetzung erfolgen soll.[3] Das bedeutet, dass die Ausgangsbudgets der Krankenhäuser 2004 sich am Budget des vorangegangenen Jahres orientieren und sich daraus krankenhausindividuelle DRG-Pauschalen ergeben. Diese werden schrittweise an die landeseinheitliche Höhe unter Berücksichtigung einer Mengensteuerung in Form von Minder- und Mehrerlösausgleichsregelungen herangeführt.[4] Abbildung 4-4 zeigt das neue Entgeltsystem für voll- und teilstationäre Leistungen für die Jahre 2003/2004 und 2005/2006:

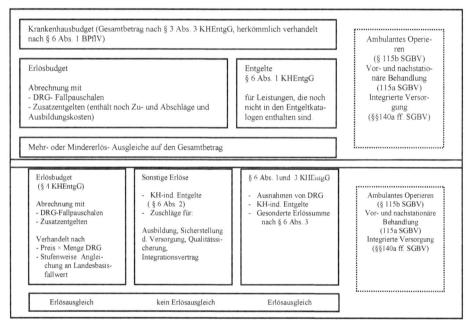

Abb. 4-4: Entgeltsyste m für 2003/2004 (oben) und für 2005/2006 (unten)[5]

---

[1]   Vgl. zur Vergütung mit DRG Kapitel 4.3.3.
[2]   Vgl. § 17b Abs. 4 und Abs. 6 KHG.
[3]   Vgl. § 17b Abs. 6 KHG.
[4]   Vgl. § 3 Abs. 6 und § 4 Abs. 9 KHEntgG. Zum aktuellen Stand des DRG-Systems vgl. z. B. Günster et al. (2004), S. 43ff.
[5]   Vgl. Tuschen/Trefz (2004), S. 114f.

4.2.6   Zusammenfassung

Bevor in den nächsten Abschnitten das DRG-System als das für das deutsche Krankenhaussystem zukünftig geltende Entgeltkonzept auf seine Anreizwirkungen hin untersucht wird, sollen an dieser Stelle abschließend unter Rückgriff auf die eingangs erwähnten Gestaltungsparameter noch einmal die Vergütungssysteme in Deutschland seit 1972 auf dem Weg zu einer marktorientierten Steuerung wie folgt klassifiziert werden:

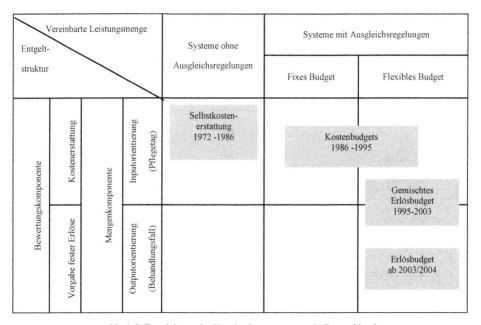

Abb. 4-5: Entwickung der Krankenhausvergütung in Deutschland

Mit dem KHG wurde 1972 das Selbstkostendeckungsprinzip begründet, über die Mengenkomponente des tagesgleichen, vollpauschalierten Tagespflegesatzes wurden die Istkosten des Krankenhauses erstattet. Diese Form der Krankenhausvergütung wurde durch die Neuordnung des KHG und der BPflV 1985/1986 dahingehend verändert, dass bei einer Einführung des flexiblen Budgets dem Krankenhaus die Plankosten in Abhängigkeit der vorauskalkulierten und realisierten Belegung erstattet wurden. Durch das Gesundheitsstrukturgesetz wurde die Form der Selbstkostenerstattung aufgehoben, das Entgeltsystem in Ansätzen zugunsten einer marktorientierten Steuerung durch die Einführung von pauschalierten Entgelten reformiert. Neben Fallpauschalen und Sonderentgelten existierten weiterhin Kostenbudgets im Rahmen der Abteilungs- und Basispflegesätze, so dass die Entgelte sich weiterhin an den individuellen Kosten orientierten (gemischtes Erlösbudget).

4.3   Charakteristika leistungsorientierter Entgeltsysteme

Die folgenden Abschnitte beschäftigen sich mit der Ausgestaltung des Entgeltsystems durch fallorientierte Festpreise. Zum einen erfolgt eine ausführliche Erläuterung des DRG-basierten Fallpauschalensystems als das für Deutschland zukünftige Vergütungssystem, zum anderen werden auch allgemeine Strukturmerkmale dieser Vergütungsform (z. B. im Rahmen von Patientenklassifikationssystemen) herausgearbeitet, die geeignet sind, diese von anderen Vergütungsformen abzugrenzen und damit verbundene Aufgaben und Funktionsweisen zu erläutern.

4.3.1   Objekt der Preisbildung

Wie bereits bei der Systematisierung der Entgeltstruktur im Rahmen der Bewertungskomponente angesprochen, werden unter leistungsorientierten Vergütungssystemen solche Formen verstanden, die über eine prospektive Vergütung grundsätzlich das finanzielle Risiko auf das Krankenhaus übertragen. Bezogen auf die Mengenkomponente soll die Vergütung auch die eigentliche Krankenhausleistung möglichst genau abbilden, da eine leistungsorientierte Vergütung gleichzeitig mit der Frage der Wirtschaftlichkeit bezüglich der gesamten Krankenhausleistung verbunden ist. Im Mittelpunkt steht somit nicht die ökonomische Analyse über die vom Krankenhaus erbrachten Einzelleistungen oder weiterer Zwischenprodukte, sondern die Wirtschaftlichkeit des Krankenhauses hinsichtlich des erbrachten Gesamtprodukts. Objekt der Preisbildung ist der einzelne Behandlungsfall des Krankenhauses.

Vor dem Hintergrund der Darstellung der Krankenhausleistung durch einen mehrstufigen Prozess[1] wird deutlich, dass es sich bei dem Krankenhausprodukt keineswegs um eine homogene Einheit handelt. Vielmehr stellt dieses ein Konstrukt dar, welches erst durch die Angabe weiterer Spezifikationsdimensionen konkretisiert werden kann. Mögliche Dimensionen des Behandlungsfalles sind die Art und Schwere der Krankheit sowie die während der Behandlung auftretenden Komplikationen oder das Stadium der Erkrankung. Darüber hinaus können auch spezifische Ei-

---

[1]   Vgl. hierzu die Ausführungen in Kapitel 2.1.3.2.

genschaften des Patienten wie Alter oder Geschlecht für die Darstellung des Behandlungsfalls herangezogen werden.

Die durch die Spezifikationsdimensionen aufgezeigte Heterogenität der Krankenhausleistung könnte zu dem Schluss führen, dass jeder Patient als gesondertes Produkt anzusehen ist. Bei einer solchen Betrachtung wäre zur Beschreibung des Leistungsprozesses konsequenterweise die Zahl der Einzelleistungen als Output-Maß heranzuziehen mit dem Ergebnis, dass nur eine Wirtschaftlichkeitsanalyse bezüglich des Sekundär-Outputs möglich wäre. Gleichzeitig kann nicht angenommen werden, dass jede erbrachte Einzelleistung für eine Gesamtbehandlung zwangläufig notwendig ist. Aus diesem Grund bietet es sich an, Patienten unter Berücksichtigung von Unterscheidungsmerkmalen in überschaubare Gruppen, mithin nach bestimmten Fallgruppen zu klassifizieren. Ab 2004 ist in Deutschland die pauschalierte Vergütung auf der Grundlage von DRG als Patientenklassifikationssystem eingeführt.

Neben dem DRG-Konzept sind die bekanntesten Patientenklassifikationssysteme Apache III, Computerized Severity Index (CSI), Disease Staging (DS), MedisGroups und Patient Management Categories (PMC), welche im Folgenden kurz erläutert werden sollen.[1]

4.3.2   Überblick über Patientenklassifikationsansätze

Im Rahmen von Patientenklassifikationssystemen können solche unterschieden werden, die eine Fallgruppenbildung unter der ökonomischen Fallschwere (Kosten der Behandlung) vornehmen, von solchen, die Patienten nach der medizinischen Fallschwere bzw. medizinischen Komplexität (z. B. Mortalitätsrisiko, Morbidität oder medizinischer Outcome) klassifizieren.[2]

DRG-Systeme können im Wesentlichen zur ersten Gruppe gezählt werden. Kennzeichen dieser Systeme ist die Bildung diagnosebasierender Klassen von Behandlungsfällen mit vergleichbarem

---

[1]   Vgl. bspw. Lauterbach/Lüngen (2002), S. 49ff.

[2]   Vgl. Fischer (2001), S. 13f. Darüber hinaus kann eine Operationalisierung des Krankenhausoutputs dahingehend differenziert werden, ob die potentiell zu versorgende oder die tatsächlich versorgte Fallzusammensetzung aus den Strukturdaten des Krankenhauses (Fachabteilungsstruktur, medizinisch-technische Ausstattung) oder direkt aus den Patientendaten ermittelt wurde; vgl. Neubauer/Demmler (1989), S. 39f. Diese verweisen auch darauf, dass eine fallorientierte Leistungsmessung im Rahmen eines Vergütungssystems oder als Grundlage für die Vorgabe standardisierter Leistungsbündel in patientenbezogenen Planungs- oder Kontrollprozessen nur dann sinnvoll angewandt werden kann, wenn bestimmte Kriterien erfüllt sind. So sollen Klassifikationssysteme insbesondere dem Homogenitäts-, Akzeptanz-, Flexibilitäts- und dem Robustheitskriterium entsprechen.

Ressourcenverbrauch und damit die Patientenklassifikation nach ökonomischen Kriterien.[1] Dar-über hinaus existieren verschiedene Ansätze der Patientenklassifikation, welche mit dem Ziel der Qualitätssicherung oder Messung der Überlebenswahrscheinlichkeiten entwickelt wurden und überwiegend Systeme darstellen, die eine Fallzuweisung nach der medizinischen Fallschwere vornehmen.[2] Weiterhin ergeben sich auch Kombinationsmöglichkeiten aus besagten Systemen.

Die Entwicklung des *Computerized Severity Index* (CSI) basiert auf den Grundlagen des Severity of Illness Index (SII) und wurde im Wesentlichen von Horn entwickelt.[3] Fallschwere (Severity) wurde definiert als die Schwierigkeit der Behandlung für den Arzt aufgrund des Ausmaßes und Zusammenhangs der Krankheiten eines Patienten.[4] Der CSI setzt sowohl Abrechnungsdaten im Bereich der Haupt- und Nebendiagnose als auch zusätzlich zwischen 4 und 50 klinische Indikatoren ein.[5] Die Zuordnung der Fallschwere erfolgt diagnosespezifisch, bestimmte klinische Befunde haben je nach Hauptdiagnose unterschiedliche Auswirkungen auf die zugeordnete Fallschwere.[6] Insgesamt soll der CSI sowohl Vorhersagen über Mortalitätsrisiken, Ressourcenverbrauch, Komplikationsraten und Verweildauern erlauben.

Der *APACHE Score* (Acute Physiology, Age, Chronic Health Evaluation Score) wurde entwickelt für die Bewertung von Patienten auf Intensivstationen. Er möchte die medizinische Fallschwere messen, welche als Mortalitätswahrscheinlichkeit während des stationären Aufenthalts

---

[1] Solche Klassifikationssysteme sind für eine Adjustierung der Vergütung mit dem Ziel der Sicherstellung einer leistungsgerechten Vergütung gemäß dem ökonomischen Behandlungsaufwand und damit Ressourcenverbrauch geeignet. Die einzige Ausnahme stellen die sog. All Patient Refind-DRG (APR-DRG) dar, welche neben den Behandlungskosten auch die medizinische Fallschwere abbilden; vgl. für ein Überblick der DRG-Systeme Kapitel 4.3.3.

[2] Vgl. Lüngen (2001), S. 8ff. Diese dienen der Adjustierung des Risikos für ein Ergebnis der Behandlung und damit dem Ziel der Vergleichbarkeit der Qualität zwischen Leistungserbringern. Das Hauptproblem der an der medizinischen Fallschwere orientierten Verfahren liegt an der Tatsache, dass der Verknüpfungsprozess von Fallgruppen und Vergütungshöhe noch nicht gelöst ist. Ihre grundsätzliche Zielsetzung geht damit auch weniger in Richtung der Entwicklung eines Entgeltsystems, sondern mehr auf die Beseitigung der Klassifikationsschwächen von ökonomisch orientierten Patientenklassifikationssystemen.

[3] Vgl. bspw. Horn/Horn (1986), S. 73ff.

[4] Vgl. Iezzoni/Daley (1992), S. 45. Ziel war ausdrücklich eine mit den DRG verknüpfbare Grundlage für die Messung der Fallschwere zu schaffen, welches durch eine an die Hauptdiagnose angehängte zusätzliche Ziffer geschieht.

[5] Die Hälfte der klinischen Werte benötigt keine Einschätzung des Mediziners, die andere Hälfte unterliegt den Schwankungen der medizinischen Beurteilung.

[6] Dem Patienten werden für jede codierte Diagnose verschiedene Fallschweren zugeordnet, die dann insgesamt zu einer Gesamtfallschwere zusammengeführt werden. Der Gesamtscore berücksichtigt dabei mehrfach vorkommende Codierungen gleicher Diagnosen ebenso wie die Menge und Stärke der einzelnen klinischen Kriterien. Erkrankungen mehrerer Organe erhalten generell höhere Scores als Erkrankungen nur eines Organs. Bei der Ermittlung des CSI können vier ganzzahlige Werte (Normal to mild (1), Moderate (2), Severe (3) und Life-Threatening (4)) vergeben werden. Für die Validierung der medizinischen Fallschwere wird allerdings auch die Verweildauer einbezogen. Dies ist jedoch insofern problematisch, da eine lange Verweildauer zwar auf eine komplexe Behandlung hindeuten kann, oftmals jedoch nur Ausdruck sehr teurer Behandlungen ist. Darüber hinaus ist die Verweildauer eine eher ungenaue Abbildung, da die individuelle Behandlungsmethode des Arztes die Verweildauer stärker als die Fallschwere beeinflussen kann.

definiert ist.[1] Die Einordnung von Patienten richtet sich nach Messungen von Patientendaten innerhalb der ersten 24 Stunden nach der Aufnahme in die Intensivstation. Der Wert mit der höchsten Abweichung vom Normalgesundheitszustand innerhalb dieses Zeitraums wird für die Bemessung der Fallschwere herangezogen. APACHE III setzt klinische Daten ein, die kaum Einschätzungen von ärztlicher Seite erfordern.[2] Kritisiert wird an dem Messverfahren, dass es die medizinisch schlechtesten Messwerte aus den ersten 24 Stunden einsetzt, obwohl gerade in dieser Zeit schon erste entscheidende Behandlungserfolge erzielt werden können.

Das *Disease Staging*[3] gilt ideengeschichtlich als der älteste Ansatz einer Fallklassifizierung nach dem Krankheitsschweregrad. DS möchte die medizinische Fallschwere abbilden und definiert diese als Wahrscheinlichkeit der Mortalität oder gleich bleibender Beeinträchtigung als Folge der Krankheit. Die Eingruppierung erfolgt ausschließlich anhand von Diagnosen, wobei alle codierten Diagnosen gleichberechtigt sind.[4]

Das Disease Staging-Konzept basiert auf der Unterscheidung von vier Krankheitsschweregraden,[5] wobei die Systematik der Zuordnung durch Mediziner erstellt wird und sich an Komplikationen orientiert. Insgesamt wird an dem Verfahren angezweifelt, ob alle Diagnosen, insbesondere nicht-chirurgische, problemlos einer Stufe zugeordnet werden können.[6]

MedisGroups (Medical Illness Severity Grouping System)[7] definiert die medizinische Fallschwere als Wahrscheinlichkeit eines Organversagens während des stationären Aufenthalts, welche zur besseren Überprüfung der klinischen Instabilität allerdings an der Mortalität des Krankenhaus-

---

[1]   Vgl. bspw. Knaus et al. (1991), S. 1619ff.
[2]   Insgesamt werden 17 physiologische Messungen sowie Angaben über chronische Erkrankungen, die aufnehmende Station, die Art der Aufnahme, erfolgte Operationen und die Zeitspanne bis zur Verlegung auf die Intensivstation benötigt. APACHE weist jedem Fall eine ganze Zahl zwischen 0 und 299 zu, wodurch der Fall auf einer kontinuierlichen Skala abgebildet werden kann. Dieser setzt sich zusammen aus der Summe des physiologischen Scores (0 bis 252), dem Score für chronische Vorerkrankungen (0 bis 23) und des Altersscore (0 bis 24).
[3]   Vgl. bspw. Gonella et al. (1984), S. 637ff.
[4]   Es braucht keine Hauptdiagnose bestimmt zu werden. Prozeduren oder Behandlungen finden keine Berücksichtigung. Neben der Diagnose benötigt die Eingruppierung Angaben über Ort der Erkrankung, betroffene Organe sowie Schwere und Grund der Erkrankung.
[5]   Stufe 1: Krankheiten ohne Komplikationen/oder geringen Schweregraden; Stufe 2: Krankheiten mit auf einzelne Organe begrenzten Komplikationen und/oder mittleren Schweregraden; Stufe 3: Krankheiten mit Komplikationen, die Organsysteme betreffen und/oder hohen Schweregraden; Stufe 4: Krankheiten mit Todesfolge.
[6]   Durch die für jede einzelne Krankheitsart vorzunehmende Differenzierung nach vier Schweregraden ergibt sich eine starke Ausweitung von Patientenklassen, welches für Vergütungszwecke sicher zu umfangreich ist, so dass eine selektive Anwendung von Fallschweregruppen sinnvoll erscheint. Darüber hinaus wurde DS ausdrücklich mit dem Ziel der Abrechnungseignung entwickelt. Dies wurde durch eine Untersuchung einer Korrelation zwischen höheren Fallschweren mit höheren Verweildauern bestätigt, so dass DS auch für den Einsatz in einem pauschalierten Vergütungssystem eingesetzt werden kann.
[7]   Vgl. bspw. Brewster et al. (1985), S. 54ff.; Steen et al. (1993), S. 128ff.

aufenthaltes gemessen wird. Zusammen mit dem Alter und dem Geschlecht des Patienten bestimmen sog. Key Clinical Findings (KCF) die Einordnung des Patienten.[1] Bei der Patientenklassifikation werden nur Daten der maximal ersten 48 Stunden des stationären Aufenthalts hinzugezogen. Die Fallschwere wird dann dargestellt durch die Zuordnung von ganzzahligen Admission Scores zwischen 0 und 4.[2] Zusätzlich kann ein sog. Midstay-Review durchgeführt werden, so dass ein fortlaufendes Bild über Behandlungseffektivität und -effizienz erreicht werden kann.[3]

Das Ziel der *PMC*[4] war neben der Entwicklung eines Patientenklassifikationssystems und der Messung der medizinischen Fallschwere auch die Messung der ökonomischen Fallschwere. Dies resultierte Anfang der 1980er Jahre aus den Erfahrungen mit bestehenden Konzepten, welche dem Sachverhalt, dass identische Diagnosen unterschiedliche Behandlungswege aufweisen können, nur unzureichend Rechnung trugen und damit hinsichtlich einer Homogenität im Rahmen des Ressourcenverbrauchs nicht gerecht wurden.[5]

PMCs bilden Gruppen von Krankenhauspatienten, die aus Sicht von Krankenhausärzten typische Behandlungswege im Krankenhaus aufweisen. Folglich können gleiche Behandlungswege als Klassifikationsmerkmal angesehen werden. PMCs sind in 47 Krankheitsarten gruppiert und umfassen 830 Patientenkategorien, die alle Patienten der Akutversorgung einbeziehen. Die Definition der Fallgruppen erfolgt durch Mediziner; Durchschnittswerte oder andere statistische Methoden werden nicht angewandt. Die Einordnung der Patienten in die PMCs wird mit Hilfe typischer Diagnosekombinationen sowie weiterer klinischer Merkmale vorgenommen; für die Zuordnung reichen die Abrechnungsdaten aus.[6] Die PMCs sind nach Krankheitsschwere hierarchisch gestuft. Als Kriterien für die Schwere der Krankheit dienen das Sterberisiko, das Risiko einer eingeschränkten Lebensführung sowie die Komplikationswahrscheinlichkeit bei der Behandlung.

---

[1] KCF können Laborergebnisse, radiologische, pathologische und diagnostische Untersuchungen sein, insgesamt über die Abrechnungsdaten hinausgehende klinische Daten. Diese Ergebnisse unterliegen nicht der Interpretation des medizinischen Personals. Die Entwicklung der KCF und ihre Bedeutung für die Fallschwere erfolgt jedoch über das Urteil von Medizinern. Insgesamt können 337 unterschiedliche KFC erhoben werden.

[2] Damit wird dem Patienten nicht für jede Diagnose eine Fallschwere zugeordnet, welche abschließend zu einem Gesamtscore aggregiert werden, sondern unmittelbar ein Gesamtscore gegeben.

[3] Der Midstay-Review liegt bei konservativ behandelten Patienten meist zwischen dem dritten und siebten Tag, bei chirurgischen Patienten zwischen dem ersten und fünften Tag nach dem Eingriff. Die Einteilung der Fallschweregrade weicht von dem Admission Score ab, eine Einteilung erfolgt durch die Scores no morbidity, morbidity und major morbidity.

[4] Vgl. Young (1991), S. 408ff.; Young et al. (1994), S. 367ff.

[5] Vgl. Neubauer/Demmler (1989), S. 48ff.

[6] Neubauer (1989), S. 121ff.

Eine Multimorbidität wird abgebildet, indem der Patient den einzelnen Diagnosen entsprechend mehreren Krankheitsartengruppen und somit mehreren Patientengruppen zugeordnet wird.[1] Im Gegensatz zu den DRG findet bei der Gruppenbildung nicht nur eine computerunterstützte Zuordnung der Patienten zu den PMC statt, es wird auch für die einzelnen PMCs durch die Vorgabe von effektiven Behandlungsleitlinien (Patient Management Path, PMP) der typische Behandlungsweg vorgegeben. Dieser PMP, welcher einen Extrakt der zugrunde liegenden empirischen Behandlungsverläufe darstellt, macht detaillierte Vorgaben bezüglich von Verfahren, Laboruntersuchungen oder Prozeduren bis hin zur Verweildauer. Unterschiedliche Leistungen reflektieren dabei Unterschiede im Ressourcenverbrauch, so dass durch die PMPs auch die Ermittlung der Behandlungskosten erfolgen kann. Dabei ist anzunehmen, dass durch die normierte Vorgabe von Diagnose- und Therapieempfehlungen für jede Patientenkategorie ein annähernd gleicher Ressourcenverbrauch für den einbezogenen Leistungsausschnitt unterstellt werden kann. Die Vergütung in einem solchen System erfolgt über Relativgewichte je PMC, die den Ressourcenverbrauch im Vergleich zu einem Kostendurchschnitt ausdrücken.

Das auf dem Klassifikationskriterium des gleichen Behandlungspfades aufbauende System der PMCs hat sich in der praktischen Anwendung nicht durchsetzen können und wird daher seit einigen Jahren nicht mehr gepflegt.[2] Dagegen hat sich international die Patientenklassifikation nach dem Verfahren der DRG etabliert und wird vielfach als Basis für Vergütungssysteme eingesetzt.[3] Ein an den Australian Refined-DRG (AR-DRG) orientierten Fallpauschalensystem bildet in Deutschland die Grundlage für das ab 2004 gültige Vergütungssystem für allgemeine Krankenhausleistungen.[4]

Die Vielzahl der in Einsatz befindlichen DRG-Systeme beruhen alle auf ähnlichen Strukturen, die sich aus der Logik und den Zielsetzungen der Systeme ergeben und welche im Folgenden dargestellt werden. Auf das australische AR-DRG-System wird dabei ausführlich eingegangen.

---

[1]   Vgl. Neubauer/Demmler (1989), S. 51f. Dies stellt einen zentralen Unterschied zu den DRG-Systemen dar, bei denen ausdrücklich nur eine Zuordnung pro Patientenfall möglich ist. Als Vorteil eines solchen Systems ist die Tatsache anzusehen, dass im Rahmen der Vergütung die Reihenfolge oder Gewichtung der Codierung unerheblich für die Vergütung ist. Von Nachteil ist, dass der Spielraum für Manipulationen vergrößert wird.

[2]   Vgl. Rochell/Roeder (2000), S. 262.

[3]   Vgl. zur Verbreitung von DRG-Systemen im internationalen Kontext bspw. Lauterbach/Lüngen (2000), S.5ff.

[4]   Vgl. § 17b KHG.

4.3.3   Grundstruktur eines DRG-basierten Entgeltsystems

Kennzeichen von DRG-Systemen ist die Bildung diagnosebasierter Klassen von Behandlungsfäl-len mit vergleichbarem Ressourcenverbrauch und damit die Patientenklassifikation nach ökono-mischen Kriterien. Das Krankenhaus erhält grundsätzlich für jeden Patienten für den gesamten Krankenhausaufenthalt eine Pauschale, die sich an der Fallklassifikation orientiert und von den krankenhausindividuell geleisteten Aktivitäten weitgehend unabhängig ist.

4.3.3.1 Grundlagen

Ausgangspunkt der Entwicklung der bestehenden Systeme bildet das Jahr 1967, in dem eine For-schungsgruppe um Fetter den Auftrag erhielt, ein Instrument zur „Produktdefinition" von Kran-kenhäusern zu entwickeln.[1] Die Klassifizierung sollte geeignet sein, betriebswirtschaftlich trans-parente Kostenstrukturen zu schaffen und Qualitätssicherungsmaßnahmen im stationären Be-reich zu unterstützen. Diese Vorgabe entstand vor dem Hintergrund der Erkenntnis, dass die bis-herigen Kenngrößen in Form von Zwischenprodukten oder der medizinischen Fallschwere nicht ausreichten, um die Effektivität und Effizienz eines Krankenhauses zu bestimmen und moderne Managementtechniken einzusetzen. Dementsprechend waren die Vorgaben bei der Entwicklung des Instruments:[2] (1) Orientierung an routinemäßig dokumentierten Informationen[3], (2) Über-schaubarkeit der Anzahl der Fallgruppen, (3) Erfassung aller stationärer Krankenhausfälle, (4) Kostenhomogenität der einzelnen Gruppen und (5) medizinische Homogenität der einzelnen Gruppen.

Ursprünglich als Qualitätssicherungs- und Qualitätskontrollinstrument gedacht, wurde die Eig-nung von DRG aufgrund ihres Ansatzes der Bildung kostenhomogener Fallgruppen unter dem Aspekt der medizinischen Zusammengehörigkeit im Hinblick für ein Vergütungssystem erkannt. Bei allen heute zur Vergütung von stationären Leistungen eingesetzten DRG-Systemen werden Patienten in unterschiedlicher Differenziertheit in sich gegenseitig ausschließende unterschiedli-

---

[1]   „The fundamental purpose of the DRG approach is to identify in the hospital acute-care setting a set of case types, each representing a class of patients with similar processes of care and a predictable package of services from an institution." Fetter et al. (1980), S. 3.

[2]   Vgl. Fetter (1991), S. 6ff.

[3]   Dies sind die Abrechnungsdaten, die sich in Deutschland aus der Übermittlung nach § 301 SGB V und in den USA aus dem Uniform Hospital Discharge Data Set ergeben.

che Fallgruppen zugeordnet. Dies bedeutet, dass jeder Patientenfall von der stationären Aufnahme bis zur externen Verlegung oder der Entlassung nur einer DRG zugeordnet werden kann. Als Zuordnungskriterien und Datengrundlage werden dabei Hauptdiagnose[1], Prozeduren (Operation oder Eingriffe)[2], bestimmte Nebendiagnosen oder Komplikationen (Complications/Comorbidities; CC)[3], besondere Sachverhalte (z.B. Transplantationen) und weitere Kriterien (z. B. Alter oder Geschlecht des Patienten[4]) genutzt. Die Zuordnung erfolgt nicht willkürlich, sondern wird nach festen Regeln vorgenommen.

DRG sind in der Zwischenzeit in vielen Ländern im Einsatz und kommen in unterschiedlicher Form zur Anwendung.[5] Das wohl bekannteste DRG-System ist im Rahmen eines Vergütungssystems nach der Health Care Financing Administration (HCFA-DRG) benannt worden: ausgehend von den 1975 entstandenen Yale-DRG als erster DRG-Version wurden Anfang der 1980er Jahre die Fallgruppen modifiziert und neu abgegrenzt. Letztendlich wurden 23 Hauptdiagnosen (Major Diagnostic Groups, MDC) in 470 DRG unterteilt. Das System wird seit 1983 als Abrechnungsgrundlage für das Medicareprogramm in den USA eingesetzt. Allen in der Praxis angewandten Systemen sind die wesentlichen Grundlagen der HCFA-DRG gemeinsam: Aufbauend auf der Bewertung von ärztlichen Experten, medizinischen Daten und statistischen Algorithmen werden die einzelnen DRG gebildet. Die medizinischen Anforderungen werden durch Ärzte, die ökonomischen Anforderungen durch die Bildung von DRG entsprechend der Aufenthaltsdauer gewährleistet. Die einzelnen Systeme unterscheiden sich insbesondere bezüglich ihres Umgangs bei der Berücksichtigung von Schweregraden.

---

[1]   Nach den deutschen Kodierrichtlinien gilt als die Hauptdiagnose die Diagnose, die nach Analyse als diejenige festgestellt wurde, die hauptsächlich für die Veranlassung des stationären Krankenhausaufenthaltes des Patienten verantwortlich ist.

[2]   Auch bei den Prozeduren wird eine Hauptprozedur definiert, welche die signifikanteste Prozedur darstellt, die zur Behandlung der Hauptdiagnose durchgeführt wurde.

[3]   Hierbei handelt es sich um eine Krankheit oder Beschwerde, die entweder gleichzeitig mit der Hauptdiagnose besteht (Komorbiditäten) oder sich während des Krankenhausaufenthaltes entwickelt (Komplikationen).

[4]   Da das Alter bei einigen Hauptdiagnosen einen bedeutenden Einfluss auf die Behandlungskosten hat, können bei einigen Diagnosegruppen verschiedene Altersgrenzen (z. B. 17 oder 65 oder 70 Jahren) gesetzt werden, welches bedeutet, dass ein Patient, der unter 17 oder über 65/70 Jahre alt ist, in eine höher vergütete DRG kodiert werden kann.

[5]   Vgl. zur Verbreitung von DRG-Systemen bspw. Rochell/Roeder (2001), S. 49ff.

4.3.3.2   Fallgruppierung nach DRG

Der Gruppierungsprozess verläuft grundsätzlich nach dem Muster eines Entscheidungsbaumes: Um keine medizinisch unsinnigen Kombinationen zu erhalten, werden bei der Zuteilung einer DRG zu einem Behandlungsfall zunächst grobe Zuordnungen anhand von Hauptdiagnosen vorgenommen, welche sich an Organsystemen orientieren (vgl. Abb. 4-6).[1]

MDC	Gruppenbezeichnung	MDC	Gruppenbezeichnung
1/2/3	Nervensystem/Auge/Hals, Nase, Ohren	21	Verletzungen, Vergiftungen, toxische Wirkung durch Arzneimittel
4/5/6	Atmungsorgane/Kreislauf / Verdauungsorgane	22	Verbrennungen
7/8 / ...	Leber, Galle, Pankreas / Skelett, Muskeln, Bindegewebe	23	Faktoren, die den Gesundheitszustand beeinflussen und andere Kontakte mit der medizinischen Versorgung
Später hinzugekommene MDCs (Nummerrierung gemäß HFC-System)			
24	Polytraumata	25	HIV-Infektion

Abb. 4-6: Gliederungsstruktur von DRG

Innerhalb der MDCs werden chirurgisch oder konservativ behandelte Fälle unterschieden. Ausschlaggebend ist, ob eine Operation erbracht wurde. Die Zuweisung zu einer chirurgischen/konservativen DRG erfolgt aufgrund der wichtigsten Operation/ersten Diagnose. Hiermit wird ein medizinisches Krankheitsbild abgegrenzt. Diese nächste Ebene unterhalb der MDC und der Einteilung „konservativ/chirurgisch" wird als Basis-DRG oder A-DRG bezeichnet. Bis zu dieser Ebene der Basis-DRG haben medizinische Kriterien den größten Einfluss auf die Patientenzuordnung. Unterhalb dieser Ebene werden die Behandlungskosten der Fälle als Klassifikationskriterium betrachtet. Treten kaum Schwankungen innerhalb der Basis-DRG auf, braucht keine weitere Unterteilung vorgenommen zu werden. Die Basis-DRG ist dann identisch mit der DRG, die bei der Abrechnung angeben wird. Schwanken die Behandlungskosten der Fälle inner-

---

[1]   Vgl. Fischer (2001), S. 19; Rochell/Roeder (2001a), S.11.

halb einer Basis-DRG sehr stark, wird eine weitere Unterteilung z. B. nach dem Patientenalter oder Nebendiagnosen vorgenommen. Die ursprüngliche Basis-DRG wird dann in mehrere endgültige DRG aufgespaltet (vgl. Abb. 4-7):

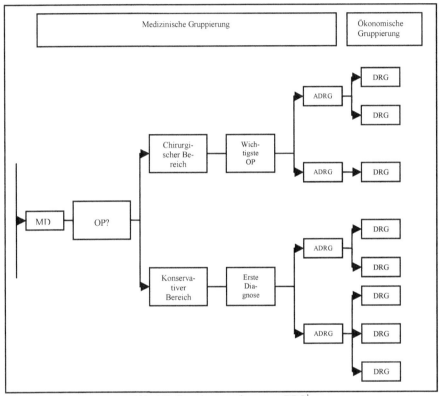

Abb. 4-7: Gruppierungsschema von DRG[1]

Ausgehend von den HCFA-DRG sind in verschiedenen Ländern unterschiedliche Systeme im Einsatz. Gründe für die nationalen Weiterentwicklungen waren hauptsächlich die Anpassung an regionale und nationale Besonderheiten, insbesondere die Kodierschlüssel für Prozeduren und Diagnosen. Auch wurden vollständig überarbeitete DRG-Systeme entwickelt, die durch den Wunsch nach einer besseren Abbildung der (ökonomischen) Fallschwere begründet waren. Bei der von den Hauptgruppen ausgehenden nächsten Stufe der Gruppierung in die einzelnen Diag-

---

[1]   Vgl. Lüngen et al. (Hrsg.) (2001), S. 158.

nosegruppen treten die nach bestimmten Grundschemata unterschiedlich differenziert berücksichtigten Schweregrade als Unterscheidungsmerkmale der verschiedenen DRG-Systeme hervor.

Im Hinblick auf eine Systematik sind neben HCFA-DRG die All Patient-DRG (AP-DRG)[1], Australian National-DRG (AN-DRG) sowie Refined-DRG (R-DRG)[2], All Patient Refined-DRG (APR-DRG)[3] und Australian Revised-DRG (AR-DRG) zu nennen.[4]

Das *HFCA-DRG-System* ist das erste DRG-System, das in großem Umfang im Rahmen des amerikanischen Medicare-Programms eingesetzt wurde. HFCA-DRG umfassten im Jahre 1999 25 MDCs und 499 Fallgruppen. Eine Patientenklassifikation in Diagnosegruppen erfolgt anhand von Diagnosen oder Prozeduren, die zu einer Fallschwereerhöhung führen. Ausgehend von den A-DRG wird nur eine Unterteilung in DRG mit oder ohne CC vorgenommen.

Das *AP-DRG-System* wurde Ende der 1980er Jahre als Alternative zum HCFA-DRG-System entwickelt, damit es für Patienten aller Versicherer anwendbar wurde. Darüber hinaus wurden ausgewählte Krankheiten (HIV-Infektionen und Traumata) differenzierter abgebildet. Das AP-DRG-System umfasst bei 25 MDCs 641 Fallgruppen. Die Messung der Fallschwere wurde gegenüber den HCFA-DRG verfeinert: Die bei den HCFA-DRG vorgenommene Teilung in mit CC und ohne CC wurde durch eine weitere Stufe erweitert, indem besonders kostenintensive CCs als eigene DRG eingerichtet wurden, welche als „Major CC" (MCC) bezeichnet wurden. Das AN-DRG-System lehnt sich an das System der AP-DRG an. Es besteht aus 23 MDCs mit insgesamt 667 Fallgruppen.

Das *R-DRG-System* ist eine Verfeinerung des HCFA-DRG-Systems. Bei der Entwicklung wurde von den A-DRG ausgehend ein völlig neues System der Fallschwereabbildung eingesetzt. Die bis dahin genutzte Einteilung in mit/ohne CC wurde durch ein Verfahren ersetzt, bei dem unter statistischen Ergebnissen diejenigen Nebendiagnosen aus der bekannten HCFA-Liste der CC ermittelt wurden, die einen signifikant höheren Ressourcenverbrauch auslösten. Bei konservativ

---

[1] Vgl. bspw. Edwards et al. (1994).
[2] Vgl. bspw. Freeman et al. (1995).
[3] Vgl. bspw. Averill et al. (1997).
[4] Die besondere Bedeutung der genannten Systeme ist im Zusammenhang mit der Entwicklung weiterer Systeme begründet. Ausgehend von der ersten Generation durch die HCFA-DRG existieren neben den genannten Systemen auch noch die zur zweiten Generation zählenden Nord-DRG, GHM (Groupes homogènes de malades), HRG (Healthcare Resource Groups) sowie die zur dritten Generation zählenden IAP-DRG (International All Patient-DRG) und RDRG (Refined-DRG); vgl. Fischer (2001), S. 22.

behandelten Fällen wurden einheitlich drei Komplexitätsklassen, bei den operativen DRG vier Komplexitätsklassen differenziert. Die abweichende Zahl von Untergruppen wurde vorgenommen, da bei operativen DRG größere Unterschiede innerhalb der A-DRG in der ökonomischen Fallschwere festgestellt wurden. Insgesamt existieren 167 konservative medizinische Kategorien mit drei Fallschwerestufen und 145 chirurgische Kategorien mit vier Fallstufen, so dass insgesamt rund 1.100 R-DRG auftreten.

Das kurz nach den *R-DRG* entstandene *APR-DRG-System* hatte ebenfalls das Ziel, an der Hauptdiagnose orientiert, differenzierter den Einfluss verschiedener Nebendiagnosen abzubilden. Aus diesem Grund wurden jeder A-DRG über statistische Verfahren vier Subklassen zugeordnet, die jeweils unterschiedliche Vergütungshöhen auslösten. Insgesamt umfassen die APR-DRG bedingt durch die Untergliederung nach Schweregraden 1.530 Fallgruppen. Darüber hinaus war ein erklärtes Ziel bei der Entwicklung von den APR-DRG die Abbildung der medizinischen Fallschwere. Dazu wurden die Messsysteme „Severity of Illness", „Risk of Mortality" und „Resource Intensity" entwickelt. Besondere Bedeutung erlangte die Mortalitätswahrscheinlichkeit, denn ebenso wie für den Ressourcenverbrauch wurden für jede A-DRG vier Mortalitätsklassen eingerichtet. Die Zuweisung der Mortalitätsklasse erfolgt unabhängig von der Zuordnung der Fallschwereklasse des Ressourcenverbrauchs, so dass einem Fall unabhängig voneinander zwei Ausprägungen innerhalb der A-DRG zugeordnet werden können. Damit sind APR-DRG die ersten Klassifikationssysteme innerhalb der DRG-Familie, die neben der ökonomischen auch die medizinische Fallschwere in die Vergütung mit einbeziehen.

Das *AR-DRG-System* dient nach § 17b Abs. 4 KHG als Referenzsystem für das deutsche Krankenhausentgeltsystem und wird einer ausführlichen Darstellung unterzogen.

Ausgehend von 23 Hauptgruppen (MDCs) lassen sich im AR-DRG-System über 409 Basis-DRG mit insgesamt 2.017 Schweregradgruppen ableiten. Diese Größenordnung entspricht der Zielsetzung, medizinische Schweregrade in einer feststehenden Systematik möglichst differenziert abbilden zu können. Ein solches System droht allerdings unhandlich und aufgrund einer mangelnden Besetzung der Fallgruppen ökonomisch inhomogen zu werden. Die vorliegende Konzeption zeichnet sich durch eine hohe Flexibilität aus, die es zulässt, dass sich das System aus medizini-

scher und ökonomischer Sicht unterschiedlich stark aggregieren lässt: Die 2.017 Schweregradgruppen werden für die Abrechnungspraxis zu 661 effektiv abrechenbaren DRG zusammengefasst.

Ausgehend von den genannten Zuordnungskriterien werden die Behandlungsfälle zur Gruppierung zunächst einer Plausibilitätsüberprüfung unterzogen: Liegen Fehlkodierungen oder unplau-
sible Angaben vor, kommt es zur Eingruppierung in eine von 7 Fehler-DRG. Auch wird vor dem
Beginn des eigentlichen Zuordnungsalgorithmus überprüft, ob Ausnahmefälle oder Sondertatbestände vorliegen, welches eine Zuordnung in spezielle Fallgruppen notwendig macht. Diese Patientenfälle werden über sog. Pre-DRG, welche Bestandteile der MDCs darstellen, ausgesondert.

Die Mehrzahl der Fälle, die nicht in eine Pre-DRG-Kategorie fallen, wird wie bei den anderen
DRG-Systemen auch anhand der Hauptdiagnose in eine MDC eingeordnet. Die weitere Aufteilung der Fälle ist im AR – DRG-System durch eine Besonderheit geprägt: Während die übrigen
DRG-Systeme die Hauptkategorien allein nach chirurgischen und medizinischen DRG unterteilen, wird im vorliegenden System eine zusätzliche Unterteilung für die nicht chirurgischen Prozeduren geschaffen. Innerhalb der MDC sind die DRG in „konservative", „chirurgische" oder
„sonstige" Bereiche unterteilt:

Die chirurgische Partition beinhaltet Fälle, bei denen mindestens ein zur Hauptdiagnose passen-
der und an die Nutzung eines Operationssaales gebundener operativer Eingriff erbracht wird. Die
medizinische Partition umfasst diejenigen Fälle, die konservativ behandelt werden bzw. bei denen keine gruppierungsrelevante Prozedur erbracht wird. Die Fälle, bei denen bestimmte diagnostische oder therapeutische Maßnahmen vorgenommen werden, welche nicht an die Nutzung
von Operationssälen gebunden sind (z. B. endoskopische Eingriffe), sind als sonstige Partitionen
zusammengefasst. Anschließend werden die Fälle einer Basis-DRG zugeordnet, die wiederum
den Ausgangspunkt für die weitere nebendiagnosebezogene Schweregradunterteilung darstellt.
Diese Fallschweresystematik ist bei den AR-DRG komplexer als in den meisten anderen DRG –
Systemen. (vgl. Abb. 4-8).

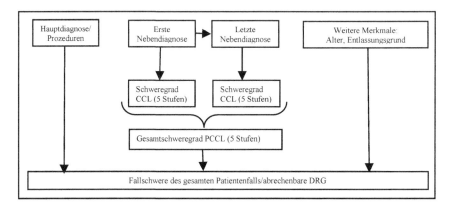

Abb.: 4-8: Fallschweresystematik bei AR-DRG[1]

Zunächst werden allen kodierten Nebendiagnosen bestimmte Level zugeordnet (Complication and Comorbidity Level, CCL). Der Level richtet sich nach der Bedeutung der Nebendiagnose für die zu erwartenden Fallkosten und wird über 5 Stufen bewertet.[2] Da ein Patient mehrere Nebendiagnosen aufweisen kann, können pro Fall auch mehrere CCL auftreten. In einem zweiten Schritt werden alle CCLs eines Falles zu einem einzigen Wert zusammengefasst, welcher als Patient Clinical Complexity Level (PCCL) bezeichnet wird. Auch diese PCCLs werden in 5 Schweregradgruppen unterteilt, wobei die Bandbreite des Schweregrades von 0 (keine erschwerende Nebendiagnose) bis 4 (katastrophale Auswirkung der CC) reicht. Somit nutzt das AR – DRG System zur Ermittlung des nebendiagnosebezogenen Schweregrades nicht nur eine einzelne, sondern berücksichtigt alle erfassten Nebendiagnosen des Patienten.[3] Über die CCL bietet das System mit dem PCCL die Möglichkeit der Abbildung eines aus den patientenindividuellen Nebendiagnosen kumulierten Schweregrades. Dieser Schweregrad wird über eine statistische Glättungsformel berechnet, damit ausgeschlossen ist, dass in die Schweregrade mehrerer Nebendiagnosen additiv einfließen und sich gegenseitig zu unrealistischen Schweregradstufen steigern.

---

[1]   Vgl. Lauterbach/Lüngen (2002), S. 32.

[2]   Ein CCL 0 bedeutet, dass der Kode der Nebendiagnose keine Komplikation oder Komorbidität darstellt. Dementsprechend CCL 1: Kode stellt eine unbedeutende CC dar; CCL 2: Kode stellt mäßige CC dar; CCL 3: Kode stellt eine ernsthafte CC dar und CCL 4: Kode stellt eine katastrophale CC dar.

[3]   Das sog. Höchstwertverfahren, bei dem die Fallschwere nur über die schwerwiegendste Nebendiagnose ermittelt wird, erfolgt bei den AN-DRG und R-DRG.

Extreme Multimorbiditäten werden über die Systematik damit folgerichtig höher bewertet als vergleichbare Fälle mit einer schweren solitären Nebendiagnose.[1]

Die bezogen auf 409 Basis-DRG im australischen System darstellbaren über 2.000 Schweregradgruppen führen nicht zwangsläufig zu einer effektiven DRG-Fallgruppe. Vielmehr werden mehrere kostenähnliche Schweregradgruppen wieder zu einer DRG zusammengefasst. Nicht selten resultiert aus 5 PCCL-Gruppen nur eine gemeinsame DRG, welche dann mit der Basis-DRG identisch ist. Letztlich ist zu erwähnen, dass die AR-DRG das einzige DRG-System darstellt, welches über eine eigene systematische Nomenklatur verfügt.[2]

4.3.3.3 Ausgestaltung des Vergütungssystems und Bewertungsgrundsätze

Die Vergütung in dem DRG-System erfolgt nicht über eine direkte Bewertung durch eine unmittelbare Zuweisung einer Erlöshöhe zu den DRG; es wird bei den Vergütungsbestandteilen eine explizite Trennung in ein Relativgewicht und einen Basisfallwert vorgenommen.[3] Charakteristisch ist damit die Bewertung der Fallgruppen mit relativen Kostengewichten, die den Ressourcenverbrauch der einzelnen Fallgruppen bezogen auf die Durchschnittskosten eines Basisfalls (Relativgewicht = 1) abbilden.[4] Die grundlegende, patientengleiche Vergütungshöhe eines Falles ergibt sich dann aus der Multiplikation des Basisfallpreises mit dem Relativgewicht. Grundsätzlich erhält jedes Krankenhaus für den gleichen Patientenfall auch die gleiche Entgelthöhe, allerdings werden darüber hinaus Zuschläge als weiterer Vergütungsbestandteil vereinbart.[5]

---

[1] Im Hinblick auf die abschließende Betrachtung der Fallschwere und damit für die abrechenbare DRG ist der PCCL allerdings nicht die alleinige Größe. Weitere Einflussgrößen sind in diesem Zusammenhang z. B. das Patientenalter oder der Entlassungsstatus; vgl. Lauterbach/Lüngen (2002), S. 28ff.

[2] Vgl. hierzu und im Folgenden Rochell/Roeder (2001a). Diese Systematik ergibt sich aus einer Kombination von Buchstaben und Ziffern. Aus der DRG-Bezeichnung lässt sich die MDC, die übergeordnete Basis-DRG sowie die Fallschwere ableiten, welches beispielhaft an der DRG der Diagnose F67A „Bluthochdruck mit CC" dargestellt werden soll. Der erste Buchstabe (hier F) steht für die MDC (hier MDC 5: Erkrankungen des Kreislaufsystems). Die folgenden zwei Ziffern stehen für das übergeordnete medizinische Gebiet und werden als Basis-DRG bezeichnet (67 steht für die Diagnose „Bluthochdruck"). Die folgenden Ziffern weisen auf die chirurgische (Ziffern 1-39), die medizinische (Ziffern 40-59) oder die sonstige (Ziffern 60-99) Partition hin. Die letzte Stelle gibt in Form eines Buchstabens die Fallschwere wieder. Dabei wird in Deutschland zwischen drei Klassen (A, B und C) unterschieden, wobei A immer den höchsten Ressourcenverbrauch bedeutet.

[3] Vgl. § 17b KHG sowie die Vereinbarung zwischen der Deutschen Krankenhausgesellschaft und den Krankenkassen über die Einführung eines pauschalierenden Entgeltsystems.

[4] Dies hat den Vorteil, dass z. B. bei inflationsbedingten Preisänderungen die Relativgewichte nicht jedes Mal neu adjustiert werden müssen, sondern nur der Basisfallpreis angepasst werden muss. Neben den Durchschnittskosten aller DRG können als Bezugsgröße auch die Kosten einer zugrunde liegenden Leistung sein. Dieses Vorgehen wurde bei dem französischen GHMs verwendet. Als Leistung wird die komplikationsfreie Entbindung genommen; vgl. Rochell/Roeder (2001a), S. 3.

[5] Vgl. § 17b Abs. 1 KHG.

Der *Basisfallwert* dient als Größe, auf die sich alle DRG in ihrer Vergütung beziehen. In der Regel erfolgt auf der Grundlage des Mittelwertes aller in der Vergangenheit aufgewendeten Fallkosten aller Krankenhäuser die Festsetzung des Basisfallwertes. In Deutschland ergibt sich für die Preisbildung folgende Situation: Im Rahmen der budgetneutralen Phase werden ausschließlich krankenhausindividuelle Basisfallpreise ermittelt. Zur budgetneutralen Umsetzung wird für jedes Krankenhaus bei der Budgetverhandlung ein Gesamtbudget vereinbart. Der krankenhausindividuelle Basisfallwert ermittelt sich dann aus dem Budget und den damit zu erbringenden DRG. Diese werden mit ihren Relativgewichten addiert und auf das Budget bezogen.[1] Da die DRG und das Budget jeweils krankenhausindividuelle Größen sind, ergeben sich hieraus unterschiedliche Basisfallwerte. Bis 2007 ist die endgültige Umstellung auf einen landeseinheitlichen Basisfallwert vorgesehen. In der Konvergenzphase 2005 und 2006 wird der krankenhausindividuelle Basisfallwert stufenweise auf dieses Niveau angehoben, es erfolgt demnach eine Normierung der Entgelte. Das bedeutet, dass Krankenhäuser in diesem Zeitraum für die gleichen Leistungen unterschiedliche Erlöshöhen erhalten werden. Krankenhäuser, die einen sehr hohen individuellen Basisfallwert in dieser Phase aufweisen, müssen demnach mit einer deutlichen Absenkung rechnen.[2]

Die *Relativgewichte* geben, wie oben erwähnt, den durchschnittlichen Aufwand für die Behandlung eines Falles im Verhältnis zu einem Standardfallpreis wieder. Die Gewichtung berücksichtigt dabei den Behandlungsaufwand beeinflussende Faktoren wie Komorbiditäten und Komplikationen und verlangt eine höhere Bewertung. Insofern bilden Kostengewichte den Abstand zwischen den DRG in Bezug auf die Erlöshöhen ab.

---

[1]   Der Casemix (CM) ergibt sich dabei als Summe aller Relativgewichte innerhalb einer Zeiteinheit erbrachten DRG. Der Casemix-Index (CMI) ergibt sich als CM/Anzahl der Fälle. Der krankenhausindividuelle Basisfallpreis ergibt sich somit als DRG-Budget/(CMI × Fallzahl).

[2]   Diese abgestufte Einführung wurde auch bei der Implementierung des Medicare Prospective Payment System (MPPS) eingesetzt: Neben regionalen und nationalen Durchschnittskosten wurden krankenhausspezifische Kosten bei der Festlegung der Entgelthöhe berücksichtigt. Ausgehend von der Einführung im Jahre 1983 wurden über einen Jahreszeitraum von 4 Jahren die krankenhausindividuellen Kosten bei der Erlöshöhe sukzessive um jeweils 25 % gekürzt und durch regionale und nationale DRG-Raten ersetzt. Das Preisfindungsverfahren soll in Anlehnung an Neubauer/Unterhuber (1987), S. 113, kurz beschrieben werden: Ausgehend von den Netto-Betriebskosten, sowie der Division der Netto-Betriebskosten durch die Anzahl der Krankenhausentlassungen aller Krankenhäuser und verschiedenen z. B. inflationsbedingten Anpassungen der Durchschnittskosten für die entsprechenden Perioden, wird der Case-Mix-Index (CMI) je Krankenhaus ermittelt und die hochgerechneten Durchschnittskosten durch die Einbeziehung des krankenhausindividuellen CMI standardisiert. Nach einer Bereinigung diese Standarddurchschnittskostensätze um regionale Lohnunterschiede und indirekte Ausbildungskosten erfolgt die Ermittlung durchschnittlich standardisierter Fallkosten für alle Regionen, differenziert nach städtischen und ländlichen Gebieten. Die ermittelten regionalen und nationalen Durchschnittskostensätze wurden um Zuschläge (z. B. für Outlier) bereinigt.

In Deutschland wurde die Kalkulation durch die Vertragsparteien der Selbstverwaltung auf Bundesebene vorgenommen und stellt sich wie folgt dar: Auch wenn der Gesetzgeber in § 17b KHG verschiedene Möglichkeiten[1] zur Ermittlung der Relativgewichte zugelassen hat, wurde in den Vereinbarungen der Selbstverwaltungspartner festgelegt, dass die Bewertungsrelationen auf der Grundlage inländischer Kosten- und Leistungsdaten zu ermitteln sind. Aufgrund der Ausgangssituation der bisherigen Krankenhausfinanzierung und damit verbundenen mangelnden Kosten- und Leistungsrechnung fiel die Entscheidung auf eine einzelfallbezogene Kostenermittlung mit dem Instrument der Kostenträgerrechnung und damit einer kostenorientierten Kalkulation.[2] Unter den Vorgaben der Ermittlung aller DRG-Fälle und eines einheitlichen Kalkulationsschemas sollte auf der Grundlage einer repräsentativen Krankenhausstichprobe eine fallbezogene retrospektive Ist-Kostenkalkulation auf Vollkostenbasis erfolgen.[3]

Ausgehend von den Vollkosten der Kalkulationsperiode (testierter Jahresabschluss) erfolgt über die Kostenartenrechnung eine Abgrenzung nicht DRG-relevanter Aufwandsarten sowie die Zuordnung von fallbezogenen Einzelkosten (Abb. 4-9).[4] In der anschließenden Kostenstellenrechnung sollen die DRG-relevanten Gemeinkosten mittels Umlageverfahren vollständig auf die Kostenstellen umgelegt werden, die einen direkten Leistungsbezug zum Einzelfall aufweisen. Besondere Berücksichtigung erfahren dabei eine verursachungsgerechte Personalkostenverrechnung und die Ausgliederung Nicht-DRG-relevanter Leistungen. In der Kostenträgerrechnung werden die DRG -relevanten Kosten, die sich ausschließlich auf den direkten Kostenstellen befinden, in einer Verrechnungssatzkalkulation anhand geeigneter Bezugsgrößen auf die Einzelfäl-

---

[1]   Diese Möglichkeiten bestehen aus: (1) Übernahme bereits eingesetzter Bewertungsrelationen aus anderen DRG-Systemen; (2) Weiterentwicklung bereits eingesetzter Bewertungsrelationen; (3) Ermittlung der Relativgewichte anhand inländischer Kosten- und Leistungsdaten. Im Gegensatz zur Nutzung des australischen Klassifikationssystems, war eine Adaption der Kostengewichte aufgrund der unterschiedlichen Versorgungs-, Behandlungs- und Krankenhausfinanzierungsstrukturen nicht möglich.

[2]   Grundsätzlich bieten sich bei der Kalkulation der Relativgewichte zwei unterschiedliche Verfahren an: Kostenorientierte und erlösorientierte Kalkulationsverfahren. Bei der erlösorientierten Variante werden retrospektiv die Fälle gemäß den Kodierregeln den DRG zugewiesen und die Erlöse über Tagespauschalen als Approximation der Fallkosten herangezogen; Bei der kostenorientierten Variante erfolgt die Berechnung auf den Grundlagen bereits erhobener Einzelfallkosten vgl. Ackermann/Schmidhausen (2001), S. 100ff.

[3]   Die Ist-Kostenrechnung auf Vollkostenbasis ist die traditionelle Form der Kostenrechnung und erfasst retrospektiv die tatsächlich angefallenen Kosten. Hierzu werden die angefallenen Verbrauchsmengen mit den Ist-Preisen multipliziert. In einer Vollkostenrechnung werden sämtliche Kosten auf die Kostenträger verteilt. Es findet, im Gegensatz zur Teilkostenrechnung, auch eine Verteilung der Fixkosten/Gemeinkosten statt. Aus diesem Grund wird dieses Verfahren häufig heftig kritisiert. Als Grund wird der hohe Fixkostenanteil/Gemeinkostenanteil eines Krankenhauses angeführt, der ohne direkten Bezug zur einzelnen Leistungseinheit dieser geschlüsselt zugerechnet werden muss; vgl. Paffrath (2001), S. 275f.; Riebel (1982), S. 75.

[4]   Eine ausführliche Darstellung der Kalkulationsmethodik kann dem Kalkulationshandbuch entnommen werden; vgl. www.g-drg.de. Die Ausführungen beziehen sich auf Schmitz/Platzköster (2004), S. 25f.

le umgelegt. Im Kalkulationsverfahren der Selbstverwaltung werden die Kostensätze und damit auch die fallbezogene Kostenbelastung modular jeweils für die relevanten Kostenstellen und Kostenartengruppen ermittelt.

Abb. 4-9: Kalkulationsschema für DRG[1]

Wie gezeigt, erhält jedes Krankenhaus prinzipiell für den gleichen Patientenfall auch die gleiche Entgelthöhe. Allerdings wurden nach § 17b KHG *Zuschläge* als weiterer Vergütungsbestandteil vereinbart, welche sich in strukturbezogene, patientenbezogene und gesellschaftspolitische Zuschläge gliedern: In Deutschland sind vorgesehen:

- Zuschläge für die Teilnahme an der Notfallversorgung,

- Zuschläge für Ausbildungsstätten und Ausbildungsvergütung,

- Zuschläge für die Teilnahme an Qualitätssicherungsmaßnahmen,

- Zuschläge für die Sicherstellung der flächendeckenden Versorgung,

- Zuschläge für Leistungskomplexe sowie

---

[1] Vgl. Schmitz/Platzköster (2004), S. 26.

- Zuschläge für neue Untersuchungs- und Behandlungsmethoden.

Darüber hinaus ergeben sich im DRG-System Zuschläge für Langlieger (sog. Outlier).[1] Wie bisher beschrieben, wird im DRG-System aufgrund der Variabilität der medizinischen Leistungen im Einzelfall über die Fallpauschale ein Produkt im statistischen Sinne definiert, wobei der Leistungsumfang im Einzelfall nicht exakt zu bestimmen ist. Basierend auf statistischen Grundlagen ermittelter Grenzverweildauern werden Überschreitungen und damit sehr hohe Behandlungskosten verursachende Patientenfälle mit zusätzlichen Beiträgen versehen, um das Krankenhaus von dem finanziellen Risiko zu befreien. Diese sind als Verlustbegrenzung für das Krankenhaus zu sehen und werden als wesentlicher Bestandteil des Systems angesehen.[2]

Zusammenfassend gilt die Erkenntnis, dass es sich bei DRG-Systemen um ein prospektives, administriertes Festpreissystem auf der Basis von Durchschnittskosten handelt. Krankenhäuser werden im Grundsatz über landesweit geltende Basisfallwerte und über bundesweit geltende Relativgewichte unabhängig von den individuell entstandenen Kosten pro Fall vergütet. Die Patientenklassifikation orientiert sich an der Bildung diagnosebasierter Klassen von Behandlungsfällen mit vergleichbarem Ressourcenverbrauch.

4.4   Effizienzanalyse leistungsorientierter Entgeltsysteme

Da das DRG-System das für Deutschland künftig geltende Entgeltsystem darstellt, erfolgt in den folgenden Ausführungen eine gesonderte und intensive ökonomische Analyse dieses Fallpauschalensystems. Im Mittelpunkt stehen dabei die systemimmanenten Anreizwirkungen im Hinblick auf die Wirtschaftlichkeit und die Qualität der Versorgung, die sich im Rahmen der Vergütungsebene zwischen Krankenhäusern und Krankenkassen ergeben. Um diese Wirkungen umfassend bewerten zu können, müssen die institutionellen Gegebenheiten der Vertragsbeziehung von Krankenkassen und Krankenhäusern berücksichtigt werden. Es muss davon ausgegangen werden, dass im Rahmen der Vergütungsbeziehung eine asymmetrische Informationsverteilung zugunsten des Leistungserbringers vorliegt.

---

[1]   Vgl. hierzu Mansky (2000), S. 155f; Günster (2001), S. 142ff.
[2]   Allerdings ist dabei zu beachten, dass z. B. im amerikanischen Medicare-System über 95 % der durch DRG vergüteten Fälle durch Festpreise vergütet werden; vgl. McCellan (1997), S. 91ff.

Im Zusammenhang mit einer anreizorientierten Analyse leistet die Vertretungstheorie einen wertvollen Beitrag. Diese beschäftigt sich mit Anreizproblemen im Zusammenhang mit asymmetrischer Informationsverteilung und somit mit der Analyse und Steuerung von Anreizen innerhalb ökonomischer Interaktionen. Das Erkenntnisinteresse bezieht sich dabei auf die Wirkung bestimmter Arten von Informationsasymmetrien beim Vorliegen unterschiedlicher Interessenlagen. Darüber hinaus wird erläutert, durch welche Mechanismen sich die sich ergebenden Probleme bewältigen lassen und wie Verträge ausgestaltet sein sollten, damit es zu einer fairen Leistungsbeziehung kommt. Somit wird diese Theorierichtung als geeignete Grundlage für die Erklärung von anreizinduzierten Effekten im Rahmen einer Prinzipal-Agenten-Beziehung zwischen Krankenkasse und Krankenhaus herangezogen.

Zunächst werden die Grundlagen der Vertretungstheorie näher dargestellt, um deren eigenständigen Beitrag im Hinblick auf Anreizprobleme und die daraus resultierende Notwendigkeit von verhaltenssteuernden Maßnahmen aufzuzeigen. Anschließend werden auf dieser Grundlage die Anreizwirkungen der Fallpauschalen sowie notwendige Qualitätssicherungsmaßnahmen erläutert. Abschließend wird nach Möglichkeiten gesucht, wie im Rahmen der Vergütungsbeziehung eine anreizkompatible Vergütung ausgestaltet sein muss, damit die negativen Anreizeffekte abgeschwächt werden.

4.4.1   Vertretungstheorie als Erklärungsansatz anreizinduzierter Effekte

Die Vertretungstheorie[1] beschäftigt sich mit Leistungsbeziehungen, welche durch Auftraggeber-Auftragnehmer-Verhältnisse gekennzeichnet sind und analysiert somit Verträge[2], in denen eine Partei im Auftrag der anderen handelt oder diese vertritt.[3] Ein solches Vertragsverhältnis ist in

---

[1]   Die Vertretungstheorie wird auch als Prinzipal-Agenten-Theorie bezeichnet. Innerhalb der Agency Theorie wird zwischen dem positiven und normativen Ansatz differenziert. Während der eher deskriptiv und empirisch ausgerichtete positive Theoriezweig vorrangig zur Erklärung spezifischer institutioneller Vertragsdesigns beiträgt, befasst sich die normative Richtung auf formalem Wege mit der Ermittlung situationsabhängig optimaler Verträge zur Reduktion potentieller Interessendivergenzen; vgl. Elschen (1991), S. 1006.
[2]   Als Vertrag wird somit ein Übereinkommen zwischen beiden Parteien verstanden, in dem für alle möglichen Eventualitäten, die im Laufe der Beziehung auftreten können, die jeweils zu leistenden Beiträge zur Zusammenarbeit und die Beteiligungen am Erfolg im Vorhinein festgelegt sind; vgl. Macho-Stadler/Perez-Castrillo (1997), S. 5.
[3]   Vgl. hierzu die Definitionen von Ross (1973), S. 134; Arrow (1985), S. 37f. Dabei ist es nicht erforderlich, dass für ein Zustandekommen einer Prinzipal-Agenten-Beziehung ein expliziter Vertrag zwischen den beiden Parteien besteht; vgl. Pratt/Zeckhauser (1985), S. 2.

der Regel für den Prinzipal grundsätzlich von Vorteil, da er von der spezialisierten Arbeitskraft des Agenten in Bezug auf die zu erfüllende Aufgabe zu profitieren hofft.[1]

Grundsätzlich konstituieren nachfolgende Bestandteile eine Vertretungsbeziehung:[2]

- Es existieren mindestens zwei Vertragsparteien, die wiederum aus mehreren Individuen bestehen können.

- Eine Partei (Agent) trifft eine Entscheidung für die andere Partei (Prinzipal).

- Dem Agenten stehen mehrere Handlungsalternativen offen.

- Mit seiner Aktion beeinflusst der Agent sowohl die eigene Wohlfahrt/Einkommen als auch die der anderen Partei.

Für diese Arbeit ist die Delegationsbeziehung zwischen Leistungserbringer und Kostenträger, also die Vergütungsebene, von zentralem Interesse.[3] In der Vertragsbeziehung zwischen Leistungserbringer und Krankenkassen übernehmen die Leistungserbringer die Rolle des Agenten, weil sie die Sicherstellung der Versorgung zusagen und für die dabei erbrachten Leistungen vergütet werden.

4.4.1.1 Prämissen der Vertretungstheorie

Bezüglich der Verhaltensannahmen wird im Rahmen der Vertretungstheorie davon ausgegangen, dass sich beide Akteure als individuelle Nutzenmaximierer verhalten. Dementsprechend spiegeln die Nutzenfunktionen der Akteure deren persönliche Präferenzen wieder. Probleme ergeben sich bei der geschilderten Konstellation dadurch, dass den rational handelnden Individuen opportunistisches Verhalten unterstellt wird, wenn sie hieraus Vorteile erzielen können. Ein weiteres

---

[1] Dabei kann davon ausgegangen werden, dass jeweils ein komparativer Vorteil zwischen den Vertragsparteien in der Produktionsbeziehung, d. h. bei der Organisation der Krankenversicherung einerseits und bei der Durchführung der Leistungserbringung andererseits, besteht. Während die Krankenkasse über komparative Vorteile in der Administration der Krankenversicherung verfügt, besitzen Leistungserbringer (LE) die größere Kompetenz in der medizinischen Behandlung und Versorgung der Versicherten; vgl. Buchener et at. (2002), S. 67.

[2] Vgl. Jensen/Meckling (1976), S. 308, Arrow (1985), S. 37 f.

[3] Diese Delegationsbeziehung ist allerdings aufgrund der Komplexität der am Prozess der Gesundheitsproduktion beteiligten Personen nur in Verbindung mit den anderen Delegationsprozessen im Gesundheitswesen zu sehen. Diese Besonderheit des Gesundheitsmarktes ist bedingt durch das Auseinanderfallen der Einheit von Nachfrager, Konsument und Finanzier von Gesundheitsleistungen. Als Konsument der medizinischen Leistung tritt der Patient auf, die Krankenversicherung übernimmt die Finanzierung, während die Nachfrage maßgeblich vom Arzt abhängt. Auf der Systemebene ist daher neben der Vergütungsebene auch die Vertretungsbeziehung zwischen Arzt und Patient (Leistungsebene) sowie Patient und Versicherung (Beitragsebene) zu unterscheiden; vgl. z. B. Cassel (2003), S. 11f. und insbesondere die Analyse von Schwarz (1997).

Merkmal ist das Vorliegen von Unsicherheit über die Umweltzustände, die das Produktionsergebnis beeinflussen. Somit ist es dem Auftraggeber aufgrund der beschriebenen Situation und daraus resultierenden Zufallseinflüssen nicht möglich, von dem Ergebnis auf das Verhalten des Agenten z. B. hinsichtlich der Wahl des Anstrengungsniveaus zu schließen.[1]

Das wichtigste Merkmal der Vertragsbeziehung zwischen Prinzipal und Agenten ist, zusätzlich zur Annahme eines möglichen opportunistischen Verhaltens, das Vorliegen einer asymmetrisch verteilten Information. Die Delegation von Aufgaben führt zwingenderweise dazu, dass der Agent über bestimmte Sachverhalte, die seine Aufgabe betreffen, besser informiert ist. Eine Information, die nur dem Agenten selbst vorliegt und die er nicht oder möglicherweise verfälscht an den Prinzipal weitergeben wird, ist beispielsweise der „Typ" des Agenten oder das Maß, in dem ein eingetretener Umweltzustand das Produktionsergebnis beeinflusst hat und so den Agenten besser oder schlechter stellt, als es seiner eigentlichen Leistung entspricht.[2] Durch die Möglichkeit, schlechte Ergebnisse immer mit einer ungünstigen Umweltentwicklung entschuldigen zu können, kann dieser Umstand unter der Annahme opportunistischen Verhaltens seitens des Agenten dazu führen, dass der Agent unbeobachtbar für den Auftraggeber seine persönlichen Interessen verfolgt und den diskretionären Handlungsspielraum auf Kosten des Prinzipals ausnutzt.

In Anlehnung an Arrow[3] kann zwischen den beiden nachfolgend beschriebenen Formen asymmetrischer Information unterschieden werden.[4] So können sich Informationsdefizite, welche sich für den Prinzipal und Agenten nachteilig auswirken können und besonderer Anreiz- und Kontrollaktivitäten bedürfen, sowohl auf verborgene Eigenschaften und Handlungsalternativen (Hidden Information) als auch auf nicht beobachtbare Verhaltensweisen (Hidden Action) des Agenten[5] beziehen.[6]

---

[1]   Vgl. Elschen (1991), S. 1004.
[2]   Vgl. Hax (1991), S. 60.
[3]   Vgl. Arrow (1985), S. 38-42.
[4]   Beide Formen der Informationsasymmetrie mit ihren sich daraus ergebenden Konsequenzen können auch kombiniert auftauchen.
[5]   Obwohl meistens der Leistungsnachfrager als Prinzipal eingestuft wird, sind im Gesundheitssektor aufgrund seines Dienstleistungscharakters auch verborgene Nachfrageraspekte von Relevanz, da durch das Integrationserfordernis eines externen Faktors die Leistungserstellung und das Leistungsergebnis in gewissem Maße stets von dessen Integrationsqualität abhängig sind; vgl. den Fall des Double Moral Hazard in der Arzt-Patienten-Beziehung bei Schneider (2001).
[6]   Neben den beiden Problemkreisen können Vertretungsbeziehungen auch zu „Hold up-Konstellationen" führen, in denen ein Vertragspartner irreversible Investitionen getätigt hat, ohne dass sein Gegenüber die Gegenleistung bereits erbracht hat. Hierdurch gelangt der Vorleister in eine ausbeutungsoffene Situation. Bei dieser Situation handelt es sich um das Problem der Hidden Intention. Dem Prinzipal bleibt bis zum Zeitpunkt des Agierens des Agenten dessen Absichten verborgen, die

4.4.1.2   Problembereiche der Vertretungstheorie

Die Situation der Hidden Action bezieht sich auf die Verhaltensweise des Agenten nach Vertragsabschluss. Der Agent hat eine ihm übertragene Aufgabe ausgeführt, deren Ergebnis auch vom Prinzipal beobachtbar ist. Dieses Ergebnis erlaubt diesem allerdings unter den Bedingungen unsicherer Erwartungen keinen eindeutigen Rückschluss auf die Handlungsweise des Agenten, da das Ergebnis auch vom zufällig eingetretenen Umweltzustand abhängt.[1] Zwischen dem Verhaltensrisiko durch den Agenten und dem exogen gegebenen Risiko durch die Unsicherheit kann somit nicht getrennt werden.[2] Dieses Verhaltensrisiko wird wegen ex post auftretender Beobachtungsprobleme als Moral Hazard bezeichnet.

Zur Lösung dieses Moral Hazard-Problems bieten sich zwei Möglichkeiten an: Die Implementierung einer Interessenkonformität herstellende anreizoptimale Vergütungsfunktion, d.h. eine finanzielle Beteiligung des Agenten, stellt die zentrale Möglichkeit zur Verringerung der durch die Informationsasymmetrie entstehenden Probleme dar.[3] Ein effizienter Vertrag[4], dessen Abschluss im Interesse aller liegt, hat sowohl dem Aspekt der Anreizwirkung, als auch dem der effizienten Risikoallokation, Rechnung zu tragen. Maßgebend für die Risikoallokation sind daher die jeweiligen Risikoeinstellungen von Agent und Prinzipal, die Eingang in die individuelle Nutzenfunktion finden.[5] Eine zweite Möglichkeit zur Lösung des Moral Hazard-Problems besteht in der Milderung der Informationsasymmetrie durch den Einsatz von geeigneten Informations- und Kontrollsystemen.[6]

Dagegen liegt eine Situation mit Hidden Information vor, wenn der Agent einen Informationsvorsprung über die Ausprägung gegebener Größen besitzt, die die aus der Vertragsbeziehung re-

---

im Unterschied zu den Hidden Characteristics vom Willen des Agenten abhängen (Kulanz, Fairness); vgl. Breid (1995), S. 824.

[1]   Vgl. Breid (1995), S. 823f.

[2]   Spieltheoretisch handelt es sich um ein Spiel mit unvollkommener Information, bei dem der Prinzipal dem Agenten ein einmaliges Vertragsangebot unterbreitet. Wenn der Agent zustimmt, kann sein Zug vom Prinzipal nicht mehr beobachtet werden; vgl. Feess (1997), S. 585.

[3]   Vgl. Elschen (1991), S. 1004ff.

[4]   Von einem effizienten Vertrag wird dann gesprochen, wenn es keinen anderen Vertrag gibt, der mindestens einen Vertragspartner besser stellt, ohne gleichzeitig einen anderen schlechter zu stellen. In dieser Definition wird also das Pareto-Kriterium auf das Vertragsgestaltungsproblem angewendet; vgl. Franke/Hax (1999), S. 416.

[5]   Grundsätzlich wird davon ausgegangen, dass der Agent sich risikoscheu und der Prinzipal risikoneutral verhalten; vgl. Spreemann (1987), S. 17ff. Im Gesundheitswesen konzentrieren sich die Problemfelder im Rahmen von Anreizwirkungen durch Vergütungssysteme auf andere Bereiche. In diesem Zusammenhang wird beiden Akteuren Risikoneutralität unterstellt; vgl. die Ausführungen in Kapitel 4.4.4.

[6]   Vgl. Elschen (1991), S. 1004f.

sultierende Leistung beeinflussen.[1] Der Wissensvorsprung kann sich zum einen vorvertraglich auf die Eigenschaften des Agenten selbst beziehen[2], zum anderen darauf, dass der Agent aufgrund seiner Fähigkeiten und Tätigkeiten bessere Informationen besitzt und nach Vertragsabschluss eher in der Lage ist, auf der Basis dieses nicht beobachtbaren Informationsstandes zukünftige Entwicklungen besser abschätzen zu können.[3] Das Problem, welches sich daraus ergibt, besteht darin, dass der Prinzipal den Agenten zwar dazu auffordern wird, seinen „Typ" preiszugeben, dieser aber ein Interesse haben kann, falsche Angaben zu machen. Wiederum muss der Prinzipal damit rechnen, dass der Agent seinen Informationsvorsprung systematisch ausnutzen wird und somit Informationsrenten extrahieren kann. Somit stellt sich im Falle der vorvertraglichen Informationsasymmetrie die Frage, wie dem Agenten Anreize zur wahrheitsgemäßen Information geschaffen werden können.[4] Diese Anreize können ebenfalls durch ein anreizkompatibles Entgeltsystem geschaffen werden.[5]

Auch in diesem Fall wird deutlich, dass Informationen zur Unsicherheitsreduktion von erfolgsentscheidender Bedeutung hinsichtlich eines effizienten Vertragsabschlusses sind. Es gilt daher, wie für den Fall der nachvertraglichen Informationsasymmetrie, die bestehenden Informationsdefizite unter Berücksichtigung von Wirtschaftlichkeitsaspekten zu beseitigen.[6] Maßnahmen, die für eine Beseitigung von vorvertraglichen Informationsdefiziten der Marktteilnehmer zur Verfügung stehen, werden im Rahmen informationsökonomischer Ansätze dargestellt.[7] Grundsätzlich

---

[1] Vgl. Hartmann-Wendels (1992), Sp. 77.

[2] Diese Situation der verborgenen Information wird als Hidden Characteristics bezeichnet; vgl. Hartmann-Wendels (1989), S. 715; Breid (1995), S. 823; Spremann (1990), S. 565ff. Rechnet der Prinzipal im Vorfeld des Vertrages mit einer Übervorteilung, kann es zu einem Marktversagen durch Negativauslese (Adverse Selection) kommen; vgl. grundlegend Akerlof (1970), S. 488ff.

[3] Breid (1995), S. 823f. Dies wird auch als Hidden Information bezeichnet. In diesem Fall ist die resultierende Konsequenz wiederum Moral Hazard. Die hier in Hidden Characteristics und Hidden Information unterteilte Situation wird häufig unter Hidden Information subsummiert, da es sich um eine nähere Spezifizierung der Art der verborgenen Information handelt; vgl. Laux (1989), S. 540ff.

[4] Spieltheoretisch handelt es sich bei Hidden Information-Modellen um Spiele mit unvollständiger Information. Den Spielern fehlen zu Beginn des Spiels Informationen über die Spielregeln, hier über ihren Typ. Durch die Einführung der Natur, die aus der Menge der möglichen Typen einen Spielertyp auswählt, kennt danach der Agent seinen Typ, der Prinzipal hat nur eine Wahrscheinlichkeitsvorstellung über die Typen; vgl. Feess (1997), S. 585.

[5] Vgl. Hartmann-Wendels (1989), S. 715. Die Konstruktion eines solchen Vertrages ist nicht nur Gegenstand der Vertretungstheorie, sondern auch des Mechanismus Design, einer Forschungsrichtung, die als Vorläufer der Agency-Theorie bezeichnet werden kann; vgl. Noth (1994), S. 28ff.

[6] Die Struktur der Beziehung zwischen Auftragnehmer und Auftraggeber ist so zu organisieren, dass die mit der Delegationsbeziehung entstehenden Wohlfahrtsverluste minimiert werden. Die Wertdifferenz zwischen der produktivsten Arbeitsteilung, die unter vollkommener Information möglich wäre und in der es keine diskretionären Spielräume für opportunistisches Verhalten gibt, und der nächstbesten Lösung, entspricht den Agency-Kosten. Diese Kosten, die im Rahmen der Vertragsentstehung und -durchsetzung entstehen, können in monitoring und bonding cost sowie dem residual loss unterteilt werden; vgl. Jensen/Meckling (1976), S. 308f. und S. 328.

[7] Vgl. Kaas (1995), S. 971ff.; Kiener (1990).

unterscheidet die Informationsökonomie zwei Arten von Informationstransfers zwischen Prinzipal und Agent: Signalling und Screening.

Beim Signalling ergreift der besser informierte Agent die Initiative und übermittelt dem potentiellen Vertragspartner Informationen, die dessen Unsicherheit verringern sollen.[1] So kann ein Leistungsanbieter durch Werbung, Garantien oder durch Reputationsaufbau versuchen, seine hohe Qualität gegenüber dem Markt anzuzeigen.

Beim Screening geht die Initiative vom schlechter informierten Prinzipal aus.[2] Dieser kann zum einen seinem Vertragspartner verschiedene Verträge anbieten, von denen dieser einen auswählt. Dadurch werden zusätzliche Informationen glaubhaft offenbart, die zu einer Reduzierung oder Beseitigung der Qualitätsunsicherheit führen (self selection).[3]. Zum anderen kann der Prinzipal durch Beobachtung verschiedene Eigenschaften des Agenten herausfinden, aus denen er dann Schlüsse hinsichtlich der ihn interessierenden Informationen ziehen kann. So wird er durch das Instrument der Prüfung (examination) versuchen, sein Informationsdefizit zu reduzieren, wobei dessen Eignung zur Informationsgelangung unter Kosten-Nutzen-Gesichtpunkten jedoch stark von der Prüfbarkeit des Objekts abhängt.[4]

4.4.2 Anreizwirkungen von Fallpauschalen

Anreizwirkungen des Fallpauschalensystems können sowohl auf Veränderungen im Rahmen der Mengenkomponente (Wechsel zur fallpauschalierten Vergütung), als auch auf Veränderungen im Rahmen der Bewertungskomponente (retrospektive vs. prospektive Vergütung) und damit auf zwei Ursachen zurückgeführt werden.

In den folgenden Ausführungen werden die Anreizwirkungen für Krankenhäuser sowohl für die Mengen- als auch für die Bewertungskomponente übergreifend, unter den Aspekten der *Motivation zur Kostensenkung*, *Motivation zur Mengensteigerung* und *Motivation zur Erlössteigerung*

---

[1] Vgl. Spence (1976), S. 592ff.
[2] Vgl. zum Screening-Konzept Stiglitz (1975), S. 283ff.
[3] Vgl. Salop/Salop (1976), S. 619ff. Diese Form der Informationsgewinnung durch Selbstselektionsschemata ist vor allem in der Versicherungsbranche üblich vgl. Rothschild/Stiglitz (1976), S. 629ff.
[4] Vgl. Kaas (1995), Sp. 974ff.

unter Berücksichtigung von gewünschten Rationalisierungseffekten und dysfunktionalen Effekten dargestellt.

4.4.2.1   Motivation zur Kostensenkung

Das entscheidende Argument für einen Wechsel in der Krankenhausvergütung stellt die Motivation hinsichtlich von Wirtschaftlichkeitsanreizen durch die Fallpauschalenvergütung dar. Krankenhäuser erhalten durch eine Orientierung an Fällen den Anreiz, diesen mit möglichst geringen Ressourcen zu behandeln. Darüber hinaus bedeutet die Preissetzung, welche unabhängig von den krankenhausindividuellen Kosten festgelegt wird, eine Übertragung der Kostenverantwortung auf den Leistungserbringer, so dass Gewinne aus der Fallpauschale, die Krankenhäuser durch eine Ökonomisierung des Ressourceneinsatzes erreichen bei diesen verbleiben, während Verluste nicht ausgeglichen werden können. Bei den folgenden Möglichkeiten der Kostensenkung werden dabei, obwohl diese sich nicht überschneidungsfrei und damit eindeutig voneinander abgrenzen lassen, mit den Maßnahmen zur *Ökonomisierung des Ressourceneinsatzes* und Maßnahmen zur *Verkürzung der Verweildauer* zwei Effekte unterschieden.

Die spürbaren Überschusschancen veranlassen Krankenhäuser dazu, bereits im Vorfeld festzustellen, ob Behandlungskosten gesenkt werden können.[1] So konnte bei der Einführung von DRG im Rahmen von Medicare festgestellt werden, dass sich, bedingt durch die Senkung von Fallkosten die Profite von Krankenhäusern erhöhten.[2] Dieses Ergebnis wurde auf die Steigerung von Managementeffizienzen und die Ökonomisierung des Ressourceneinsatzes zurückgeführt, da Krankenhäuser mit einem hohen Fallkostenniveau ihre Kosten im Vergleich zu Krankenhäusern mit geringerem Fallkostenniveau in einem höheren Maß reduzierten.[3] In diesem Zusammenhang war zu beobachten, dass Krankenhäuser zum einen die Informationssysteme ihrer Verwaltungen grundlegend verbesserten, zum anderen Personal reduzierten und die Automatisierung der Labors erhöhten, um die internen Betriebskosten zu senken.[4] Darüber hinaus wurden Kosteneinspa-

---

[1]   Coffey/Louis (2001), S. 38f. umschreiben das Krankenhausverhalten plakativ mit: "Krankenhäuser fingen an, mehr wie Unternehmen zu denken und zu handeln."

[2]   Dabei ergab sich, dass insbesondere große Krankenhäuser von der Umstellung auf ein prospektives Vergütungssystem profitierten; vgl. Chulis (1991), S. 187f.

[3]   Vgl. Coulham/Gaumer (1991), S. 47ff. Zwanziger et al. (1994), S. 1153ff., stellen darüber hinaus auch fest, dass Krankenhäuser, die stark von Medicare betroffen sind, eine um zehn Prozent niedrigere Steigerungsrate der Kosten hatten, als Krankenhäuser, die weniger unter dem Druck von Medicare standen.

[4]   Vgl. Coffey/Louis (2001), S. 38f.

rungen auch durch den Abschluss neuer Arbeitsverträge erreicht.[1] Weiterhin ließen sich Maß-nahmen beobachten, bei denen Krankenhäuser für ganze Abteilungen neue vertragliche Rege-lungen mit dem Ziel der organisatorischen und räumlichen Trennung eingingen.[2]

Für Krankenhäuser besteht im Rahmen einer pauschalen Vergütung der Anreiz, Kostensenkun-gen durch Spezialisierungsgewinne zu erzielen. Grundsätzlich ist davon auszugehen, dass Kran-kenhäuser durch eine verbesserte interne Steuerung diejenigen DRG identifizieren können, die ihnen Gewinne und Verluste bereiten, somit eine Mengenausdehnung auf diese Bereiche vor-nehmen, die dann mit realisierbaren Skaleneffekten einhergeht.[3] Allerdings ist die Spezialisie-rung auf wenige DRG für Krankenhäuser auch problematisch.[4] Dies ergibt sich aus der Tatsache, dass diese DRG dann einen überproportionalen Anteil am Gesamterlös des Krankenhauses aus-machen. In Verbindung mit der jährlichen Überprüfung und Festsetzung der Relativgewichte wird das Vorliegen einer nachhaltigen Überschusserzielung in einigen DRG eine Absenkung diesbezüglicher Relativgewichte zur Folge haben. Somit resultiert aus einer Spezialisierung eine erhöhte Anfälligkeit gegenüber den jährlichen Festsetzungen der Relativgewichte. Angesichts dessen dürften Konzentrations- und Spezialisierungsprozesse in einem System von Fallpauscha-len zwar sehr viel stärker als in Kostenerstattungssystemen initiiert werden, eine ausschließliche Verengung des Angebots je Krankenhaus ist aber nicht direkt zu erwarten.

Neben den bisher genannten Effekten hinsichtlich der Wirtschaftlichkeit gehen von einem pau-schalierten System bedeutende Anreize zur Verkürzung der Verweildauer aus. Während ein sol-ches Verhalten bei einem auf tagesgleichen Pflegesätzen beruhenden Vergütungssystem zu fi-nanziell schädlichen Resultaten führen kann,[5] ist eine Verkürzung unter einem pauschalierten System sinnvoll, weil Krankenhäuser für zusätzliche Aufenthaltstage keine zusätzlichen Erlöse erhalten und die Effizienzvorteile unmittelbar im Krankenhaus verbleiben. So wurde bei der Ein-führung von DRG im Rahmen von Medicare eine starke Absenkung der Verweildauer beobach-

---

[1]   Insbesondere wurden Verträge vereinbart, die erlaubten, dass Pflegepersonal auf Abruf nur zu Stosszeiten eingesetzt wer-den konnte. So ergab sich eine Minderung des Vollzeitpersonals in Gemeindekrankenhäusern um 2,2 %, während Teilzeit-personal nur um 0,2 % abgebaut wurde. Darüber hinaus wurde ein Trend zu höher ausgebildeten Pflegekräften festgestellt.
[2]   Vgl. Coffey/Louis (2001), S. 39.
[3]   Für die USA sind diese vermuteten Spezialisierungsgewinne im Rahmen der DRG-Einführung durchaus bestätigt worden; vgl. Farley/Hogan (1990), S. 757ff.; Eastaugh (1992), S. 223ff.; Waldmann et al. (2003), S. 41ff.
[4]   Vgl. Lüngen/Lauterbach (2002a), S. 93f.
[5]   Vgl. hierzu die Ausführungen zum Fallkosteneffekt in Kapitel 4.2.3.

tet.[1] Eine Verweildauerverkürzung kann auch auf den allgemeinen medizinischen und techni-schen Fortschritt zurückgeführt werden. Hierbei bietet ein pauschaliertes System gegenüber ei-nem prozedurenorientierten System den Vorteil, dass Krankenhäusern Anreize zum Einsatz von effektiven Behandlungsverfahren gegeben werden. In Ergebnis wird die Entwicklung von neuen, verbesserten Verfahren beschleunigt.[2]

Daneben werden aber auch unerwünschte Verhaltensweisen des Krankenhauses als Grund für eine Verkürzung der Verweildauer befürchtet, welches sich in einer sinkenden Qualität der Be-handlung („quicker but sicker"[3]) niederschlägt, weil dem Krankenhaus diesbezügliche Freiheits-grade entstehen.[4] Krankenhäuser erhalten durch Fallpauschalen den Anreiz, durch den Verzicht auf medizinische Leistungen, die nicht zu einer Erlössteigerung führen, ihre Gewinne zu verbes-sern. Somit besteht die Gefahr, Kosteneinsparungen nicht durch Effizienzverbesserungen, son-dern durch eine Minderung der Qualität im Sinne einer suboptimalen Behandlungsintensität zu erreichen,[5] welches vor dem Hintergrund der obigen Vertretungstheorie als angebotsseitiges Mo-ral Hazard-Verhalten interpretiert werden kann.[6] Als weitere Maßnahme zur Verkürzung der Verweildauer ist die Möglichkeit der frühzeitigen Entlassung und Verlegung in weiterbehan-delnde Institutionen denkbar.[7]

Ein bedeutender dysfunktionaler Effekt zur Verkürzung der Verweildauer wird in der Beeinflus-sung des finanziellen Risikos durch das Krankenhaus gesehen, welches unter dem Begriff der Risikoselektion oder „Cream-Skimming"[8] problematisiert wird.[9] Dieses Verhalten besteht darin, dass Krankenhäuser in der Lage sind, die Kostenkonsequenzen der Behandlung eines Patienten

---

[1]   Russell (1989), S. 16, dokumentiert einen Rückgang der Verweildauer bei den über 65-jährigen von 9,7 Tagen im Jahre 1983 auf 8,8 Tage im Jahre 1985.
[2]   Vgl. Lauterbach/Lüngen (2000), S. 38.
[3]   Kosecoff et al. (1990), S. 1980.
[4]   Vgl. Donaldson/Gerard (1993), S. 139; Gay et al. (1989), S. 41ff.; vgl. zu diesem Aspekt auch die Ausführungen im Rah-men einer anreizkompatiblen Vergütung in Kapitel 4.4.4.
[5]   Vgl. Chulis (1991), S. 174; Draper et al. (1990), S. 1956ff. stellen fest, dass sich der Anteil, der in einem instabilen Zustand entlassenen Patienten von 10 Prozent vor der Einführung von DRG (1981) auf 15 Prozent nach der Einführung von DRG erhöht hat. Allerdings liegen insgesamt keine eindeutigen empirischen Ergebnisse zu diesem Themenkomplex vor; vgl. diesbezügliche Übersichten bei Kahn et al. (1990) und Coulan/Gaumer (1991).
[6]   Vgl. Ellis/McGuire (1996), S. 257.
[7]   Vgl. Rogers et al. (1990). Newhouse (1988), S. 414ff. dokumentiert, dass gleichzeitig Verweildauerverkürzungen in Akut-krankenhäusern mit Verweildauerverlängerungen in nachgelagerten Einrichtungen auftraten.
[8]   Newhouse (1983), S. 269ff. und Newhouse (1989), S. 33ff.
[9]   Newhouse (1996), S. 1239ff. bezeichnet dies als Tradeoff zwischen „Efficiency and Selection" im Rahmen einer marktori-entierten Krankenhausvergütung.

in einem gewissen Rahmen zu prognostizieren.[1] Vor dem Hintergrund der künstlichen Homogenisierung einer heterogenen Patientengruppe durch die DRG ergeben sich demnach leichte und schwere Fälle innerhalb einer Fallgruppe. Im Hinblick auf die Patienten sind für Krankenhäuser insbesondere solche Fälle interessant, bei denen der Deckungsbeitrag besonders groß ist. Dies sind in der Regel Patienten mit leichtem Schweregrad, denn mit zunehmendem Schweregrad verschlechtert sich das Verhältnis von Kosten zu Erlösen.[2] Krankenhäuser erhalten also Anreize, innerhalb einer Fallgruppe diejenigen Patienten auszuselektieren, deren Behandlung aufwendig und damit kostenintensiv ist und somit die erwarteten Kosten über der erwarteten Vergütung liegt. Durch den Versuch, Patienten mit geringeren Schweregraden aufzunehmen, können Krankenhäuser frühere Entlassungen vornehmen und damit Kosteneinsparungen realisieren.[3]

4.4.2.2   Motivation zur Mengensteigerung

Für Krankenhäuser besteht in einem pauschalierten Vergütungssystem der Anreiz, insbesondere Patienten zu behandeln, die mit hohen Beiträgen abgerechnet werden können, jedoch nur einen geringen Ressourceneinsatz benötigen. Weiterhin besteht bei einer Vergütung mit Fallpauschalen das Bestreben, die einzelnen Patientenfälle möglichst kostengünstig herzustellen, hiervon allerdings eine möglichst hohe Menge.[4]

Es ergibt sich demnach ein starker Anreiz, die Fälle zu maximieren.[5] Das Leistungserbringerverhalten wird sich somit auf den Parameter „Fallzahl" konzentrieren, welches zur Erhöhung der Wettbewerbsintensität bezüglich der Menge und der Qualität führt, allerdings auch Anreize zu einer unnötigen Erhöhung von Patientenaufnahmen bzw. der im Krankenhaus behandelten Fälle impliziert.[6]

---

[1]   Mansky/Mack (1996) vertreten die Ansicht, dass Krankenhäuser sehr schnell in der Lage sind herauszufinden, ob ein profitabler oder unprofitabler Patient vorliegt. Eine empirische Bestätigung für die USA findet sich bei Keeler et al. (1988), S. 193ff.

[2]   Vgl. Keegan (1983), S. 206f.

[3]   Die Überweisung von Patienten mit hohen finanziellem Risiko in andere stationäre Einrichtungen konnte im Rahmen von der DRG-Einführung von Medicare beobachtet werden; vgl. Russell (1989), S. 55. Auch Newhouse (1989), S. 33ff. stellt fest, dass als Folge der DRG die Anzahl unprofitabler Patienten in sog. Public Hospitals („hospitals of last resort") zunahm. Für Deutschland untersuchte Simon (1996), S. 31ff. die Auswirkungen auf die Verlegungspraxis anhand von Daten des statistischen Bundesamtes durch die im GSG stattgefundenen Änderungen. Auch seine Ergebnisse bestätigen die Problematik ökonomisch motivierter Verlegungen; vgl. hierzu auch Simon (2001).

[4]   Vgl. Breyer (1992), S. 98.

[5]   Dieses Verhalten gilt zunächst unabhängig von der Fallgruppe, solange sich über die Abrechnung der Fallpauschale ein positiver Deckungsbeitrag ergibt, demnach die erwarteten Kosten gedeckt werden.

[6]   Auch dieses Verhalten kann als Moral Hazard-Verhalten interpretiert werden; vgl. Ellis/McGuire (1996), S. 258.

Um die oben beschriebenen Spezialisierungseffekte realisieren zu können, werden Krankenhäuser versuchen, in den für sie attraktiven Bereichen eine Mengenausweitung zu erreichen.[1] Eine solche Entwicklung ist zu begrüßen, weil dadurch die Fallzahlen pro Diagnose steigen, welches zu Qualitätsverbesserungen führt.[2] Krankenhäuser werden unter relativ gleichen Produktionsbedingungen die gleichen DRG als attraktiv erkennen mit der (positiven) Folge, dass in einem fallorientierten Vergütungssystem ein verstärkter (Mengen-)Wettbewerb um diese Bereiche möglich wird.

Eine weitere Möglichkeit der Mengensteigerung besteht in der Initialisierung eines Qualitätswettbewerbes. Die Qualität der Behandlung wird in einem fallpauschalierten Vergütungssystem zu einer erfolgskritischen Variablen im Wettbewerb um Patienten, weil die Anzahl der Fälle durch die Akzeptanz in der Bevölkerung determiniert wird.[3] Krankenhäuser erhalten demnach Anreize, ihre Anstrengungen hinsichtlich eines effizienten Qualitätsmanagements[4] aktiv zu verbessern und versuchen, durch eine Steigerung von Marketing-Aktivitäten zusätzliche Patienten anzuwerben.[5] So kann beispielsweise durch innovative, patientenschonende Behandlungsmethoden die Wettbewerbsfähigkeit erhöht werden. Solche Maßnahmen umfassen aber auch Anreize für niedergelassene Ärzte, diese zu vermehrten Einweisungen zu veranlassen.[6] Prinzipiell ist davon auszugehen, dass Krankenhäuser unter DRG verstärkt sektorübergreifende Kooperationen mit Leistungsanbietern eingehen sowie durch das Anbieten von Integrationsleistungen versuchen, einen Wettbewerbsvorteil zu erlangen.[7] Darüber hinaus haben Krankenhäuser den Anreiz, die nach außen gut darstellbaren Leistungen zu intensivieren.[8]

Allerdings bietet eine fallorientierte Vergütung auch Anreize zur unnötigen Aufnahme von Patienten.[9] So wird es für Krankenhäuser lohnend, Patienten frühzeitig zu entlassen, nur um sie nach kurzer Zeit wieder aufnehmen zu können. Auf diese Weise könnten Fallpauschalen mehrmals für

---

[1]   Vgl. hierzu die Ausführungen in Kapitel 4.4.2.1.
[2]   Vgl. Lüngen/Lauterbach (2002b); Dudley et al. (2000).
[3]   Vgl. Lindner (1986), S. 657; vgl. hierzu auch die z. T. kritischen Überlegungen von Arnold/Geisbe (2003), S. 55ff.; Matthes/Wiest (2003), S. 161ff.; de Pouvourville (2003), S. 175ff.
[4]   Vgl. zur Abgrenzung von Qualitätsmanagement und Qualitätssicherung S. 113.
[5]   Vgl. Tscheulin/Helmig (1997), S. 714f. Eine deutliche Erhöhung der Werbeausgaben nach der Einführung von DRG weisen Kassaye/Mirmirani (1994), S. 34ff. nach. Zwischen 1985 und 1988 stiegen die Ausgaben von 700 Mio. $ auf 1,34 Mrd. $.
[6]   Oberender et al. (2001), S. 575.
[7]   Jacobs /Schräder (2003), S. 103ff.; Oberender et al. (2001), S. 574ff.
[8]   Vgl. Zwanziger et al. (1996), S. 361ff.
[9]   Vgl. hierzu und im Folgenden Breyer (1985), S. 750ff.

die Behandlung desselben Patienten in Rechnung gestellt werden. Besonders bei chronisch Kranken, bei denen kein akuter Behandlungsbedarf besteht und somit relativ geringe Behandlungskosten entstehen, kann so dieselbe Fallpauschale mehrmals abgerechnet werden.[1]

Auch erhalten Krankenhäuser den Anreiz, Patienten stationär aufzunehmen, die auch ambulant hätten behandelt werden können oder, bei Aufnahmen zu Beobachtungszwecken, Patienten erst nach einer Mindestverweildauer zu entlassen.[2] Schließlich ergeben sich Anreize, Patienten zwischen Krankenhäusern oder, beim Vorliegen unterschiedlicher Vergütungssysteme, zwischen dem stationären und ambulanten Sektor zu verschieben.

4.4.2.3 Motivation zur Erlössteigerung

Neben den bisher aufgezeigten unerwünschten Handlungsweisen des Krankenhauses als Reaktion erhöhter Wirtschaftlichkeitsanreize gehen von Fallpauschalen Anreize zur Erlössteigerung durch das Phänomen des „up-coding" als mögliches Moral Hazard-Verhalten des Krankenhauses aus.

Dieses auch als „DRG-Creep"[3] bezeichnete Verhalten drückt die systematische und bewusste Höherstufung der behandelten Fälle mit dem Ziel der Erlössteigerung aus. Krankenhäuser erhalten demnach einen Anreiz, die Behandlung der Fälle möglichst aufwendig darzustellen, um eine erhöhte Vergütung zu realisieren.[4] Diese Anreize müssen vor dem Hintergrund gesehen werden, dass grundsätzlich die Zuordnung der Patienten zu den einzelnen Fallgruppen nach der Diagnose und der Therapieform erfolgt. Bei dieser Einordnung besteht aufgrund der häufig mangelnden Eindeutigkeit der Diagnose ein erheblicher Handlungs- und Ermessensspielraum bei der Eingruppierung („Einschätzungseffekt"). Krankenhausärzte, die sich der finanziellen Auswirkungen bewusst sind, die sich durch die Zuordnung der Patienten zu verschiedenen Fallgruppen ergeben, haben einen Anreiz, die Diagnose und Therapie so darzustellen, dass daraus eine möglichst hohe Vergütung resultiert („Maximierungseffekt").

---

[1] Russell (1989), S. 28ff. dokumentiert eine Zergliederung von stationären Aufenthalten in mehrere Einzelaufenthalte nach Einführung von DRG im Rahmen von Medicare.
[2] Vgl. Breyer (1985), S. 751.
[3] Simborg (1981), S. 1602f.
[4] "The medical form of creative accounting has been termed DRG-creep." Culyer (1990), S. 38

Um die damit verbundenen Probleme abschätzen zu können, wurden verschiedene Studien durchgeführt. Als Ergebnis bleibt festzuhalten, dass solche Effekte zunächst bestehen, dass sich im Zeitablauf aber zum einen die Kodierqualität verbesserte, zum anderen, dass sich der DRG-Creep abschwächte.[1]

4.4.3 Außervertragliche Ansätze zur Lösung dysfunktionaler Effekte von Fallpauschalen: Qualitätssicherungsmaßnahmen

Wie die bisherigen Ausführungen belegen, lassen sich bei der Einführung von fallorientierten Preisen als Mechanismus marktorientierter Steuerung gewünschte Rationalisierungseffekte und dysfunktionale Effekte ausmachen:

Grundsätzlich bewirken Fallpauschalen eine radikale Veränderung der finanziellen Anreize für Krankenhäuser. Daraus ergibt sich der positive Effekt, dass Krankenhäuser erhöhte Wirtschaftlichkeitsanreize erhalten und somit notwendige Effizienzsteigerungen im Produktionsbetrieb Krankenhaus induzieren. Es ist davon auszugehen, dass durch eine pauschalierte Vergütung neben Anreizen im Hinblick auf die Einführung von kostengünstigen Behandlungsmethoden auch Anreize zu Spezialisierungsgewinnen gegeben werden, welche neben einem Wettbewerbseffekt auch zu Qualitätsverbesserungen führen. Auch erhofft man sich von einer fallpauschalierten Vergütung eine Erhöhung des Qualitätswettbewerbes sowie eine Stärkung der sektorübergreifenden Zusammenarbeit.[2]

Allerdings erhält die Qualitätssicherung und –förderung[3] in einem fallpauschalierten System eine besondere Bedeutung, denn es lassen sich auch negative Effekte bei der Einführung einer pauschalierten Vergütung ausmachen: So besteht die Befürchtung, dass es zu unerwünschten Nebeneffekten kommt, welche sich auf die Gefahren der mangelnden Qualität der Behandlung und der Patientenselektion beziehen. Weiter ergeben sich für Krankenhäuser aufgrund der sektoralen

---

[1]   Vgl. für eine Übersicht Lüngen/Lauterbach (2003), S. 102ff.
[2]   Vgl. die Ausführungen in Kapitel 4.4.2.
[3]   Ein verbreiteter Ansatz zur Beschreibung und Operationalisierung des Qualitätsbegriffs geht zurück auf Donabedians Unterscheidung in Ergebnis-, Prozess- und Strukturqualität; vgl. Donabedian (1966) und (1992).

Trennung und der damit verbundenen unterschiedlichen Vergütungssysteme Anreize, Patienten zu früh in nachgelagerte Sektoren zu entlassen oder in den ambulanten Bereich zu verschieben.[1]

Als Mechanismen zur Einschränkung dieser unerwünschten Nebeneffekte bieten sich verschiedene Möglichkeiten der (externen) Qualitätssicherung[2] an. Diese dienen zum Abbau von Informationsasymmetrien, so dass eine verbesserte *Kontrolle* des Krankenhauses ermöglicht wird. Vorraussetzung hierfür ist eine genaue Abbildung des innerbetrieblichen Leistungsgeschehens. Diesbezüglich bietet eine fallorientierte Vergütung grundsätzlich den Vorteil, dass neben der Notwendigkeit einer verbesserten Dokumentation durch die Bildung von Patientenklassen Qualitätsmessungen gezielter durchgeführt werden können und somit die Vergleichbarkeit zwischen diesen erhöht wird.

Qualitätssicherungsprogramme[3] können sich zum einen auf die Notwendigkeit der Publikation von Qualitätsdaten beziehen.[4] Zum anderen können durch formale Regelungen wie der Vorgabe von Mindeststandards qualitätssichernde Wirkungen erzielt werden. Dies können Mindestfallzahlen oder Zertifizierungen sein. Krankenhäuser müssen dann bestimmte Voraussetzungen nachweisen, bevor sie Leistungen erbringen dürfen.[5] Auch können Mindestmengen bei DRG, bei denen die Qualität des Behandlungsergebnisses in besonderem Maße von der Menge der erbrachten Leistungen abhängt, als Qualitätsindikator angesehen werden.[6] Falls ein Krankenhaus diese vereinbarte Mindestmenge nicht erbringt, darf es die Leistung insgesamt nicht erbringen. Auch stellen externe Überprüfungen Qualitätskontrollen dar. Damit ist die Möglichkeit der Ein-

---

[1] Aus diesem Grund ist mit der Einführung von Fallpauschalen häufig die Forderung einer verstärkten integrierten Versorgung verbunden. Für die USA bestätigen diese Entwicklung durch Managed Care- Organisationen Lauterbach/Arnold (1995), S. 168; vgl. hierzu auch die Ausführungen in Kapitel 5.2.3.3. dieser Arbeit.

[2] Unter Qualitätssicherung sollen im Gegensatz zum Qualitätsmanagement alle extern veranlassten Maßnahmen subsummiert werden, denen Leistungserbringer Folge zu leisten haben. Sie sind damit in der Regel verpflichtend und dienen der Kontrolle. Qualitätsmanagement umfasst alle internen qualitätssichernden Maßnahmen, die der Qualitätsförderung in der Zukunft dienen (z.B. Messung der Kundenzufriedenheit oder Qualitätsbewusstsein der Mitarbeiter); vgl. zur Abgrenzung die Beiträge von Selbmann (2001), S. 273ff. und Köck (2001), S. 282ff.

[3] Vgl. Selbmann (2001), S. 273ff.

[4] So führten bspw. die Bundesstaaten Pennsylvania, New York oder Kalifornien sowie die Health Care Financing Administration regelmäßige Qualitätsuntersuchungen mit anschließenden Veröffentlichungen durch; vgl. hierzu die Übersicht bei Lauterbach/Lüngen (2003), S. 188ff.

[5] In den USA ist für alle Medicare-Krankenhäuser ein Zertifizierungsprozess der Joint Commission on Accreditation of Healthcare Organisations (JCAHO) vorgeschrieben. In Deutschland stellt die Qualitätsbewertung über die Kooperation für Transparenz und Qualität im Krankenhaus (KTQ) eine Möglichkeit der Zertifizierung dar. Auch in der Schweiz wurden im Zuge der Spitalreform im Kanton Zürich durch das LORAS-Projekt Qualitätsprogramme und -bewertungen durchgeführt; vgl. hierzu Hochreutener (2001), S. 445ff.

[6] Vgl. Ganjour et al. (2003), S. 189ff.; Roeder et al., (2004), S. 427ff.

sichtnahme in einzelne Krankenakten durch eine Kontrollinstanz gemeint, welche in der Regel im Rahmen eines externen Peer Review durchgeführt wird.[1]

Insgesamt wird die Bedeutung verständlich, die der Gesetzgeber der Qualitätssicherung (und dem Qualitätsmanagement) bei der Einführung von DRG zugewiesen hat. So wurde auch in den USA parallel zu den DRG eine intensive Qualitätssicherung eingeführt. Mit umfangreichen Kontrollen wurde die Qualität der medizinischen Behandlung, die Codierung der Abrechnungsdaten und auch die Notwendigkeit der stationären Behandlung überprüft.[2]

In Deutschland wurde die Qualitätssicherung im Rahmen der Gesundheitsreform 2000 neu geregelt.[3] Mit dem Fallpauschalengesetz (FPG) sind erweiterte Verpflichtungen zur (internen und externen) Qualitätssicherung in Krankenhäusern nach §§ 112, 135a und 137 SGB V verbunden, die über die mit dem GKV-Gesundheitsreformgesetz 2000 bereits geschaffenen Vorgaben hinausgehen:

§ 112 Abs. 3 SGB V sieht Verfahrens- und Prüfungsgrundsätze für die Wirtschaftlichkeits- und Qualitätsprüfung vor. Um dieser Rahmenverpflichtung Gestalt zu geben, wurde die Zentralstelle des Bundes „Externe Qualitätssicherung in deutschen Krankenhäusern" (BQS) ins Leben gerufen. § 135a SGB V setzt fest, dass alle Leistungserbringer einschließlich der Versorgungs- und Rehabilitationseinrichtungen, mit denen ein Vertrag besteht, verpflichtet sind, solche Maßnahmen zur Qualitätssicherung einzuführen, die vergleichende Prüfungen ermöglichen. Die Vereinbarungen zur Qualitätssicherung nach 137 SGB V müssen in Zukunft auch Mindestanforderungen an die Struktur- und Ergebnisqualität umfassen. Bei geeigneten Fallgruppen sollen auch Voraussetzungen an die Qualität des Behandlungsergebnisses vereinbart werden. Auch Mindestmengen werden als Qualitätssicherungsmaßnahme eingeführt. Auf Bundesebene ist ein Katalog planbarer Leistungen zu vereinbaren, bei denen die Ergebnisqualität erheblich von der

---

[1]   Das erste Peer Reviewing Programm wurde in den USA im Rahmen der Medicare-Versicherung durchgeführt. Das Programm besteht aus einem Netzwerk von 53 Peer Reviewing Organizations, die jeweils für einen Bundesstaat zuständig sind. Deren Auftrag geht weit über die eigentliche Qualitätskontrolle hinaus und umfasst auch Fragen der Effektivität und Effizienz der Leistungserstellung, welches dazu geführt hat, dass die seit Beginn der 1980er Jahre stark ökonomisch geprägten Kontrollen ab Mitte der 1990er Jahre durch eine kollegiale Beratung ersetzt wurde; vgl. Jost (1989), S. 235ff.

[2]   Dies wird auch als Grund gesehen, dass dort kein Rückgang der Behandlungsqualität festzustellen ist, sondern lediglich die frühzeitigen Entlassungen in einem noch instabilen medizinischen Zustand zunahmen; vgl. dazu auch die Ausführung auf S. 108.

[3]   Vgl. zu den Neuerungen der Qualitätssicherung im GKV-Reformgesetz Schoppe et al. (2000), S. 182ff.; Kastenholz (2000), S. 178ff.

Menge der erbrachten Leistungen abhängt. Bei Nichteinhalten dieser Mengen dürfen solche Leistungen ab 2004 nicht mehr erbracht werden.[1] Als weitere Maßnahme müssen alle Krankenhäuser im Abstand von zwei Jahren einen strukturierten Qualitätsbericht vorlegen, welcher Auskunft über den Stand der Qualitätssicherung zu geben hat.[2] Bei nicht fristgerechter Veröffentlichung droht eine Prüfung durch den Medizinischen Dienst der Krankenkassen (MDK).[3] Darüber hinaus können die Kassenärztliche Vereinigung und die Krankenkassen die Versicherten auf der Basis der Berichte vergleichend über die Qualitätsmerkmale der Krankenhäuser informieren und Empfehlungen aussprechen.[4]

4.4.4   Vertragliche Ansätze zur Lösung dysfunktionaler Effekte von Fallpauschalen: Anreizkompatible Vergütung von Krankenhausleistungen

Vor dem Hintergrund der bisherigen Ausführungen sind die von DRG -als prospektive Vergütung mittels Festpreisen- ausgehenden Fehlanreize (Qualitätsverschlechterung, Risikoselektion) auf Informationsasymmetrien zwischen den Krankenhäusern und den Krankenkassen zurückzuführen. Zur Abmilderung der Fehlanreize wurde in Anlehnung an die theoretischen Grundlagen der Vertretungstheorie neben der Implementierung von geeigneten Kontroll- und Überwachungsmaßnahmen im Rahmen der aufgezeigten Qualitätssicherung als Lösungsansatz die Möglichkeit einer anreizkompatiblen Vergütung dargelegt. Somit wird im Rahmen der marktorientierten Ausgestaltung der Krankenhausvergütung der Frage einer anreizkompatiblen Vergütung unter expliziter Berücksichtigung von Informationsasymmetrien zwischen den beiden Vertragsparteien unter dem Aspekt der effizienten Vertragsgestaltung nachgegangen.[5]

---

[1]   Dabei gilt allerdings, dass Ausnahmen von dieser Regelung getroffen werden können, falls die flächendeckende Versorgung gefährdet ist.

[2]   Vgl. Drösler (2004), S. 118ff.

[3]   Nach § 275 SGB V, § 17c KHG können die Krankenkassen den MDK zur ordnungsgemäßen Abrechnung der Fallpauschalen einschalten. Für die Erstattung und Nachzahlung ist ein pauschaliertes Ausgleichsverfahren vorgesehen. Soweit eine fehlerhafte Abrechnung nachgewiesen wird, ist der doppelte Differenzbetrag zurückzuzahlen.

[4]   Darüber hinaus ist nach § 17 KHG vereinbart worden, dass Krankenhäuser für die Beteiligung an Qualitätssicherungsmaßnahmen Zuschläge erhalten.

[5]   Formale Analysen in der deutschen Literatur über die Wirkungen von Fallpauschalen finden sich bei Breyer (1985) und Breyer/Zweifel (1999), S. 336ff.. Heeß untersucht in einem mikroökonomischen Ansatz die Anreizwirkung der Mengenkomponente und vergleicht die Einzelleistungsvergütung, Fallpauschale und Tagespflegesatzvergütung; vgl. Heeß (1988). Breyer/Zweifel konstatieren bei ihrer Analyse, dass sich bezogen auf die Erreichung von Wirtschaftlichkeitsanreizen und Allokationseffizienz sich eine Kombination aus einer Fallpauschale und hoher verordneter Mindestqualität als optimal erweist. Durch die Annahme einer symmetrischen Informationsverteilung gehen solche Modelle allerdings davon aus, dass strategische Reaktionen der Krankenhäuser in Form von Risikoselektion oder Qualitätsverschlechterungen nicht möglich sind.

Im Hinblick auf die Ausgestaltung der Bewertungskomponente[1] stehen neben gesundheitsökonomischen Ansätzen insbesondere solche im Mittelpunkt, die im Rahmen der Theorie regulierter
Unternehmen entstanden sind und regelmäßig auf die Erkenntnisse der Vertretungs- und Informationsökonomie zurückgreifen.[2]

Traditionell beschäftigt sich die Regulierungstheorie mit denjenigen Sektoren der Volkswirtschaft, in die der Staat planend oder steuernd eingreift oder in denen er gar über öffentliche Unternehmen die Produktion selbst übernimmt.[3] Besondere Beachtung findet in diesem Kontext die
Frage nach der Preisregulierung. Die Regulierungsbeziehung wird dabei interpretiert als Vertragsbeziehung zwischen der Regulierungsinstanz (Staat/gesetzliche Krankenversicherung) als
Prinzipal und dem Krankenhaus als Agent, bei der der Prinzipal versucht, einen Mechanismus zu
implementieren, welches aus seiner Sicht ein optimales Verhalten des Agenten bewirkt.[4]

Es ist ersichtlich, dass diese Überlegungen insofern einen Anknüpfungspunkt für Fragen der
Leistungserbringervergütung im Krankenhauswesen bieten, als dort, ähnlich wie bei der vorliegenden Problemstellung versucht wird, einem Leistungserbringer, dem gegenüber ein Informati-
onsnachteil z. B. in Form von einer unbekannten Kostenfunktion besteht, durch bestimmte Vorschriften zur „Preissetzung" Anreize zu einem Produktionsergebnis zu geben, welches nicht ausschließlich den eigenen Nutzen maximiert.

Innerhalb der modelltheoretischen Betrachtung werden ausgewählte Ansätze näher vorgestellt.
Bei diesen handelt es sich um Arbeiten, die direkte Anknüpfungspunkte zu den oben erkannten
Anreizen bieten und somit im Hinblick auf eine (aus der Sicht des Prinzipals) anreizkompatible
Vergütung von Krankenhausleistungen verschiedene Problemfelder beleuchten:

Zunächst wird im Rahmen der Problemstellung die Vorteilhaftigkeit einer pauschalierten Vergütung durch DRG anhand des Ansatzes der Incentive Regulierung mittels Yardstick Competition

---

[1] Der Fokus liegt somit auf der Frage nach einer Vergütung durch prospektive Festpreise auf der Grundlage von durch-
     schnittlichen Kosten oder retrospektive krankenhausindividuelle Kostenerstattung.
[2] Vgl. Newhouse (1996); Jones/Zanola (2000), S. 175ff. und grundlegend Laffont/Tirole (1993).
[3] Vgl. Borrmann/Finsinger (1999). Kern der Regulierung ist das Ersetzen des (freien) Wettbewerbs durch staatlich vorgege-
     bene Verhaltensvorschriften, die ein gutes Marktergebnis gewährleisten sollen mit dem Ziel der Erhöhung der gesamtwirt-
     schaftlichen Wohlfahrt durch gezielte Steuerung von z.B. Preisen, Mengen oder Konditionen oder sogar des Marktzutritts.
     Darüber hinaus sind auch qualitätssichernde Eingriffe in den Wirtschaftsablauf durch z. B. die oben geschilderten Mög-
     lichkeiten von Sicherheitsvorschriften, Haftungsregeln oder Festlegung von Mindeststandards zur Regulierung zu zählen.
[4] Zu den Zielen der Regulierungsbehörde werden insbesondere die technische Effizienz (kosteneffiziente Produktion), erhöh-
     te Leistungsqualität und Konsumentenrente sowie verringerte Kosten der Regulierung gezählt.

erläutert und begründet, warum eine solche Vergütung die optimale Lösung für den Regulator darstellt.[1]

Anschließend werden die bisher genannten Problemfelder einer leistungsorientierten Vergütung durch das Vorliegen asymmetrischer Information über die Behandlungskosten[2] und asymmetrischer Information über die Behandlungsqualität anhand der Modelle von Dranove[3] und Ellis/McGuire[4] behandelt sowie der Frage einer gesamtwirtschaftlich optimalen Vergütungsregel nachgegangen.[5]

4.4.4.1   Problemstellung

Bei der Beschreibung von Systemen der Vergütung von stationären Krankenhausleistungen wurde in prospektive und retrospektive Verfahren differenziert und deren Anreizwirkung hinsichtlich Wirtschaftlichkeitsanstrengungen dargestellt. Dabei wurde deutlich, dass von der Kostenerstattung bei retrospektiven Systemen keine Anreize zur Wirtschaftlichkeit ausgehen, da mit einer Erhöhung von Wirtschaftlichkeitsanstrengungen geringere Erstattungsbeträge aufgrund geringerer verursachter Kosten verbunden sind. Demgegenüber induzieren fixe Preise auf der Grundlage von durchschnittlichen Kosten vergleichbarer Unternehmen maximale Wirtschaftlichkeitsanstrengung im Hinblick auf eine effiziente Leistungserstellung, solange Krankenhäuser erzielte Gewinne behalten und nicht an die Krankenkassen zurückerstatten müssen.

Shleifers Modell der Yardstick Competition formalisiert diese Überlegungen und illustriert den ökonomischen Grundgedanken sowie die intendierte Wirkung und Vorteilhaftigkeit der Durchschnittsvergütung für den Regulator am Beispiel der prospektiven pauschalierten DRG-Einführung bei Medicare im Jahre 1983.[6]

---

[1]   Vgl. Shleifer (1985).
[2]   Im Rahmen der asymmetrischen Information über die Behandlungskosten werden die Fälle der patientenabhängigen Kosten (Problem der Patientenselektion) und die gesamten Behandlungskosten des Krankenhauses (Problem der möglichen Informationsrente für effiziente Krankenhäuser) subsummiert.
[3]   Vgl. Dranove (1987).
[4]   Vgl. Ellis/McGuire (1986).
[5]   Vgl. grundlegend für den Fall der Leistungsvergütung bei Beschaffungsmaßnahmen der öffentlichen Hand Laffont/Tirole (1986) und (1993). Für den krankenhausökonomischen Zusammenhang vgl. Friedl/Ott (2002).
[6]   Vgl. Shleifer (1985), S. 319-327.

Ausgangspunkt der Überlegungen ist die Fragestellung nach einer effizienzfördernden Vergütung regulierter Unternehmen, wobei Shleifer auf die Anreizwirkung hinsichtlich der technischen Effizienz fokussiert. Qualitätsüberlegungen finden keine Beachtung. Zentrales Problem ist das Vorliegen von asymmetrischer Information über die Produktionskosten der Unternehmen. Shleifer sieht die Lösung in einer Benchmark, die sich nicht an den aktuellen oder vergangenen Performanceergebnissen des betrachteten Regulierungsobjekts orientiert, sondern an den Kostenniveaus vergleichbarer Unternehmen. Liegt ein solcher Wert vor, kann der Regulator auf dieser Grundlage entscheiden, wie hoch die Kosten des Regulierungssubjekts sein „dürfen" und dementsprechend die Vergütung der Leistung festlegen. Die Anreize einer solchen Vergütung sind unmittelbar erkennbar: Reduziert ein Unternehmen seine Kosten, während die Vergleichsunternehmen keine Kostensenkungen realisieren, entsteht ein unmittelbarer Gewinn. Analog entsteht ein Verlust, wenn ein Unternehmen seine Kosten nicht in dem Maße zu senken vermag wie die Vergleichsunternehmen. Die Grundzüge der formalen Überlegungen sollen im Folgenden vorgestellt werden:[1]

Betrachtet wird eine einperiodige Situation mit n Firmen, die sich alle derselben Nachfragefunktion $Y_i = q\,(p_i)$ gegenüber sehen und so alle denselben Output in Höhe von Y produzieren.[2] Die vom Regulator beobachtbaren Kosten C eines Unternehmens seien gegeben durch

(4-1) $C = cY + R(c)$

wobei c die marginalen Kosten bezeichnet und $R(c)$ seine zum Marginalkostenniveau korrespondierenden „Investitionskosten". Um die marginalen Kosten von einem ursprünglichen Kostenniveau von $c_0 > c$ auf c zu senken, sind Rationalisierungsanstrengungen von $R(c)$ nötig.[3]

Jedes Unternehmen erhält eine Vergütung in Höhe von $p\,q(\,p\,) + T$, wobei p der vom Regulator festgesetzte Preis und T ein ex post vom Regulator an die Unternehmen gezahlter Transfer ist. Die Unternehmen maximieren also

---

[1]   Die Ausführungen orientierten sich an Przybilla (2002), S. 97ff.
[2]   Shleifer trifft die Annahme, dass es sich um identische (Monopol-) Unternehmen handelt, die nur ein homogenes Gut produzieren. Vor dem krankenhausökonomischen Hintergrund bedeutet dies, dass sich die Patienten in ihren Behandlungskosten und demnach in ihrem Schweregrad („severity") innerhalb einer Fallpauschale nicht unterscheiden, so dass auch hier von der Möglichkeit der Patientenselektion abstrahiert wird; vgl. Newhouse (1996), S. 1246.
[3]   Shleifer (1985), S. 320, spricht von "investment in cost reduction" mit folgenden Annahmen: $R(c_0) = 0$; $R'(c) < 0$; $R''(c) > 0$.

(4-2) $V = (p - c) q(p) + T - R(c)$.

Shleifer zeigt, dass eine Optimallösung, bei der jedes Unternehmen zu minimalen Marginalkosten c^* produziert, gegeben ist durch

(4-3) $R(c^*) = T^*; \quad p^* = c^*; \quad - R'(c^*) = q(p^*)$.

Um diese first best-Lösung allerdings realisieren zu können, muss dem Regulator jedoch $R(.)$ zur Festsetzung der Vergütung bekannt sein, welches in der Realität nicht der Fall sein dürfte. Vielmehr wird im Modell angenommen, dass der Regulator aufgrund einer asymmetrischen Informationsverteilung keine Angaben über diese Verhältnisse hat.[1]

Shleifers Vorschlag, wie die first best-Lösung auch ohne Kenntnis von $R(.)$ erreicht werden kann, besteht in der Ermittlung der Größen p_i und T_i über eine wettbewerbsähnliche Situation, die er als Yardstick Competition bezeichnet. Er geht von einer Gruppe von n (n ≥ 2) zu regulierenden identischen Unternehmen aus. Für jedes Unternehmen i aus der Gruppe geht der Regulator wie folgt vor:

(4-4) $p_i(c_1,...,c_n, R_1,..., R_n) = \overline{c_i} := \dfrac{1}{n-1} \sum_{j \neq i} c_j$

$\quad\quad\quad T_i(c_1,...,c_n, R_1,..., R_n) = \overline{R_i} := \dfrac{1}{n-1} \sum_{j \neq i} R(c_j)$

Errechnet wird die Vergütung für die Marginalkosten c sowie die Rationalisierungskosten R anhand eines fiktiven Unternehmens, welches als Benchmark für das betrachtete Unternehmen dient. Dem als Benchmark dienenden fiktiven Unternehmen werden Werte für c und R unterstellt, die sich aus dem arithmetischen Mittel der (beobachteten) Unternehmensdaten aus der betrachteten Gruppe errechnen. Allerdings werden bei der Berechnung die beobachteten Werte des Unternehmens i nicht berücksichtigt, sondern nur die aller anderen Unternehmen. In einer solchen Situation haben alle Unternehmen den Anreiz, ihr Kostenniveau auf $c = c^*$ zu senken und

---

[1]   Shleifer (1985), S. 321.

darüber hinaus keinen strategischen Anreiz, bei der Angabe der Kosteninformationen falsche Angaben zu machen, da sich dieses nicht auf die eigene Entlohnung auswirkt.[1]

Betrachtet man die Reaktion der Unternehmen auf eine glaubhafte Ankündigung des Regulators, eine Vergütung nach dem beschriebenen System einzuführen oder über mehrere Perioden fortzuführen, in einem spieltheoretischen Kontext, so ist die Strategie der Kostensenkung ein eindeutiges Nash-Gleichgewicht im Subspiel der Unternehmen.[2] Im Endeffekt wirken sich Ineffizienzen im Unternehmen nicht auf die bezahlte Vergütung, wohl aber auf das erzielte Ergebnis V aus.

Ziel der Ausführungen war die Darstellung des ökonomischen Grundgedankens einer fixpreisorientierten Vergütung auf der Basis von durchschnittlichen (Kosten-)Angaben von Unternehmen, wie sie bei der Vergütung von DRG zur Anwendung kommt.[3] Als Ergebnis bleibt festzuhalten, dass der Mechanismus, der einen Benchmark-Vergleich benutzt, um Entlohnungen für regulierte Unternehmen der Höhe nach festzulegen, vor dem Hintergrund des zu erwartenden first-best Ergebnisses unter asymmetrischer Information für den Regulator eine attraktive Möglichkeit der effizienzfördernden Vergütung darstellt.[4]

4.4.4.2   Kostenbeteiligung und Behandlungskosten

Auch wenn der obige Ansatz sehr plausibel erscheint, so sind die diesbezüglichen Ergebnisse im krankenhausökonomischen Kontext nur begrenzt aussagekräftig. Insbesondere erscheint die Annahme, dass es sich bei Krankenhäusern um identische Unternehmen handelt, die ein kostenhomogenes Produkt produzieren, unrealistisch. Konsequenterweise kommen Ansätze, die diese Annahme aufheben, zu unterschiedlichen Ergebnissen der optimalen Vergütung.[5] Vor diesem Hintergrund werden zwei Problembereiche bei asymmetrischer Information über die Kosten des Krankenhauses beleuchtet:

---

[1]   Auch haben Unternehmen keine Möglichkeit, durch Zurückhaltung bei der eigenen Leistung die für die eigene Bewertung relevante Benchmark „nach unten" zu drücken; vgl. Bös (1994), S. 260ff.
[2]   Für eine ausführliche Darstellung sei auf Shleifer (1985), S. 322ff. verwiesen.
[3]   Vgl. hierzu die Überlegungen von Shleifer (1985), S. 326.
[4]   Allerdings gibt es vielfältige und umfangreiche Problembereiche aus theoretischer und praktischer Sicht, die sich unter den folgenden Punkten zusammenfassen lassen, im Rahmen dieser Arbeit jedoch nicht weiter vertieft werden sollen: (1) das Commitment des Regulierers, (2) das Problem der Kollusion der Unternehmen, (3) die Vergleichbarkeit der Unternehmen und (4) die adäquate Gestaltung des Untersuchungsdesigns des Benchmarking-Vergleichs; vgl. Bös (1994), S. 262f.; Canoy et al. (2000); Claussen/Scheele (2001).
[5]   Vgl. Newhouse (1996), S. 1246; Chalkley/Malcomson (1996), S. 1693.

- Bei einer leistungsorientierten Vergütung entsteht das Problem der Patienten-selektion durch unterschiedliche fallschwereabhängige Kosten innerhalb einer Fallpauschale.

- Die Ziele der gesetzlichen Krankenversicherung bestehen in einer Kostenminimierung durch die Optimierung der krankenhausbezogenen Erstattungsbeiträge. Somit erscheint es unverzichtbar, grundlegende Unterschiede zwischen Krankenhäusern hinsichtlich der Kostenstruktur und das damit verbundene Problem der Informationsrenten für effiziente Krankenhäuser zu berücksichtigen. Dabei muss davon ausgegangen werden, dass Krankenhäuser einen Informationsvorteil über ihre Effizienz/Behandlungsfallstrukturen (case-mix) und damit über den Behandlungsaufwand der Patientengruppe besitzen.[1]

Fallpauschalen und Risikoselektion

Im Folgenden wird der Frage nachgegangen, welche Auswirkungen eine fixpreisorientierte Vergütung von Krankenhausleistungen auf das Problem der Risikoselektion hat. Die resultierenden Ergebnisse hinsichtlich einer anreizkompatiblen Vergütung werden unter Rückgriff des Modells von Dranove (1987) erläutert.[2]

Wie bereits im Rahmen der Anreizwirkung von Fallpauschalen deutlich gemacht wurde, ergibt sich das Problem aufgrund einer asymmetrischen Informationsverteilung zugunsten des Krankenhauses, welches im Gegensatz zum „Regulator" besser in der Lage ist, die Kostenkonsequenzen pro Behandlungsfall abzuschätzen und somit Anreize erhält, innerhalb einer einheitlichen Fallpauschale die teuren, kostenintensiven Fälle abzuweisen. Für die ökonomisch induzierte Verlegungspraxis spielt ein hierarchisch aufgebautes Krankenhauswesen eine Rolle.

Dranove geht davon aus, dass sich für Krankenhäuser die Behandlungskosten eines Patienten aus Basiskosten X („hospital-specific costs") und fallschwereabhängigen Kosten K („patient-specific costs") zusammensetzen:

---

[1]   Dabei werden bei der Ableitung von Gestaltungsempfehlungen auf zwei unterschiedliche Lösungswege zurückgegriffen: Während im ersten Fall explizit die Auswirkungen von Vergütungssystemen (particular payment systems) und deren optimale Ausgestaltung untersucht werden, wird im zweiten Fall aus einer Menge von möglichen Vergütungssystemen die optimale Ausgestaltung ermittelt (Mechanismus Design-Ansatz); vgl. Chalkley/Malcomson (2000).

[2]   Dranove (1987), S. 417 – 427, analysiert in seinem Beitrag zwei Spezialisierungsszenarien und daraus resultierende optimale Fallpauschalen. Während im ersten Szenario Krankenhäuser die „patient-specific costs" nicht vollständig beobachten können und somit eine Spezialisierung anhand der erwarteten durchschnittlichen Kosten auf verschiedene DRG vornehmen, untersucht das zweite im Weiteren betrachtete Szenario, die Situation der Spezialisierung auf bestimmte Patienten innerhalb einer DRG.

Bezüglich der Basiskosten X, die grundsätzlich unabhängig von den fallschwereabhängigen Kosten anfallen,[1] existieren unterschiedliche Effizienztypen von Krankenhäusern innerhalb einer Versorgungsstufe (Versorgungsstufe 1), wobei von zwei unterschiedlichen Typen, ineffizienten und effizienten Krankenhäusern ausgegangen wird. Effiziente Krankenhäuser können dabei im Vergleich zu ineffizienten Krankenhäusern eine vorgegebene Diagnose mit geringeren Basiskosten behandeln $X_L < X_H$.[2] Weiterhin existieren Krankenhäuser einer höheren Versorgungsstufe (Versorgungsstufe 2) mit den Basiskosten X_C, wobei der Zusammenhang $X_L < X_H < X_C$ gilt.[3]

Neben den Basiskosten fallen bei der Behandlung einer vorgegebenen Diagnose patientenspezifische, *fallschwereabhängige* Kosten $\widetilde{K}$ an.[4] Patienten innerhalb einer Fallpauschale können damit aufgrund unterschiedlicher Schweregrade verschiedene Kosten verursachen.[5]

Weiterhin wird davon ausgegangen, dass eine Regulierungsinstanz als Prinzipal versucht, über die Festlegung der Fallpauschale die Kosten des Gesamtsystems zu minimieren. Dabei kann diese aufgrund der asymmetrischen Information über die Kosten nicht beobachten, um welches Krankenhaus es sich handelt, vielmehr kann die Instanz nur für beide Krankenhäuser der gleichen Versorgungsstufe eine einheitliche Fallpauschale festlegen.[6] Die Instanz geht davon aus, dass es sich hierbei jeweils zur Hälfte um ein effizientes Krankenhaus und ein ineffizientes Krankenhaus handelt.[7]

Das Problem der Risikoselektion wird so dargestellt, dass die beiden Krankenhäuser der niedrigen Versorgungsstufe Patienten zwischen sich sowie dem Krankenhaus der höheren Versorgungsstufe überweisen können („transfers").[8] Die Krankenhäuser der niedrigen Versorgungsstu-

---

[1]   Darunter sind bspw. die Kosten für die Hotelleistungen oder Basismedikamente zu verstehen.

[2]   Die Ineffizienzen im Krankenhaus mit den Kosten $K_{H\,(VI)}$ können durch Mängel in der Organisation durch Schnittstellenprobleme (Doppeluntersuchungen oder unnötige Tests) bedingt sein.

[3]   Krankenhäuser der höheren Versorgungsstufe können eine vorgegebene Diagnose demnach aufgrund einer besseren technischen Ausstattung oder besser qualifiziertem Personal nur zu höheren Kosten erbringen.

[4]   Dabei soll im Folgenden angenommen werden, dass Krankenhäuser diese Kosten vollständig beobachten können. Dies entspricht bei Dranove dem von ihm untersuchten Szenario II.

[5]   Dranove unterstellt keine spezielle Verteilung, sondern untersucht die Zusammenhänge für eine Klasse von Verteilungen.

[6]   Weiterhin wird angenommen, dass das Krankenhaus der höheren Versorgungsstufe V2 sich passiv verhält und seine Kosten vergütet bekommt. Dies geschieht vor dem Hintergrund, dass sich diese Krankenhäuser den Patientenverschiebungen nicht entziehen können.

[7]   Grundsätzlich wird allen Teilnehmern Risikoneutralität unterstellt. Auch werden Qualitätsaspekte der medizinischen Versorgung ausgeblendet. Zur Frage einer Selektion durch Qualitätsdiskriminierung im Rahmen unterschiedlicher Leistungsintensitäten vgl. Allen/Gertler (1991); Ellis (1998).

[8]   Der Prinzipal kann nicht beobachten, ob es sich bei Verlegungen um eine ökonomisch induzierte Selektion oder medizinisch gerechtfertigte Verlegungen handelt, so dass diese Aktionen nicht bestraft werden können.

fe machen demnach ihre Handlungen davon abhängig, ob die Fallpauschale ihre Kosten der Behandlung deckt (vgl. Abb. 4-10):

Falls die Fallpauschale kleiner als die erwarteten Behandlungskosten ausfällt, erfolgen Verlegungen, falls die Fallpauschale hoch genug ist, wird der Patient dagegen aufgenommen und behandelt. Für den Fall, dass die Fallpauschale noch nicht einmal die Kosten des effizienten Krankenhauses ($FP < X_L + \widetilde{K}$) deckt, erfolgt eine direkte Verlegung an das Krankenhaus der höheren Versorgungsstufe. Für den Fall $X_H + \widetilde{K} > FP > X_L + \widetilde{K}$ ergibt sich die Situation, dass Patienten vom ineffizienten Krankenhaus abgelehnt werden, allerdings annahmegemäß zunächst an das effiziente Krankenhaus verlegt werden (vgl. Abb. 4-9).[1]

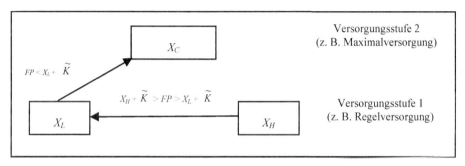

Abb. 4-10: Selektionsverhalten von Krankenhäusern

Insgesamt versucht die Institution bei der Festsetzung der Fallpauschale die erwarteten Gesamtkosten des Systems unter Berücksichtigung der oben genannten Effekte zu minimieren:[2]

$$(4-5) \quad \begin{aligned} \underset{FP}{Min}\ E(\widetilde{GK}) &= 0,5\ F(FP - X_L)\ X_L + 0,5\ F(FP - X_H)\ X_H \\ &+ 0,5\ (F(FP - X_L) - F(FP - X_H)) + (1 - F(FP - X_L))\ X_C \end{aligned}$$

$F(.)$ bezeichnet den Wert der Verteilungsfunktion der fallschwereabhängigen Kosten an der Stelle $K = FP - X_{H/L}$.[3] Damit wird (flächenmäßig) ausgedrückt, dass effiziente Krankenhäuser bei gegebener Fallpauschale einen Patienten mit hohen fallschwereabhängigen Kosten aufgrund ihrer

---

[1]   Hierdurch wird der gewünschte Effekt von DRG abgebildet. Durch eine mögliche Spezialisierung passen Krankenhäuser ihr Leistungsprogramm an die preislichen Gegebenheiten an, wodurch eine effiziente Ressourcenallokation durch das Umlenken von Patientenströmen erreicht wird.
[2]   Vgl. Dranove (1987), S. 424.
[3]   „The fraction of type-L hospitals choosing to produce treatments, …, equals, $F(FP - X_L)$." Dranove (1987), S. 424.

niedrigen Basisfallkosten behandeln können, während ineffiziente Krankenhäuser diesen verlegen müssen.

Die ersten beiden Terme beschreiben den Anteil der in den Krankenhäusern der niedrigen Versorgungsstufe behandelten Patienten. Der dritte Term beschreibt die gewünschten Verlegungen innerhalb der niedrigen Versorgungsstufe, der letzte Ausdruck beschreibt den unerwünschten Effekt der Verlegungen zwischen den Versorgungsstufen in teurere Häuser der höheren Versorgungsstufe. Die notwendige Bedingung für ein Kostenminimum ist:[1]

$$(4\text{-}6) \qquad \frac{dE(\widetilde{GK})}{dFP} = 0{,}5\,(X_H - X_L)\,\frac{dF(FP - X_H)}{dFP} + (X_L - X_C)\,\frac{dF(FP - X_L)}{dFP} = 0$$

Dranove kommt zu dem Ergebnis, dass die Höhe der einheitlichen Fallpauschale so gesetzt werden sollte, dass die Grenzersparnis aus verstärkter Behandlung in effizienten Krankenhäusern den entstehenden Grenzkosten durch Verlegungen an die höhere Versorgungsstufe entspricht.[2] Dabei ist zu beachten, dass die Effizienzgewinne nur mit dem Faktor 0,5 gewichtet werden, da diese nur einen Anteil der Krankenhäuser der niedrigen Versorgungsstufe betreffen. Demgegenüber überweisen beide Häuser der niedrigen Versorgungsstufe ihre „teuren Patienten" an das Krankenhaus der höheren Versorgungsstufe.

Aus dieser ungleichen Gewichtung resultiert, dass die kostenminimierende Fallpauschale FP^* nicht in Höhe der Durchschnittskosten festgelegt werden sollte. Vielmehr besteht die optimale Fallpauschale FP^* aus den Durchschnittskosten der beiden Krankenhaustypen plus eines Zuschlagfaktors, der weitere ökonomisch induzierte Verlegungen verhindern soll, die automatisch für das Gesamtsystem höhere Kosten bedeuten.[3] In diesem Zusammenhang weist Dranove auf das Problem hin, dass durch eine unangemessene, d. h. zu geringe Fallpauschale induzierte Verlegungen und die damit verbundenen Kostensteigerung durch die Behandlung in kostenintensi-

---

[1]　Vgl. Dranove (1987), S. 425.

[2]　"The regulator again balances production cost reductions and access losses." Dranove (1987), S. 425.

[3]　Liegt der Zuschlagfaktor zwischen den Basiskosten des effizienten und des ineffizienten Krankenhauses, so liegt an der Stelle FP* ein globales Kostenminimum vor; vgl. Dranove (1987), S. 425. Ernst (2000), S. 116f, illustriert die Ergebnisse anhand normalverteilter fallschwereabhängiger Kosten. Diese Annahme führt zu einer expliziten optimalen Fallpauschale

in Höhe von $FP^* = \dfrac{X_H + X_L}{2} + \dfrac{\delta^2\,ln\!\left(\dfrac{X_H - X_L}{2(X_C - X_L)}\right)}{(X_L - X_H)}$. Die relativ zu den Durchschnittskosten überhöhten Fallpauschalen sind selbst dann noch optimal, wenn keine Kostenunterschiede zwischen X_H und X_C bestehen.

veren Krankenhäusern der höheren Versorgungsstufen die Gesamtkosten des Systems sogar gegenüber einem Kostenerstattungsregime erhöhen.[1]

Zu einem ähnlichen Ergebnis kommt auch Ma (1994).[2] Im Zusammenhang von Festpreisen und Risikoselektion konstatiert er, dass sich eine teilweise Erstattung der Kosten gegenüber einem reinen Festpreissystem als vorteilhaft erweisen kann, weil die durch Festpreise induzierten Anreize zur Kostenreduktion durch Risikoselektion verpuffen können.[3] Als Lösung schlägt er ein „gemischtes" Vergütungssystem vor: Dieses besteht aus einer fixen Komponente (auf der Basis von Durchschnittskosten), aber auch aus einem Vergütungsbestandteil, der von den individuellen Kosten des Leistungserbringers abhängt oder diesen nicht voll für Kostenabweichungen verantwortlich macht.[4]

In den bisherigen Ausführungen wurde die Ermittlung der optimalen Fallpauschale unter Berücksichtigung der Möglichkeit der Risikoselektion durch unterschiedliche fallschwereabhängige Kosten innerhalb einer Fallpauschale aus theoretischer Sicht beleuchtet. Es bleibt festzuhalten, dass die optimale Fallpauschale nicht den durchschnittlichen Kosten entspricht, vielmehr die Eigenschaft der Durchschnittskosten zuzüglich eines Zuschlagsfaktors aufweist.

Fallpauschalen und Optimierung von Erstattungsbeträgen

Die Ziele der gesetzlichen Krankenversicherung bestehen in einer Minimierung der krankenhausbezogenen Kosten durch eine Optimierung der gesamten Erstattungsbeträge. Bei dieser Zielsetzung ist es unverzichtbar, dass neben der Anreizwirkung von Vergütungsverfahren auch grundlegende Unterschiede bezüglich der Leistungserstellungskosten von Krankenhäusern berücksichtigt werden müssen.[5] In den folgenden Ausführungen soll dargestellt werden, welche Vergütungsform sich als optimal erweist, wenn eine asymmetrische Informationsverteilung hinsichtlich der krankenhausindividuellen Kostenstruktur vorliegt. In der Literatur wird bezüglich

---

[1] Ein solches System der Kostenerstattung ist dadurch charakterisiert, dass die Fallpauschale so großzügig bemessen ist, dass beide Krankenhäuser der niedrigen Versorgungsstufe keinen Anreiz zu Verlegungen haben, somit allerdings die Hälfte der Patienten in einem ineffizienten Krankenhaus behandelt werden.

[2] Vgl. Ma (1994), S. 93ff. Dieser vergleicht abweichend von Dranove die Vorteilhaftigkeit eines Festpreissystems mit einem Kostenerstattungsregime unter expliziter Berücksichtigung von Kostenreduktionsanstrengungen und Qualitätsanreizen.

[3] Daraus resultiert das Problem, dass die durch die Risikoselektion bedingten fallenden Durchschnittskosten eines Krankenhauses zu einer Anpassung der Fallpauschalen führen, wodurch die Anreize zur Selektion noch erhöht werden (was dann wieder zu Kostensteigerungen im Gesamtsystem führt); vgl. Ma (1994), S. 106.

[4] Vgl. Ma (1994), S. 103ff., insbesondere S. 106-108.

[5] Vgl. hierzu auch die Modellansätze von Pope (1990), Goodall (1990) und Keeler (1990).

des Informationsvorsprungs des Krankenhauses von einem besseren Wissen über seine Fallstruktur (case-mix) gesprochen oder es wird auf die Technologie oder technische Effizienz des Krankenhauses abgestellt.[1]

Durch das Vorliegen einer asymmetrischen Informationsverteilung auf Seiten der Gesetzlichen Krankenversicherung über die Leistungserbringungskosten bei einer Vergütung mit einer für alle Krankenhäuser einheitlichen Fallpauschale können effiziente Krankenhäuser mit niedrigeren als vom Gesetzgeber erwarteten Leistungserbringungskosten hohe Gewinne erzielen. Diese Informationsrenten können auftreten, da ein unter Anreizgesichtspunkten betrachteter fixer Entgeltvertrag auch die Kosten eines Krankenhauses mit hohen Kosten decken muss. Bei einem für alle Krankenhäuser einheitlichen fixen Entgeltsystem mit entsprechend hoher Anreizwirkung müssen also die Krankenkassen insgesamt einen hohen Beitrag aufbringen, der insbesondere den kostengünstiger arbeitenden Krankenhäusern zugute kommt. Aus diesem Grund ist zwischen Anreizwirkungen von pauschalierten Vergütungssystemen, die zu einer effizienteren Leistungserbringung und zu eventuellen Gewinnen von kostengünstigen Krankenhäusern führen, und retrospektiven Kostenerstattungsverträgen, die hohe Gewinne in kostengünstigen Krankenhäusern verhindern, abzuwägen.[2]

Als Lösungskonzeption dieser zugrunde liegenden Problematik wurden im Rahmen regulierter Industrien Ansätze entwickelt, die sich unter dem Begriff des Mechanismus Design subsummieren lassen.[3] Mechanismus Design-Modelle bieten sich bei der behandelten Problemstruktur besonders an, da sie für eine Analyse von Adverse Selection- Problemen vorgesehen sind und um Moral Hazard erweitert werden können. Das im Folgenden verwendete Mechanismus Design-Modell beruht auf einem allgemeinen Ansatz von Laffont/Tirole zur Analyse dieser kombinier-

---

[1]   Vgl. Friedl/Ott (2002), S. 192, Chalkley/Malcomson (2000), S. 867 ff.
[2]   Vgl. Friedl/Ott (2002), S. 192.
[3]   Modelle, die mit dem Mechanismus Design gelöst werden, ähneln dem Prinzip der Self-Selection, da hier die Initiative vom Prinzipal ausgeht, dieser allerdings nur den vom Agenten gewählten Vertrag beobachtet. Der Agent hat vor Vertragsabschluss einen Informationsvorsprung gegenüber dem Prinzipal. Dieser handelt jedoch als erster: Er bietet dem Agenten verschiedene Verträge an, durch dessen Wahl der Agent seine Eigenschaften oder Information aufdeckt (Take it or leave it-Angebote). Der Mechanismus Design zeichnet sich dadurch aus, dass der Prinzipal nach einer Vertragsgestaltung sucht, die seinen (erwarteten) Nutzen maximiert, wobei die Gestaltung des Entlohnungsschemas und damit die möglichen Lösungen keinerlei Beschränkungen unterliegen. Bei dieser Lösungskonzeption steht die Vergütungsform nicht als gegeben fest, vielmehr versucht der Prinzipal aus einer Menge von möglichen implementierbaren Allokationen (Vergütungsformen) diejenigen zu finden, die sich unter den gegebenen Bedingungen als optimal erweisen. Typisch für den Mechanismus Design-Ansatz ist die Annahme, dass sich Prinzipal und Agenten risikoneutral verhalten; vgl. Fudenberg/Tirole (1991), S. 243ff.; Noth (1994), S. 19ff.

ten Problemsituation im Bereich der Leistungsvergütung bei Beschaffungsmaßnahmen öffentlicher Unternehmen.[1] Es wurde von Friedl/Ott[2] auf das Problem der Krankenhausvergütung übertragen.[3]

Ausgangspunkt der Überlegungen ist ein Krankenhaus, das bestimmte Leistungen pro Diagnose mit den ex post beobachtbaren Kosten von C erbringt. Die Kosten hängen zum einen von der verfügbaren „Technologie" $\theta \in [\theta^-, \theta^+]$, zum anderen vom geleisteten Anstrengungsniveau a ab. Die Kostenfunktion beträgt somit:

(4-7) $C(\theta, a) = \theta - a$.

Dabei wird davon ausgegangen, dass es sich bei θ um einen krankenhausindividuellen Effizienzparameter handelt, hinsichtlich dessen das Krankenhaus ex ante über einen Informationsvorsprung verfügt. Das Krankenhaus kann darüber hinaus die Kosten durch Rationalisierungsmaßnahmen reduzieren, für deren Durchführung es allerdings Anstrengungen a leisten muss.[4] Dabei wird angenommen, dass auch das Anstrengungsniveau vom Prinzipal nicht beobachtbar ist. Beide Komponenten bedingen somit das Kostenniveau des Krankenhauses: Eine höhere Effizienz (ausgedrückt durch ein niedriges θ) und ein höheres Anstrengungsniveau (höheres a) führen demnach zu geringeren Behandlungskosten des Krankenhauses.

Für die Leistungserbringung erhält das Krankenhaus eine Transferzahlung t (C), die von den tatsächlich angefallenen Kosten abhängt. Die Krankenhäuser maximieren demnach ihren Nutzen gemäß:

---

[1]   Vgl. Laffont/Tirole (1986); Laffont/Tirole (1993) und Laffont (1994). Der Regulator kennt die Kostensituation der Krankenhäuser ohne Rationalisierungsanstrengungen nicht, bevor er reguliert (Adverse Selection). Der Regulator kann die Rationalisierungsmaßnahmen des Krankenhauses nach der Regulierung nicht beobachten (Moral Hazard).

[2]   Vgl. Friedl/Ott (2002).

[3]   Der Hauptunterschied liegt in der Definition der Transferleistung der Kasse an das Krankenhaus. Während Laffont/Tirole von einer Nettotransferzahlung spricht, die neben den tatsächlich angefallenen Kosten zusätzlich erstattet wird, handelt es sich bei Friedl/Ott um eine Bruttotransferzahlung. Diese beinhaltet die gesamte Transferleistung der Kasse an das Krankenhaus; vgl. Friedl/Ott (2002), S. 193.
       Weitere Beiträge zur Übertragung des allgemeinen Ansatzes auf die Krankenhausökonomie finden sich bei Pellisé (1994), Levaggi (1996) und insbesondere bei De Fraja (2000) und Chalkley/Malcomson (2002). De Fraja untersucht die optimale Vergütung im Zusammenhang mit dem oben dargestellten Problem der Risikoselektion. Konsequenterweise baut das Vergütungsschema auf der Anzahl der behandelten Fälle auf. Als Ergebnis bleibt festzuhalten, dass der Preis pro Untersuchung mit der Effizienz des Anbieters steigen sollte. Chalkley/Malcomson überprüfen darüber hinaus die Auswirkungen der Modellergebnisse in einer empirischen Untersuchung.

[4]   Die Verschwendung von Ressourcen wird häufig unter dem Stichwort der X-Efficiency im Sinne von Leibenstein (1966) und (1969) diskutiert.

(4-8)　　　$U_K = t(C) - C - \psi(a)$

$$U_K \geq 0$$

Das Krankenhaus maximiert damit den Nutzen der Summe aus Geldeinkommen und nicht-monetären Einflüssen $\psi(a)$. $\psi(a)$ erfasst, dass jede Rationalisierungsmaßnahme mit Anstrengungen des Krankenhauses verbunden ist, die zu einer (monetär bewerteten) Nutzenminderung führen.[1] Darüber hinaus muss auf jeden Fall dem Krankenhaus ein Nutzenniveau in Höhe seines Reservationsnutzens, welcher hier auf 0 normalisiert wird, garantiert sein. Die Partizipationsbedingung lautet somit $U_K > 0$. Der Nettotransfer muss demnach mindestens in Höhe des mit der Anstrengung verbundenen Disnutzens ausfallen.

- Der Patient bewertet die Leistung des Krankenhauses mit dem Nutzen V. Vor dem Hintergrund des Versicherungscharakters der Leistung ist davon auszugehen, dass die Transferzahlungen der Kasse beim Beitragszahler Kosten von $(1 + \lambda) t(C)$ verursachen.[2] Der Nutzen des Patienten besteht damit aus

(4-9)　　　$U_P = V - (1 + \lambda) t(C)$.

- Der Prinzipal (Gesetzgeber) maximiert die Wohlfahrtsfunktion W, die den Patientennutzen und den Nutzen des Krankenhauses $U_P + U_K$ berücksichtigt:

(4-10)　　　$W = V - (1 + \lambda) t(C) + t(C) - C - \psi(a)$

Im Folgenden wird die first best- und second best-Lösung des Modells ermittelt. Die first-best Lösung ist dadurch charakterisiert, dass auch der Gesetzgeber die spezifische Kostensituation (den „Typ") des Krankenhauses kennt, er kann demnach den Effizienzparameter und das Anstrengungsniveau beobachten. Die Lösung bei symmetrischer Information dient dann als Referenzmaßstab für den Fall bei asymmetrischer Information (second best-Lösung).

---

[1]　Dabei wird angenommen, dass die Nutzenminderung progressiv mit den Rationalisierungsmaßnahmen steigt: $\Psi(0) = 0$, $\Psi'(a) > 0$, $\Psi''(a) > 0$. Das Krankenhaus wird demnach zunächst die Maßnahmen zur Kostensenkung durchführen, die den geringsten Einsatz erfordern. Je höher die zu erreichende Kostensenkung ist, desto höher ist der Aufwand für zusätzliche Maßnahmen. Darüber hinaus soll $\lim_{a \to 0} \psi(a) = +\infty$ gelten, wodurch sichergestellt wird, dass der Wert des Anstrengungsniveaus immer kleiner als der Wert von θ ist, die Kosten des Krankenhauses immer positiv sind.

[2]　Damit wird im Modell der Tatsache Rechnung getragen, dass den Krankenkassen Verwaltungskosten entstehen.

Die Aufsicht löst folgendes Problem:

(4-11) $\max_{a,t} \left[V - (1 + \lambda)(\psi(a) + \theta - a) - \lambda(t(C) - \theta + a - \psi(a)) \right]$

$PZB : U_K \geq 0$

Die optimale Lösung ist durch die Bedingung $\frac{\partial W}{\partial a} = \psi'(a) - 1 = 0$ charakterisiert. Die Rationa-

lisierungsmaßnahmen werden so gewählt, dass der Grenzertrag von weiteren kostensparenden Maßnahmen dem Grenzaufwand (Anstrengungskosten) entspricht. Da die Rationalisierungs-maßnahmen gemäß der Bedingung (der marginale Disnutzen aus dem gewählten Anstrengungs-niveau beträgt im Optimum den Wert 1) gewählt werden, herrscht ein effizientes Anstrengungs-niveau. Darüber hinaus erhält das Krankenhaus genau seinen Reservationsnutzen, da bei positi-vem λ ein Nutzen des Krankenhauses die soziale Wohlfahrt reduziert.

Der Prinzipal könnte in einem solchen Fall, in dem er das Anstrengungsniveau beobachten kann, das effiziente Anstrengungsniveau a^* direkt vorschreiben. Wenn der Prinzipal a nicht beobach-ten kann, allerdings θ kennt, kann er das first best-Ergebnis mit einem Festpreisvertrag (fixe Entlohnung) implementieren. Das Krankenhaus bekommt dann die Zahlung $t(C) = \psi(a^*) + \theta - a^*$. Der Vertrag macht damit das Krankenhaus zum „residual claimant" auf den zusätzlichen Gewinn aus einer Kostenreduktion. Bei mehreren Krankenhäusern kann der Prinzipal demnach verschiedene Entlohnungsverträge für die jeweiligen Typen anbieten, durch die diese gerade ihre Reservationsnutzen erhalten.

Für den Fall der *asymmetrischen Informationsverteilung* über die Kosten stellt sich die Situation schwieriger dar: Während das Krankenhaus seinen Effizienztyp kennt, kann der Prinzipal sich nur Wahrscheinlichkeiten darüber bilden.[1] Nach der Leistungserbringung beobachtet er die tat-sächlich realisierten Kosten und leistet eine Transferzahlung *t(C)*.

---

[1]   Der Gesetzgeber weiß, dass der Effizienzparameter im Bereich $[\theta^-; \theta^+]$ liegt. $F (\theta)$ stellt dabei die diesbezügliche Vertei-lungsfunktion, $f (\theta)$ die diesbezügliche Dichtefunktion mit $f (\theta) > 0$ für alle θ dar.

Bietet der Prinzipal nun in dieser Situation die gleichen Verträge an, wie unter Informations-
symmetrie, so ist es unter der Annahme des opportunistischen Handelns für ein Krankenhaus mit
einem höheren Effizienzniveau optimal, das Krankenhaus mit einem niedrigeren Effizienzniveau
zu imitieren. Durch die Wahl eines geringeren Anstrengungsniveaus und damit verbundenen höheren realisierten Kosten, könnte es seinen Typ als schlechter angeben, da es auf diese Weise einen höheren Nutzen erzielen kann.[1] Somit muss davon ausgegangen werden, dass ein effizientes
Krankenhaus denselben Vertragstyp wie ein ineffizientes Krankenhaus wählt.[2]

Das Ziel des Prinzipals ist es, die suboptimale Pooling – Lösung zu vermeiden und die Krankenhäuser dahin zu bringen, in Abhängigkeit ihres Typs unterschiedliche Verträge zu wählen und
damit ihren Typ offen zu legen.[3] Damit eine Imitation nicht vorkommt, wird im Rahmen der
Vertragsgestaltung zwischen Prinzipal und Krankenhaus eine weitere Nebenbedingung, die An-
reizkompatibilitätsbedingung, eingeführt, die besagt, dass der Nutzen des Krankenhauses vom
Typ θ mindestens genauso hoch sein muss, wie der Nutzen des Krankenhauses vom Typ θ, der
ein anderen Typ $\widetilde{\theta}$ imitiert.

$$(4\text{-}12) \qquad t(\theta) - C(\theta) - \psi(\theta - C(\theta)) \geq t(\widetilde{\theta}) - C(\widetilde{\theta}) - \psi(\theta - C(\widetilde{\theta})) \quad \forall \quad \theta, \widetilde{\theta} \in \left[\theta^-, \theta^+\right]$$

Das gesamte Optimierungsproblem lautet aus der Sicht des Prinzipals demnach:

$$(4\text{-}13) \qquad \max_{\{a(\theta), U(\theta)\}} \int_{\theta^-}^{\theta^+} \left[V - (1+\lambda)(\theta - a(\theta)) + (\psi(a(\theta))) - \lambda U(\theta)\right] dF(\theta)$$

unter den Nebenbedingungen

$$AKB: \quad t(\theta) - C(\theta) - \psi(\theta - C(\theta)) \geq t(\widetilde{\theta}) - C(\widetilde{\theta}) - \psi(\theta - C(\widetilde{\theta})) \quad \forall \quad \theta, \widetilde{\theta} \in \left[\theta^-, \theta^+\right]$$

$$PZB: \quad U_K(\theta) \geq 0 \quad \text{für alle } \theta$$

---

[1]   Ein ineffizientes Krankenhaus hat dagegen keinen Anreiz ein besseres Krankenhaus zu imitieren, da es auf diese Weise
        nicht einmal seinen Reservationsnutzen erhält.
[2]   Diese Situation wird als Pooling-Gleichgewicht bezeichnet, da es für alle Agenten unabhängig von ihrem Typ vorteilhaft
        ist, denselben Vertrag zu wählen; vgl. Rasmusen (1989), S. 160.
[3]   In diesem Zusammenhang ist das sog. Revelationsprinzip von Bedeutung. Dieses bedeutet eine Vereinfachung bei der Su-
        che nach optimalen Entlohnungsformen, da man hierbei nur direkte wahrheitsinduzierende Verträge berücksichtigen muss;
        vgl. Fudenberg/Tirole (1991), S. 253ff.; Laffont/Martimont (2002), S, 48ff. Für die grundlegende analytische Herleitung
        vgl. Myerson (1979).

Als Ergebnis lässt sich durch $U^*(\theta)$, $a^*(\theta)$ und für $C^*(\theta) = \theta - a^*(\theta)$ nur eine indirekte Lösung der Vergütungsfunktion $t^*(\theta) = C^*(\theta) + \psi(a^*(\theta)) + U^*(\theta)$ ableiten, da im Gegensatz zu den Kosten die Technologie nicht beobachtbar ist. Somit wird als explizite Lösung die Vergütungsfunktion $T^*(C)$ gebildet, welche somit die Vergütung in Abhängigkeit der ex post beobachtbaren Kosten darstellt. Da diese gleichzeitig die Eigenschaft der Konvexität aufweist,[1] lässt sich die optimale Vergütung unter asymmetrischer Information als ein Menü linearer Verträge darstellen (vgl. Abb. 4-11).[2]

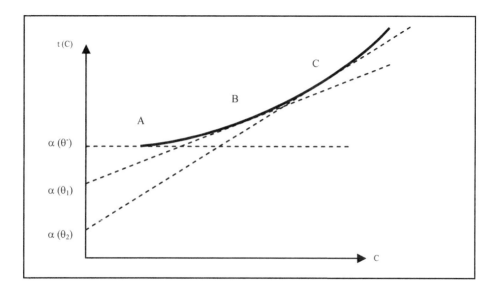

Abb. 4-11: Flexibles Vergütungssystem für Krankenhäuser

Der Gesetzgeber bzw. die Krankenkasse kann dabei den Krankenhäusern ein Entlohnungsschema gemäß folgender Form anbieten:[3]

(4-14) $t(\theta) = \alpha(\theta) + \beta(\theta)C$ mit

$$\alpha(\theta) = t^*(\theta) - (1 - \psi'(a^*(\theta)))C^*(\theta) \text{ und } \beta(\theta) = 1 - \psi'(a^*(\theta)).$$

$\alpha(\theta)$ stellt dabei einen prospektiven, von den krankenhausindividuellen Kosten unabhängigen fixen Erstattungsbetrag dar, der von den Krankenkassen erstattet wird. $\beta(\theta)$ stellt dagegen den

[1]   Vgl. zur analytischen Herleitung Laffont/Tirole (1993), S. 63ff.
[2]   Vgl. Friedl/Ott (2002), S. 197.
[3]   Vgl. Friedl/Ott (2002), S. 196 und 201.

Anteil der Vergütung dar, der von den Krankenkassen gemäß den tatsächlich angefallenen Kosten erstattet wird. Zahlt die Kasse einen fixen Erlös für die zu erbringende Leistung, beträgt $\alpha(\theta) = 1$ und $\beta(\theta) = 0$, bei einem Kostenerstattungsregime beträgt $\alpha(\theta) = 0$ und $\beta(\theta) = 1$.

Bezüglich verschiedener Typen wird deutlich, dass sich die diesbezüglichen Verträge durch die beiden Parameter unterscheiden:[1] Für das effizienteste Krankenhaus gilt dabei $\alpha(\theta^-) = \psi(a^*(\theta^-)) = 1$ und damit $\beta(\theta^-) = 0$. Es wird sich somit für eine fixe Vergütung entscheiden, welches impliziert, dass es das first best Anstrengungsniveau wählen wird. Gegenüber der first best Situation ist allerdings die Vergütung in der second best-Lösung für das effizienteste Krankenhaus höher. Diese beträgt: $t = t^*(\theta^-) = C^*(\theta^-) + \psi(a^*(\theta^-)) + U^*(\theta^-)$.

Neben den tatsächlich entstandenen Kosten, die dem Krankenhaus bei einem optimalen Anstrengungsniveau entstehen $C^*(\theta^-)$ und der Abgeltung des Disnutzens der Anstrengung $\psi(a^*(\theta^-))$ muss diesem noch eine Informationsrente $U^*(\theta^-)$ gezahlt werden, um eine Imitation zu verhindern.

Demgegenüber werden Krankenhäuser mit geringerer Effizienz $(\theta_2 < \theta_1 < \theta^-)$ eher Verträge wählen, bei denen ein Teil der Kosten erstattet wird (vgl. die Tangentialpunkte A, B und C in der Abbildung). Je ineffizienter das Krankenhaus, desto höher wird $\beta(\theta)$ gewählt $(\beta(\theta^-) = 0 < \beta(\theta_1) < \beta(\theta_2))$, während der Anteil der fixen Vergütung $\alpha(\theta)$ immer geringer wird $\alpha(\theta^-) = 1 > \alpha(\theta_1) > \alpha(\theta_2))$. Der insgesamt zu erstattende Betrag steigt mit sinkender Effizienz. Diese Form der flexiblen Verträge ist jedoch vorteilhaft, denn durch eine partielle Kostenübernahme kann die Höhe des Pauschalbetrages gesenkt werden mit der Folge, dass die Informationsrente bei diesen Krankenhäusern vermindert wird und demnach geringer ausfällt.

Ein sehr ineffizientes Krankenhaus (hier Typ θ_2) erhält demnach den in diesem Zusammenhang höchsten Gesamtbetrag vergütet, wobei es einen Vertrag wählt, der den geringsten Anteil über eine feste Vergütung vorsieht. Vielmehr erhält das Krankenhaus den höchsten Anteil der tatsächlich angefallenen Kosten, der in der Abbildung durch die Steigung der Gerade gekennzeichnet ist.

---

[1]   Vgl. Friedl/Ott (2002), S. 196f.

Aus theoretischer Sicht erweist sich ein flexibles Vertragssystem aus linearen Verträgen optimal, bei dem der Gesetzgeber dem Krankenhaus die Auswahl des geeigneten Vertrages aus diesem Vertragssystem überlässt. Damit wird gleichzeitig die Wahl des Anstrengungsniveaus dem Krankenhaus überlassen. Effiziente Krankenhäuser erhalten damit eine Festvergütung, während ineffizientere Krankenhäuser im Rahmen eines gemischten Vergütungssystems einen Teil der tatsächlich angefallenen Kosten erstattet bekommen. Diese flexible Gestaltung führt vor dem Hintergrund von Effizienzunterschieden zwischen Krankenhäusern letztendlich zu der Situation, dass die Krankenkassen insgesamt niedrigere Kosten erstatten müssen, als in einer Situation einer reinen Festpreisvergütung, die für alle Krankenhäuser dann gleich hoch wäre.[1]

4.4.4.3   Kostenbeteiligung und Behandlungsqualität

Bisheriges Kennzeichen der modelltheoretischen Betrachtung war die Tatsache, dass Qualitätsaspekte bei der Krankenhausversorgung nicht in die Analyse einbezogen wurden. Im Rahmen der obigen Analyse eines marktorientierten Vergütungssystems durch prospektive Fallpauschalen wurde die Befürchtung deutlich, dass es zu einer Verminderung der Qualität der erbrachten Leistungen kommen könnte. Grundlage dieser Vermutung ist der Gedanke, dass für viele Aspekte einer Krankenhausbehandlung von der Existenz eines Kosten-Qualitäts-Tradeoff ausgegangen werden muss. Die Annahme einer konfliktären Beziehung lässt sich damit rechtfertigen, dass Qualität ein Ergebnis von Zeit und Mitteln darstellt, somit ein höherer Ressourceneinsatz in zeitlicher, sachlicher und finanzieller Hinsicht erforderlich ist, um die Qualität zu steigern.[2] Aus vertragstheoretischer Sicht ergibt sich für den Prinzipal das Problem, dass die Qualität einer Behandlung nicht verifizierbar ist. Auch wenn mangelnde Qualität durch eine suboptimale Behandlungsintensität zu negativen Gesundheitszuständen führt, bleibt fraglich, ob diese Gesundheitsverschlechterung auf verminderte Qualitätsanstrengungen des Krankenhauses zurückzuführen

---

[1]   Chalkley/Malcomson (2002), S. 239ff. prognostizieren in einer empirischen Untersuchung dieser „Cost-sharing"-Verträge gegenüber einer einheitlichen Festpreisvergütung Kosteneinsparungen von 6% (DRG mit geringer Kostenvarianz) – 60% (DRG mit hoher Kostenvarianz), wobei hoch vergütete DRG überproportionale Möglichkeiten der Effizienzsteigerungen bieten.

[2]   Hinsichtlich der Qualität erscheint es als zweckmäßig, nicht nur auf eine medizinische Qualitätsdimension zurückzugreifen, denn neben diesen objektiven Leistungen tragen insbesondere die vom Patienten subjektiv wahrgenommen Eigenschaften einer Leistung zu seiner Zufriedenheit bei. Somit erscheint es sinnvoll, dass unter der Qualität die Intensität und Sorgfalt der Behandlung verstanden werden, welche sich letztlich im Wohlbefinden des Patienten äußern; vgl. Chalkley/Malcomson (1996), S. 1694.

ist, da der Behandlungserfolg auch von weiteren Faktoren abhängt.[1] Tendenziell kann dem Leistungserbringer im strittigen Fall nicht nachgewiesen werden, dass ein vereinbartes Qualitätsniveau nicht eingehalten wurde, folglich kann die Qualität nicht explizit in Vergütungsverträgen berücksichtigt werden.[2] Somit eröffnen sich für den Leistungserbringer Handlungsspielräume, die bei falschen Anreizen zu einer Qualitätsreduktion führen können.

Anhand des Modells von Ellis/McGuire (1986)[3] wird die beschriebene Problematik einer zu geringen Behandlungsintensität aufgegriffen.[4] Im Mittelpunkt der Analyse steht die trilaterale Beziehung zwischen dem Krankenhausarzt, dem Krankenhaus und dem Patienten. Der Krankenhausarzt handelt demnach als Agent der beiden anderen Beteiligten und beeinflusst durch sein Handeln den Behandlungsnutzen des Patienten und auch das „Qualitätsverhalten" des Krankenhauses. Unter expliziter Berücksichtigung von Qualitätsaspekten vergleichen Ellis/McGuire die Anreizwirkungen eines Kostenerstattungsregimes mit einer auf Festpreisen basierenden Vergütung und treffen vor diesem Hintergrund Aussagen hinsichtlich einer anreizkompatiblen Vergütung.[5]

Im Modell wird hinsichtlich des qualitativen Nutzens der Behandlung für den Patienten $B(q)$ angenommen, dass dieser von der Anzahl der im Krankenhaus erbrachten Leistungen q abhängt.[6] Für die Gesundheitsertragsfunktion gilt dabei, dass diese strikt konkav mit einem einzigen Maximum an der Stelle q' verläuft (vgl. Abb. 4-12, linke Seite).

Damit wird die „Volume-Outcome-Relationship" abgebildet, welche zum Ausdruck bringen soll, dass zu viele Leistungen ebenso unvorteilhaft wie zu wenig Leistungen sein können: Bis zur Stelle q' weisen zusätzliche Behandlungen einen zwar strikt positiven, aber abnehmenden

---

[1]   So wird in diesem Zusammenhang die Patienten Compliance als entscheidend für die Behandlung angesehen; vgl. Schneider (2002), S. 99ff.
[2]   Vgl. Chalkley/Malcolsom (1996), S. 1694ff. und Chalkley/Malcomson (2000), S. 851ff.
[3]   Vgl. Ellis/McGuire (1986), S. 129-151.
[4]   Das stark vereinfachende Gleichsetzen der Qualität mit der Anzahl der Leistungen ist in der gesundheitsökonomischen Literatur als Standardvorgehensweise anzusehen.
[5]   Für weitere Arbeiten, die sich mit dem Problem der Qualitätsbereitstellung beschäftigen vgl. die bereits erwähnten Arbeiten von Ma (1994), Allen/Gertler (1991) und Ellis (1998) sowie Ma (1997), Ellis/McGuire (1988, 1990), Rogerson (1994), Gal-Or (1999) und Bös/De Fraja (2002). Chalkley/Malcomson (1996) und Ellis/McGuire (1993) beschreiben die Eigenschaften von optimalen Verträgen. Chalkley/Malcomson (1998) untersuchen darüber hinaus die Situation, bei der der Leistungserbringer nur nach der Anzahl der behandelten Personen vergütet wird (qualitätsabhängige Nachfrage), und in (1998a), wenn die Nachfrage der Patienten nicht die Qualität der Leistung wiedergibt. Für eine Übersicht vgl. Chalkley/Malcomson (2000). Für qualitätsorientierte Spezifizierung von DRG vgl. Malcomson (2003).
[6]   Ursprünglich unterteilen Ellis/McGuire, (1986), S. 132 den Patientennutzen in die vom Krankenhaus gestellten (q) und vom Arzt erbrachten Leistungen (s), so dass für den Patientennutzen $B(q,s)$ gilt.

Grenznutzen *b(q)* auf.[1] Rechts von diesem Maximum ist der Grenznutzen zusätzlicher Eingriffe negativ. Begründet wird dies mit der Tatsache, dass ab einem gewissen Behandlungsniveau jeder weitere Eingriff das Risiko einer Überversorgung erhöht.

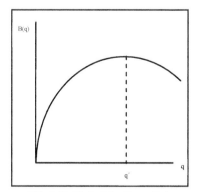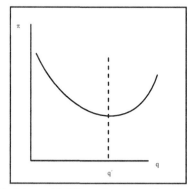

Abb. 4-12: Verlauf der Gesundheitsertragsfunktion und Indifferenzkurven von Ärzten

Der Überschuss von Krankenhäusern π lässt sich als Differenz aus Einnahmen *R(q)* und den mit der Behandlung verbundenen Kosten *C(q)* mit den Grenzkosten *c(q)* darstellen, wobei die Einnahmen von dem gewählten Vergütungsprinzip abhängen:[2]

(4-15) $\pi(q) = R(q) - C(q)$.

Der Arzt zieht seinen Nutzen aus den Gesundheitserträgen des Patienten *B* sowie aus dem Gewinn des Krankenhauses π. Dies bedeutet, dass der Arzt als Agent der beiden Parteien arbeitet. Beide Komponenten hängen von den erbrachten medizinischen Leistungen *q* ab. Die Nutzenfunktion des Arztes stellt sich damit wie folgt dar:

(4-16) $U(\pi(q), B(q))$.

Vor dem Hintergrund der konkaven Gesundheitsertragsfunktion *B(q)* und der angenommenen prinzipiellen Vorteilhaftigkeit von Krankenhausüberschüssen ergeben sich die in der Abbildung 4-12, rechte Seite dargestellten Indifferenzkurven für den Arzt. Ein nutzenmaximierender Arzt muss somit seine „Gewinnpräferenz" gegen seine „Behandlungspräferenz" abwägen:[3]

---

[1] $B(0) = 0$, $B'(q') = b(q') = 0$, $b(q) \geq 0$ für $q \leq q'$ und $b(q) < 0$ für $q > q'$.
[2]   Ellis/McGuire (1986), S. 133, untersuchen nur den Fall eines linearen Kostenverlaufs, so dass sich diesbezüglich c q ergibt.
[3]   Vgl. Ellis/McGuire (1986), S. 134.

(4-17) $\dfrac{\partial U}{\partial B}\dfrac{dB}{dq} + \dfrac{\partial U}{\partial \pi}\dfrac{d\pi}{dq} = 0$

Die Grenzrate der Substitution eines nutzenmaximierenden Arztes zwischen Gewinnen des Krankenhauses und Gesundheitserträgen $GRS_{\pi,B} = (\partial U / \partial B) / (\partial U / \partial \pi) = \alpha$ ist dabei konstant und beschreibt den Grad der Agency-Beziehung zwischen Arzt und Patient: $\alpha = 1$ drückt eine gleiche Behandlungs- und Gewinnpräferenz aus.[1] Eine unvollkommene Agentenrolle, wird durch $0 < \alpha < 1$ gekennzeichnet.

Im Falle der *retrospektiven Vergütung* erhält das Krankenhaus die Vergütung in Abhängigkeit der entstandenen Kosten, die Vergütungsfunktion ist mit der Kostenfunktion identisch:

(4-18) $\pi(q) = R(q) - C(q) = 0$.

In einem solchen Vergütungssystem $(d\pi / dq = 0)$ wählt der Arzt, solange die Behandlungspräferenz α positiv ist, die Behandlungsmenge, welche den Behandlungsnutzen des Patienten maximiert $(dB / dq = 0)$. Darüber hinaus hat der Arzt einen Anreiz, die Behandlungsqualität über den Punkt q' auszudehnen, da dem Krankenhaus alle Kosten ersetzt werden.[2]

Im Falle der prospektiven Vergütung erhält das Krankenhaus eine Vergütung unabhängig von der Anzahl der erbrachten Leistungen in Höhe von $R(q) = a$. Die Vergütungsfunktion beträgt somit

(4-19) $\pi(q) = a - C(q)$,

die Optimalitätsbedingung eines nutzenmaximierenden Arztes

   $\alpha\, b(q) = c(q)$ bzw. unter der Annahme von konstanten Grenzkosten

   $\alpha\, b(q) = c$.

---

[1]   Vor dem Hintergrund des „Bandbreiteneffekts" sind solche Aussagen aus entscheidungstheoretischer Sicht als sehr problematisch einzustufen; vgl. hierzu Eisenführ/Weber (2003), S. 142ff.
[2]   Vgl. Ellis/McGuire (1986), S. 135.

Der Arzt maximiert seinen Nutzen in Abhängigkeit der Grenzkosten. Die vom Arzt gewählte Behandlungsintensität entspricht dem Tangentialpunkt seiner Indifferenzkurve (zwischen den Krankenhausgewinnen und dem Patientennutzen) und den Grenzkosten.[1]

Dabei wird erkennbar, dass nur im Falle $\alpha = 1$ bei der gewählten Menge an medizinischen Leistungen das soziale Optimum (Grenzkosten = Grenznutzen) durch den Arzt erreicht wird. Für den, von Ellis/McGuire als realistischer eingeschätzten Fall, in dem der Arzt die finanziellen Interessen des Krankenhauses gegenüber dem Patientennutzen höher gewichtet $(\alpha < 1)$, droht eine gegenüber dem optimalen Behandlungsniveau zu geringe Behandlungsintensität.

Als Lösung schlagen Ellis/McGuire ein „mixed reimbursement system" vor, welches das Ziel verfolgt, einem unvollkommenen Agenten Anreize zu einem effizienten Behandlungsniveau zu geben („supply-side cost sharing"):[2] Dieses besteht zum einen aus einem prospektiven Anteil a, aber auch aus einem Vergütungsbestandteil $r\ (0 \le r \le 1)$, der die individuellen Kosten des Leistungserbringers erstattet bzw. diesen nicht voll für Kostenabweichungen verantwortlich macht $R(q) = a + r\,C(q)$.

Um die gleiche Vergütung eines Falles zu erreichen, kann der Anteil a bei gleichzeitigem Anstieg von r reduziert werden. Für den Fall einer linearen Kostenfunktion ergibt sich somit $\pi = a + (r - 1)\,c\,q$.

Der Arzt maximiert die folgende Nutzenfunktion:

(4-20) $\max_{q} U(a + (r - 1)cq, B(q))$

           mit der Optimalitätsbedingung: $\alpha\,b(q) = (1 - c)\,c$

           und der optimalen Kostenbeteiligung $r = 1 - \alpha$.

Die optimale Kostenbeteiligung $(b(q) = c)$ eines Leistungserbringers ist demnach abhängig vom Grad der Agency-Beziehung α. Nur für den Fall einer gleichen Behandlungs- und Gewinnpräferenz ist eine volle Kostenverantwortung optimal, bei der der Arzt ein effizientes Behand-

---

[1]   Vgl. Ellis/McGuire (1986), S. 137.
[2]   Vgl. Ellis/McGuire (1986), S. 138ff. Auch in diesem Zusammenhang sei noch einmal auf die Arbeit von Ma (1994) verwiesen, der ein ähnliches Vergütungssystem vorschlägt.

lungsniveau erbringt. In allen anderen Fällen erweist sich ein gemischtes Vergütungssystem aus einem prospektiven Anteil und einem kostenbasierten Anteil im Hinblick auf eine optimale Behandlungsintensität als vorteilhafter.

Abschließend sollen die Ergebnisse unter Berücksichtigung der Optimalitätsbedingungen eines nutzenmaximierenden Arztes graphisch dargestellt werden (vgl. Abb. 4-13):[1]

Es werden die Fälle der Kostenerstattung (KE) mit einer prospektiven Fallpauschale (FP) und dem gemischten (linearen) Vergütungssystem (MS) verglichen: Die flachen Indifferenzkurven resultieren aus der Tatsache, dass der Arzt gegenüber der Behandlungspräferenz eine höhere Gewinnpräferenz aufweist $(\alpha < 1)$.

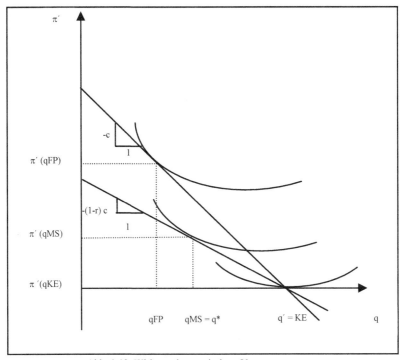

Abb. 4-13: Wirkung des gemischten Vergütungssytems

Im Falle der Kostenerstattung berücksichtigt der Arzt die Kosten der Behandlung nicht, er wählt die gegenüber dem sozialen Optimum zu hohe Behandlungsmenge q'. Für die Fallpauschale (FP)

---

[1]   Vgl. Ellis/McGuire (1986), S. 140.

ergibt sich bei der vollen Kostenverantwortung das Problem, dass der Arzt gegenüber dem sozialen Optimum zu wenige Leistungen anbietet (qFP). Er maximiert seinen Nutzen, der sich als Tangentialpunkt seiner Indifferenzkurve und der Vergütungsgerade (mit der Steigung von $-c$) ergibt. Für den Fall des gemischten Vergütungssystems (MS) wählt er den Tangentialpunkt seiner Indifferenzkurve und der Vergütungsgerade, die nur noch die Steigung $-(1-r)c$ aufweist.

Der Arzt trägt nicht mehr die volle Kostenverantwortung, so dass bei diesem Vergütungssystem die optimale Behandlungsmenge $q*$ induziert werden kann.

4.4.4.4 Fazit

Als Fazit bleibt festzuhalten, dass im Rahmen einer anreizkompatiblen Vergütung eine ausschließlich prospektive Vergütung durch Festpreise, auf der Basis von Durchschnittskosten, bei Vorliegen einer asymmetrischen Informationsverteilung hinsichtlich der Behandlungskosten und der Behandlungsqualität und den daraus resultierenden Problembereichen der Risikoselektion und Qualitätsverschlechterungen, sich nicht als optimal erweist. Vielmehr wurde aus theoretischer Sicht anhand der Modellergebnisse gezeigt, dass sich ein gemischtes Vergütungssystem, welches aus einem prospektiven Festpreisanteil und einem Anteil, der von den individuellen Kosten des Leistungserbringers abhängt und diesen nicht vollständig für Kostenabweichungen verantwortlich macht, als vorteilhafter erweist. Neben den genannten Problemkreisen sind diese Ergebnisse insbesondere vor dem Hintergrund einer gesamtwirtschaftlichen Minimierung der gesamten Erstattungskosten durch eine flexible Vertragsgestaltung zur Verhinderung der Zahlung von Informationsrenten von Bedeutung.

In Bezug auf die in der Realität angewandten Vergütungssysteme auf der Basis von DRG konstatieren Ellis/McGuire, dass in solchen Systemen auch eine retrospektive Komponente durch die „Cost-outlier" enthalten ist, kommen jedoch in einem Vergleich zu dem Schluss:„ Since the incentive effects within the outlier policy apply only to a small fraction of cases, their impact on provider behaviour is less than in the mixed system proposed here."[1]

---

[1]   Ellis/McGuire (1986), S. 140. Auch McCellan (1997), S. 91ff., weist bei der Analyse von Anreizwirkungen durch Vergütungsverfahren ebenfalls darauf hin, dass z. B. im amerikanischen Medicare-System über 95% der durch DRG vergüteten Fälle durch Festpreise vergütet werden.

5 Leistungsorientierte Entgelte und Steuerung von Krankenhäusern

Aus der bisherigen Darstellung wurde erkennbar, dass die Umstellung im Bereich der Vergütungsverfahren bereits eine bedeutende Anreizwirkung hinsichtlich Wirtschaftlichkeitsanstrengungen zur Sicherung einer hohen qualitativen Versorgung bedeutet. Im Hinblick auf eine marktorientierte Gesamtkonzeption für den Krankenhaussektor stellt die Änderung der Entgeltstruktur jedoch nur eine begrenzte Einzelmaßnahme dar. Aus diesem Grund werden in den folgenden Ausführungen die im Rahmen der Systematisierung der externen Steuerungskonzeption genannten flankierenden Parameter, die Finanzierungsstruktur (Kapitel 5.1) sowie anschließend die Organisation der Krankenhausversorgung (Kapitel 5.2) im Hinblick auf eine konforme Ausgestaltung analysiert.

5.1 Leistungsorientierte Entgeltsysteme und Krankenhausfinanzierung

Im Mittelpunkt der weiteren Ausführungen stehen Überlegungen zur Investitionskostenfinanzierung von Krankenhäusern. Zunächst erfolgt die Darstellung der dualen Finanzierung in ihren Grundzügen. Dabei wird ersichtlich, dass vorliegende Mängel bei den Änderungen im Vergütungssystem durch die Einführung von DRG noch verstärkt werden. Anschließend werden mit einer monistischen Finanzierungsstruktur und der Frage nach weiteren Möglichkeiten zur Erhöhung der Investitionsmittel Aspekte einer marktorientierten Krankenhausfinanzierung diskutiert.

5.1.1 Krankenhausfinanzierung im dualen System

5.1.1.1 Grundlagen der dualen Finanzierung

Die Finanzierung der Krankenhäuser in Deutschland basiert seit 1972 auf der Trennung von Investitions- und Betriebskosten. Diese Trennung in zwei Kostenbereiche führt konsequenterweise zu zwei unterschiedlichen Finanzierungsträgern: Während die mit den Investitionen zusammenhängenden Kosten prinzipiell über öffentliche Fördermittel von Ländern finanziert werden sol-

© Springer Fachmedien Wiesbaden GmbH, ein Teil von Springer Nature 2006
K. Foit, *Marktorientierte Steuerung im Krankenhaussektor*,
Edition KWV, https://doi.org/10.1007/978-3-658-24070-7_5

len, tragen Krankenkassen die Betriebskosten.[1] Eine Refinanzierung von Investitionskosten über den Pflegesatz[2] ist damit prinzipiell ausgeschlossen.[3]

Rechtliche Grundlage der dualen Finanzierung ist § 4 KHG.[4] Die Einführung der dualen Krankenhausfinanzierung im Jahre 1972 machte nähere Regelungen darüber erforderlich, welche Kosten über die Fördermittel der Länder und welche über die Pflegesätze zu finanzieren sind. Eine auf der Grundlage der Vorgaben des KHG[5] vorgenommene Zuteilung der Kosten zu den Finanzierungsquellen sieht vor, dass, sofern bei den Kosten Pflegesatzfähigkeit gegeben ist, diese über die Entgelte den Kostenträgern in Rechnung gestellt werden.[6] Nicht pflegesatzfähige Kosten werden den Investitionskosten zugeordnet oder müssen durch Eigenmittel des Krankenhauses gedeckt werden. Die erforderliche Abgrenzung wird im Rahmen der Abgrenzungsverordnung (AbgrV) weiter spezifiziert. Danach lassen sich Wirtschaftsgüter in Anlage- und Verbrauchsgüter differenzieren.[7] Während Verbrauchsgüter und Gebrauchsgüter pflegesatzfähig sind, werden Anlagegüter zur Errichtung und Erstausstattung des Krankenhauses und wiederbeschaffte Anlagegüter mit einer Nutzungsdauer von mehr als drei Jahren über Fördermittel finanziert (vgl. Abb. 5-1, S. 154).[8]

Umstritten war lange Zeit die Pflegesatzfähigkeit der sog. Instandhaltungskosten.[9] Nach § 3 Abs. 1 Nr. 4 AbgrV sind die Instandhaltungskosten von Anlagegütern nach § 4 AbgrV endgültig pflegesatzfähig. Dieses Resultat wurde durch das 2. GKV-Neuordnungsgesetz bestätigt. Nach § 17 Abs. 4b KHG sind die Instandhaltungskosten grundsätzlich über den Pflegesatzbereich zu finanzieren. Dazu gehören auch Instandhaltungskosten für Anlagegüter, wenn in baulichen Einheiten

---

[1] Vgl. bspw. Wiemeyer (1984); Bölke (1990); Karmann/Dittrich (2001).
[2] „Pflegesatz" ist dabei als Oberbegriff für die verschiedenen Entgeltformen im Rahmen der Krankenhausfinanzierung zu verstehen; vgl. § 2 Abs. 4 KHG.
[3] Dies gilt allerdings nur für die sog. geförderten Krankenhäuser. Andere Regelungen gelten nach § 8 BPflV für die nicht oder nur teilweise geförderten Krankenhäuser.
[4] „Die Krankenhäuser werden dadurch wirtschaftlich gesichert, dass 1. ihre Investitionskosten im Wege öffentlicher Förderung übernommen werden und sie 2. leistungsgerechte Erlöse aus den Pflegesätzen, die nach Maßgabe des Gesetzes auch Investitionskosten enthalten können, sowie Vergütungen für vor- und nachstationäre Behandlung und für ambulantes Operieren erhalten."
[5] Vgl. § 2 Nr. 2, 3,5 KHG; § 9 KHG; § 17 Abs. 3 und 4 KHG für geförderte Krankenhäuser (§ 8 Abs. 1 KHG).
[6] Andere Regelungen ergeben sich für nicht oder nur teilweise geförderte Krankenhäuser vgl. § 8 BPflV.
[7] Vgl. § 2 AbgrV.
[8] § 3 AbgrV.
[9] Vgl. § 4 AbgrV.

Gebäudeteile, betriebstechnische Anlagen und Einbauten oder wenn Außenanlagen vollständig oder überwiegend ersetzt werden.[1]

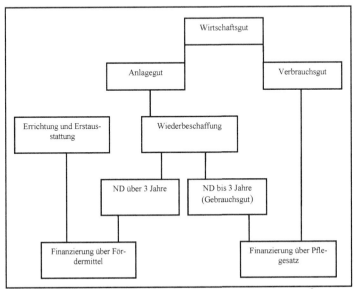

Abb. 5-1: Systematik der Investitionsförderung nach der AbgrV[2]

Unter betriebswirtschaftlichen Gesichtspunkten ist die staatliche Investitionsfinanzierung der Finanzierung durch Fördermittel zuzuordnen. Diese Förderung wird nach dem KHG in zwei unterschiedliche Finanzierungsströme unterteilt.[3] Nach § 9 KHG werden die folgenden Maßnahmen finanziert:

- Fördermittel nach § 9 Abs. 1 Nr. 1 KHG für die Errichtung von Krankenhäusern einschließlich der Erstausstattung mit notwendigen Anlagegütern.

- Fördermittel nach § 9 Abs. 1 Nr. 2 KHG für die Wiederbeschaffung von Anlagegütern mit einer durchschnittlichen Nutzungsdauer von mehr als drei Jahren.

---

[1]   Vgl. Knorr/Leber (1997), S. 333ff.; Molzberger (1996), S. 424ff.; Unkel (1998), S. 84f.
[2]   Vgl. Tuschen/Trefz (2004), S. 7.
[3]   Darüber hinaus ergibt sich eine weitere Finanzierung für die neuen Bundesländer durch das Krankenhausinvestitionsprogramm nach Artikel 14 GSG vgl. bspw. Schreiber (1996), S. 399f.

- Fördermittel nach § 9 Abs. 2 KHG insbesondere für Anlauf- und Umstellungskosten bei innerbetrieblichen Änderungen (Krankenhausschließungen, Umwidmung von Krankenhäusern oder Krankenhausabteilungen).

- Fördermittel nach § 9 Abs. 3 KHG, sog. Pauschalfördermittel, zur Wiederbeschaffung kurzfristiger Anlagegüter (mit einer Nutzungsdauer von mehr als drei und weniger als 15 Jahren) sowie kleiner baulicher Veränderungen.

Während über die Gewährung der Fördermittel nach § 9 Abs. 1 und 2 KHG im Rahmen des Einzelantragverfahrens durch die zuständigen Landesförderbehörden entschieden wird und die Fördermittel dem Antrag entsprechend zweckgebunden eingesetzt werden müssen, stehen die Pauschalförderbeträge nach § 9 Abs. 3 KHG auch ohne notwendigen Investitionsbedarf jährlich neu zur Verfügung und können dann frei verwendet werden.

Nach § 8 Abs. 1 KHG besitzen ausschließlich Krankenhäuser einen Anspruch auf Förderung, die im Krankenhausplan des jeweiligen Bundeslandes und bei Investitionen nach § 9 Abs. 1 Nr. 1 KHG in das Investitionsprogramm aufgenommen sind. Darüber hinaus können die zuständigen Landesbehörden mit dem Krankenhausträger für ein Investitionsvorhaben nach § 9 Abs.1 KHG eine nur teilweise Förderung mit Restfinanzierung durch den Krankenhausträger vereinbaren.

Die genannten Regelungen des bundesweit geltenden KHG finden gemäß der Finanzierungsverantwortung der Bundesländer ihren Niederschlag in den jeweiligen Landeskrankenhausgesetzen durch diesbezüglich nähere Bestimmungen (vgl. bspw. für NRW Abb. 5-2, S. 156):[1]

Von besonderem Interesse sind dabei die Detailregelungen der Pauschalförderung, die zumeist Sachverhalte mit unmittelbarer Finanzwirkung für das Krankenhaus enthalten: Dies betrifft die Abgrenzung von Pauschal- und Einzelförderung. Es können Höchstbeträge für prinzipiell einzelförderungsfähige Investitionen festgelegt werden, bis zu deren Grenze die Maßnahme aus Pauschalförderungsmitteln zu finanzieren ist.[2] Darüber hinaus dienen die Gesetze zur Festlegung von Bemessungsgrundlagen der Pauschalförderung, bei denen meistens die Zahl der Planbetten

---

[1] Vgl. hierzu exemplarisch für Nordrhein-Westfalen §§ 19ff. KHG NW.
[2] Vgl. § 25 Abs. 1 Nr. 2 KHG NW.

die Berechnungsbasis für die Pauschalförderung bildet.[1] In Ausnahmefällen werden die Betten einzelner Fachdisziplinen gemäß ihrer Kostenheterogenität anders eingestuft. Auch können Jahrespauschalen pro Bemessungseinheit in Abhängigkeit der individuellen Versorgungsstufe des Krankenhauses festgelegt werden.[2]

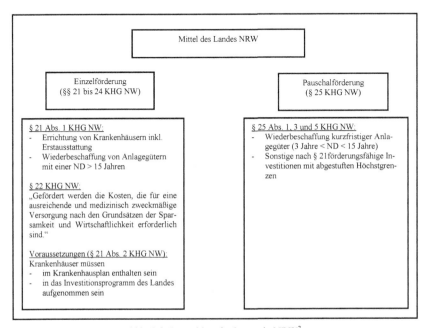

Abb. 5-2: Investitionsförderung in NRW[3]

Allerdings ist anzumerken, dass auf der Ebene der Pauschalförderung mit dem Trend zu einer leistungsbezogenen Förderung zu rechnen ist. Die Höhe der Förderung richtet sich dann nicht mehr nach der Bettenzahl eines Krankenhauses, sondern nach den im Krankenhaus behandelten Fällen. Einzelne Bundesländer haben ihre Förderung schon auf diese Methode umgestellt.[4]

---

[1]   Vgl. § 25 Abs. 2 bis 4 KHG NW.
[2]   Darüber hinaus kann in den Landeskrankenhausgesetzen vorgesehen werden, in welcher Form die Pauschalfördermittel bis zu ihrer zweckentsprechenden Form vorzuhalten sind, vgl. § 25 Abs. 6 KHG NW.
[3]   Vgl. Goedereis (1999), S. 106.
[4]   Vgl. bspw. die Landeskrankenhausgesetze von Hamburg und Baden-Württemberg.

5.1.1.2 Auswirkungen der dualen Finanzierung

Unter dem Begriff des Investitionsstaus wird als wesentlicher Kritikpunkt der dualen Finanzierung die unzureichende Ausstattung der Krankenhäuser mit öffentlichen Fördermitteln diskutiert.[1] Kommt es über längere Zeiträume gemäß den technischen und wirtschaftlichen Nutzungsdauern zu keinen notwendigen Ersatzbeschaffungen, ist ein Substanzverlust im Zeitablauf unvermeidlich.[2] Bei der Betrachtung von tatsächlich geförderten Investitionssummen und der wirtschaftlich erforderlichen Investitionsansprüche wird deutlich, dass weder bedarfsnotwendige Erstinvestitionen noch eine an der Nutzungsdauer der Anlagegüter orientierte Wiederbeschaffung zu realisieren war:

Innerhalb der ersten zwanzig Jahre der dualen Finanzierung von 1973 bis 1993 sind die Ausgaben der gesetzlichen und privaten Krankenversicherung für die Krankenhausbehandlung in den alten Bundesländern um 390 % gestiegen, die Investitionskosten pro Krankenhausbett eines Ersatzneubaus erhöhten sich um 310%. Im gleichen Zeitraum erfuhren die KHG-Mittel der Länder eine Steigerungsrate von nur 60%.[3]

Auch für den Zeitraum von 1973 bis 2002 ergibt sich ein ähnliches Bild:[4] Der Ausgabenanstieg von GKV und PKV für die Krankenhausbehandlung beträgt in diesem Zeitraum 490%, bei den Investitionskosten pro Planbett eines Neubaus 250%, aber bei den Ausgaben der Länder für die Fördermittel nach dem KHG nur 40%. Während in einer theoretischen Betrachtung mit den 1973 zur Verfügung gestellten KHG-Mitteln noch 27.000 Planbetten in Ersatzneubauten errichtet werden konnten, ergibt sich für 2002 durch die divergierenden Entwicklungen zwischen dem Kostenanstieg und der Höhe der Förderung ein fiktives Ersatzbettenvolumen von ca. 11.000.[5]

Die Relation der jährlichen KHG-Mittel im Vergleich zu den GKV-Ausgaben für die Krankenhausbehandlung verdeutlicht die sehr geringe Förderung: Die im Jahr 1973 noch hohe Bedeu-

---

[1] Vgl. bspw. Bruckenberger (2002), (2002a); Clade (2004); Augurzyk et al. (2004).
[2] Als problematisch erweist sich insbesondere die Wirkungsverzögerung unterlassener Investitionen, die sich demnach erst in einem zeitlichen Abstand auf die Behandlungsqualität und Wirtschaftlichkeit auswirken.
[3] Dabei betrug der Anstieg der Pauschalfördermittel 130%, während bei den vorwiegend für Baumaßnahmen verwendeten KHG-Mitteln nur ein Anstieg von 35% zu verzeichnen war; vgl. zu den Zahlen Bruckenberger (1994a) und (1994b).
[4] Vgl. Bruckenberger (2002), S. 18.
[5] Die Ursachen für die gestiegenen Investitionskosten pro Krankenhausbett sind vorwiegend bedingt durch vermehrte Flächen, gestiegener Standards durch gesetzliche Vorgaben und zeitgemäßer Betriebs- und Medizintechnik; vgl. Bruckenberger (2002), S. 14.

tung der Investitionsförderung der Länder ist für den Vergleichszeitraum kontinuierlich von 27

% auf 7,5 % im Jahre 2002 gesunken (vgl. Abb. 5-3).[1]

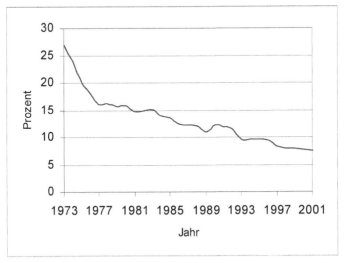

Abb 5-3: Verhältnis der KHG- Mittel zu den GKV-Ausgaben für die Krankenhausbehandlung[2]

Der aus der obigen Diskrepanz aufgezeigte „Investitionsstau" wird in der öffentlichen Diskussi-

on seit den 1980er Jahren mit ca. 8 Mrd. € beziffert.[3] Legt man allerdings die seit 1973 in Bayern

zur Verfügung gestellten KHG-Mittel pro Planbett zugrunde, ergibt sich im Jahre 2001 ein bun-

desweiter investiver Nachholbedarf von 26,6 Mrd. €.[4]

Auch im Rahmen der Pauschalförderung werden die Dimensionen des Investitionsstaus deutlich,

welche sich in folgendem Rechenexempel darstellen:[5] Ein Neubau von 300 Planbetten und un-

terstellten Investitionskosten pro Planbett in Höhe von 190.000 € ergibt einen Gesamtwert von

57 Mio. €. Der Anteil der kurzfristigen Anlagegüter, die über die Pauschalförderung zu finanzie-

ren sind, beträgt rund 20%, somit 12 Mio. €. Bei einer unterstellten Nutzungsdauer von 10 Jah-

---

[1]   Bruckenberger (2002a), S. 18, weist ebenfalls darauf hin, dass die Investitionsquote als prozentualer Anteil der Investitio-
        nen am Gesamtbetrag der Benutzer- und Investitionskosten aller zugelassenen Krankenhäuser im Bundesdurchschnitt im
        Zeitraum von 1972 bis 2001 von 17% auf 9% gesunken ist. Geht man von einer vergleichbaren volkswirtschaftlichen In-
        vestitionsquote (Bruttoanlageinvestitionen in Prozent des Bruttoinlandproduktes) von rund 20% aus, müssten demnach die
        Fördermittel auf 12-14 Mrd. € pro Jahr erhöht werden; vgl. Neubauer (2003), S. 74ff.
[2]   Vgl. Bruckenberger (2002a), S. 18.
[3]   Vgl. exemplarisch Prößdorf (1989), S. 616f.
[4]   Vgl. Bruckenberger (2002b), S. 34. Nach Bruckenberger (1994c), S. 844ff. ergibt sich allerdings im Hinblick auf eine an
        der Nutzungsdauer orientierten Investitionsförderung allein zwischen 1973 und 1993 eine Summe von 87 Mrd. €. Im Ver-
        gleich zu den tatsächlich geleisteten Mitteln von 40 Mrd. € im gleichen Zeitraum ergibt sich sogar ein Investitionsstau von
        41 Mrd. €.
[5]   Vgl. Bruckenberger (2002b), S. 14.

ren müssten dem Krankenhaus daher 1,2 Mio. € jährlich zufließen, d. h. 4.000 € pro Planbett. Bei einer bundesdurchschnittlichen Pauschalförderung von rund 2.250 € pro Planbett im Jahre 2002 erkennt man auch in dieser Rechnung die mangelhafte Förderung.[1] In Anbetracht der Fördermittelentwicklung dürfte sich der Investitionsstau eher ausweiten, da diese seit 1995 tendenziell rückläufig sind (Abb. 5-4).

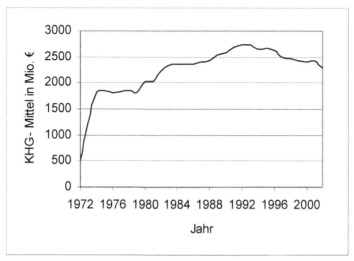

Abb. 5-4: Entwicklung der Fördermittel in den alten Bundesländern[2]

Zusammenfassend ist zu konstatieren, dass in Krankenhäuser zu wenig investiert wird, was in erster Linie an den zu geringen Fördermitteln der Länder liegt. Dabei ist zu berücksichtigen, dass bei der Abschätzung des wirklich erforderlichen Investitionsvolumens im Rahmen der Förderung aufgrund des Einsatzes von Eigenmitteln des Krankenhausträgers keine genauen Prognosen möglich sind. Allerdings muss davon ausgegangen werden, dass auch mit Eigenmitteln der rechnerische Investitionsbedarf nicht gedeckt wird, somit die gesamte Förderlücke (gesamter Investitionsbedarf abzüglich des Fördervolumens) deutlich größer ist als die Investitionslücke (gesamter Investitionsbedarf abzüglich Fördervolumens und geschätzte Eigenfinanzierung). In der Realität liegt damit aufgrund des Einsatzes von Eigenmitteln eine „triale" Finanzierung bzw. eine verdeckte monistische Finanzierungsstruktur vor.

---

[1]   Dabei ist zu berücksichtigen, dass in diesen Berechnungen noch nicht der „kleine Baubedarf", der ebenfalls über Pauschalmittel zu finanzieren ist, enthalten ist.

[2]   Vgl. Deutsche Krankenhausgesellschaft (2003), S. 53f.

5.1.1.3   Probleme der dualen Finanzierung und DRG

Aus ökonomischer Sicht ergeben sich neben den im Rahmen der Ausführungen zum Investitionsstau bereits aufgezeigten Mängeln der dualen Finanzierung, gesamt- und einzelwirtschaftliche Fehlsteuerungseffekte, welche aus der Trennung von Investitions- und Betriebskosten und der damit verbundenen divergierenden Finanzierungsverantwortung resultieren.[1]

So kann die Aufteilung der Kosten auf die Länder und Krankenkassen die Finanzverantwortlichen zu Kostensubstitutionen verleiten mit dem Ziel, den eigenen Finanzbetrag zu Lasten des anderen zu minimieren.[2]

Diese gesamtwirtschaftlichen Umschichtungen können auch bei dem Krankenhausträger Verhaltensweisen bewirken, die darauf abzielen, je nach Finanzlage zwischen Fördermittelbereich und entgeltfähigem Bereich Verschiebungen vorzunehmen. Somit werden Investitions- und Betriebskosten nicht unter wirtschaftlichen Aspekten gegeneinander abgewägt, sondern die vermehrten Ausgaben werden dem Kostenträger angelastet, der am ehesten eine Deckung verspricht (Strategie der zugänglichen Töpfe). Die jeweils angestrebte einzelbetrieblich günstige Lösung kann somit gesamtwirtschaftliche Unwirtschaftlichkeiten hervorrufen.[3]

Problematisch an der Finanzierungsbeteiligung der Länder mit negativen betriebs- und gesamtwirtschaftlichen Folgen erscheint die Tatsache, dass das Investitionsvolumen letztlich durch die Länderhaushalte und somit durch deren Finanzkraft determiniert wird. Durch gravierende Unterschiede in der Finanzmittelausstattung zwischen einzelnen Bundesländern hinsichtlich der Förderarten können regionale Unterschiede in der Krankenhausversorgung entstehen. Darüber hinaus können durch die Bindung der Förderung an die Haushaltslage des jeweiligen Bundeslandes sinnvolle Investitionen aufgrund einer angespannten Haushaltslage verzögert werden.[4]

---

[1]   Vgl. bspw. Thiemeyer (1984); Herder-Dorneich/Wasem (1986); Robert-Bosch-Stiftung (1987), S. 92f.; Oswald (1995); Hansmeyer/Henke (1997); Wasem/Vincenti (2000), S. 231ff.; Bruckenberger (2002b).
[2]   Vgl. Hansmeyer/Henke (1997), S. 7. Dabei wirken sich unterlassene Investitionen tendenziell zu Lasten der Krankenkassen aus, wenn mit der Nichtvornahme dieser Investitionen höhere Instandhaltungskosten und eine Überalterung der medizinischen Einrichtungen verbunden sind. Umgekehrt führen neue Investitionen nicht unbedingt zu Einsparungen bei den Leistungen der Kassen, wenn durch sie zusätzliche Personal- und Betriebskosten verursacht werden.
[3]   Vgl. Robert-Bosch-Stiftung (1987), S. 94. So werden betriebswirtschaftlich sinnvolle Investitionen unterbleiben, wenn die Haushaltslage angespannt ist, zum anderen verleitet die Antragsförderung zur Maximierung der Forderungen.
[4]   Vgl. Thiemeyer (1984), S. 132f.; Herder-Dorneich/Wasem (1986), S. 312f.

Aus betriebswirtschaftlicher Sicht liegt die Hauptproblematik der dualen Finanzierung in der künstlichen Zerschneidung betriebswirtschaftlicher Interdependenzen, wenn Investitions- und Betriebskosten getrennt werden.[1]

Die Investitionstätigkeit nimmt eine Schlüsselstellung in der Unternehmenspolitik ein und ist eines der wichtigsten Instrumente, um im Wettbewerb erfolgreich bestehen zu können. So lassen sich durch (Rationalisierungs-) Investitionen Kosten senken und das Produktionsprogramm (Erweiterungs- oder Innovationsinvestitionen) erneuern. Im Ergebnis wird durch die Investitionspolitik die Kosten- und Leistungsstruktur eines Krankenhauses festgelegt.

Im Rahmen der dualen Finanzierung wird die unternehmerische Investitionsautonomie (Entscheidungsfreiheit) eingeschränkt: So können die Krankenhäuser nach § 9 KHG lediglich über kurz- oder mittelfristige Investitionen im Rahmen der Förderpauschale selbst entscheiden, wobei die Höhe der Summe bereits vorgegeben ist und nur der Schwerpunkt der Verwendung der Förderpauschale frei zu wählen ist. Strategische Investitionen sind dagegen an Anträge gebunden und hängen damit von den landesspezifischen Krankenhausinvestitionsprogrammen ab.[2] Eng verbunden ist damit eine Bürokratisierungstendenz, die mit einem erheblichen Verwaltungsaufwand für Antragstellung, Mittelverwendungsnachweis und Kontrollen verbunden ist.[3]

Weiterhin ergibt sich bei der dualen Finanzierung eine fehlende Kongruenz zwischen (betrieblicher) Investitionsplanung und Finanzierungsverantwortung. Eine Zusammenführung beider Bereiche in eine Hand ist systembedingt nicht gegeben. Durch die Investitionsentscheidung werden die Betriebskosten weitgehend determiniert, so dass unter Berücksichtigung der Aufteilung von fixen und variablen Kosten durch die Förderentscheidung zwei Drittel bis drei Viertel der späteren Betriebskosten festgelegt werden und somit nur noch langfristig beeinflussbar sind. Für das Krankenhaus verlieren Investitionskalküle an Wert, da es die mit der Investition verbundene Kapitalbindung sowie die aus der Investition resultierenden Folgekosten nicht dem Nutzen der Investition gegenüber stellen muss. Diese Situation gilt auch für die Finanzierungsträger: Für den Träger der Anschaffungskosten sind die Entwicklungen der Folgekosten nicht bedeutsam, für

---

[1] Vgl. bspw. Adam et al. (1993), S. 822.; Morra (1996), S. 123f.; Goedereis (1999), S. 142ff.; Wasem/Vincenti (2000), S. 231ff.
[2] Vgl. Neubauer (2003), S. 78.
[3] Vgl. Neubauer (1993), S. 65.

den Finanzier der Folgekosten sind die Anschaffungskosten irrelevant. Auch haben die Entscheidungsträger im Krankenhaus keine Möglichkeit, Investitions- und Betriebskosten ökonomisch zu substituieren, durch welche sowohl die Kosten des Krankenhauses als auch die Kosten des Gesamtsystems reduziert werden könnten. Somit ergibt sich das Problem, dass durch die systematischen Verzerrungen von Knappheitsrelationen der Anreiz besteht, ausschließlich die Betriebskosten zu betrachten und durch eine vermehrte Kapitalnachfrage zu senken.[1]

Ein weiterer umstrittener Bestandteil des dualen Finanzierungssystems ist die Pauschalförderung. Auch wenn diese nur rund ein Drittel am Gesamtvolumen der Fördermittel ausmacht und somit gegenüber der Einzelförderung von eher sekundärer Bedeutung ist, wird diese bezüglich der Höhe und der Berechnungsgrundlagen insbesondere in Verbindung mit der Anzahl der Krankenhausbetten kritisiert.[2]

Dies geschieht vor dem Hintergrund, dass diese Bezugsgröße mit den Anlagegütern sowohl hinsichtlich der Kostenverursachung und mit dem Leistungsumfang nur teilweise im Zusammenhang steht.[3] Neben der Abhängigkeit der Mittel von der länderspezifischen Haushaltslage werden durch die Bindung der Mittel an die Bettenzahl die unterschiedlichen altersbedingten Unterschiede zwischen Krankenhäusern vernachlässigt. Während neue Krankenhäuser mit Hilfe der Fördermittel Rücklagen bilden können, werden alte Krankenhäuser die Wiederbeschaffung der kurzfristigen Anlagegüter sowie die vielfältigen kleinen Baumaßnahmen kaum parallel durchführen können.[4] Weiterhin wird kritisiert, dass die Koppelung der Fördermittel an die Bettenzahl einen Abbau derselben verhindert. Somit werden Krankenhäuser, auch bei dem Vorliegen von Überkapazitäten, nur bedingt auf Betten verzichten, da durch jede Bettenreduktion auch die Höhe der Fördermittel und damit die Finanzierung der Vorhaltekosten sinkt. Aus diesem Grund wird häufig darauf hingewiesen, dass die Pauschalförderung an andere Bemessungsgrundlagen

---

[1]   Diese Fehlentwicklungen werden insbesondere dadurch verstärkt, wenn Krankenhäuser nach ihrer Trägerschaft differenziert gefördert werden. Bei nicht-privaten Krankenhäusern beträgt der Anteil der KHG-Sonderposten an der Bilanzsumme ca. 46%, während der vergleichbare Anteil bei privaten Krankenhäusern nur 25% ausmacht. Insofern ist von einer systematischen Förderungsbenachteiligung von privaten Krankenhäusern auszugehen; vgl. Augurzyk (2004), S. 14. Auch ein Vergleich der Investitionsquoten (Bruttoanlageinvestitionen dividiert durch den Umsatz) von Krankenhäusern in öffentlicher Trägerschaft mit anderen Wirtschaftszweigen lässt einen ineffizienten Umgang mit Investitionskapital vermuten; vgl. Morra (1996), S. 125f.
[2]   Vgl. Herder-Dorneich/Wasem (1986), S. 322f.; Sieben/Philippi (1987), S. 64; Eichhorn (1995), S. 14; Bruckenberger (1996), S. 425; Hansmeyer/Henke (1997), S. 9.
[3]   So gehen Hansmeyer/Henke (1997), S. 9, davon aus, dass lediglich ein Viertel des Volumens der Anlagegüter von der Bettenzahl abhängt.
[4]   Vgl. Robert-Bosch-Stiftung (1983), S. 48.

anknüpfen sollte,[1] oder die Finanzierung diesbezüglicher Maßnahmen durch andere Mechanismen, z. B. durch eine Übertragung auf die Krankenkassen, sicher zu stellen sei. In einem solchen Fall übernehmen die Krankenkassen die Pauschalförderung, während die Einzelförderung bei den Ländern bleibt.

Durch die Einführung von DRG erweisen sich die Fehlanreize der dualen Finanzierung besonders problematisch. DRG induzieren, bedingt durch eine leistungsorientierte Vergütung, betriebliche Steuerungswirkungen in Form von Verweildauerverkürzungen, infolge dessen es durch entstehende Überkapazitäten sowie Spezialisierungstendenzen zu verstärkten Wettbewerbsprozessen kommt.[2] Gerade in einem solchen Wettbewerbsprozess wird die Möglichkeit einer eigenen Investitionsverantwortung zwingend erforderlich, während durch eine staatliche Finanzierung den Krankenhäusern dieses betriebliche Gestaltungselement aus der Hand genommen wird.[3]

Die im Rahmen von DRG eingeführten Qualitätssicherungsmaßnahmen verdeutlichen diesen Aspekt. Gemäß dem Fallpauschalengesetz werden auf Bundesebene Empfehlungen für die Mindestanforderungen an die Struktur- und Ergebnisqualität vorgegeben (§137 SGB V). Diese Empfehlungen für die Mindestanforderungen umfassen dabei bauliche (z. B. bundeseinheitliche Flächenvorgaben), apparative (bundeseinheitliche Vorgaben zur medizinisch-technischen Geräteausstattung) aber auch personelle und informationstechnologische (z. B. EDV-Systeme) Vorgaben, die, soweit es die dafür erforderlichen Investitionen betrifft, die Länder zu erfüllen haben. Im Rahmen der derzeitigen Dualen Finanzierung lassen sich länderspezifische Wettbewerbsverzerrungen für Krankenhäuser ausmachen:[4]

Zum einen ergeben sich Wettbewerbsverzerrungen durch die unterschiedliche länderspezifische Förderung pro Planbett. Gemessen an der KHG-Finanzierung Bayerns für den Zeitraum von 1972 bis 2002 pro Planbett (213. 819 €) ergibt sich beispielsweise für NRW eine geringere För-

---

[1]   Vgl. Demgenski/Nee (1996), S. 363ff.
[2]   Schon im Zeitraum von 1993 bis 2000 sind die Verweildauern in Deutschland durchschnittlich um 23% gesunken. Gleichzeitig stieg die Fallzahl in den Krankenhäusern um 14 % an, was eine Reduktion der Pflegetage um 12 % ergibt und als Überkapazität interpretiert werden kann. Dieser Trend wird sich durch die DRG weiterhin verstärken. Allerdings wurde im Rahmen der Krankenhausplanung auch eine Reduktion der Krankenhausbetten vorgenommen; vgl. Neubauer (2003), S. 80. Zur Organisation der Krankenhausversorgung vgl. die Ausführungen im Kapitel 5.2. dieser Arbeit.
[3]   Vgl. Neubauer (2003), S. 84; Rüschmann et al. (2004), S. 124ff.
[4]   Vgl. Bruckenberger (2001); (2002); (2002a), (2002b).

derung von ca. 80.000 € (126.583 €), während in Rheinland-Pfalz die relative Förderlücke „nur"

ca. 50.000 € (162.829 €) beträgt. Abbildung 5-5 macht die Unterschiede deutlich und bestätigt

die divergierende Finanzierungsbereitschaft der Länder für ihre Plankrankenhäuser.

Zum andern induzieren unterschiedliche Investitionsquoten (Anteil der KHG-Mittel an den Be-

nutzerkosten der Plankrankenhäuser) Wettbewerbsverzerrungen für die Plankrankenhäuser: Die-

se betrugen im Jahre 2000 im Bundesdurchschnitt 7,5 Prozent, in den alten Bundesländern 6,4

und in den neuen Ländern 13,1 Prozent. Besonders deutlich werden die Unterschiede bei der Be-

trachtung der alten Länder: Mit 9,2 Prozent weist Bayern die höchste Investitionsquote auf; die

niedrigsten Förderquoten ergeben sich für Bremen (5,2 %) und NRW (4,6 %). Damit beträgt die

Relation zwischen dem höchsten und niedrigsten Landeswert der alten Bundesländer 2:1.

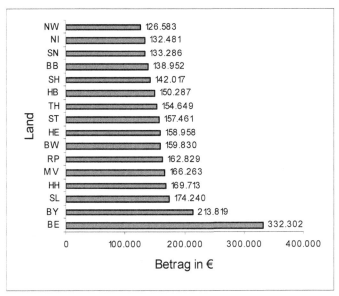

Abb. 5-5: KHG-Mittel der Plankrankenhäuser pro Bett ab 1972 im Ländervergleich[1]

Auch unterschiedliche Kosten pro Behandlungsfall (pflegesatzfähige Kosten/Zahl der vollstatio-

nären Fälle) tragen zu Wettbewerbsverzerrungen bei. Mit 3.905 € ergaben sich die höchsten

Fallkosten im Jahr 2000 in Hamburg, während die Kosten in Rheinland-Pfalz 2.934 € betrugen.[2]

---

[1]   Vgl. Bruckenberger (2002b), S. 35.
[2]   Grundsätzlich lagen die Fallkosten in den neuen Bundesländern bedingt durch die bestehenden Sonderregelungen prinzi-
       piell unter den in den alten Bundesländern.

Abschließend sei darauf verwiesen, dass es auch zu länderspezifischen Wettbewerbsverzerrungen durch eine unterschiedliche haushaltsmäßige Umsetzung der KHG-Förderung (Barmittel vs. Schuldendienstfinanzierungen) kommen kann.

Zusammenfassend kann (aus betriebswirtschaftlicher Sicht) festgestellt werden, dass im Dualen Finanzierungssystem, bei dem die langfristige Bedarfsschätzung und die damit verbundenen Investitionen durch die Förderbehörden erfolgen, während die Kostenkonsequenzen primär bei den Krankenhäusern liegen, die unternehmerische Entscheidungsfreiheit und wirtschaftliche Verantwortung über Investitionsmaßnahmen außer Kraft gesetzt wird, mit dem Ergebnis, dass sich die Investitionsnachfrage eher an der Verfügbarkeit anstatt an wirtschaftlichen Kriterien orientiert. Eine mit der Einführung von DRG verbundene verstärkte marktorientierte Steuerung lässt insgesamt eine Ausweitung der Probleme der dualen Finanzierung vermuten.

5.1.2 Marktorientierte Gestaltung der Krankenhausfinanzierung

Vor dem Hintergrund der obigen Steuerungsprobleme im dualistischen Finanzierungssystem wird eine monistische Krankenhausfinanzierung als notwendig angesehen. Eine solche Finanzierungsstruktur wird im Folgenden dargestellt und diskutiert. Darüber hinaus wurde verdeutlicht, dass die geringe öffentliche Förderung auch für Krankenhäuser das Erschließen von alternativen Finanzierungsformen erfordert. Mit dem Aufzeigen diesbezüglicher Möglichkeiten werden die Ausführungen zur Investitionskostenfinanzierung abgeschlossen.

5.1.2.1 Monistische Krankenhausfinanzierung

5.1.2.1.1 Grundlagen und Entwicklungstendenzen

Die monistische Finanzierung grenzt sich gegenüber der dualen Finanzierung durch die Zahl der Finanzmittelgeber ab, es existiert nur ein Leistungsfinanzierer. Grundsätzlich kommen für diese Aufgabe die Patienten als Selbstzahler, der Staat oder die Versicherungen in Frage. Die Diskussion um die Monistik konzentriert sich auf die Krankenkassen als Leistungsfinanzierer, da vor dem Hintergrund der Allokationscharakteristika von Krankenhausleistungen ebenso wenig Patienten in Frage kommen[1] wie der Staat aufgrund einer verstärkten gewünschten Marktsteuerung.

Die monistische Finanzierung zeichnet sich dadurch aus, dass die Krankenkassen sowohl die Betriebskosten als auch die Investitionskosten tragen. Im Gegensatz zur derzeitigen Finanzierungsstruktur würde die Finanzierungsfunktion der Kassen damit erweitert.[2]

Dabei ist zu erwähnen, dass schon im heutigen Dualen Finanzierungssystem durch einige Regelungen die strikte Trennung der Finanzierungsverantwortung durchbrochen wird:[3]

Einen ersten Schritt in Richtung Monistik machte der Gesetzgeber bereits 1984 mit dem Krankenhaus-Neuordnungsgesetz (KHNG). Damit wurde den Vertragsparteien die Möglichkeit gegeben, Rationalisierungsinvestitionen über den Pflegesatz zu finanzieren. Der Grundgedanke dieser Regelung war, dass es für den Fall, dass sich Investitionen bereits in kurzer Zeit durch niedrigere Betriebskosten amortisieren, sinnvoll sei, solche Investitionen nicht von der eventuellen Förderung durch Landesmittel abhängig zu machen. Die Regelung wurde dadurch begründet, dass Gewinne aus derartigen Investitionen den Krankenkassen zugute kommen und daher auch von ihnen zu finanzieren seien.[4]

Für nicht oder nur teilweise geförderte Krankenhäuser besteht nach den Regelungen der §§ 8 ff. BPflV eine Refinanzierungsmöglichkeit von Investitionskosten über die Krankenkassen. Neben den pflegesatzfähigen Kosten können auch Abschreibungen auf Anlagegüter, Zinsen für Fremd- und Eigenkapital sowie Rücklagen zur Anpassung an die diagnostisch-therapeutische Entwicklung eingepreist werden.[5]

Seit dem 2. GKV-Neuordnungsgesetz 1997 werden Instandhaltungskosten pauschal über den Pflegesatz finanziert (§ 17 Abs. 4 KHG).

Im Rahmen der GKV-Gesundheitsreform 2000 wurde ein stufenweiser Übergang zu einem monistischen Finanzierungssystem beabsichtigt: Zunächst sollte die zeitliche Begrenzung der von

---

[1]   Vgl. Kapitel 2.2.
[2]   Vgl. Clade (1999a).
[3]   Vgl. bspw. WAsem/vincenti (2000), S. 231ff.
[4]   Im Rahmen des Fallpauschalengesetzes wurde die betreffende Regelung (§18b KHG) ab 2004 aufgehoben.
[5]   Vgl. Ocker (1995), S. 73ff.

den Krankenkassen zu zahlenden Instandhaltungspauschale für Anlagegüter aufgehoben und ihre Finanzierung über Pflegesätze fortgesetzt werden. In einem zweiten Schritt (ab 2003) sollten die bisher von den Ländern getragenen pauschalen Investitionsfördermittel für kleine bauliche Maßnahmen und die Wiederbeschaffung kurzfristiger Anlagegüter auf die Krankenkassen verlagert werden. Der dritte Schritt bestand darin, dass ab 2008 auch die Einzelinvestitionsförderung von den Krankenkassen übernommen wird. Dieses Vorhaben konnte allerdings nicht umgesetzt werden, da kein Konsens über die Kompensation der Verlagerung von Investitionsmitteln von den Ländern auf die Krankenkassen gefunden werden konnte.

Auch wenn das Ziel einer monistischen Finanzierung im Rahmen der Gesetzgebung nicht umgesetzt werden konnte, so ist davon auszugehen, dass sich diese Form der Finanzierung, bedingt durch die Fehlsteuerungswirkungen der Dualen Finanzierung und insbesondere in Verbindung mit der Wirkung der fallpauschalierten Vergütung durch DRG, langfristig durchsetzen wird.

5.1.2.1.2 Alternativen der Investitionsförderung und Kompatibilität im DRG-System

Auch in einem monistischen Finanzierungssystem gibt es verschiedene Ausprägungen, die im Hinblick auf eine marktorientierte, wettbewerbliche Steuerung verschiedene Wirkungsweisen entfalten und damit differenziert zu bewerten sind. Diese beziehen sich zum einen auf die Frage, in welchem Umfang Investitionen über das System der Krankenversicherung zu finanzieren sind, zum anderen auf die Fragen, welche Möglichkeiten der Investitionsförderung durch Krankenkassen allgemein bestehen und wie Investitionskosten speziell beim Vorliegen eines preislichen Systems integriert werden können.

Bei der Fragestellung, in welchem Umfang Investitionen über das System der Krankenversicherungen zu finanzieren sind, lassen sich die Alternativen eines rein monistischen Systems und eines teilmonistischen Systems unterscheiden. Dabei wird deutlich, dass die im Rahmen der GKV-Strukturreform vorgesehene Umstellung ein rein monistisches System bedeutet, welches alle bisherigen Fördertatbestände in die monistische Finanzierung einbezieht. Ein solches System induziert eine starke Investitionsverantwortung für Krankenhäuser und ist für eine wettbewerbliche Steuerung unabdingbar, allerdings erweist sich die mangelnde Gegenfinanzierung der Verlagerung der Investitionskosten in den Bereich der Versicherungsträger als problematisch.[1] Als Abstufung wird deshalb zumindest ein teilmonistisches System gefordert.[2] Unter grundsätzlicher Beibehaltung der Dualen Krankenhausfinanzierung werden kurz- und mittelfristige Anlagegüter durch Zuschläge zu den Entgelten finanziert, während langfristige Anlagegüter weiterhin von den Ländern vergütet werden. Die an der Bettenzahl orientierte Pauschalförderung der Länder würde in einem solchen System schließlich entfallen.[3]

Bei der Frage, welche Möglichkeiten der Investitionsförderung in einem (voll-) monistischen System bestehen, können mit der direkten und der indirekten Investitionsförderung zwei Alternativen unterschieden werden:[4]

Bei der direkten Förderung werden die Finanzmittel unabhängig von der Vergütung der allgemeinen Krankenhausleistungen zugewiesen, Betriebs- und Investitionskosten bleiben getrennt. Die Finanzierung erfolgt insofern monistisch, als alle Kosten von den Kassen finanziert werden. Ähnlich wie bei der Dualen Finanzierung kann man auch hier zwischen Einzelfördermaßnahmen und pauschalierten Zuweisungen unterscheiden. Da diese Form der Investitionsförderung mit ähnlichen Effekten auch im Dualen System verwirklicht wird, soll die direkte Förderung nicht weiter berücksichtigt werden.

Im Rahmen einer indirekten Förderung erfolgt die Zuweisung ausschließlich in Abhängigkeit von Zahl und Art der erbrachten Leistungen (Outputorientierung). Die Finanzierung aller Kostenbestandteile erfolgt in dieser Alternative direkt über die Entgelte für allgemeine Krankenhausleistungen. Es erfolgt keine Fördermittelverteilung im herkömmlichen Sinne, die Investitionskosten werden ein Teil der Krankenhausvergütung.

Der aus betriebswirtschaftlicher Sicht bedeutsame Kritikpunkt der Trennung der Investitionsentscheidung vom betrieblichen Leistungsgeschehen wird damit aufgehoben. Die Finanzierung von Investitionen und Betriebskosten erfolgt aus einer Hand, demnach werden Investitionen verstärkt

---

[1]   Vgl. Bruckenberger (2001, 2002, 2002a). Für eine Bewertung des Entwurfs im Rahmen der Gesundheitsreform 2000 vgl. Wasem/Vincenti (2000) S. 237ff.
[2]   Vgl. Hansmeyer/Henke (1997), S. 9.
[3]   Bei einem Wechsel der Krankenhausfinanzierung wird ein solches teilmonistisches System insbesondere von den Krankenhausverbänden präferiert, vgl. Clade (1998), S. C-402; Clade (1998a), S. C-646; Robbers (1998), S. 249ff.; DKG (2003), S. 24ff.
[4]   Vgl. Goedereis (1999), S. 198ff.; Wenz/Asché (2002), S. 375ff.

unter dem Gesichtspunkt der späteren Kostenfolgen beurteilt. Die größere investive Verantwortung könnte dann von den Krankenhäusern vermehrt genutzt werden, Wirtschaftlichkeitsreserven zu mobilisieren, weil Krankenhäuser dazu angehalten werden, ständig das eigene Leistungsangebot sowohl nach medizinischen wie ökonomischen Kriterien zu beurteilen und unwirtschaftliche Leistungssegmente und komparative Kostenvorteile auszuloten.[1]

Vor dem Hintergrund einer fallpauschalierten Vergütung bieten sich investive Zuschläge zu den Entgelten an, wobei bei deren Bemessung mehrere alternative Möglichkeiten denkbar sind.[2] Bei einer solchen Konstellation werden die mit den DRG intendierten Effekte einer leistungsorientierten Vergütung verstärkt: Krankenhäuser erlangen durch einen investiven Zuschlag den Anreiz, zur Erzielung von Überschüssen Betriebs- und Investitionskosten zu minimieren.

Bei den Zuschlägen wird, aus Gründen der Systemkonformität (das derzeitige DRG- System mit einheitlichen Preisregelungen basiert auf durchschnittlichen Kosten) und aufgrund einer einfachen Integrierbarkeit in das Vergütungssystem, eine pauschalierte Ausgestaltung, z. B. ein einheitlicher, auf Durchschnittswerten beruhender prozentualer Preisaufschlag je Pauschalvergütung, vorgeschlagen.[3] Im Hinblick auf eine marktorientierte Steuerung soll allerdings darauf hingewiesen werden, dass durch differenzierte Entgelte bzw. eine krankenhausindividuelle Festlegung von investiven Zuschlägen neben dem Leistungs- auch ein Preiswettbewerb induziert werden kann, welcher, sofern den Krankenkassen Entscheidungsspielräume zugestanden werden, ob und in welchem Umfang Leistungen einzelner Krankenhäuser in Anspruch genommen werden, zu einer verstärkten wettbewerblichen Ausrichtung der Krankenhausfinanzierung führt.[4] Voraussetzung für eine solche Entwicklung ist dabei allerdings eine -gegenüber dem Dualen System praktizierte- Neuordnung der Planungskompetenz und des Vertragswesens im Krankenhausbereich, so dass diese Aspekte im Zusammenhang mit der Organisation der Krankenhausversorgung aufgegriffen werden.

---

[1]   Vgl. Oswald (1995), S. 173; Morra (1996), S. 142.
[2]   Vgl. Wasem/Vincenti (2001), S. 133ff. Diese unterscheiden zwischen fallkostenfixen oder prozentualen sowie regional einheitlichen oder krankenhausindividuellen Zuschlägen. Darüber hinaus ergibt sich eine Abhängigkeit der Zuschlagsverfahren von der zugrunde liegenden Fallpauschale als Kostenträger.
[3]   Vgl. Wenz/Asché (2002), S. 378.
[4]   Vgl. Neubauer (2004), S. 106ff.; Greß et al. (2004), S. 124ff.

5.1.2.1.3 Probleme der Monistik

Auch wenn in einem fallpauschalierten System durch einen Preisaufschlag, bei dem die Fort-schreibung des Bezugswertes (Basisfallwert der DRG) auch eine entsprechende Änderung bei dem Mittelzufluss für Investitionen bewirkt, eine einfache Möglichkeit der Integration von in-vestiven Aufwendungen in das Vergütungssystem besteht, so müssen in einem monistischen System verschiedene Aspekte berücksichtigt werden:[1]

Im Krankenhaus existieren sowohl Kapazitäten, die von allen Patienten in Anspruch genommen werden, als auch Kapazitäten, die in Abhängigkeit von Diagnose und Therapie nur für bestimmte Gruppen vorgesehen sind. Werden in Mischkalkulationen die Investitionskosten auf alle Fallpau-schalen verrechnet, ergibt sich eine Quersubventionierung zwischen einzelnen Kostenträgern und damit verzerrte Preisrelationen. Um dies zu verhindern, bedarf es einer verursachungsge-rechten Aufteilung der durch Abschreibungen periodisierten Investitionskosten auf die einzelnen Fallpauschalen.

Mit vielen Investitionen werden neben den stationären Leistungen im Betriebsprozess auch Leis-tungen unterstützt, die einer anderen Finanzierungsquelle unterliegen. Dies betrifft im medizini-schen Bereich z. B. die Erbringung von Ambulanzleistungen, oder Mitbenutzen von Räumlich-keiten und Geräten über Kooperationsvereinbarungen mit anderen Krankenhäusern oder ambu-lanten Ärzten. Um die zu finanzierenden Investitionsaufwendungen zu definieren, müssen dem-nach die in den DRG berücksichtigungsfähigen Investitionskosten von den anderen Leistungsbe-reichen abgegrenzt werden.

Vor dem Hintergrund des Optionsgutcharakters der Krankenhausleistung ist zu klären, ob und wie Notfallkapazitäten in die Zuschläge für Benutzerentgelte mit einkalkuliert werden dürfen oder ob die Notfallversorgung als eine Aufgabe der öffentlichen Hand deklariert wird. Im letzte-ren Fall müssten diese Kosten vom Land getragen werden, alternativ könnte deren Finanzierung -analog der Regelung des § 17 Abs. 1 Satz 4 KHG für den Bereich der Betriebskosten- durch ge-

---

[1]   Vgl. Goedereis (1999), S. 187ff.; Wasem/Vincenti (2000), S. 239ff.; Wasem/Vincenti (2001), S. 134ff.; Wenz/Asché (2002), S. 378ff.

sonderte investive Zuschläge (Vorhaltepauschale) über alle stationären Behandlungsfälle erfolgen.

Bei der Einbeziehung aller Fördertatbestände (förderungsfähige Anschaffungs- und Herstellkosten, Nutzung von Anlagegüter), selbst bei einer verursachungsgemäßen Zuschlüsselung und Abgrenzung der Investitionskosten, erhalten alle Krankenhäuser bei im wesentlichen landeseinheitlichen Preisen zunächst einen gleichen Betrag an Investitionsmitteln. Somit werden individuelle Unterschiede, beispielsweise aufgrund unterschiedlicher Abschreibungsaufwendungen, durch unterschiedliche Zeitpunkte der letzten Förderung oder unterschiedliche Eigenmittelausstattung, nicht berücksichtigt. Die entstehenden Kostendifferenzen können nicht durch eine effiziente Betriebsführung ausgeglichen werden, so dass für die Übergangsphase durch entsprechende Mechanismen ein Ausgleich geschaffen werden muss.[1]

In einem (kompletten) fallpauschalierten System kommen Rationalisierungsinvestitionen nicht mehr den Krankenkassen zugute, sondern ausschließlich dem Krankenhaus, da sich die Entgelte durch krankenhausinterne Maßnahmen nicht verändern. Somit müssen die Regelungen zu den Rationalisierungsinvestitionen angepasst werden, welches im Rahmen des aktuellen Fallpauschalengesetzes auch berücksichtigt wurde.

Abschließend bleibt festzuhalten, dass eine monistische Finanzierungsstruktur, bei der die Investitionskosten Teil der Vergütung werden, zu einer Steigerung der Effizienz im Krankenhaussektor beiträgt, weil die dem Dualen System inhärenten Probleme einer fehlenden Abstimmung zwischen Investitionen und laufenden Kosten entfallen. Durch investive Zuschläge werden die Anreize der fallpauschalierten, leistungsorientierten Vergütung verstärkt. Eine monistische Finanzierungsstruktur ist somit eine weitere notwendige flankierende Maßnahme im Hinblick auf eine marktorientierte Steuerung im Krankenhaussektor, denn nur so kann sich die volle Steuerungswirkung eines leistungsorientierten Vergütungssystems entfalten.[2] In einem Preissystem ist damit

---

[1]   Vgl. Neubauer (1999a), S. 304. Als geeignetes Instrument der Überwindung des unterschiedlichen Standes von Investitionszyklen bei Krankenhäusern wird ein temporärer Investitionsfonds vorgeschlagen; vgl. Robert-Bosch-Stiftung (1987), S. 176f.

[2]   Allerdings können auch in einer monistischen Finanzierung Länder durch Überweisungen an die Krankenkassen oder Krankenhäuser ihre Vorstellungen zum Angebot an Krankenhausbetten oder ihre Struktur z. B. im Bereich der Notfallversorgung einbringen, wenn dies aus öffentlicher Sicht erforderlich ist; vgl. Hansmeyer/Henke (1997), S. 11; Leber (2003), S. 187.

eine dualististische Finanzierungsstruktur als ineffizient und systemfremd einzustufen.[1] Gegenüber einem Dualen System wird eine objektive Entscheidungsgrundlage für die Leistungs- und
Kostensteuerung im Krankenhaus geschaffen. Im Hinblick auf die Förderung stehen nicht mehr
(landes-)politische Erwägungen im Vordergrund, vielmehr die wirtschaftliche Erstellung der bedarfsgerechten, stationär zu erbringenden Leistungen.[2]

5.1.2.2 Möglichkeiten der Erhöhung von Investitionsmitteln für Krankenhäuser

In den bisherigen Ausführungen wurde deutlich, dass die derzeitige Förderung durch öffentliche
Mittel als unzureichend anzusehen ist. Vor dem Hintergrund eines sich verschärfenden Wettbewerbs ergibt sich für Krankenhäuser die Notwendigkeit, weitere Möglichkeiten zur Erhöhung
der Investitionsmittel zu erschließen.[3] Dieses Problem wird auch nicht durch eine monistische
Krankenhausfinanzierung gelöst. Selbst wenn Krankenversicherungen die derzeitig von den
Ländern aufgebrachte Förderung in vollem Umfang übernehmen, so ergibt sich vor dem Hintergrund des Investitionsstaus weiterhin eine zu geringe Förderung für Krankenhäuser.[4] Krankenhäuser müssen demnach verstärkt auf Möglichkeiten der Investitionskostenfinanzierung im Rahmen der Innen- und Außenfinanzierung[5] zurückgreifen. Dies kann als eine weitere Form der
marktorientierten Krankenhausfinanzierung interpretiert werden, da Krankenhäuser damit einer
verstärkten Kontrolle und Steuerung von Marktteilnehmern bzw. externen Kapitalgebern unterliegen.

Da eine detaillierte Gegenüberstellung der einzelnen Finanzierungsmöglichkeiten mit dem Ziel
der Findung der vorteilhaftesten Finanzierungsalternative für Krankenhäuser den Rahmen der
Arbeit sprengen würde, wird im Folgenden kurz auf die wesentlichen Alternativen eingegangen.

---

[1]   Vgl. Bruckenberger (2001), S. 23.
[2]   Vgl. Hansmeyer/Henke (1997), S. 11. Gleichzeitig bedeutet eine monistische Finanzierungsstruktur durch die Tatsache,
dass der Staat sich aus der Finanzierungskompetenz zurückzieht, eine Dezentralisierung und erfordert eine verstärkte Einbeziehung der Krankenkassen in die Investitions- und Kapazitätsplanung der Länder. Dieser Aspekt steht im engen Zusammenhang mit der Organisation der Krankenhausversorgung und wird in Kapitel 5.2.3.2. diskutiert.
[3]   Vgl. Honsel (2002), S. 580ff.; Oberender (2003), S. 582ff.
[4]   Aus volkswirtschaftlicher Sicht werden als Hauptargument in der Kontroverse um eine monistische Finanzierung oftmals
die steigenden Beitragssätze durch die Investitionskostenverlagerung auf die Versicherungen angeführt. Für das Jahr 2000
ergibt sich bei der Übernahme von 3,5 Mrd. € durch die Kassen eine Beitragssteigerung von 0,4 Prozentpunkten. Daher
wurde vorgeschlagen, diese Mehrbelastungen durch eine entsprechende Entlastung bei den krankenversicherungsfremden
Bereichen zu kompensieren, allerdings konnte man sich im Rahmen der GKV-Gesundheitsreform 2000 nicht auf eine entsprechende Gegenfinanzierung einigen.
[5]   Aus betriebswirtschaftlicher Sicht lassen sich die Alternativen der Kapitalaufbringung nach der Rechtsstellung der Kapitalgeber und Kapitalhaftung (Eigen- und Fremdfinanzierung), nach der Fristigkeit (kurz-, mittel- und langfristige Finanzierung) oder nach der Mittelherkunft (Innen- und Außenfinanzierung) unterteilen; vgl. bspw. Perridon/Steiner (2003):

Bei der Innen- und Außenfinanzierung steht die Mittelherkunft als Abgrenzungskriterium im Vordergrund. Bei der Außenfinanzierung erfolgt die Deckung des Kapitalbedarfs entweder durch Einlagen der Unternehmenseigner sowie Beteiligungen von Gesellschaftern (Eigenfinanzierung) oder durch Kreditfinanzierung (Fremdfinanzierung). Bei der Innenfinanzierung wird die Deckung des Kapitalbedarfs aus der Erzielung von Umsatzerlösen, beispielsweise aus allgemeinen Krankenhausleistungen, Wahlleistungen oder ambulanten Leistungen (Eigenfinanzierung) erreicht.[1]

Die Einlagen- und Beteiligungsfinanzierung als Form der Außenfinanzierung, welche alle Formen zur Eigenkapitalbeschaffung umfasst, wird im Wesentlichen von der Rechtsform bestimmt: Während die Personengesellschaften und die GmbH als Kapitalgesellschaft bei Eigenkapital auf die Finanzkraft der Eigentümer angewiesen sind, bietet sich für Aktiengesellschaften durch Ausgabe von Aktien die Möglichkeit der Kapitalbeschaffung an der Börse.[2]

Neben der Rechtsform ist grundsätzlich zu berücksichtigen, dass der Einsatz von Eigenmitteln zur Investitionsfinanzierung (außerhalb der derzeitigen Regeln des KHG) in Abhängigkeit der Trägerschaft differenziert zu betrachten ist: Nur Träger öffentlicher Krankenhäuser können auftretende Defizite oder Investitionen für Baumaßnahmen aus öffentlichen Haushalten begleichen. Diese Möglichkeit ist freigemeinnützigen und privaten Trägern verwehrt. Diese können zwar auf Mittel ihrer Trägerschaft zurückgreifen, nicht jedoch auf Gelder der öffentlichen Hand.[3] Allerdings wird die Finanzierungsbereitschaft dieser Krankenhausträger allein durch die Refinanzierungsmöglichkeiten und das in Kauf genommene Unternehmerrisiko begrenzt, so dass die bereits bestehende Investitionsautonomie privater Krankenhausunternehmen als ein Wettbewerbsvorteil gegenüber kommunalen Krankenhäusern, welche den Einschränkungen des Kommunal- und Haushaltsrechts unterliegen, gelten kann. Im Ergebnis führt der Einsatz von privaten Investitionsmitteln (außerhalb der Regelungen des KHG) zu unterschiedlichen Möglichkeiten der ver-

---

[1]   Darüber hinaus ergeben sich im Rahmen der Innenfinanzierung weitere Möglichkeiten einer Kapitalbeschaffung durch Abschreibungen, Rückstellungen oder durch Kapitalfreisetzung, vgl. bspw. Busse (2003). Im Mittelpunkt dieser Arbeit stehen dabei die Möglichkeiten im Rahmen der Außenfinanzierung.
[2]   Für weitere Möglichkeiten der Eigenkapitalbeschaffung vgl. Honsel (2002), S. 582f.
[3]   Dabei ist anzumerken, dass die Möglichkeit der Krankenhausträger Eigenmittel zur Verfügung zu stellen, insbesondere der kommunalen Träger, aufgrund der finanziellen Gesamtsituation sich deutlich verschlechtert hat.

schiedenen Krankenhausträger, kostenreduzierende und effizienzsteigernde Investitionen vorzu-nehmen.[1]

Finanziert sich das Krankenhaus in der Rechtsform einer AG über die Börse, erwarten die Akti-onäre eine kapitalmarktadäquate Verzinsung in Form einer Dividende, die sich am Kapital-marktzins, an der Branchenrendite und am Risiko der Aktien orientiert. Da die Anleger auf eine Rendite auf Basis der Aktienwertsteigerungen spekulieren, muss das Krankenhaus ausreichend Gewinne erwirtschaften, um eine entsprechende Höherbewertung am Kapitalmarkt durchzuset-zen. Auch im Fall einer GmbH erwarten die Kapitalgeber eine risikoadäquate Verzinsung des eingesetzten Kapitals. Somit wird diese Form der Finanzierung insbesondere bei kapital- und er-tragsstarken Krankenhäusern eine Rolle spielen.

Als Alternative ergibt sich im Rahmen der Außenfinanzierung die Aufnahme von Fremdkapital in Form einer Kreditfinanzierung: Während bei einer Eigen- bzw. Beteiligungsfinanzierung dem Unternehmen Finanzmittel prinzipiell unbefristet zur Verfügung gestellt werden, ist die Überlas-sungsdauer bei Krediten befristet. Darüber hinaus hat der Kapitalgeber einen Rückzahlungsan-spruch in Form von Zins- und Tilgungszahlungen gegenüber dem Kreditnehmer.

Neben der Anleihefinanzierung (Schuldverschreibungen oder Schuldscheindarlehen), welche nur für große Unternehmen in Frage kommt, sind Bankkredite für kleine und mittlere Krankenhäuser die gängigste Form der Kapitalaufnahme. Fremdfinanzierungen im Bereich öffentlicher Haushal-te unterliegen generell haushaltsrechtlichen Bestimmungen. Krankenhäuser können solange Kre-dite aufnehmen, solange die Einhaltung der Haushaltsgrundsätze gewährleistet ist. Kredite au-ßerhalb des Kommunalkreditbereiches dieser Krankenhäuser unterliegen ebenfalls den Prü-fungskriterien der Banken.[2]

Als für Krankenhäuser problematisch erweisen sich die in diesem Zusammenhang zu erwähnen-den Bankenvorschriften zur Kreditvergabe, welche durch das sog. Basel II-Abkommen deutlich verschärft wurden.[3] Diese fordern mehr Transparenz hinsichtlich des Kreditnehmers, weil Ban-

---

[1]   Vgl. Neubauer (2004), S. 83f.; Bruckenberger (2002), S. 27 und 29.
[2]   In der Zukunft werden damit Ratingverfahren einen erhöhten Stellenwert erhalten; vgl. Bickmann (2003), S. 73ff.
[3]   Vgl. Augurzyk et al. (2004), S. 11f.

ken für unterschiedliche Risikoklassen unterschiedliche Eigenkapitalunterlegungen vornehmen müssen.[1]

Für die Krankenhäuser bedeutet dies, dass gegenüber dem bisherigen Finanzierungssystem durch die Einführung von DRG die unterschiedliche Bonität wesentlich deutlicher aufgezeigt wird. Insgesamt kann festgestellt werden, dass die aufgrund des verstärkten Wettbewerbes bedingten Ausfallwahrscheinlichkeiten von Krankenhäusern erheblich steigen werden, was zu insgesamt nachteiligen Finanzierungsbedingungen und somit zu steigenden Finanzierungskosten für Krankenhäuser führt.[2] Besonders betroffen könnten zukünftig von dieser Regelung die öffentlichen Krankenhäuser sein, die bisher durch die Gewährträgerhaftung der öffentlichen Hand eine gute Bonität vorweisen konnten.[3]

Abschließend sei noch auf die Möglichkeit von Krankenhäusern zur Kapitalbeschaffung durch Kreditsubstitute, zu denen insbesondere das Leasing zu zählen ist, verwiesen:

Unter Leasing ist die Vermietung von Anlagegegenständen durch einen Leasing-Geber an einen Leasing-Nehmer zu verstehen. Nach dem Verpflichtungscharakter lassen sich das Operating-Leasing und das Financial-Leasing unterscheiden:[4]

Beim Operating-Leasing übernimmt der Leasing-Geber das Investitionsrisiko und ist für die Wartung und Reparatur zuständig, die Leasing-Objekte sind vom Leasing-Geber zu aktivieren, für den Leasing-Nehmer stellen die Leasingraten Aufwand dar. Beim Financial-Leasing dagegen trägt das Investitionsrisiko der Leasing-Nehmer, zumeist muss dieser das Anlagegut zum Neuwert versichern. Es wird eine feste, von keiner Seite kündbare Grundmietzeit vereinbart, in der die Amortisation der Anlage erfolgt. Somit ist auch diese Form zur Beschaffung individuell konzipierter Anlagen geeignet.

---

[1] Das Regelwerk zur Bankenaufsicht des Baseler Komitees, Basel II, soll dabei die alte Regelung, Basel I, ab 2007 ersetzen. Während bislang die Banken bei der Kreditvergabe einen gewissen Anteil der Kreditsumme (i. d. R. 8 %) als Sicherheitspolster in Form von Eigenkapital unterlegen müssen, welches unabhängig von dem Ausfallrisiko ist, verlangt Basel II zukünftig eine Eigenkapitalhinterlegung, die das individuelle Risiko des Kreditnehmers widerspiegelt. Im Ergebnis haben diese Regelungen für risikoarme Kreditnehmer zur Folge, dass sich ihre Finanzierung vergünstigen wird, während risikoreiche Kreditnehmer mit steigenden Finanzierungskosten rechnen müssen.
[2] Vgl. Augurzyk et al. (2004), S. 20f.
[3] Vgl. Bickmann (2003), S. 74.
[4] Vgl. Perridon/Steiner (2003).

Im Krankenhausbereich kommt dem Leasing eine zunehmende Bedeutung als Alternative zur Kreditfinanzierung zu.[1] Gegenüber einer solchen Konstellation[2] lassen sich durch das Leasing Investitionen realisieren, die sonst aus Mangel an banküblichen Sicherheiten nicht hätten durchgeführt werden können. Auch lassen sich durch (Operating-) Leasingverträge verstärkt Outsourcing-Aktivitäten durchführen. Die eigentlich im Krankenhaus erforderlichen Investitionen werden auf einen externen Dienstleister verlagert, das Krankenhaus zahlt diesem für in Anspruch genommene Leistungen festgelegte Preise. Somit gelingt es dem Krankenhaus das Investitionsrisiko abzugeben und einen Teil der Fixkosten zu variabilisieren.

5.2   Leistungsorientierte Entgelte und Organisation der Krankenhausversorgung

Mit der Organisation der Krankenhausversorgung wird in den folgenden Ausführungen das letzte Modul des Krankenhausfinanzierungssystems im Hinblick auf eine marktorientierte Gestaltung und eine Kompatibilität zum DRG-System analysiert. Dabei werden die Prinzipien der Krankenhausplanung als zentralem Strukturelement für die Versorgung mit stationären Leistungen betrachtet. Unter Berücksichtigung der damit verbundenen Probleme werden anschließend notwendige Rahmenbedingungen für eine marktorientierte Organisation der Krankenhausversorgung in einem Finanzierungssystem mit DRG diskutiert.

5.2.1   Zum Zusammenhang von Krankenhausfinanzierung und Organisation der Krankenhausversorgung

Im Zuge der Umstellung der Krankenhausfinanzierung auf eine duale Basis erfolgte gleichzeitig eine Neuordnung der Krankenhausplanung. Nach § 1 Abs. 1 KHG ist die Zielsetzung der Gesetzgebung die wirtschaftliche Sicherung der Krankenhäuser, „um eine bedarfsgerechte Versorgung der Bevölkerung mit leistungsfähigen…Krankenhäusern zu gewährleisten." Allerdings

---

[1]   Vgl. Seelinger (1995); Herkenrath (1998).
[2]   Für einen Vorteilhaftigkeitsvergleich, bei dem die Leasing-Finanzierung mit einer Kreditfinanzierung verglichen werden muss, vgl. bspw. Herkenrath (1998), S. 87ff.

sollten nicht alle Krankenhäuser wirtschaftlich abgesichert werden, sondern nur diejenigen, die aus Ländersicht zur Bedarfsdeckung beitragen.[1]

Nach § 6 KHG sollen die Länder Krankenhauspläne aufstellen, in denen die zur Bedarfsdeckung benötigten Krankenhäuser aufgenommen werden (Plankrankenhäuser).[2] Neben der Feststellung des konkreten Bedarfes an stationären Leistungen und der daraus abgeleiteten zur bedarfsgerechten Versorgung der Bevölkerung notwendigen Krankenhäuser dient der Krankenhausplan als Grundlage für Krankenhausinvestitionen und derer öffentlicher Finanzierung, mithin der Investitionslenkung im Krankenhauswesen. Die Legitimation einer staatlichen Planung ergibt sich damit aus dem Zusammenhang der Krankenhausfinanzierung und dem dualistischen Finanzierungsansatz (vgl. Abb. 5-6).

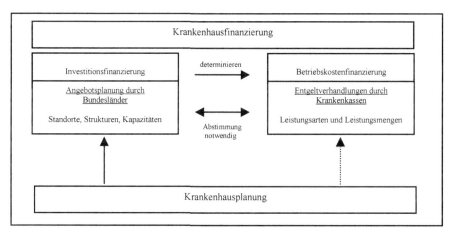

Abb. 5-6: Zusammenhang zwischen Finanzierungs- und Planungssystem[3]

Die Trennung der Finanzierungsverantwortung geht einher mit einer finanzierungsgebundenen Planungskompetenz.[4] Eine Angebotsplanung im Sinne von Standorten, Kapazitäten und Strukturen und einer damit verbundenen Investitionskostenfinanzierung hängt von der Planungskompetenz der Länder ab. Dabei ist von einer rechtlichen Verbindlichkeit der staatlichen Planung für die Entgeltverhandlungen auszugehen, so dass von Seiten der Kassen gegenüber allen Leistun-

[1]   Vgl. Oswald (1995), S. 79.;
[2]   Das KHG 1972 sah noch den Begriff Krankenhausbedarfsplanung vor, welcher ab Mitte der 1980er Jahre durch den Begriff der Krankenhausplanung ersetzt wurde. Damit sollte deutlich werden, dass nicht der Bedarf an stationärer Versorgung geplant wird, sondern das Angebot dem Bedarf angepasst werden soll.
[3]   Vgl. Goedereis (1999), S. 121.
[4]   Vgl. Bodenbender (1992), S. 18; Wabnitz (1986), S. 102ff.

gen, die in geförderten Krankenhäusern erbracht werden, eine nicht verminderbare Finanzie-
rungspflicht besteht. Aus diesem Grund stellt die Krankenhausplanung eine „gesundheitspoli-
tisch motivierte Mittelverwendungsplanung" dar.[1] Krankenkassen wird ausschließlich über finanzielle Mechanismen im Rahmen der Entgeltverhandlungen ein indirekter Steuerungseinfluss
auf die stationären Kapazitäten eingeräumt, denn sie verhandeln als Kostenträger der Betriebskosten mit Krankenhäusern über Leistungsarten und Leistungsmengen.

5.2.2   Prinzipien der Krankenhausplanung

5.2.2.1   Grundlagen

Um die intendierte Wirkung der Krankenhausplanung zu erreichen, enthalten Krankenhauspläne
neben der Festlegung konkreter Ziele, auf deren Verwirklichung der Plan ausgerichtet ist (Kran-
kenhauszielplanung), eine Bedarfsanalyse zur Beschreibung des zu versorgenden Bedarfs der
Bevölkerung, die Beschreibung der Versorgungsbedingungen bei den im Plan aufgenommenen
Krankenhäusern (Krankenhausanalyse) sowie abschließend die Verteilung des Bedarfs auf die
entsprechenden Krankenhäuser (Versorgungsentscheidung).[2]

Ausgehend von den globalen planerischen Zielvorgaben wird somit der ermittelte Bedarf auf das
entsprechende Versorgungssystem durch Bettenzuteilung aufgeteilt. Planungsgegenstand dieser
nach dem KHG angebotsorientierten Kapazitätsplanung ist das Krankenhaus, Planungseinheit
das „Bett".[3]

Im Wesentlichen enthalten Pläne Angaben zu der Zuordnung

- von Standorten und Versorgungsstufen der einzelnen Krankenhäuser,

- von Betten zu Krankenhäusern bzw. von Fachabteilungen mit den jeweiligen Bettenkapazitäten zu Krankenhäusern. Ferner wird bestimmt, ob diese Betten hauptärztlich oder be-
  legärztlich geleitet werden.

---

[1]   Vgl. Vollmer/Hoffmann (1987), S. 22. Nach § 7 Abs. 1 KHG sind die Krankenhauspläne und Investitionsprogramme mit
den Beteiligten (Krankenkassen und Krankenhäuser bzw. deren Verbände) einvernehmlich zu regeln, ohne dass diese jedoch Entscheidungsrechte besitzen. Für den Fall, dass zwischen den Parteien keine Einigung erzielt werden kann, liegt die
Letztentscheidung für die Krankenhausplanung und damit die Planungskompetenz allein bei den Ländern.

[2]   Vgl. Vollmer/Hoffmann (1987), S. 23ff.; Vollmer (1988), S. 458f.; Bruckenberger (1989), S. 66

[3]   Bruckenberger (2003), S. 98.

• für genehmigte Ausbildungsstätten sowie hinsichtlich der Ausstattung, beispielsweise durch genehmigte Großgeräte.

Für den Fall, dass im Krankenhausplan nur sehr grobe Rahmenwerte vorgegeben werden, sieht § 109 Abs. 1 SGB V vor, dass die Vertragsparteien Bettenzahl und Leistungsstruktur eines Krankenhauses festlegen können.[1] Ebenso können die Vertragsparteien eine gegenüber dem Krankenhausplan abweichende Bettenzahl festlegen, soweit dadurch die Leistungsstruktur des Krankenhauses nicht verändert wird.

Die Aufnahme in den Krankenhausplan durch die Erlangung eines positiven Feststellbescheides hat für das betreffende Krankenhaus weitreichende Auswirkungen.[2] Mit der förmlichen Feststellung und dem rechtswirksamen Aufnahmebescheid der zuständigen Landesbehörde erwirbt das Krankenhaus dem Grunde nach einen Rechtsanspruch gegen das Land auf öffentliche Förderung sämtlicher betriebsnotwendiger Investitionskosten und aller Förderarten (Einzel- und Pauschalförderung nach § 9 KHG) und somit eine allgemeine Bestandsgarantie.[3] Außerplanmäßige Krankenhäuser erhalten keine Investitionsförderung.

Darüber hinaus beinhaltet der Status als Plankrankenhaus rechtliche Vorzüge. Nach § 108 Nr. 2 SGB V gehören Plankrankenhäuser zu den „zugelassenen Krankenhäusern", durch welche die gesetzlichen Krankenkassen die Krankenhausbehandlung durchführen lassen. Die Aufnahme in den Krankenhausplan bedeutet damit auch gleichzeitig den Abschluss des Versorgungsvertrages, so dass Plankrankenhäuser nach § 109 Abs. 1 Satz 2 keinen besonderen Versorgungsvertrag mit den Krankenkassen benötigen.[4]

---

[1]   Wenn keine diesbezüglichen abschließenden Angaben im Krankenhausplan gemacht werden, können nach § 109 Abs. 1 Satz 5 SGB V für die Fachgebiete weitere Unterteilungen von den Vertragspartnern im Rahmen ergänzender Strukturverträge abgeschlossen werden, im Benehmen mit dem Land. Weil das Land keine abschließenden Vorgaben macht, wird in diesem Zusammenhang auch von (bettenorientierten) „Rahmenplanung" mit ergänzenden Verträgen gesprochen; vgl. Stapf-Finé/Polei (2002), S. 96. Allerdings ist dieser Begriff missverständlich, da dieser weiterhin eine Standortplanung mit groben Vorgaben durch das Land bedeutet und nicht eine Planung des Versorgungsbedarfs für eine Region, die von den Vertragspartnern auf der Ebene der Krankenhausstandorte konkretisiert wird. Zur Mehrdeutigkeit des Begriffs „Rahmenplanung" in Verbindung mit dem Planungsgegenstand vgl. Leber (2003), S. 185f.; Bruckenberger (2003), S. 98f.
[2]   Grundsätzlich besteht nach § 8 Abs. 2 KHG kein Anspruch auf die Aufnahme in den Krankenhausplan. Somit muss bei der Neueinrichtung von Fachdisziplinen/gesamter Krankenhäuser oder bei der Beseitigung von bestehenden Überkapazitäten eine Auswahl von Krankenhäusern getroffen werden, welches „den Zielen der Krankenhausplanung am besten gerecht wird." Materielle Voraussetzung für die Aufnahme in den Krankenhausplan sind die Kriterien der Bedarfsgerechtigkeit, Leistungsfähigkeit und Wirtschaftlichkeit.
[3]   Vgl. Vollmer/Hoffmann (1987), S.33f.; Depenheuer (1986), S. 41f.; Francke (1989), S. 45ff.
[4]   Allerdings ist es denkbar, dass ein einmal in den Krankenhausplan aufgenommenes Krankenhaus in den Folgeperioden unberücksichtigt bleibt; vgl. Oswald (1995), S. 80.

5.2.2.2 Planungsverfahren und Planungsmethoden

Die Ausgestaltung der Krankenhauspläne gestaltet sich in den einzelnen Bundesländern unterschiedlich. Zwar ist die grundsätzliche Zielsetzung einer optimalen Versorgung der Bevölkerung mit stationären Leistungen allen Planungen gemein, jedoch unterscheiden sich die Planungen hinsichtlich der Planungsverfahren und Planungsmethoden erheblich.[1]

Unter dem Planungsverfahren ist dabei das gesamte Planungsprocedere zu verstehen, in dem sich die Planung in den einzelnen Ländern vollzieht. Somit kann der komplette Entscheidungsprozess von der Festlegung der Planungsgrundsätze bis hin zu Feststellung von Bettenkapazitäten in den Bescheiden für die einzelnen Krankenhäuser unter diesem Aspekt subsummiert werden.

So ergeben sich Unterschiede bezüglich des Planungszyklus: Während einige Länder ihre Krankenhauspläne jährlich fortschreiben (bspw. Bayern und Niedersachsen), vollzieht sich die Planung in anderen Ländern in einem zum Teil unregelmäßigen Mehrjahresrhythmus, meist mit einem mehrjährigen Planungshorizont. In solchen Fällen der unregelmäßigen Fortschreibung werden als Grundlage für die Planerstellung häufig (externe) Gutachten herangezogen, während ansonsten die einfache Fortschreibung bzw. Überprüfung bestimmter Kennzahlen (Bettennutzungsgrade)-auch als Einzelbetrachtung – durch die zuständige Landesbehörde als Planungsgrundlage dient.

Es lassen sich Unterschiede zwischen den Ländern bezüglich des Detaillierungsgrades, mit dem die Planung erfolgt, ausmachen: So werden in einigen Ländern Detailvorgaben auch für Subdisziplinen vorgeschrieben, während andere Länder sich auf die schon erwähnte Möglichkeit von Rahmenvorgaben beschränken.[2]

---

[1] Vgl. Koselowski/Koselowski (1998), S. 385ff.; Stapf-Finé/Polei (2002), S. 96ff.; DKG (2003), S. 19ff.
[2] Diese „Rahmenplanung" mit ergänzenden Strukturverträgen wird bspw. in Thüringen, Niedersachsen, Brandenburg in unterschiedlicher Form angewandt; vgl. Stapf-Finé/Polei (2002), S. 96. Bezüglich dieser Tendenz kommt der Ausgestaltung der Krankenhausplanung in Nordrhein-Westfalen besondere Bedeutung zu, welches sich zu einer stärkeren Mitsprache regional betroffener Parteien entschieden hat. Das Ende 1998 verabschiedete, und ab 2002 geltende Gesetz sieht, nach Unterteilung des Landes in mehrere Planungsregionen, eine (bettenorientierte) „Rahmenplanung" der Landesbehörden mit Anhaltspunkten vor, die dann auf einer darunter liegenden Planungsebene ausgefüllt werden. Allerdings sind weiterhin die Krankenkassen nicht gleichberechtigt an der Planung beteiligt, auch hier liegt die Entscheidung bei der Landesbehörde; vgl. Zipperer (1998), S. 321ff.; Leber (1999), S. 41f.; Clade (1999), S. C 12; Reckers (1999), S. 12; DKG (2003), S. 9 und S. 26; Leber (2003), S. 185ff.

Unter den Planungsmethoden sind die theoretischen Grundlagen zu verstehen, die dem Entscheidungsprozess zugrunde liegen. Sie dienen im Rahmen der Bedarfsanalyse dazu, das bedarfsgerechte Angebot an Krankenhauskapazitäten zu bestimmen.[1] Da im KHG keine nähere Definition von „Bedarf" enthalten ist, somit der Begriff in engem Zusammenhang mit den Begriffen „Gesundheit" und „Krankheit" steht, kann eine zentrale Bedarfsplanung nur normativ erfolgen.[2]

Wie bereits angedeutet, basiert die Krankenhausplanung überwiegend auf der Auswertung statistischer Erhebungen und Fortschreibungen der Wohnbevölkerung. Ausgangspunkt ist die Bedarfsermittlung, wobei diesbezüglich im Wesentlichen vier Verfahren existieren:[3]

Methode der Bedarfsermittlung	Vorgehensweise
Angebotsorientierte Bedarfsermittlung	Rückschluss vom vergangenheitsorientierten Angebot auf den künftigen Bedarf
Mortalitätsorientierte Bedarfsermittlung	Annahme einer festen Relation zwischen Zahl der Sterbefälle im Krankenhaus und der Bettenzahl
Morbiditätsorientierte Bedarfsermittlung	Bedarfsermittlung nach der Krankheitsstruktur der Bevölkerung, die sich repräsentativ im Krankenhaus widerspiegelt
Inanspruchnahmeorientierte (analytische) Bedarfsermittlung	Ermittlung anhand verschiedener Einflussfaktoren

Abb. 5-7: Formen der Bedarfsplanung

Als Berechnungsgrundlage für die Bedarfsermittlung wird meistens die analytische Alternative auf der Grundlage der Burton-Hill-Formel herangezogen. Hierbei soll der Gesamtbedarf mittels einer umfassenden Analyse, einer Prognose und der normativen Vorgabe seiner einzelnen Determinanten festgestellt werden, wobei auch nicht quantifizierbare Faktoren und sozialpolitische Grundsatzentscheidungen berücksichtigt werden. Der Bedarf an Planbetten wird anhand der Fak-

---

[1]   Vgl. Stapf-Finé/Polei (2002), S. 97.
[2]   Vgl. Bruckenberger (2003), S. 96f.; Wiemeyer (1984), S. 91ff.
[3]   Vgl. Wiemeyer (1984), S. 80ff.; Depenheuer (1986), S. 44; Kaschny (1998), S. 45ff.; Rühle (2000), S. 85. Zur Darstellung überwiegend quantitativ ausgerichteter Planungsmethoden zur Kapazitätsbemessung vgl. Meyer (1987), S. 30ff.

toren Einwohnerzahl *(E)*, Krankenhaushäufigkeit *(KH)*, Verweildauer *(VD)* und Bettennutzungs-
grad *(BN)* ermittelt. Der Bettenbedarf kann dann wie folgt berechnet werden:[1]

$$Bettenbedarf = \frac{E \cdot KH \cdot VD \cdot 100}{BN \cdot 1000 \cdot 365}$$

Zur Ermittlung der Einwohnerzahl *(E)* werden in der Regel Bevölkerungsprognosen bis zum
Zieljahr des Krankenhausplanes genutzt. Die Krankenhaushäufigkeit *(KH)* ist die Zahl der Einweisungen, die pro 1000 Einwohner jährlich erfolgen. Die Verweildauer *(VD)* beziffert die Zahl
der Tage, die ein Patient durchschnittlich in stationärer Behandlung verbringt. Bei dieser Methode handelt es sich demnach um eine Kombination empirischer Globaldaten einer Planungsregion
mit empirischen Leistungsdaten eines Krankenhauses. Der Nutzungsgrad der Betten *(BN)* gibt in
Prozent die Auslastung der Betten der Krankenhäuser an. Hier wird ein in den meisten Fällen
vom Ministerium vorgegebener Wert von 85 % angesetzt. Die Prognose, die aus der Bettenbe-
darfsermittlung abgeleitet wird, orientiert sich somit im Wesentlichen an der Bevölkerungsent-
wicklung.

Die genannte Prognosemethode wurde im Rahmen verschiedener Gutachten durch weitere Prog-
nosemethoden, insbesondere durch die Einbeziehung des Faktors Morbidität, ergänzt.[2] Dies geschah vor dem Hintergrund, dass durch eine solche Modifikation die Fallzahlentwicklung (tatsächlich in Anspruch genommene Leistungen) zielgenauer durch eine Differenzierung nach
Krankheitsmerkmalen als mit einer unspezifischen Fortschreibung der in die geschilderten Bettenbedarfsformel eingehenden Planungsdeterminanten prognostiziert werden kann:

Der von *Dornier/IGES* entwickelte Ansatz sieht zur Ermittlung der Morbidität, als einem Faktor
des zu prognostizierenden Bettenbedarfs, die Einbeziehung von Expertenmeinungen in einem
zweistufigen Prozess vor. Unter Berücksichtigung von Hintergrundinformationen aus der Krankenhausdiagnosestatistik bewerten die medizinischen Experten die, zuvor durch Fortschreibung
der bestehenden Fallzahl- und Verweildauerstatistiken, erhaltenen Daten.

---

[1]   Vgl. Kampf (1991), S. 37ff.
[2]   Vgl. Brandt et. al (1998), S. 395 ff.; DKG (2003), S. 12f.; Stapf-Finé/Polei (2002), S. 99ff.

Der vom *ISGF* entwickelte Ansatz sieht eine Prognose der Krankenhaushäufigkeit durch die Krankenhausdiagnosestatistik vor. Unter der Annahme einer nach Alter und Geschlecht gleichbleibenden Morbidität geht die zuvor ermittelte Bevölkerungsvorausschätzung in das Prognosemodell ein, so dass die Morbiditätsentwicklung direkt im Prognosemodell berücksichtigt wird. Auch hier werden im Anschluss an das Verfahren Expertenbefragungen zu den Ergebnissen durchgeführt. Die Ermittlung des Bedarfs erfolgt im Gegensatz zu anderen Gutachten standortbezogen, wobei als Grundlage die Kriterien der Leistungsfähigkeit (Vorgaben für Mindestgrößen) und Wirtschaftlichkeit (Fallkosten) dienen.

Das von dem Unternehmen *BASYS* in Zusammenarbeit mit *I+G* entwickelte Verfahren ähnelt der aus zwei Stufen bestehenden IGSF-Methode. Auch hier wird ausgehend von den Daten der Krankenhausdiagnosestatistik eine Prognose der Krankenhausfallzahlen vorgenommen und einem Expertenverfahren unterzogen. Um einen Zusammenhang der gegenwärtigen Morbidität mit der Krankenhausinanspruchnahme herzustellen, wird nicht nur die krankenhausspezifische Morbidität, sondern eine bevölkerungsbezogene Morbidität (Survey- und Registerdaten) berücksichtigt.

Einen anderen Ansatz sieht dagegen die *GSbS-Konzeption* vor.[1] Hier werden die den Krankenkassen nach § 301 SGB V verfügbaren Daten verwendet, anhand derer Krankheitsgruppen, ähnlich den DRG gebildet werden. Auf dieser Basis wird eine Ermittlung des Substitutionspotenzials durch andere Leistungserbringersektoren durchgeführt. Dabei wird unterstellt, dass nach Ablauf des Prognosezeitraumes alle Krankenhäuser das gleiche Substitutionspotential erreichen sollen, das die leistungsfähigsten 25 % der Krankenhäuser heute schon auszeichnet (Benchmarking-Ansatz). Die durch den Ansatz ermittelte Prognose wird durch eine geschätzte Morbiditätsentwicklung ergänzt. Auch die Prognose der Verweildauer erfolgt über den vergleichenden Ansatz, in dem die Werte der Fachabteilungen zu Grunde gelegt werden, die heute das beste Viertel aufweisen. Es wird auch hier davon ausgegangen, dass die Krankenhäuser zukünftig die gleiche Verweildauer aufweisen, wie die 25 % der Krankenhäuser mit der aktuell geringsten Verweildauer. Anhand der gewonnenen Werte für die Parameter Fallzahl und Verweildauer wird dann der zukünftige Bedarf an Planbetten berechnet.

---

[1]   Vgl. Rüschmann et. al (2000); DKG (2003), S. 12.

5.2.2.3   Probleme der Krankenhausplanung

Die im Folgenden angesprochenen Probleme der Krankenhausplanung betreffen Art und Funktionsweise und folglich auch deren Effektivität und Effizienz. Neben gesamtwirtschaftlichen Aspekten haben diese auch Auswirkungen auf die Einzelwirtschaftlichkeit und unternehmerische Eigenverantwortung.[1]

Auch wenn die Krankenhausplanung formell als indikative Planung angesehen wird, so ist in der Praxis ihr imperativer Charakter immer noch unverkennbar.[2] Die Aufnahme in den Krankenhausplan entscheidet über die Zuteilung von Fördermitteln, ansonsten müssen die Investitionskosten aus eigenen Mitteln aufgebracht werden. Dies bedeutet, dass Plankrankenhäuser nur in der Art gefördert werden, wie sie den Vorstellungen von staatlichen Planungsbehörden entsprechen und nicht gemäß ihrem derzeitigen Status oder eigenen Vorstellungen.[3] Somit ist die schon im Rahmen der dualen Finanzierungsstruktur angesprochene Problematik des Auseinanderfallens der Planungszuständigkeit, Finanzierungsverantwortung und Entscheidungskompetenz zu nennen:[4] Mit der Krankenhausplanung wird dem Krankenhaus ein Versorgungsauftrag gegeben, der Standort und Zweckbestimmung vorschreibt. Krankenhausträger werden somit mit Vorgaben konfrontiert, deren Erfüllung mit einem erheblichen Betriebsrisiko verbunden ist. Gleichzeitig erfolgt eine starke Einschränkung der Handlungsspielräume von Krankenhäusern, denn sie können nicht entscheiden, mit welchen Kapazitäten und auf welche Weise sie ihr Versorgungsangebot erstellen. Vielmehr erfolgt die Steuerung der Leistungsfähigkeit der Krankenhäuser, insbesondere verbunden mit der Investitionslenkung, durch Planungsbehörden, die in das operative Geschäft eingreifen, was zu einer impliziten Privilegierung einzelner Krankenhäuser führt.[5] Dementsprechend können auch die Krankenkassen durch die externen Vorgaben kaum Einfluss auf die Struktur und Umfang der Leistungserstellung nehmen, obwohl sie die Finanzierung der Folgekosten übernehmen.

---

[1]   Vgl. Goedereis (1999), S. 149ff.
[2]   Vgl. Gäfgen (1990), S. 285f.
[3]   Vgl. Depenheuer (1986), S. 41.
[4]   Vgl. Robert-Bosch-Stiftung (1987), S. 89.
[5]   Vgl. Gäfgen (1990), S. 295ff.

Prinzipiell sind Krankenhäuser durch die Aufnahme in den Krankenhausplan solange vor neuer Konkurrenz geschützt, wie die Kapazitäten den Behörden als ausreichend erscheinen. Dadurch wird der Zugang zur Krankenhausversorgung eingeschränkt mit der Folge, dass nicht die Wirtschaftlichkeit und Leistungsfähigkeit der Krankenhäuser durch wettbewerbliche Strukturen gefördert, sondern bestehende Strukturen konserviert werden.[1]

Die Krankenhausplanung im gegenwärtigen Planungssystem stellt eine sektorale Angebotsplanung mit einer übergeordneten Kapazitätsplanung dar. Diese Subsystemplanung ist aufgrund der Komplexität und der Abhängigkeit von sehr variablen äußeren Einflüssen aus dem Gesundheitssystem durch andere Leistungserbringersektoren mit einer daraus folgenden Lücke zwischen planungsrelevantem und beschaffbarem Wissen mit planungsimmanenten Schwächen konfrontiert.[2] Auch wenn bei der Planung in Ansätzen eine Analyse des Substitutionspotentials durch andere Leistungserbringersektoren erfolgt, kommt es aufgrund der Dominanz sektorspezifischer Betrachtungen zu Reibungsverlusten aufgrund möglicher Leistungsüberschneidungen. Gleichzeitig bedeutet die zentrale Planung eine Ortsferne von Entscheidungen, da diese auf lokale oder regionale Anpassungserfordernisse nur schwerfällig reagieren kann. Fehlplanungen sind so schwerer zu korrigieren als im Falle von dezentral geplanten und überschaubaren Versorgungsregionen. Diese Probleme werden zum einen durch eine Planung ohne operative Zielvorgaben gefördert, da infolge der Unbestimmtheit des Bedarfsbegriffs willkürliche Festlegungen unvermeidbar sind. Zum anderen nimmt die Aufstellung bzw. Anpassung von Krankenhausplänen einen Zeitraum in Anspruch, der den sich ändernden Marktbedingungen nicht entspricht und somit immer zeitlich „hinterherhinkt".[3]

Krankenhausplanung im gegenwärtigen System bedeutet auch immer eine politische Planung.[4] Es besteht die Gefahr, dass Planungsentscheidungen insbesondere mit der Verknüpfung von In-

---

[1]   Vgl. Neubauer (1993), S. 66; Neubauer (2003), S. 74. Somit bedeutet die Aufnahme in den Krankenhausplan tendenziell aus Sicht der Krankenhäuser eine Existenzgarantie und ist weitaus wertvoller als die politisch festgelegte und nicht auf betriebswirtschaftlichen Überlegungen basierende geringe Förderung.

[2]   Vgl. Gäfgen (1984), S. 3ff.

[3]   Vgl. Neubauer (2003), S. 74.

[4]   Vgl. Neubauer (1993), S. 65, spricht von Politikdominanz und einer eng damit verbundenen Bürokratisierungstendenz. Die Ansätze der Public Choice-Theorie und insbesondere der Bürokratietheorie beschäftigen sich mit der Leistungserstellung nicht-marktgängiger Güter; vgl. grundlegend zu diesen Ansätzen Downs (1957), Buchanan (1959), Buchanan/Tullock (1962), Tullock (1965), Niskanen (1971), Niskanen (1975) sowie Downs (1967). Der „Staat" stellt sich demnach nicht mehr als ein homogener Akteur dar, sondern besteht aus einer Aggregation verschiedener Individuen (Politiker, Bürokraten, Wählern, Interessengruppen), die primär ihre persönlichen Interessen verfolgen. Aus systemimmanenten Gründen wer-

vestitionsentscheidungen vor dem Hintergrund z. B. wahltaktischer Überlegungen getroffen werden. Die Politisierung der Krankenhausplanung ist auch kritisch unter dem Aspekt des Marktzutritts zu sehen, da häufig Kommunalpolitiker an der Spitze von öffentlichen Krankenhäusern stehen.

Als Folge dieser planungsimmanenten Schwächen ist zu konstatieren, dass diese Form der Steuerung nicht zu einer befriedigenden Kapazitätsregulierung geführt hat, wie bestehende Überkapazitäten und Krankenhausfehlbelegungen zeigen:[1] Gemessen am „tatsächlich zu versorgenden Bedarf" des Landes Baden-Württemberg als „best practice" und den in den einzelnen Bundesländern jeweils aufgestellten Betten ergab für 1999 eine fiktive Bettenüberkapazität in Höhe von 77.550 Betten. Die prozentuale fiktive Bettenüberkapazität schwankt in den Bundesländern zwischen 21,8 % (Nordrhein-Westfalen) und 3,4 % (Baden-Württemberg). Unter Berücksichtigung der Fallzahl von 2001 und einer durch DRG induzierten Verweildauerreduzierung von 20 % müssten ab 2005 bundesweit sogar 135. 330 Betten abgebaut werden.

Ebenso muss auch die zugrunde liegende analytische Bettenbedarfsformel kritisch betrachtet werden, denn es bestehen starke Vorbehalte hinsichtlich der Möglichkeit, den künftigen Bedarf an Krankenhausleistungen zu prognostizieren.[2] Neben methodischen Problemen muss kritisch angemerkt werden, dass sie von einer Unabhängigkeit der Bedarfsdeterminanten ausgeht, obwohl diese in ständiger Wechselwirkung zueinander stehen. Fehlerhafte Prognosen in nur einem Gebiet können gravierende Auswirkungen auf die gesamte Bedarfsermittlung haben. Darüber hinaus ergeben sich Verzerrungen zugunsten bestehender Verhältnisse.

5.2.3   Marktorientierte Gestaltung der Organisation der Krankenhausversorgung

Aus den bisherigen Ausführungen wurde aufgezeigt, dass es sich bei den mit der zentralen Krankenhausplanung verbundenen Ineffizienzen um strukturbedingte Probleme handelt. Zur Lösung

---

den Reformbestrebungen schwer durchsetzbar. Gleichzeitig resultiert aus der Bürokratisierung eine Starrheit der Planungskonzepte, da jede Änderung politisch durchgesetzt werden muss.
[1]   Vgl. Bruckenberger (2001), S. 8; Bruckenberger (2002a), S. 10.
[2]   Vgl. Goedereis (1999), S. 152f.

dieser Probleme der derzeitigen Planung ist eine wettbewerbliche Neuausrichtung der Krankenhausversorgung auf der Basis dezentraler Strukturen als notwendig anzusehen.[1]

Eine diesbezügliche Ausgestaltung der Krankenhausplanung oder allgemeiner, eine -in Verbindung mit einer sektorübergreifenden Betrachtung- wettbewerbliche Ausgestaltung der Versorgung mit stationären Leistungen wird nachfolgend betrachtet. Obwohl solche Forderungen schon
seit langem Bestandteil von Reformkonzepten sind, erhält diese Diskussion besondere Aktualität
im Zusammenhang mit den wettbewerbsverschärfenden Auswirkungen der DRG-Einführung
und dem damit einhergehenden Aspekt der Kompatibilität der beiden Steuerungssysteme „Planung" und „Entgeltsystem". Die Forderung nach einer Reform des Systems zur Krankenhausplanung geht mit der Umgestaltung des Krankenhausvergütungssystems zwingend einher. Eng
verbunden ist dieser Aspekt mit der Diskussion über einen Übergang von der dualen zur monistischen Finanzierung.

Während eine solche Neuausrichtung die Frage nach Änderungen der ordnungspolitischen Rahmenbedingungen für die Krankenhausplanung aufwirft, soll zunächst, ungeachtet der aufgezeigten Probleme der zentralen Planung, vielmehr vor dem Hintergrund der in der Realität vorherrschenden Gegebenheiten, unter Rückgriff auf die Ausführungen von Kuntz/Scholtes[2], ein
„marktorientierter" Ansatz bei einem weiterhin bestehenden dualen Investitions- und Planungssystem aufgezeigt werden. Kennzeichen dieses Ansatzes ist es, die notwendigen Kapazitätsan-
passungen unter expliziter Berücksichtigung der Wirtschaftlichkeit der jeweiligen Krankenhäuser vorzunehmen. Somit erfolgt eine durch Effizienzanalysen gestützte Krankenhausplanung.

---

[1] Vgl. bspw. Cassel (2000), (2003).
[2] Vgl. Kuntz/Scholtes (2004), die diese Form der effizienzgestützten Krankenhausplanung gleichzeitig im Rahmen der
Krankenhausplanung des Landes Rheinland-Pfalz evaluieren; vgl. zu den Ergebnissen der Studie Kapitel 5.2.3.3.

5.2.3.1 Krankenhausplanung unter Berücksichtigung der Wirtschaftlichkeit

Ausgangspunkt der Überlegungen ist der Aspekt der Versorgungsentscheidung.[1] Nach der Feststellung des erforderlichen Bedarfs muss dieser auf die entsprechenden Krankenhäuser verteilt werden. Dabei ergibt sich das Problem, dass häufig für die Anpassung der Kapazitäten die Auslastung als Entscheidungsvariable herangezogen wird.[2] Die Bettenfestlegung erfolgt dann auf Basis der aktuellen Belegung unter Berücksichtigung eines demographischen Faktors genau so, dass eine vorgegebene Planauslastung gewährleistet ist. Bei einer solchen Zuordnungsregel spielt demnach die Wirtschaftlichkeit der Krankenhäuser bei der Leistungserstellung eine untergeordnete Rolle.[3]

Somit besteht insbesondere bei globalen Bettenreduktionen auf Länderebene, wie sie von der Einführung des DRG-basierten Vergütungssystems zu erwarten sind, die Gefahr, dass bei wirtschaftlichen Krankenhäusern zu viel und bei unwirtschaftlichen Krankenhäusern zu wenige Kapazitäten abgebaut werden, mit der Folge, dass die Gesamtkosten der Krankenversorgung steigen.

Vor dem Hintergrund der überwiegend bedarfswirtschaftlich ausgerichteten Krankenhäuser kann bei einer Evaluierung der Wirtschaftlichkeit nicht auf Gewinngrößen zurückgegriffen werden; vielmehr muss auf die Effizienz[4] des Leistungserstellungsprozesses abgestellt werden.

Sollen Krankenhäuser anhand der Effizienz ihrer Leistungserstellung beurteilt und verglichen werden, so ergibt sich bei der Anwendung von (eindimensionalen) Verhältniskennzahlen[5] das Problem der Unvollständigkeit bzw. der Vernachlässigung wichtiger Einflussfaktoren.[6] Ein zent-

---

[1]   Vgl. hierzu und im Folgenden Kuntz/Scholtes (2004), S. 5f.

[2]   Die Auslastung stellt den prozentualen Anteil der durchschnittlich belegten Betten dar. Formal ergibt sich die Bettenauslastung durch (Fallzahl p.a. ×Verweildauer) / (Bettenanzahl × 365); die Verweildauer entspricht der durchschnittlichen Aufenthaltsdauer in Tagen eines behandelten Patienten.

[3]   Gleichzeitig ergibt sich neben Umsetzungsproblemen auch der Nachteil, dass Krankenhäuser keinen Anreiz haben, die Verweildauer zu reduzieren, da ansonsten der vorgegebene Nutzungsgrad nicht erreicht und folglich weitere Kapazitäten abgebaut werden müssen. Vor dem Hintergrund der Einführung eines DRG-basierten Vergütungssystems erweisen sich solche Verhaltensweisen als kontraproduktiv.

[4]   Zur Messung der Effizienz wird auf die in der Einzelwirtschaft übliche Definition von Produktivität zurückgegriffen; Effizienz ergibt sich damit aus dem Quotienten von Output und Input.

[5]   Als solche Kennzahlen können z. B. die „Kosten pro Fall", „Fälle je Bett" (Patientendurchlauf), „Behandlungstage je Fall" (Verweildauer) herangezogen werden; vgl. allgemein zu einer Systematisierung betriebswirtschaftlicher Kennzahlen bspw. Horváth (2002), S. 547ff. und für die Krankenhausbereich Greiling et al. (2004), S. 28ff.

[6]   So bleiben bei der Auslastung („Behandlungstage / Betten × 365" bzw. „Fälle / Betten") die mit einer längeren Verweildauer verbundenen „unnötigen" Kosten unberücksichtigt.

rales Problem einer Effizienzbewertung bei dem Vorliegen mehrerer Inputs und Outputs stellt die Gewichtungsproblematik dar, denn die einzelnen Inputs und Outputs müssen zu einem Gesamtinputwert bzw. Gesamtoutputwert aggregiert werden. Im einfachsten Fall, wenn Marktpreise für die Inputs und Outputs bekannt sind, wird die Aggregation mit den Preisen als Gewichten genommen. Bei der Krankenhausleistungserstellung sind für viele Größen mangels Vorhandenseins eines Marktes keine entsprechenden Preise bekannt. Aus diesem Grund ist eine Möglichkeit der Effizienzmessung die Data Envelopment Analysis (DEA). Die DEA stellt eine Methode dar, die ohne eine ex ante preisliche Bewertung der Inputs und Outputs auskommt und mit deren Hilfe die Effizienz solcher Produktionsprozesse ermittelt werden kann, die durch multiple Input- und Outputstrukturen gekennzeichnet sind.[1]

5.2.3.1.1 DEA als Beurteilungsgrundlage

Grundsätzlich beschreibt eine Produktionsfunktion die maximalen Mengen an Outputfaktoren, die beim effizienten Einsatz von gegebenen Mengen an Inputfaktoren erzielt werden können. Daher lässt sich die Effizienz eines Produktionsprozesses für gegebene Mengen an Inputfaktoren anhand des Verhältnisses der erzielten Mengen an Outputfaktoren zu den gemäß der Produktionsfunktion maximal möglichen Mengen an Outputfaktoren bestimmen.[2] Diese Möglichkeit der relativ zu der zugrunde liegenden Produktionsfunktion gemessenen Effizienz scheitert, da keine genaue Kenntnis, sondern nur empirische Beobachtungen über deren Spezifikation vorliegen.[3] Eine Option besteht dann nach Farell[4] in der Ermittlung einer durch empirische Beobachtungen aufgezeigten best practice-Produktionsfunktion.[5]

---

[1]   Eine übersichtliche Darstellung der Entwicklung der verschiedenen DEA-Ansätze und Erweiterungen des hier vorgestellten Grundmodells bieten Charnes et al. (1994); Seiford (1996); Cooper et al. (1999); Schefczyk (1996); Schefczyk/Gerpott (1995); Scheel (2000). Für den Krankenhausbereich vgl. allgemein die Übersicht bei Worthington (2004) und für Deutschland vgl. bspw. Meyer/Wohlmannstätter (1985); Bürkle (1997); Kuntz/Scholtes (1996), (1996a), (1999), (2000), (2002); Felder/Schmidt (2002).

[2]   Vgl. Greißlinger (2000), S. 83ff.

[3]   Vgl. Banker et al. (1989), S. 130.

[4]   Vgl. Farell (1957), S. 255f.

[5]   Vgl. Seiford/Thrall (1990), S. 8. Im Wesentlichen haben sich zwei Lösungsansätze zur Bestimmung solcher Frontierfunktionen herausgebildet, die parametrischen und nicht-parametrischen Ansätze. Letztere, zu denen auch die DEA zu zählen ist, besitzt den Vorteil, dass sie keine a priori Annahmen über die zugrunde liegende funktionale Form der Produktionstechnik benötigt. Eine Produktionsfunktion wird bei diesem Ansatz als Frontierfunktion interpretiert, die die geometrische Umhüllende der Input-Output-Vektoren der zu analysierenden Unternehmen darstellt.

Die Data Envelopement Analysis, welche auf Charnes/Cooper/Rhodes zurückgeht, erweitert die von Farell entwickelte Methode zur Produktivitätsmessung für den Fall von mehreren Inputs und Outputs. Demnach ermittelt die DEA aus der Menge der bestpraktizierenden Evaluationsobjekte (Decision Making Units, DMUs), die gesuchte Produktionsfunktion und bestimmt die relative Effizienz der DMUs im Verhältnis zu dieser Produktionsfunktion.[1]

Die multiplen Outputparameter und Inputparameter jeder DMU werden im Rahmen der DEA mit Hilfe von Gewichtungsfaktoren jeweils zu einem virtuellen Output- und Inputparameter aggregiert, dessen Quotient dann den DEA-Effizienzwert darstellt. Das Problem der Aggregation von Inputs und Outputs zur Effizienzbewertung ist ein wesentlicher Ansatzpunkt der DEA. Der Grundgedanke der Effizienzbewertung besteht darin, die Gewichtung für jede DMU so zu wählen, dass für diese DMU das bestmögliche Effizienzmaß im Vergleich zu den anderen DMUs erzielt wird.[2] Somit gilt eine Einheit erst dann als ineffizient, wenn keine denkbare Gewichtung der Inputs und Outputs existiert, die zu einem effizienten Vergleichswert, d. h. das betrachtete Krankenhaus weist den „besten" Wert auf, führt. Indem best practice-DMUs als Pareto-effizient bezeichnet werden, erfolgt gleichzeitig eine Verknüpfung zum Konstrukt der Pareto-Optimalität; der relative Effizienzbegriff der DEA entspricht weitgehend dem Effizienzbegriff nach Pareto.[3]

---

[1]   Vgl. Charnes et al. (1978), S. 430f.; Charnes et al. (1981), S. 671ff. Somit werden die zu beurteilenden DMUs innerhalb der DEA an der best practice-Frontier und nicht an einem Durchschnittswert gemessen. Diese Parallele zur grundlegenden Vorgehensweise bei einem Benchmarking verweist auf die Eignung der DEA als Benchmark-Instrument; vgl. hierfür auch die Ausführungen in Kapitel 6.2.2. Da zur Abbildung der Produktionsprozesse der einzelnen DMUs dieselben Output- und Inputparameter gewählt werden müssen, handelt es sich bei den DMUs um solche mit weitgehend homogener Aufgabenstellung. Da allerdings weder hinsichtlich der Art noch der Dimension dieser in die Analyse eingehenden Parameter beschränkt sind, können ganz unterschiedliche Bereiche mittels der DEA beurteilt werden; vgl. Greißlinger (2000), S. 85.

[2]   Konkret bedeutet dies, dass, wenn ein Krankenhaus die Gewichte für Inputs und Outputs gewählt hat, als Referenzkrankenhaus das Krankenhaus zum Vergleich herangezogen wird, welches unter gleichen Bedingungen (gleichen Gewichten) das beste Output-Input-Verhältnis aufweist. Die Effizienz des betrachteten Krankenhauses wird dann berechnet durch die prozentuale Abweichung seines Output-Input-Verhältnisses zu dem Output-Input-Verhältnis des Referenzkrankenhauses. Die Bestimmung der Gewichte dahingehend, dass das betrachtete Haus möglichst gut abschneidet, erfolgt durch ein Modell der Quotientenprogrammierung; vgl. Meyer/Wohlmannstetter (1985), S. 274.

[3]   Vgl. Charnes et al. (1985a), S. 91ff. Eine Input-Output Kombination wird relativ zur Performance der restlichen DMUs als best practice bezeichnet, wenn es unmöglich ist, sich bei einem Faktor zu verbessern, ohne sich gleichzeitig bei einem anderen Faktor zu verschlechtern; vgl. Scheel (2000), S. 62f. Grundsätzlich läßt sich im Rahmen der Effizienzanalyse zwischen einer input- und outputorientierten Richtung differenzieren, welches jeweils einer Ausprägung des ökonomischen Prinzips entspricht. Erstgenannte Modelle weisen im Ergebnis für die DEA-ineffizienten DMUs aus, welches Einsparpotential sie bei den Inputmengen haben, wenn sie ihre Outputmengen so effizient wie die DEA-effizienten DMUs erzielen würden. Ineffizienz im outputorientierten Modell wird als eine zu geringe Outputmenge interpretiert. Die Entscheidung über die Wahl des Modells sollte sich daran orientieren, welche der beiden Größen stärker beeinflussbar ist; vgl. Schefczyk/Gerpott (1994), S. 942; Schefczyk (1996), S. 173f.

Grundmodell

Den Ausgangspunkt des Grundmodells[1] der DEA stellt ein Index für die Faktorproduktivität einer DMU dar, welcher mit Hilfe jeweils linearer Aggregationen der Input- und Outputgrößen gebildet wird. Entsprechend der Formulierung der Zielfunktion sollen für das betrachtete Evaluationsobjekt b $(b \in [1,...,N])$ die Gewichtungsfaktoren u und v derart ermittelt werden, dass der Produktivitätsindex des jeweiligen Unternehmens relativ zur Performance der restlichen, in die Untersuchung integrierten DMUs maximiert wird. x_i stellt dabei die beobachtete Menge des i-ten Inputs $(i = 1, ...m)$ und y_r die Menge des r-ten Outputs $(r = 1, ...,s)$ dar. Aufgabe des Modells ist es, solche Gewichte zu ermitteln, die das betrachtete Unternehmen in einer Weise bewerten, die durch keine anderen Gewichtungsfaktoren übertroffen werden kann.

$$(5\text{-}1) \qquad \max_{u,v} e_b = \frac{\sum\limits_{r=1}^{s} u_r y_{rb}}{\sum\limits_{i=1}^{m} v_i x_{ib}}$$

$$NB: \quad e_n = \frac{\sum\limits_{r=1}^{s} u_r y_{rn}}{\sum\limits_{i=1}^{m} v_i x_{in}} \leq 1 \quad \text{für alle } n = 1, ..., N$$

$u_r > 0$ für alle $r = 1, ...,s$

$v_i > 0$ für alle $i = 1, ...,m$

Entsprechend den Nebenbedingungen müssen die Gewichtungsfaktoren gleichzeitig die Bedingung erfüllen, dass die DEA-Effizienzwerte aller Evaluationsobjekte kleiner gleich Eins sind. Da der DEA-Effizienzwert des betrachteten Objekts auch Element der Nebenbedingung ist, gilt hier dasselbe. Ein ermittelter Wert von Eins weist dabei auf ein DEA-effizientes Unternehmen hin. Dieses Quotientenprogramm ist N-mal zu lösen, so dass jedes Unternehmen einmal in der Zielfunktion steht. Für jede DMU ermittelt das zugrunde liegende Optimierungsprogramm unter-

---

[1]   Das Grundmodell geht davon aus, dass die DMUs durch Produktionsprozesse mit konstanten Skalenerträgen gekennzeichnet sind. Allerdings sind auch Leistungserstellungsprozesse mit variablen Skalenerträgen vorstellbar; vgl. Hanusch/Kuhn/Cantner (2000), S. 172ff.

nehmensindividuelle Aggregationsgewichte, die in dem jeweiligen DEA-Teilmodell seinen DEA-Effizienzwert unter den Nebenbedingungen maximieren.

Dieses Quotientenprogramm lässt sich mittels einer Transformation in ein lineares Programm überführen,[1] welches nach der Umformung sich wie folgt darstellt:

$$(5\text{-}2) \quad \max_{\mu,\upsilon} h_b = \sum_{r=1}^{s} \mu_r y_{rb}$$

$$NB: \quad \sum_{r=1}^{s} \mu_r y_{rn} - \sum_{i=1}^{m} \upsilon_i x_{in} \leq 0 \; \text{ für alle } n = 1, \, ..., \, N$$

$$\sum_{i=1}^{m} \upsilon_i x_{ib} = 1$$

$$\mu_r > 0 \text{ für alle } r = 1, \, ...,s; \; \nu_i > 0 \text{ für alle } i = 1, \, ...,m.$$

Das Maximierungsproblem stellt die Formulierung der DEA in der „productivity"-Form dar.[2] Dabei wird die Zielsetzung verfolgt, den virtuellen Output der beobachteten DMU unter der Nebenbedingung zu maximieren, dass der virtuelle Input den Wert von Eins aufweist. Die Bewertung der einzelnen DMUs erfolgt relativ zu dem Ergebnis von DEA-effizienten Referenzunternehmen. Voraussetzung für die Identifikation dieser effizienten Unternehmen ist die Kenntnis der Frontierfunktion, welche auf der Grundlage des korrespondierenden dualen Minimierungsproblems ermittelt werden kann.[3] Der in dem Rahmen ermittelte Effizienzparameter θ gibt an, auf welches Niveau die Inputkomponenten des beobachteten Unternehmens proportional zu reduzieren sind, damit diese DMU als best practice beurteilt werden kann.[4]

Das bisher vorgestellte DEA-Modell weist allen Unternehmen, die als effizient eingestuft wurden, einen Wert von Eins zu. Im Hinblick auf eine Effizienzanalyse ist es jedoch hilfreich, diesbezüglich weitergehende Aussagen innerhalb der Gruppe der best practice-Unternehmen zu ge-

---

[1]   Gemäß der Charnes/Cooper-Transformation werden der Zähler und Nenner der Zielfunktion und Nebenbedingung des Optimierungsprogramms durch die aggregierten Inputs des zu untersuchenden Unternehmens dividiert. Für den Nenner der Zielfunktion ergibt sich damit der Wert von Eins; vgl. Charnes/Cooper (1962), S. 181ff.; Cantner/Hanusch (1998), S. 231; Böhm (1978), S. 85ff.

[2]   Vgl. Charnes/Cooper (1985), S. 69.

[3]   Vgl. Charnes/Cooper (1985), S. 69; Cantner /Hanusch (1998), S. 230f.

[4]   Ein Wert von 0,8 sagt dann bspw. aus, dass das betrachtete Unternehmen seine Outputmengen mit 20 % weniger Ressourcenverbrauch in allen Inputparametern erzielen könnte, wenn es so effizient wäre wie die bestpraktizierenden DMUs.

nerieren. Aus diesem Grund entwickelten Andersen/Petersen ein Verfahren, welches eine Rangfolge innerhalb der DEA-effizienten Unternehmen ermöglicht.[1] Dabei wird eine Effizienzkennzahl θ^{Sup} ermittelt, welche angibt, bis zu welchem Grad die Inputs einer effizienten DMU proportional erhöht werden können, damit diese bezüglich einer „virtuellen" best practice-Produktionsfunktion gerade noch effizient sind. Der wesentliche Unterschied zu dem Grundmodell ist die Tatsache, dass die „virtuelle" best practice-Produktionsfunktion ohne Berücksichtigung der jeweils zu untersuchenden DMU ermittelt wird. Indem die entsprechenden Beobachtungen nicht in den Nebenbedingungen des Optimierungsproblems mit einbezogen werden, können sich Effizienzwerte von größer Eins ergeben, so dass auf deren Basis eine Reihenfolge der effizienten DMUs erfolgen kann.

5.2.3.1.2 Krankenhausspezifische Modellstruktur, planungsorientierte Effizienzmessung und Effizienzwirkungen

Wie bereits erwähnt stellt in dem aufgezeigten Kontext der Krankenhausplanung die Auslastung keinen geeigneten Parameter hinsichtlich der ökonomischen Effizienz dar. Im Mittelpunkt der Überlegungen steht somit die Frage, wie diese Kennziffer angepasst werden kann, um dem Aspekt der Bettenverteilung unter dem Gesichtspunkt der Wirtschaftlichkeit besser zu entsprechen.

Obwohl der Output von Krankenhäusern in der Verbesserung des Gesundheitszustandes des Patienten liegt, wird aufgrund der damit verbundenen Messschwierigkeiten zur besseren Quantifizierbarkeit, unter Hinweis auf den mehrstufigen Produktionsprozess, auf Zwischenprodukte zurückgegriffen, wobei zwischen „Behandlungstagen" und „Fallzahl" unterschieden werden kann.[2] Um keine Anreize zur Verweildauerverlängerung zu implementieren, wird hierbei die Fallzahl den Behandlungstagen vorgezogen.[3] Da die Gesamtfallzahl eines Krankenhauses allein die Patientenstruktur nicht berücksichtigt, wird der Output nicht mit einer einzigen Größe gemessen. Es erfolgt eine Differenzierung der Fälle in spezifische Gruppen, wodurch sich ein multipler Output ergibt. Kuntz/Scholtes unterteilen dabei zwei Outputstrukturen: Zum einen erfolgt eine Differen-

---

[1] Vgl. Andersen/Petersen (1993), S. 1261ff.
[2] Vgl. hierzu auch die Ausführungen im Kapitel 4.1.2.
[3] Vgl. Kuntz/Scholtes (2004), S. 7.

zierung der Fallzahl in einem „leistungsorientierten" Modell nach einer Gruppenstruktur, basierend auf der den Fällen zugeordneten Diagnose, gemäß der internationalen Klassifikation der Krankheiten (ICD),[1] zum anderen erfolgt die Zuordnung der Fälle gemäß der Fachabteilungsstruktur („ressourcenorientiertes" Modell).

Die Inputseite wird durch die Faktoren, die die Ressourcenbasis eines Krankenhauses für die stationäre Behandlung der Patients beschreiben, definiert. Dabei werden als ein Input sog. „bereinigte" Kosten gewählt, also Kostenbestandteile, die sich auf die stationäre Leistungserbringung beziehen. Kosten, die sich durch Ausbildung ergeben oder durch die duale Finanzierung von den Ländern getragen werden, sowie Kosten, die nicht im Rahmen der stationären Versorgung anfallen, sondern durch ambulante Leistungen verursacht werden, finden hierbei keine Berücksichtigung. Ergänzt werden diese Kosten im Falle von Krankenhäusern mit Belegbetten.[2] Da die Kosten für den ärztlichen Dienst nicht in den bereinigten Kosten enthalten sind, würde durch eine Nichtberücksichtigung deren Wirtschaftlichkeit verfälscht. Um dies auszugleichen, wird ein fiktiver Kostenblock je Belegbett hinzugerechnet.[3] Darüber hinaus wird die Ressourcenbasis eines Krankenhauses für die stationäre Behandlung der Patients durch die vorhandene Kapazität beschrieben. Als zweiter Input werden somit die Betten gewählt[4] (vgl. Abb. 5-8).

---

[1]   Vgl. Rochell (1999); DIMDI (Hrsg.) (1999).
[2]   Unter Belegbetten werden Betten verstanden, in welchen der Patient nicht durch einen vom Krankenhaus angestellten, sondern durch einen wirtschaftlich selbstständigen Arzt betreut wird.
[3]   Die Berechnung erfolgt unter der Annahme, dass die Kosten des ärztlichen Dienstes für den Betrieb eines Belegbettes denen eines Nichtbelegbettes entsprechen. Im Ergebnis wurde ein Zuschlag von 17,64 % gewählt, welches einem Anteil von 15 % der Gesamtkosten für den ärztlichen Dienst entspricht, vgl. Kuntz/Scholtes (2004), S. 15.
[4]   Unter Betten sind die im Rahmen der Krankenhausplanung zugewiesenen Planbetten zu verstehen. Diese können somit als Indikator für die vom Land getätigten Investitionen angesehen werden.

Output (Modell 1)	Fallzahl differenziert nach ICD-Obergruppen	Infektiöse und parasitäre Krankheiten (A00-B99)
		Neubildungen (C00-D48)
		Störungen der Drüsen mit innerer Sekretion und des Immunsystems, Ernährungs- und Stoffwechselkrankheiten (E00-E90)
		Krankheiten des Blutes und der blutbildenden Organe (D50-D89)
		Psychatrische Verhaltensstörungen (F00-F99)
		Krankheiten des Nervesnsystems (G00-G99)
		Krankheiten des Auges und der Augenanhanggebilde (H00-H59)
		Krankheiten des Ohres und des Warzenfortsatzes (H60-H95)
		Krankheiten des Kreislaufsystems (I00-I99)
		Krankheiten des Atmungssystems (J00-J99)
		Krankheiten des Verdauungssystems (K00-K93)
		Krankheiten des Urogenitalsystems (N00-N99)
		Komplikationen in der Schwangerschaft, bei der Entbindung im Wochenbett (O00-O99)
		Krankheiten der Haut und der Unterhaut (L00-L99)
		Krankheiten des Muskeln-Skelett-Systems und des Bindegewebes (M00-M99)
		Angeborene Fehlbildungen, Deformitäten u. Chromosom. (Q00-Q96)
		Bestimmte Zustände, die i. Ursprung Perinatalphase (P00-P96)
		Sympthome und abnorme klinische u. Laborbefunde (R00-R99)
		Verletzungen, Vergiftungen u. best. andere Folgen (S00-T98)
		Faktoren, d.d. Gesundheitszustand beeinflussen (Z00-Z99)
	Entlassene teilstationäre Patienten	
Output (Modell 2)	Fallzahl differenziert nach Fachabteilungsstruktur	Innere Medizin
		Kinderheilkunde
		Chirurgie
		Neurochirurgie
		Plastische Chirurgie
		Herzchirurgie
		Urologie
		Orthopädie
		Frauenheilkunde und Geburtshilfe
		HNO- Heilkunde
		Augenheilkunde
		Neurologie
		Psychiatrie
		Kinder- und Jugenspsychiartrie
		Psychosomatik/Psychotherapie
		Stahlenheilkunde
		Dermatologie
		Zahn- und Kieferheilkunde
		sonstige Fachbereiche
	Entlassene teilstationäre Patienten	
Input	Anzahl der Betten	
	Kosten = bereinigte Kosten - Kosten der Ausbildungsstätten + Kosten des ärztlichen Dienstes (Belegbetten/Nichtbelegbetten)	

Abb. 5-8: Input-Output-Struktur für die DEA-basierte Effizienzanalyse[1]

---

[1]   Vgl. Kuntz/Scholtes (2004), S. 16.

Die planungsbezogene Effizienzmessung erfolgt durch ein zweistufiges Verfahren:[1] Zunächst werden die Effizienzwerte für alle Krankenhäuser ermittelt. Anschließend wird durch eine Bettenverschiebung von im ersten Schritt identifizierten ineffizienten zu effizienten Krankenhäusern die minimale Anzahl von Betten ermittelt, die für deren DEA-Effizienz von 1 notwendig sind.[2] Gleichzeitig erfolgt im Rahmen der planungsorientierten Modellgestaltung eine Einschränkung der Gewichte, da die Krankenhauseffizienz sonst nur auf einer diesbezüglich geschickten Wahl basiert.[3] Aus diesem Grund wird als Nebenbedingung eingeführt, dass das Gewicht für den Kapazitätsinput mindestens zweitausendmal größer als das Gewicht für die Behandlungskosten ist.[4] Somit stellt dies eine Untergrenze dar, während es für Krankenhäuser weiterhin möglich ist, den Betteninput mit einem höheren Gewicht zu versehen.Auf der genannten Basis evaluieren Kuntz/Scholtes den effizienzgestützten Ansatz der Krankenhausplanung im Rahmen von Modellrechnungen anhand der Daten des Bundeslandes Rheinland-Pfalz.[5] Unter Berücksichtigung der beiden Verfahrensschritte lassen sich verschiedene Aussagen ableiten:[6]

Bei der Effizienzbeurteilung von 92 Krankenhäusern erweisen sich bei dem „leistungsorientierten" Modell 1 72,8 % der Krankenhäuser als DEA-effizient (DEA-Wert 1). Einen Effizienzwert zwischen 0,95 und 1 weisen ca.12 %, zwischen 0,9 und 0,95 liegen 7,6 % der Krankenhäuser. Ebenfalls 7,6 % der Krankenhäuser erzielen einen DEA-Wert kleiner als 0,9. Da die Ergebnisse zwischen den beiden Modellen stark korrelieren, wurde aus diesem Grund als Selektionskriterium für Krankenhäuser, bei denen ein Kapazitätsabbau aus Effizienzgründen befürwortet wurde, entweder das Unterschreiten eines Effizienzwertes von 0,9 in einem Modell oder das Unterschreiten des Effizienzwertes von 1 in beiden Modellen festgelegt.

---

[1]   Vgl. Kuntz/Scholtes (2004), S. 9f.
[2]   Ziel dieser Überlegungen ist die Identifizierung derjenigen Krankenhäuser, deren Kapazitäten im Rahmen von Kürzungsmaßnahmen durch das Land auf keinen Fall stärker reduziert werden sollten, als dies durchschnittlich für ein Krankenhaus der Fall ist.
[3]   So kann ein Krankenhaus deshalb effizient sein, weil nur die Behandlungskosten positiv gewichtet werden, während für den Kapazitätsinput keine Gewichtung erfolgt, somit der Patientendurchlauf und damit die Kapazitätsnutzung sehr gering ist.
[4]   Durch diese Beschränkung wird berücksichtigt, dass in den letzten 30 Jahren eine Investitionsförderung in Höhe von ca. Zwei Mrd. € für die Krankenhäuser durch das Land Rheinland-Pfalz erfolgte. Dieses ergibt bei ca. 30.000 Betten eine Investitionsfördersumme von 2000 € pro Planbett, wobei diese Höhe, vor dem Hintergrund eines Investitionsstaus, als Mindestgröße interpretiert werden kann.
[5]   Die vorgeschlagene Methode wurde konkret im Rahmen des vorbereitenden Gutachtens für die Krankenhausplanung des Landes Rheinland-Pfalz bis 2007 erprobt; vgl. zu dem Endgutachten GEBERA (2003).
[6]   Vgl. Kuntz/Scholtes (2004), S. 17ff.

Auf diese Weise wurden 18 „auffällige" Krankenhäuser ausselektiert, wobei sich festhalten lässt, dass diese eine im Vergleich zum Gesamtdurchschnitt ähnliche Auslastung von 76,3 % (das entspricht 98 % im Vergleich zum Gesamtdurchschnitt) hatten, jedoch bezogen auf die durchschnittlichen Fallkosten (12 % über dem Gesamtdurchschnitt) und den Patientendurchlauf (25 % unter dem Gesamtdurchschnitt) deutliche Abweichungen aufweisen.[1] Im Ergebnis beziffern die Autoren die bei diesem Krankenhäusern summierten Effizienzpotentiale auf einen Wert von 48,5 Mio. € bzw. 629 Betten.[2]

Bei der im zweiten Schritt für die ineffizienten Krankenhäuser bis zu deren DEA-Effizienz von 1 simulierte Bettenumverteilung wurden 15 Krankenhäuser ermittelt, denen die verlagerten Betten im Rahmen der Modellrechung zugesprochen wurden und bei denen ein Kapazitätsaufbau bzw. zumindest kein Kapazitätsabbau vorgenommen werden sollte. Diese effizienten Krankenhäuser zeichnen sich insbesondere bei der Verweildauer (8,3 zu 14,2 Tagen), den Fallkosten (2.504 € zu 3.266 €) und dem Patientendurchlauf (36 zu 23,7) durch deutlich bessere Werte aus. Obwohl diese Krankenhäuser ähnlich viele Betten vorhalten (217 zu 211), sind Unterschiede im Bereich der durchschnittlichen Fachabteilungszahl zugunsten der effizienten Krankenhäuser erkennbar (4,47 zu 3,89). Zusammenfassend leiten die Autoren ab, dass Bettenverlagerungen sowohl in andere kleinere Fachkrankenhäuser als auch in größere Krankenhäuser zur Erhöhung der Gesamteffizienz führen können.

Bezogen auf die Effizienzgewinne lässt sich unter Zugrundelegung des maximal möglichen Bettenaufbaus je Krankenhaus ein maximal möglicher Bettenaufbau von 285 Betten quantifizieren. Geht man von Patientenbewegungen von ineffizienten zu effizienten Krankenhäusern aus, so könnten durch diese Bettenverlagerung rechnerisch 853 Fälle mehr behandelt werden, welches Kosteneinsparungen von 650.000 € bedeutet.[3]

---

[1] Insbesondere die deutlich längere Verweildauer (124 % im Vergleich zum Gesamtdurchschnitt) wird auch darauf zurückgeführt, dass es sich bei den ineffizienten Krankenhäusern um solche handelt, die einen relativ hohen Anteil (26 %) an Betten für Psychiatrie sowie Kinder-und Jugendpsychiatrie aufweisen.

[2] Weiterhin werden fünf weitere Krankenhäuser als „eingeschränkt auffällig" identifiziert. Diese sind im leistungsorientierten Modell 1 DEA-effizient, weisen im „ressourcenorientieren" Modell 2 jedoch einen DEA-Wert von unter 0,9 auf, welches die Ineffizienz dadurch erklärt, dass im Vergleich zu Häusern mit gleicher Abteilungsstruktur eine atypische Leistungsstruktur vorgehalten wird.

[3] Vgl. Kuntz/Scholtes (2004), S. 21.

5.2.3.2 Leistungsorientierte Rahmenplanung

Mit dem bisherigen Ansatz einer Bettenverteilung unter expliziter Berücksichtigung der Wirtschaftlichkeit von Krankenhäusern wurde eine marktorientierte Organisation der Krankenhausversorgung aufgezeigt, die sich auf das bestehende duale Finanzierungs- und Planungssystem
bezog und somit nicht die Frage nach einer Veränderung der ordnungspolitischen Rahmenbedingungen stellt. Ein solcher Ansatz ist eher als eine marktorientierte Konzeption im weiteren Sinne
zu interpretieren. Im Mittelpunkt der weiteren Ausführungen stehen die schon eingangs erwähnten Überlegungen zu einer wettbewerblichen Neuausrichtung der Krankenhausversorgung durch
entsprechende Änderungen der Rahmenbedingungen. Eine solche Regelung bedeutet insbesondere eine Neugewichtung des Verhältnisses zwischen einer Aufsicht der Länder und gestaltenden
Verträgen zwischen Kostenträgern und Leistungserbringern mit dem Ziel der Erweiterung für
unternehmerische Handlungsspielräume der einzelwirtschaftlichen Akteure. Diesbezügliche
Tendenzen erhalten durch die Einführung einer leistungsorientierten Vergütung auf Basis von
DRG und der damit verbundenen fehlenden Kompatibilität der beiden (externen) Steuerungssysteme, der kapazitätsorientierten Planung und leistungsorientierten Vergütung im Krankenhaussektor, besondere Aktualität.

5.2.3.2.1 Auswirkungen von DRG auf die Krankenhausplanung

Die Steuerung der Krankenhausversorgung besteht mit dem Entgelt- und dem Planungssystem
aus zwei Modulen, welche sich gegenseitig beeinflussen und daher miteinander korrespondieren
sollten:[1]

Die 1973 gesetzlich vorgegebene Krankenhausplanung der Länder ging von einer Kongruenz
zwischen (kapazitäts- bzw. inputorientierter) Planungs- und Vergütungseinheit aus: Gegenstand
der Planung war im Rahmen der angebotsorientierten Kapazitäts- bzw. Mittelverwendungsplanung das Krankenhaus mit dem Ziel der wirtschaftlichen Sicherung. Die Benutzerentgelte wurden über krankenhausbezogene tagesgleiche Pflegesätze vergütet, die Krankenhauskapazitäten
wurden konsequenterweise an der Bezugsgröße Pflegetag bemessen (Bettenplanung).

---

[1]   Vgl. Bruckenberger (2003), S. 97; Bruckenberger (2002), S. 25f.

Mit der Einführung des Gesundheitsstrukturgesetzes bzw. der Bundespflegesatzverordnung und dem damit verbundenen Einstieg in ein leistungsorientiertes outputbezogenes Vergütungssystem wurden neue wettbewerbliche Entwicklungen im Krankenhaus unabhängig von staatlichen Planvorgaben zur Anzahl von Betten induziert.[1] Insgesamt lässt sich eine parallele Planungs- und Steuerungskompetenz zwischen den Ländern und den Vertragsparteien feststellen und damit eine teilweise Aufhebung der Kongruenz zwischen Planungs- und Vergütungseinheit.

Mit der Anwendung des Fallpauschalensystems ab 2004 ist diese Kongruenz vollständig beseitigt. Die leistungsorientierte Vergütung ist auf Versorgungsleistungen (Output) bezogen, nicht auf die Auslastung vorgegebener Kapazitäten (Input). Eine Kapazitätsplanung im herkömmlichen Sinne (Bettenplanung) ist nicht mehr systemkonform.[2]

Um die Kompatibilität zwischen den beiden Submodulen wieder herzustellen, ergeben sich die in der Abbildung 5-9 dargestellten Konsequenzen für die Krankenhausplanung.

Zum einen muss eine outputorientierte Betrachtung der Krankenhausplanung erfolgen, welche sich in einer leistungsorientierten Planung als krankheitsorientierter Leistungsbedarf auf der E-bene von Versorgungsregionen darstellt.[3] Bei dieser outputbezogenen Perspektive der Krankenhausplanung dominiert nicht die Sicherstellung der Krankenhäuser bzw. Sicherstellung staatlicher Investitionen als Zweck der Krankenhausplanung, sondern die Sicherstellung der Ansprüche der Versicherten. Es wird nicht davon ausgegangen, welche Angebotskapazitäten für eine Bedarfsdeckung strukturell vorgehalten werden sollen, sondern welche Leistungen bei den Versicherten tatsächlich ankommen. Zum anderen müssen der Schaffung marktähnlicher Strukturen auf der Vergütungsseite kompatible Schritte im Bereich der (Kapazitäts-) Planung im Sinne eines wettbewerbsgesteuerten Modells der Leistungsvereinbarung zwischen Leistungserbringern (Krankenhäusern) und Leistungseinkäufern (Krankenkassen) folgen.[4]

---

[1] Vgl. Neubauer (2002), S. 159ff.; Rüschmann/Schmolling (2000), S. 636ff.
[2] So konstatiert Bruckenberger (2002), S. 26, zu der Entwicklung des Verhältnisses von Vergütung und Planung: „Die Entwicklung des Vergütungssystems im Krankenhausbereich vom Selbstkostenprinzip in Form eines tagesgleichen Pflegesatzes zu einem diagnoseorientierten Fallpauschalensystem führt seit 1973 tendenziell de facto von einer sektoralen angebotsorientierten und gerichtlich überprüfbaren Mittelverwendungsplanung in Form einer Kapazitätsplanung durch die Länder hin zu einer sektorübergreifenden prozessorientierten „Leistungsplanung" durch die Vertragsparteien in Form von immer detaillierteren Versorgungsverträgen."
[3] Vgl. Robra et al. (2004), S. 138.
[4] Vgl. Rüschmann/Schmolling (2000), S. 645ff.; Rüschmann et al. (2000).

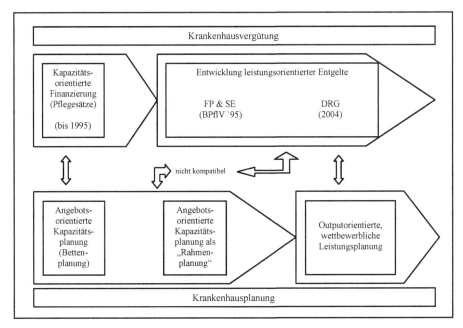

Abb. 5-9: Kompatibilität von Entgelt- und Planungssystem

5.2.3.2.2 Modellbeschreibung

Bei einem Übergang von einer Kapazitätsplanung hin zu einer leistungsorientierten Planung ist für eine wettbewerbliche Neuausrichtung der Organisation der Krankenhausversorgung zur Verbesserung unternehmerischer Handlungsspielräume eine Reduzierung der Lenkung durch externe Planungsträger und eine Verlagerung der Kompetenzen auf Ebene der Krankenhäuser bzw. deren Träger und Krankenkassen entscheidend.[1] Gegen eine solche Regelung kann eingewandt werden, dass die Gesundheitsversorgung eine öffentliche Aufgabe der Daseinsvorsorge ist.[2] Die Verantwortung für die Sicherstellung der Versorgung liegt bei den Ländern als derjenigen staatlichen Ebene, die über die notwendige Handlungskompetenz verfügt. Allerdings kann die Verantwortung grundsätzlich auf Dritte übertragen werden.[3] Dem Land obliegt dann die Aufsicht, ob

---

[1]   Vgl. Leber (2003), S. 187; Neubauer (2003), S. 86ff.

[2]   Dies wird aus dem Sozialstaatsprinzip und dem Grundrecht auf Leben und körperliche Unversehrtheit, welches einen Schutzauftrag enthält (Art. 28, 20 bzw. 2 Abs. 2 GG), abgeleitet.

[3]   Vgl. Robert-Bosch-Stiftung (1987), S. 160ff. Nach dem Subsidiaritätsprinzip sind Aufgaben und Verantwortungsbereiche nur dann von einer höheren Organisationseinheit zu übernehmen, sofern nicht nachgelagerte Stufen diese Aufgaben qualifiziert in einer Verantwortung übernehmen können. Damit wird die Steuerung im Rahmen der sog. Selbstverwaltungsmodelle einem Einigungsprozess zwischen den beteiligten Krankenhäusern und Krankenkassen überlassen. Da die Verhand-

dem übertragenen Auftrag auf dezentraler Ebene nachgekommen wurde. Damit wird die Kran-

kenhausplanung subsidiär im Sinne einer Auffangplanung gestaltet, bei der der Staat weiterhin

die Verantwortung für die Sicherstellung einer ausreichenden Krankenhausversorgung trägt, die

Wahrnehmung der Verantwortung für die Krankenhausversorgung jedoch weitestgehend den

Krankenhäusern und Kostenträgern überlassen wird. Akzeptiert man diese Perspektive, so wird

deutlich, dass das Verhältnis zwischen einer Aufsicht der Länder einerseits und gestaltenden

Verträgen zwischen Kostenträgern und Leistungserbringern andererseits eine Neuordnung erfor-

dert, in der die outputorientierte Planung auf der Ebene der Vertragspartner konkretisiert wird

(vgl. Abb. 5-10).

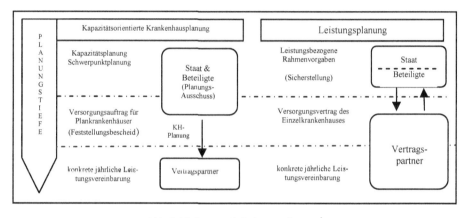

Abb. 5-10: Dezentrale Leistungsplanung [1]

Der Versorgungsauftrag als abgeleiteter Sicherstellungsauftrag wird in Verträgen zwischen den

Vertragsparteien im Hinblick auf den derzeitigen Bedarf und die mittelfristige Dynamik der sta-

tionären Leistungen ausgestaltet.[2] Die Kostenträger sichern mit den Versorgungsverträgen die

Ansprüche ihrer Versicherten z. B. auf der Grundlage von versichertenbezogenen Leistungsdich-

ten nach DRG-Hauptgruppierungen.[3] Um stabile Rahmenbedingungen und eine mittelfristige

---

lungen unterhalb der Länderebene stattfinden, ergeben sich mit einer regionalen Betrachtung verbundener Dezentralisierung Vorteile einer besseren Sachkenntnis der Betroffenen sowie eine Flexibilisierung und Anpassungsfähigkeit des Systems, weil Koordinationsaufgaben der höheren Länderebene unberührt bleiben.

[1]   Vgl. Greß et al. (2004), S. 145.

[2]   Die Krankenhausseite vertritt die Leistungserbringer, die Krankenkassen haben die Aufgabe die Anliegen der Versicherten
wahrzunehmen. Grundsätzlich lassen sich hierbei auf beiden Seiten verschiedene Delegationsmodelle vorstellen. So können Krankenhäuser sich zu regionalen Körperschaften zusammenschließen, die dann mit den Kassen überbetrieblich den
regionalen Versorgungsbedarf planen. Daneben ist auch eine Übertragung auf einzelne Krankenhäuser und Kassen mit einem Krankenhaus-Ausschuss denkbar; vgl. Herder-Dorneich (1994), S. 539ff.

[3]   Vgl. Robra et al. (2004), S. 144ff.

Planungssicherheit zwischen den Vertragsparteien zu erreichen, müssen die Versorgungsverträge über einen Zeitraum von mehreren Jahren vereinbart werden, so dass Leistungserbringer auf dieser Grundlage mittelfristige (Investitions-) Entscheidungen tätigen können. Diese mittelfristigen Versorgungsverträge könnten dann durch konkretisierende, jährliche Leistungsvereinbarungen mit Leistungserbringern, z. B. auf der Grundlage von versichertenbezogenen Leistungs dichten, umgesetzt werden.

Für die staatlichen Organe ergibt sich in einer solchen Konstellation eine neue Aufgabenverteilung: Diese haben in einem solchen System die primäre Aufgabe, die Versorgung zu beobachten, bei Versorgungsdefiziten zunächst die Krankenversicherungen darauf aufmerksam zu machen und die Kontrollintensität zu erhöhen.[1] Werden diese nicht aktiv, bleibt es dem Staat vorbehalten, beispielsweise über finanzielle Unterstützungsmaßnahmen, direkt in die Versorgung einzugreifen und punktuell Defizite zu beseitigen.[2]

Um die staatliche Letztverantwortung sicherzustellen, bedarf es der Möglichkeiten für Interventionen, wenn die bedarfsgerechte Versorgung nicht mehr gewährleistet ist und operationaler Kriterien zur Nachprüfbarkeit, bei deren Nichteinhaltung Eingriffe legitimiert sind. Diesbezüglich sind in erster Linie Beschränkungen auf politisch zu vertretende strategische Versorgungsziele der Bevölkerung und damit keine Detail- sondern Rahmenvorgaben in Erwägung zu ziehen. Vor dem Hintergrund der leistungsorientierten Planung aus dem Blickwinkel der Versorgung der Versicherten muss sichergestellt sein, dass für eine definierte Versichertenpopulation bestimmte Leistungsvolumina vertraglich vereinbart sind.[3] Die Auffangplanung des Staates konzentriert sich z. B. im Rahmen der Gesundheitsberichterstattung auf die bevölkerungsbezogene, kassenübergreifende Versorgungstransparenz.[4] Ländern bzw. der zuständigen Landesbehörde obliegt

---

[1]   Vgl. Robert-Bosch-Stiftung (1987), S. 192f.
[2]   Dies könnte auch durch eine gezielte Förderung von denjenigen Krankenhausbetreibern/Investoren geschehen, die sich bereit erklären, die Versorgungsdefizite aufzufüllen; vgl. Neubauer (2004), S. 118.
[3]   Vgl. Leber (2003), S. 189; Greß et al. (2004), S. 132f.;
[4]   Dieses könnte bspw. dadurch geschehen, dass Länder die versichertenbezogenen Leistungsdichten der Kostenträger zusammen mit den korrespondierenden Fallhäufigkeiten der Leistungserbringer auf bevölkerungsbezogene Leistungsdichten für eine Region umrechnen und vorgeben; vgl. Robra et al. (2004), S. 145. Zur Absicherung könnte auch in einem solchen leistungsorientierten System die Angabe der zur Behandlung der DRG-Fälle notwendigen „Betten" als Indikator für die Sicherstellung der Patientenversorgung dienen.

dann die Überprüfung, ob die Leistungsmengen durch eine ausreichende Anzahl an Vertragsab-schlüssen tatsächlich vorgehalten werden.[1]

Richtlinien und Mindestanforderungen zur Krankenhausversorgung, welche der Landesbehörde als Interventionskriterium dienen, werden von den in den zentralen Planungsgremien Beteiligten erarbeitet, was in einem Krankenhaus-Planungsausschuss geschieht.[2] Diesbezügliche Aufgaben wären beispielsweise eine Aufteilung eines Bundeslandes in verschiedene Versorgungsregionen, die dann als Beurteilungsbasis für die Einhaltung von Sollvorgaben und Mindestvoraussetzungen dienen.[3] Eine weitere Aufgabe wäre die Festlegung von krankenhausbezogenen Zulassungsbe-dingungen, die zur Teilnahme an der Versorgung berechtigen (bspw. personelle und technische Mindestausstattung, Pflichtleistungen, Notfallversorgung und insbesondere systembezogene Qualitätskriterien und -anforderungen). Weitere Indikatoren sollten in diesem System bezüglich des Zugangs zur Versorgung Angaben über die räumliche und zeitliche Erreichbarkeit der Leis-tungserbringer sein und Vorschriften über die Auskunfts- und Informationspflicht der Vertrags-partner an die staatlichen Organe enthalten.[4]

Für Krankenhäuser erschließen sich in dieser Neuordnung der Krankenhausplanung im Ver-gleich zur heutigen Situation erweiterte Spielräume für unternehmerisches Handeln. Insgesamt wird damit die Steuerung der Leistungsfähigkeit von Krankenhäusern durch externe Planungs-träger deutlich reduziert. Die für die zu kontrahierenden Leistungsmengen benötigten Kapazitä-ten und Produktionsstrukturen können nach betriebswirtschaftlichen Aspekten frei geplant und realisiert und somit vermehrt unter dem Aspekt der Wirtschaftlichkeit betrachtet werden. Auf-grund der durchgehenden Leistungsbasierung wird das Auseinanderfallen von Planungs- und Entgeltsystem in einem solchen System beseitigt.

---

[1] Allerdings ergibt sich in diesem Zusammenhang das Problem der überhöhten Mindestvorgaben mit der Folge, dass beste-hende Überkapazitäten nicht abgebaut werden, sondern mit anderen Mitteln fortgeschrieben werden. Dies kann entweder durch eine echte duale Finanzierung, bei der sich das Land auch an den durch Investitionen verursachten Betriebskosten be-teiligt, verhindert werden oder durch eine bundesweite Vorgabe von Regionstypen durch ein auch für die GKV-Beitragsstabilität zuständiges Ministerium; vgl. Leber (2003), S. 188.

[2] Vgl. Neubauer (2003), S. 89; Ebsen et al. (2003), S. 47ff.

[3] Vgl. Robert-Bosch-Stiftung (1987), S. 190f.

[4] Greß et al. (2004), S. 129; Neubauer (2003), S. 89.

5.2.3.2.3 Vertragsaspekte

Eine marktorientierte Organisation der stationären Versorgung mit dem Ziel einer wirtschaftlichen Mittelverwendung durch eine verstärkte Wettbewerbsorientierung bedeutet damit eine Fokussierung auf die Beziehungen zwischen den Vertragsparteien. In diesem Zusammenhang werden die derzeitigen strukturellen Regelungen als zentrale Wettbewerbshindernisse zwischen Kassen, aber auch zwischen Leistungserbringern kritisiert. [1]

Im derzeitigen System werden die Versorgungsverträge als Kollektivverträge mit einer Verpflichtung zu gemeinsamen und einheitlichen Verträgen für Kassen mit einem Kontrahierungszwang für Kassen und Leistungsanbieter geschlossen. [2] An der Krankenhausversorgung der GKV-Versicherten nehmen alle derzeit in den Krankenhausplan eines Landes aufgenommenen Krankenhäuser teil. Einzelne Krankenkassen haben somit nicht die Möglichkeit, den Versorgungsvertrag nur mit ausgewählten Krankenhäusern abzuschließen, bzw. zu kündigen. Dies können nur alle Krankenkassen gemeinsam tun. Auch für Krankenhäuser ist ein solches Vorgehen nicht möglich.

Es ist ersichtlich, dass von dieser Konstellation für Krankenhäuser und Krankenkassen effizienz- und wettbewerbsmindernde Anreize ausgehen: Krankenhäuser haben geringe Anreize, sich um Wettbewerbsvorteile im Hinblick auf Kosten, Qualitätskriterien oder weitere Versorgungsaspekte zu bemühen, denn sie erhalten eine „automatische" Zuteilung von Versorgungsaufträgen. Interessierte Krankenkassen können einzelnen Krankenhäusern keine Vorteile beim Vertragsabschluss gegenüber weniger attraktiven Krankenhäusern bieten, effizienzsteigernde Aktivitäten für eine Versorgung mit stationären Leistungen unterbleiben, weil eine solche Maßnahme in gleichem Maße allen konkurrierenden Kassen zugute kommt.

Aus diesem Grund werden für konsistente Reformen der Steuerungsstrukturen ein Übergang vom herrschenden Prinzip „gemeinsam und einheitlich" im Rahmen der Kollektivverträge zu kassenspezifischen Verhandlungen auf der Grundlage individueller (Einzel- oder Gruppen-) Ver-

---

[1]   Vgl. Greß et. al (2004), S. 124f.; Jacobs/Schulze (2004), S. 2ff.
[2]   Vgl. §§ 108 bis 110 SGB V. Nicht nur beim schon oben beschriebenen Eintritt in das GKV-System, sondern auch bei der Regelung der Vergütungsmodalitäten wird ein Wettbewerb verhindert. So schließen nach § 17 KHG alle Krankenkassen gemeinsam und einheitlich die Pflegesatzverhandlungen mit den Krankenhäusern.

sorgungsverträge zwischen Krankenkassen und Leistungserbringern (Krankenhausträger) als notwendig erachtet.[1] Um die bisher beschriebenen Probleme der Anreizwirkung einer automatischen Teilnahme an der Versorgung für Plankrankenhäuser zu verändern, bedarf es als weitere Voraussetzung für eine wirtschaftliche und qualitativ hochwertige Leistungserbringung der Vertragshoheit der Krankenkassen zur Gestaltung dieser Verträge gegenüber Leistungserbringern. In einem solchen System erhalten Krankenkassen als Leistungsfinanzierer die volle Vertragsfreiheit gegenüber allen Krankenhäusern, es existiert nicht länger ein Kontrahierungszwang mit Plankrankenhäusern, die es in einer solchen Form nicht mehr gibt.[2] Kassen erhalten die Möglichkeit, nur mit jenen Krankenhäusern Verträge abzuschließen, die aus ihrer Sicht bedarfsnotwendig sind und die wirtschaftlich arbeiten. Im Ergebnis wird unter den Leistungsanbietern ein Wettbewerb um Versorgungsverträge ausgelöst, da diese durch den Wegfall des automatischen Anspruchs auf Abschluss eines Versorgungsvertrages auf der Grundlage zentraler Bedarfsplanung nunmehr ihrerseits verstärkt bemüht sein werden, den Kassen attraktive Versorgungsangebote anzubieten.[3] Darüber hinaus würden vor dem Hintergrund der sektorspezifischen Dominanz bestehender Regelungen durch das selektive Kontrahieren Gestaltungsmöglichkeiten für eine regionale Steuerung durch Kassen mit sektorübergreifender Substituierbarkeit und Integration der Leistungen vereinfacht.[4]

Die Möglichkeit einer gezielten Auswahl von Krankenhäusern in einem System des Vertragswettbewerbs mit den Zielen der Wirtschaftlichkeit und Qualitätssteigerung der stationären Versorgung muss allerdings auch für Krankenhäuser die Möglichkeit des Einsatzes von Wettbe-

---

[1]   Vgl. Leber (2003), S. 186f. Eine solche Maßnahme ist insbesondere einer Übergabe an die Gemeinschaft aller Krankenkassen vorzuziehen, da nur sie die durch die freie Kassenwahl bedingten Veränderungen der Wettbewerbsordnung für Krankenversicherungen berücksichtigt. Auch stellt ein abgestimmtes Verhalten in einem gemeinsamen Entscheidungsfall eine Kartellbildung dar und ist in einer Wettbewerbsordnung als nicht systemkonform zu bezeichnen. Darüber hinaus stellt diese Form, wie sich in der Vergangenheit gezeigt hat, keine entscheidungsfähige Alternative dar. Insbesondere wird unter der Erschließung von Effizienzreserven gefordert, dass diese Verträge auf Individualebene gleichzeitig maßgeblich auf sektorübergreifende Versorgungsstrukturen ausgerichtet sein sollen; vgl. hierzu die Ausführung im Kapitel 5.2.3.3.

[2]   Vgl. Neubauer (2003), S. 88.

[3]   Da Kassen im Wettbewerb um die Versicherten stehen, werden diese bedacht sein, sowohl Preise und Qualität der Leistungen in die Auswahlentscheidung mit einfließen zu lassen. Die mit den Anbietern einzelvertraglich abgeschlossenen Versorgungsangebote, können dann den Versicherten weitergegeben werden. Dies setzt allerdings die Möglichkeit einer sektorübergreifenden Patientensteuerung durch die Kassen in einem Wettbewerb der Versorgungsformen voraus.
Für einen solchen Vertragswettbewerb sind allerdings noch weitere Rahmenbedingungen zu schaffen, zu denen insbesondere ein morbiditätsorientierter Risikostrukturausgleich, ein einheitlicher Leistungskatalog, Verbesserung von Qualitätsindikatoren und die konsequente Anwendung des Wettbewerbs- und Vergaberechts zählen. Letzterer Aspekt ist insbesondere notwendig, damit sich Krankenhäuser nicht marktmächtigen Krankenversicherungen gegenüber sehen und umgekehrt; vgl. zu einem Gesamtkonzept für einen „Vertragswettbewerb in der gesetzlichen Krankenversicherung zur Verbesserung von Qualität und Wirtschaftlichkeit der Gesundheitsversorgung" das gleichnamige Gutachten von Ebsen et al. (2003).

[4]   Vgl. Robra et al. (2004), S. 146.

werbsparametern beinhalten. In marktorientierten Bereichen ist der Preis als der wesentliche Steuerungsparameter anzusehen, somit setzt ein wettbewerbsorientiertes Steuerungssystem auch eine mögliche „Preisdifferenzierung" voraus. Die Steuerungsfunktion besteht dann darin, dem Krankenhaus mehr Ressourcen zuzuführen, welches eine gleiche, definierte Leistung mit niedrigeren Kosten erbringt. Somit wird mit den knappen Ressourcen ein Mehr an Leistung erbracht oder ein gegebenes Leistungsniveau mit weniger Ressourcen erstellt.

Diesbezüglich ist zu konstatieren, dass Krankenhäuser im derzeitigen System keine Möglichkeit erhalten Vergütungsmodalitäten in Vertragsverhandlungen auszuhandeln.[1] Im derzeitigen DRG-System wird der zunächst für jedes Krankenhaus individuelle Basisfallwert schrittweise an einen einheitlichen Wert herangeführt. Obwohl diese Maßnahme eine Erhöhung der Anstrengungen hinsichtlich einer wirtschaftlichen Leistungserstellung für die Krankenhäuser und damit verbundene Effizienzsteigerungen erwarten lässt, werden die insgesamt möglichen Effekte abgeschwächt, da es sich bei dem Basisfallwert um einen landesweit einheitlichen Wert handelt. Effiziente Krankenhäuser, die bei gegebenem Basisfallwert Gewinne erzielen, können diese nicht in Form niedrigerer Preise als unmittelbaren Wettbewerbsvorteil gegenüber Kassen weitergeben.

In einer wettbewerblichen Organisation der Krankenhausversorgung müssen demnach Krankenhäuser und Krankenkassen die Möglichkeit zu individuellen Vergütungsvereinbarungen erhalten, so dass im Ergebnis die selektiven Vertragsverhandlungen auch die Preisdimension erfassen können.[2] Verhandlungsgegenstand im Rahmen des DRG-Systems ist dann nur noch der Basisfallwert, was die Verhandlungen aufgrund der feststehenden Relativgewichte deutlich vereinfacht. Durch Vereinbarungen von kassenspezifischen Basisfallwerten stehen Krankenhäuser dann in einem Preis- und Leistungswettbewerb um die Versorgungsverträge mit den Kassen.[3] Sie erhalten in einer solchen Konstellation nicht nur erweiterte Handlungsspielräume hinsichtlich der Leistungserstellung, sondern werden auch angehalten, ihre Leistungserstellung möglichst wirtschaftlich zu organisieren, weil sie entsprechende Effizienzvorteile über günstigere Leistungspreise in den Verhandlungen einsetzen können. Damit verbundene Mengeneffekte führen dann

---

[1]   Vgl. Greß et al. (2004), S. 124; Neubauer (2004), S. 101ff.
[2]   Vgl. Greß et al. (2004), S. 134.
[3]   Neben dem Basisfallwert könnte auch die Leistungsqualität, z. B. in Form von Qualitätszuschlägen zum Basisfallwert, Gegenstand der Verhandlungen zwischen Krankenhäusern und Krankenkassen sein; vgl. Lüngen (2001); Lauterbach/Lüngen (2002), S. 87ff.; Robra et al. (2003), S. 43ff.

für Krankenhäuser zu einer erhöhten Planungssicherheit und einer besseren Kapazitätsauslastung.[1]

Ein ähnliches Konzept der preisbasierten Implementierung von Wettbewerbselementen zumindest für abgrenzbare Leistungsbereiche im Krankenhaussektor besteht in der Ausschreibung von Leistungsbereichen.[2] Hierunter ist ein Steuerungsinstrument zu verstehen, welches dazu eingesetzt wird, Anbieter und Preise für Güter zu finden, die keiner grundsätzlichen marktlichen Steuerung durch eine Preisbildung unterliegen.[3] Dabei betrifft das Instrument die Beziehung zwischen Krankenkassen und Krankenhäusern, durch die Einführung von Wettbewerbselementen auf der Angebotsseite, insbesondere aber die Konkurrenzbeziehung der Krankenhäuser untereinander. Ziel ist es, im Rahmen einer organisierten Konkurrenz durch eine Erhöhung der Markttransparenz und Stimulierung des Preiswettbewerbs aus einem Gesamtangebot bedarfsnotwendige und wirtschaftliche Angebote auszuwählen.[4] Eine Beschränkung auf ökonomisch sinnvolle Anbieter erfolgt bei der Ausschreibung durch vorab definierte und bekannte Preis- oder Leistungskriterien.[5] Demnach werden in einem solchen System zu Beginn die potentiellen Anbieter anhand einer konkreten Leistungsbeschreibung zur Angebotsabgabe aufgefordert; nach Beendigung der Bietefrist werden alle Angebote gesichtet und nach diesen vorher festgelegten Kriterien beurteilt. Das Angebot, welches die Kriterien am besten erfüllt, erhält den Zuschlag der Leistungserbringung.

Bei jeder Ausschreibung sind gewisse Spielregeln zu beachten, welche jeder Ausschreibung zugrunde liegen, da diese die Angebotsstrategien und Angebotspreise beeinflussen.[6] In einem solchen System machen Krankenhäuser nach Abgrenzung und Definition der Leistungsbereiche (Leistungsbeschreibung durch DRG) für die jeweiligen Fachgebiete Preisangebote verbunden

---

[1] Vgl. für ein Beispiel wettbewerblicher (Preis-)Verhandlungen als Steuerungsinstrument anhand des Medi-Cal Hospital Contracting Programm und den damit verbundenen Problemen Kirkman-Liff (1991), S. 238ff.

[2] Vgl. für Ausschreibungen als Instrument im Gesundheitssektor Morra (1996), S. 132ff.; Goedereis (1999), S. 256ff.; Demmler (1992); Neubauer (1989), S. 228ff.; Neubauer/Unterhuber (1988); Kirkman-Liff (1991) S. 225ff.; Knappe (1991), S. 249ff.

[3] Vgl. Demmler (1992), S. 51.

[4] Vgl. Neubauer/Unterhuber (1988), S. 10ff.; Neubauer (1989), S. 228ff.

[5] In einer Konstellation werden bspw. die Qualitätskriterien oder für besondere schwierige Leistungen besondere Anforderungen für eine Zulassung zur Angebotsabgabe festgelegt.

[6] Darüber hinaus lassen sich Ausschreibungen nach dem Geltungsbereich in öffentliche, offene und beschränkte Ausschreibungen unterscheiden. Zu beachten ist, dass aufgrund der Dienstleistungseigenschaft und der Forderung nach einer lokalen Bedarfsgerechtigkeit der Anbieterkreis von vornherein begrenzt wird; vgl. Neubauer (1989), S. 230.

mit Mengenangaben.[1] Die Anbieterauswahl und Auftragsvergabe erfolgt dann in Abhängigkeit vom Angebotspreis, wobei mit der Auftragsvergabe zum jeweiligen Angebotspreis (first price auction), der Auftragsvergabe durch Preisvorgabe (Dutch auction), der Auftragsvergabe zum Preis des Grenzanbieters (Vickrey auction) und der Auftragsvergabe durch Ausschreibungen mit Nachverhandlungen mehrere Verfahren unterschieden werden können.[2]

5.2.3.3 Wettbewerb der Versorgungsformen

Die bisherigen Ausführungen zur leistungsorientierten Rahmenplanung mit einer Aufgabenumgestaltung der staatlichen Organe und einer gleichzeitigen Betonung der einzelwirtschaftlichen Ebene durch eine Erweiterung der unternehmerischen Handlungsspielräume und Veränderungen in den Anreizstrukturen durch selektives Kontrahieren sehen primär eine marktorientierte krankenhaussektorspezifische Ausgestaltung der vertraglichen Akteursbeziehungen zwischen Krankenhäusern und Krankenkassen vor. Zur Steigerung der Wirtschaftlichkeit und Qualität werden allerdings neben einer wettbewerblichen Neuausrichtung der Krankenhausversorgung weitere strukturelle Änderungen in den Rahmenbedingungen für eine marktorientierte Organisationsgestaltung im Hinblick auf die gesamte medizinische Versorgung für notwendig erachtet:[3] Dies gilt insbesondere für eine Möglichkeit der Lenkung von Patienten- bzw. Versichertenströmen durch die Leistungsfinanzierer innerhalb verschiedener Versorgungsformen[4] sowie für eine Überwindung des starren sektoralen Zuschnitts der Leistungserstellung als Ursache beträchtlicher Qualitäts- und Effizienzdefizite[5] in Richtung sektorübergreifender „integrierte" Versorgungsformen.[6]

---

[1]   Vgl. für ein Beispiel von Ausschreibungen als Steuerungsinstrument anhand des Arizona Health Care Cost Containment System und den damit verbundenen Problemen Kirkman-Liff (1991), S. 225ff.

[2]   Vgl. Demmler (1992), S. 59f. und 96ff.

[3]   Vgl. bspw. Ebsen et al. (2003), S. 20ff.; Jacobs/Schulze (2004); SVRKAiG (1995), Tz. 235ff.; SVRKAiG (2003), Tz. 674ff.; SVR (2002), Tz. 483ff.

[4]   Eine Einbeziehung der Patienten in einer wettbewerblichen Nachfragesteuerung wird -bezogen auf den Krankenhaussektor- möglich, wenn es den Krankenkassen erlaubt wird, ihren Versicherten für die Krankenhausversorgung auch Teilleistungstarife anzubieten, womit nur jenen Versicherten, die im Krankheitsfall eine Kostenbeteiligung wählen, freie Leistungserbringerwahl eingeräumt wird; vgl. Neubauer (2003), S. 88 Alternativ könnte es Patienten erlaubt werden, Leistungserbringer frei auszuwählen unter der Voraussetzung, dass sie bereit sind, die zusätzlichen Kosten von Nichtvertragshäusern ihrer Krankenkasse unter regulierten Bedingungen, d. h. innerhalb bestimmter finanzieller Grenzen, selbst zu übernehmen.

[5]   Die mit der sektoralen Struktur verbundenen Effizienzdefizite im deutschen Gesundheitssystem lassen sich durch Informations-, Anreiz- und Steuerungs- und Koordinationsdefizite beschreiben; vgl. Binder (1999), S. 19ff.; Wiechmann (2003), S. 24ff.; Der SVRKAiG (2002), spricht als Ergebnis von „Über-, Unter- und Fehlversorgung".

[6]   Vgl. Robinson (1997), S. 3ff.; Robinson/Casalino (1996), S. 7ff. Wie bereits angesprochen, ergeben sich auch solche Überlegungen neben der Forderung nach Qualitätssicherungsmaßnahmen als Reaktion auf die Einführung von DRG aufgrund der damit verbundenen Verweildauerreduktion und befürchteten intersektoralen Patientenverschiebungen.

Eine solche Betrachtung geht damit perspektivisch über den Krankenhaussektor hinaus und bezieht sich allgemein auf eine wettbewerbliche Ausgestaltung der Versorgung mit (stationären) Gesundheitsleistungen. Die Möglichkeit des selektiven Kontrahierens als Instrument der Anbieterselektion ist dann nur noch ein Element in einem umfassenden Wettbewerb von Versorgungsformen, welcher durch Konkurrenz von verschiedenen Versorgungsmodellen stattfindet.

Diesbezügliche Maßnahmen zur Überwindung systemimmanenter Probleme durch neue Versorgungsformen unter Einbeziehung der Versicherten in einer wettbewerblichen Nachfragesteuerung durch eine Wahl von verschiedenen Versorgungsmodellen werden unter dem Begriff „Managed Care", einem marktwirtschaftlichen Versorgungs- und Versicherungskonzept mit dem Ziel der effizienten Allokation der knappen Mittel im Gesundheitswesen, subsummiert.[1]

Da bereits seit geraumer Zeit integrierte Versorgungssysteme in den USA praktisch umgesetzt werden, können diese Entwicklungen als Anknüpfungspunkt für die weiteren Ausführungen dienen.[2] Allerdings hat sich in weitgehender Abwesenheit von staatlichen Regulierungsvorschriften eine kaum noch klassifizierbare Vielfalt von Organisationen entwickelt, so dass neben Grundlagen nur einige der bekanntesten Versorgungsformen innerhalb des Kontinuums bestehender Modelltypen sowie verschiedene Instrumente skizziert werden.[3]

<u>Grundlagen</u>

Auch wenn es keine allgemein gültige Definition für den Begriff „Managed Care" gibt, so existieren eine Vielzahl von Ansätzen, die gemeinsame Strukturen aufweisen:[4] Managed Care ist ein integrierter Ansatz zur Steuerung und Regelung von Finanzierung und Leistungserbringung mit dem Ziel, mehr Einfluss auf die Leistungsgestaltung und medizinische Versorgung zu bekommen, wobei neben dem Prinzip des selektiven Kontrahierens mit ausgewählten Leistungserbringern oder Gruppen von Leistungserbringern meistens eine Einschränkung der Leistungserbrin-

---

[1]   Vgl. bspw. Schwartz/Wismar (1998); Oberender/Ecker (1997); Mühlenkamp (2000); Simonet (2003); Lehmann (2003).
[2]   Da ein (regulierter) Wettbewerb zwischen diesen Leistungserbringernetzwerken auch einen (regulierten) Wettbewerb zwischen den mit ihnen zusammenarbeitenden Versicherungen ermöglicht, wird dieser Zusammenhang auch als „Managed Competition" bezeichnet; vgl. Lauterbach/Brunner (1999), S. 122.
[3]   Dabei ist zu beachten, dass zwischen den USA und Deutschland, bezogen auf den gesellschaftspolitischen Rahmen und die sozialen Sicherungssysteme, große Unterschiede bestehen, somit kann es bei den folgenden Ausführungen nur darum gehen, ob bestimmte Teilsysteme oder Instrumente übertragbar sind, ohne dass das gesamte System in Frage gestellt wird; vgl. Paeger (2004), S. 155; Baumberger (2000), S. 48ff.
[4]   Vgl. bspw. Amelung/Schumacher (2004), S. 5ff.

gerwahlfreiheit für Versicherte einhergeht. Durch die unmittelbare Einflussnahme durch Vorgaben oder indirekt durch finanzielle Anreize auf die Leistungserbringer und Versicherten wollen Managed Care-Organisationen (MCO)[1] den Prozess der Gesundheitsversorgung effektiv und effizient gestalten und gleichzeitig die Versorgungsqualität verbessern. Die auch durch die Veränderung der Anreizstruktur für Leistungserbringer und Patienten resultierende verbesserte Leistungsgestaltung und damit induzierten Kostenvorteile können dann als reduzierte Versicherungsprämien, Beitragsrückerstattungen oder andere finanzielle Anreize an die Versicherten oder als Boni an die beteiligen Leistungserbringer weitergegeben werden.

Diese bewusste Gestaltung der Versorgungsstrukturen und -abläufe kann in unterschiedlichen Formen erfolgen und durch zwei Grundmerkmale beschrieben werden:[2] Die Organisationsform bezieht sich auf die Art der Zusammenarbeit zwischen den verschiedenen Leistungserbringern sowie auf Struktur und Prozess der medizinischen Versorgung, je nachdem, wer die wirtschaftliche Verantwortung und Prozessführung übernimmt. Besondere Bedeutung hat die Ausgestaltung der Vertragsbeziehungen und Versorgungsprozesse zwischen den beteiligten Parteien Leistungsfinanzierer-Versicherter-Leistungserbringer. Diese werden auf den jeweiligen Ebenen in den Bereichen der Prämien-, Vergütungs- und Leistungsgestaltung sowie im Rahmen des Kosten- und Qualitätsmanagements durch verschiedene Instrumente konkretisiert.

Organisationsformen

Die typische Managed Care-Organisation ist die *Health Maintenance Organization* (HMO). Ein Charakteristikum der HMO ist, dass sie die Kostenträger- und Leistungsfunktion teilweise oder ganz in einer Organisation integriert. HMO gewähren ihren Mitgliedern zu einem vorab vereinbarten Preis (Versicherungsprämie) eine definierte Auswahl an Versorgungsleistungen. Um die Versorgung sicherzustellen, schließen sie Verträge mit Leistungserbringern (Ärzten und Krankenhäusern) ab, die bestimmte Leistungen im Voraus festlegen und durch Kopfpauschalen ent-

---

[1]   Unter Managed Care-Organisationen (MCO) sind allgemein solche Institutionen zu verstehen, die Managed Care Konzepte anbieten. Eine bekannte Form der MCO sind die Health Maintenance Organizations (HMO), die neben der medizinischen Versorgung auch die Funktion der Krankenversicherung übernehmen. MCO können neben Krankenversicherungen aber auch Ärztenetzwerke oder andere Organisationen sein, die die medizinische Versorgung unter Anwendung der verschiedenen Managed Care-Instrumente anbieten. Es handelt sich somit um jedwede Organisationsform im Gesundheitswesen, bei der Kostenträger und Verbundsysteme vermehrt einen strukturierten Einfluss auf die Leistungserbringung ausüben.

[2]   Vgl. Wiechmann (2003), S. 50f.; Neuffer (1997), S. 124ff.

lohnen.[1] Zur Durchsetzung ihrer Kosten- und Qualitätsziele nimmt die HMO durch Anwendung der verschiedenen Managed Care Instrumente den stärksten Einfluss auf die medizinische Versorgung ihrer Versicherten. Dafür werden die Leistungserbringer am finanziellen Erfolg der HMO beteiligt.[2]

Die zunehmende Verbreitung von MCO, die von Krankenversicherungen gesteuert werden, hat in den USA dazu geführt, dass sich die Leistungserbringer in eigenen Organisationsformen zusammengeschlossen haben, um bessere Markt- und Verhandlungspositionen gegenüber Kostenträgern zu erreichen. Der Ausgangspunkt bei der Gründung von *Preferred Provider Organizations (PPO)* sind vor allem Leistungserbringer, die ihre Leistung meist in einem Zusammenschluss von Ärzten und Krankenhäusern gemeinsam anbieten. PPOs haben den Charakter von Verkaufsgenossenschaften[3] und sind Organisationen, die beispielsweise Arbeitgebern die medizinische Versorgung ihrer Angestellten zu Sonderkonditionen bei einem Netz bevorzugter Leistungserbringer anbieten. Diese angeschlossenen Leistungserbringer sichern der PPO etwa 15 - 20 % günstigere Konditionen bei den meist auf Einzelleistungsbasis abgerechneten Honoraren zu, welche den Ärzten im Gegenzug eine bestimmte Zahl von Versicherten garantieren. Patienten können sowohl Leistungserbringer innerhalb der PPO („preferred provider"), als auch externe Leistungserbringer in Anspruch nehmen, wobei in diesem Fall höhere Zuzahlungen oder Selbstbehalte zu leisten sind. Für die Leistungsersteller (Ärzte) besteht der entscheidende Vorteil darin, dass sie nicht am finanziellen Risiko der PPO beteiligt sind, ihre traditionelle Einzelleistungsvergütung beibehalten oder nach DRG und nicht nach Kopfpauschalen vergütet werden. Obwohl das selektive Kontrahieren bei der Auswahl der beteiligten Leistungsanbieter einen überaus großen Stellenwert besitzt, sind die Eingriffe in die Leistungserstellung geringer als bei einer HMO; die günstigen Konditionen von Leistungserbringern bei der Preisgestaltung ihrer Leistungen sind als ein Entgegenkommen zu interpretieren.

---

[1] Je nach Organisationsstruktur und Einbindung der Leistungserbringer kann zwischen verschiedenen HMO-Formen unterschieden werden. In der Regel schließen HMO Versorgungsverträge mit Zusammenschlüssen unabhängiger Ärzte (IPA), mit einer größeren Ärztegruppe als Praxisgemeinschaft (PGP) oder mit einem Netzwerk von kleineren Ärztegruppen (Network Model) ab. Die Ärzte können selbstständig sein (Group Model) oder von der HMO angestellt werden (Staff Model).

[2] Neben den verschiedenen Formen der HMO sind die Point of Service Systeme (POS) die zweite Kategorie von versicherungsorientierten Managed Care Modellen. Sie stellen eine Kombination von HMO und klassischen Krankenversicherungsmodellen dar. Innerhalb des Systems handelt es sich um eine klassische HMO und dem damit verbundenen Einsatz verschiedener Instrumente mit einem allerdings größeren Freiheitsgrad der Versicherten bei der Auswahl des Leistungserbringers.

[3] Vgl. Kühn (1997), S. 12.

Die *Physician Hospital Organization (PHO)* stellt ein weiteres Organisationsmodell dar. Es kann definiert werden als ein joint venture zwischen einem oder mehreren Krankenhäusern und einer Gruppe von Ärzten. Auch hier geht es neben einer verbesserten intersektoralen Zusammenarbeit um die stärkere Verhandlungsposition der Leistungserbringer gegenüber den Krankenversicherungen.

Integrated Delivery Systems (IDS) werden als die am weitesten fortgeschrittene Form von MCO bezeichnet. In Anlehnung an Shortell et al.[1] verstehen Amelung und Schuhmacher hierunter ein „Netzwerk von Organisationen, das die Leistungen selbst erbringt oder die Erstellung organisiert – und zwar über das gesamte Kontinuum von Gesundheitsbedürfnissen hinweg – und gleichzeitig übernimmt ein IDS sowohl die medizinische als auch die finanzielle Verantwortung für die Versorgung der vorab definierten Bevölkerungsgruppe."[2] Diese Netzwerke von Diensten und Einrichtungen stellen als integrierte Versorger für eine Kopfpauschale die gesundheitliche Versorgung sicher. Neben dem Anbieten eines Kontinuums an Leistungen gehört zu den wichtigsten Funktionen eine Integration von nicht medizinischen Leistungen oder von Informationssystemen. Mit der Implementierung von integrierten Anbietersystemen ist die Zielsetzung verbunden, alle im Gesundheitsprozess Beteiligten zu koordinieren, so dass der Patient durch ein komplettes Behandlungssystem versorgt wird. Dies führte in den USA zu einer starken vertikalen Integration der Leistungsanbieter, welches insbesondere von den Krankenhäusern durch die Akquise von ambulanten Anbietern und Pflegediensten vorangetrieben wurde. Als Alternative wird das Konzept der virtuellen Integration diskutiert.[3] Zielsetzung dieses Konzepts ist die Vernetzung der unterschiedlichen Leistungsanbieter unter Beibehaltung der jeweiligen rechtlichen Selbstständigkeit.

Instrumente

Als Kernprinzip von Managed Care gilt das *selektive Kontrahieren*, denn nur durch eine Auswahl von geeigneten Leistungserbringern kann eine qualitativ hochwertige und wirtschaftliche Leistungserbringung sichergestellt werden. Gleichzeitig werden die Patienten damit zu ausge-

---

[1]   Vgl. Shortell et al. (1996), S. 7.
[2]   Amelung/Schuhmacher (2004), S. 71ff.
[3]   Vgl. Mühlbacher (2004), S. 81ff.

wählten Leistungserbringern „geführt", ihre Inanspruchnahme wird durch bestimmte Vorgaben direkt bzw. indirekt durch finanzielle Anreize gesteuert. Die Krankenversicherung bezahlt nicht mehr alle Kosten bei der Inanspruchnahme eines beliebigen Leistungserbringers durch den Versicherten, es werden nur noch Leistungserbringer vergütet, mit denen die MCO einen entsprechenden Versorgungsvertrag abgeschlossen hat. Anderenfalls muss der Versicherte durch Zuzahlungen sich von der Einschränkung der Wahlfreiheit befreien. Durch reduzierte Beiträge kann die Attraktivität im Hinblick auf den Beitritt zu einem gemanagten Versorgungsmodell erhöht werden. Die Gewährung eines Bonus für Versicherte ist dann möglich, wenn die Leistungen nur bei den empfohlenen Einrichtungen in Anspruch genommen werden. Auch die Leistungserbringer werden entweder durch pauschale sektorübergreifende Entgeltformen, finanzielle Anreize oder direkt durch Vorgaben zum Leistungsspektrum gesteuert. Die im Folgenden aufgezeigten Instrumente werden angewandt, um über den Grundanreiz der Entgeltvergütung hinaus weiter eine möglichst hohe Effizienz und Qualität zu sichern.

Beim *Gatekeeping* wird der Hausarzt als Lotse im Gesundheitswesen eingesetzt, um die Patientenströme zu lenken. Für Versicherte bedeutet dies, dass insbesondere der Zugang zu Fachärzten nur über den Hausarzt möglich ist. Der Gatekeeper stellt einen koordinierten und sektorübergreifenden Behandlungsverlauf sicher, da er die Behandlung selbst übernimmt oder entsprechend delegiert. Von dieser Steuerungsfunktion erhofft man sich Kosteneinsparungen, da über diese Koordination Doppeluntersuchungen vermieden werden können und die Patienten zu den effizientesten Leistungserbringern gelenkt werden.

Beim *Utilization management* werden Kosten- und Qualitätsverbesserungen durch direkte Eingriffe in Art und Umfang der medizinischen Versorgung sichergestellt. Hierbei werden von Leistungserbringern geplante oder durchgeführte Leistungen durch externe Gutachter auf die Angemessenheit des medizinischen Einsatzes beurteilt. Ziel ist es, die Inanspruchnahme teurer medizinischer Leistungen auf ein Minimum zu begrenzen. Unter dem prospektiven Utilization management wird die „preadmission certification" verstanden, die den behandelnden Arzt dazu verpflichtet, stationäre Aufenthalte oder weitere kostenträchtige Leistungen vorher beim Kostenträger oder MCO anzumelden. Dieser erhält frühzeitig Informationen für die Planung und Organisation des weiteren Ablaufs und kann die Auswahl des Leistungserbringers steuern. Das begleitende Utilization management („concurrent review"/„discharge planning") bezieht sich in der Regel auf die laufende Überwachung der stationären Behandlung und damit auf die Möglichkeit der Verkürzung der Verweildauer. Hier wird mit dem „case manager" geprüft, ob der Patient weiterhin stationär behandelt werden muss oder ob eine ambulante Weiterbehandlung erfolgen kann. Darüber hinaus erfolgt im Rahmen des „case managements" die Planung der postationären Behandlung, wobei festgelegt wird, wie der Patient nach der Entlassung ambulant oder häuslich versorgt wird und welche Heil- und Hilfsmittel dafür benötigt werden. Der „case manager" hat dann die Aufgabe, sicherzustellen, dass die notwendigen Betreuungskräfte vorhanden sind.

Die Grundidee des *Disease management* ist, dass eine integrierte und nach wissenschaftlichen Kriterien gesicherte langfristige Versorgung von bestimmten Patienten mit chronischen oder teuren Erkrankungen effektiver und kostengünstiger ist, als die derzeitige fragmentierte Behandlung. Im Gegensatz zum Case Management, bei dem ein individueller Patient im Mittelpunkt steht, bezieht sich das Disease Management demnach auf eine Patientengruppe mit einer bestimmten gleichartigen Erkrankung. Durch fachliche Festlegungen (Standards oder Leitlinien) und ökonomisch-organisatorische Vereinbarungen (Indikationspfade) werden Behandlungsstandards verschiedener Institutionen miteinander abgestimmt und verknüpft. Somit können Rationalisierungspotentiale insbesondere im intersektoralen Bereich ausgeschöpft und die Qualität verbessert werden.

Guidelines sind von der MCO festgelegte Diagnose- und Behandlungsabläufe für eine bestimmte Gruppe von Erkrankungen oder Beschwerden, die ein optimales Vorgehen beim Auftreten dieser Krankheit beschreiben. Mit einer solchen Vorgabe soll die mögliche Varianz von verschiedenen Behandlungsmöglichkeiten auf ein Mindestmaß reduziert und eine Behandlung sichergestellt werden, die dem aktuellen Stand der medizinischen Wissenschaft entspricht.

Darüber hinaus werden im Rahmen der Versichertensteuerung durch *Selbstbehalte* Anreize gesetzt, weniger Leistungen in Anspruch zu nehmen, oder Maßnahmen ergriffen, die über eine Verhaltensänderung die Eintrittswahrscheinlichkeit von Erkrankungsfällen reduzieren sollen (Präventionsprogramme).

Situation in Deutschland

Vor dem Hintergrund der starken sektoralen Trennung der Versorgungsstrukturen wird auch in Deutschland die Reorganisation der Gesundheitsversorgung durch Änderungen der Rahmenbedingungen forciert.

Mit den Regelungen zu „Modellvorhaben" (§§63ff. SGB V) und „Strukturverträgen" (§ 73a SGB V) wurden schon im *2. GKV-Neuordnungsgesetz 1997* Ansätze zur Weiterentwicklung der Versorgungsstrukturen ermöglicht.

Ein Kernelement der *Gesundheitsreform 2000* waren dann die Regelungen zur „Integrierten Versorgung" nach § 140 a-h SGB V. Diese Form bietet mehr Gestaltungsfreiheit, einzelne Elemente des Managed Care umzusetzen. Die bisherige starre Aufgabenteilung zwischen dem ambulanten und stationären Bereich sollte so gezielt abgebaut werden und eine an den Bedürfnissen des Patienten stärker ausgerichtete Behandlung erlauben. Im Gegensatz zu den „Modellvorhaben" und „Strukturverträgen" ist bei der „Integrierten Versorgung" die Teilnahme und Einbeziehung von Krankenhäusern ausdrücklich vorgesehen. Der § 140 a-h SGB V definiert die „Integrierte Versorgung" als verschiedene Leistungssektoren übergreifende Versorgung der Versicherten und wird vom Gesetzgeber explizit als zukünftige Regelversorgung angesehen. Krankenkassen können direkte Verträge mit ambulanten und stationären Leistungserbringern abschließen, die solche integrierten Versorgungsformen anbieten (§ 140 b SGB V). Die Vergütung der „Integrierten Versorgung" umfasst gemäß § 140 c SGB V sämtliche erbrachten und veranlassten internen und externen Leistungen und ermöglicht auch Budgetverantwortung durch die beteiligten Leistungserbringer. Grundsätzlich sind die Regeln so flexibel gehalten, dass verschiedene Ausgestaltungen erlaubt sind. Dazu zählt nach § 140 b Abs. 4 SGB V auch die Möglichkeit, Vereinbarungen außerhalb den Regelungen zur Krankenhausfinanzierung und der Bundespflegesatzverordnung zu treffen. Insgesamt sollen durch die verbesserte Zusammenarbeit zwischen verschiedenen Leistungserbringern sowie durch das gemeinsame Tragen der finanziellen Verantwortung über kombinierte Budgets Schnittstellenprobleme abgebaut und Effizienz und Qualität erhöht werden.

Im Rahmen der *Gesundheitsreform 2004* (Gesundheitsmodernisierungsgesetz) wurden die Regelungen weiterentwickelt und, um die Umsetzung zu vereinfachen, weiter gestrafft.[1] Dabei wurde insbesondere die Frage, wer Integrationsverträge mit Krankenkassen schließen kann, klarstellend neu geregelt (§ 140 b Abs. 1 SGB V). Um die Integration zu stärken, können Partner eines Integrationsvertrages auf der Grundlage ihres jeweiligen Zulassungsstatus vereinbaren, dass Leistungen auch erbracht werden können, die über den jeweiligen Zulassungsstatus hinausgehen (§140 b Abs. 4 SGB V). Somit können beispielsweise Krankenhäuser mit Vertragsärzten vereinbaren, dass sie im Rahmen einer Integrationsversorgung auch ambulante ärztliche Leistungen erbringen. Krankenkassen können Einsparungen, die in der integrierten Versorgung erzielt werden, an die Versicherten ausschütten (§ 65 a SGB V). Die Möglichkeit von Boni kann auch für die Teilnahme an Maßnahmen der hausarztzentrierten (§ 73 b SGB V) und strukturierten Versorgung (§ 137 f SGB V) gewährt werden, wobei den Kassen große Gestaltungsspielräume eingeräumt werden.

Durch die neue Gesetzgebung ergibt sich eine bessere Verzahnung an der Schnittstelle zwischen ambulantem und stationärem Sektor: Neben der bisherigen Möglichkeit der vor- und nachstationären Behandlung (§ 115 a SGB V), der ambulanten Operation im Krankenhaus (§ 115 b SGB V), für die ambulante Behandlung durch Krankenhausärzte (§ 116 SGB V) sowie für Hochschulambulanzen (§ 117 SGB V) wird nun eine weitere Öffnung im Rahmen von Disease Management Programmen (§ 116 b Abs. 1 SGB V) und für hochspezialisierte Leistungen oder seltenen Erkrankungen (§ 116 b Abs. 2 bis 5 SGB V) sowie bei Unterversorgung (§ 116 a SGB V) eingeräumt. Zukünftig kann die Leistungserbringung in medizinischen Versorgungszentren erbracht werden (§ 95 SGB V).

---

[1]   Vgl. Orlowksi/Wasem (2003); Kuhlmann (2004), S. 13ff.; Kuhlmann (2004), S. 417ff.; Kuhlmann (2004), S. 607ff.

6 Leistungsorientierte Entgelte und Steuerung in Krankenhäusern

6.1 Grundlagen

Die bisherigen Analysen bezogen sich auf die marktorientierte Ausgestaltung der externen Steuerungsparameter für die Krankenhäuser. Diesbezüglich wurde deutlich, dass durch die Umstellung des Krankenhausentgeltsystems mit einer Einführung der DRG-basierten Vergütung bedeutende Schritte zur Steigerung von Effizienz und Effektivität im Krankenhaussektor unternommen worden sind. Gleichzeitig wurde aber auch festgestellt, dass die alleinige Umstellung der Krankenhausentgeltstruktur nicht zu einer umfassenden wettbewerblichen Neuorientierung führt. Erst durch die Anpassung der weiteren Rahmenbedingungen der Krankenhausplanung und Krankenhausfinanzierung wird dies möglich.

Gleichwohl bedeuten die bisherigen Entwicklungen für Krankenhäuser erhebliche Veränderungen, welche insbesondere die Frage der Steuerung in Krankenhäusern betreffen. Während in der Vergangenheit diesem Aspekt aufgrund des bisher schwach ausgeprägten Wettbewerbs- und Kostendrucks ein geringer Stellenwert zukam, erlangt in einem wettbewerblichen Umfeld die Steuerungsintensität für Krankenhäuser eine wesentlich höhere Bedeutung, denn die Handlungsfähigkeit des Krankenhauses hängt von der Leistungsfähigkeit der systeminternen Strukturen ab. Zusammenfassend kann konstatiert werden, dass die bisher dominierende Verwaltungsorientierung zugunsten eines an betriebswirtschaftlichen Prinzipien orientierten Dienstleistungsmanagements weichen muss.

Die zunehmende Komplexität und Diskontinuität der Unternehmensumwelt und damit in verstärktem Maße resultierende Koordinations-, Reaktions- und Anpassungsprobleme für die Unternehmen bzw. die Unternehmensführung machen als Konsequenz auch für Krankenhäuser eine Verstärkung des Controllings unumgänglich.[1] Als „Instrument zur Ausschöpfung innerbetrieblicher Effizienzreserven"[2] bzw. als Konzept der Wirkungsverbesserung der Unternehmensführung

---

[1]   Vgl. bspw. Kuntz (2002); Adam (2002), S. 33ff.; Eichhorn/Greiling (2003), S. 36ff.; Wendel (2001), S. 63f. und 79ff. sowie allgemein hierzu Horvarth (2001), S. 10ff.

[2]   Franz (1989), S. 68.

soll Controlling die Adaptionsfähigkeit von Unternehmen durch Verbesserung der Informations-versorgung sowie der Steuerung und Regelung des Betriebsprozesses erhöhen.[1]

Darüber hinaus kommt eine entscheidende Bedeutung im Hinblick auf die Leistungserbringung den geeigneten Organisationsstrukturen sowie einem adäquaten Prozess- und Personalmanage-ment zu. Die Tatsache, dass die Leistungserbringung einen Behandlungsprozess darstellt, der vor allem dadurch gekennzeichnet ist, dass die Kernleistung unmittelbar am Patienten erbracht wird, dieser demnach die Art der Leistungserbringung persönlich erfährt, verdeutlicht eine diesbezüg-liche Notwendigkeit. Dabei kann festgestellt werden, dass die Organisationsstrukturen in Kran-kenhäusern historisch gewachsen sind und aufgrund der bisher stabilen Rahmenbedingungen in der Vergangenheit wenig verändert bzw. wenig bewusst gestaltet wurden. Gleichzeitig legen die bisherigen Erfahrungen die Vermutung nahe, dass die traditionellen Leistungserbringungsstruk-turen in Krankenhäusern nicht nur vermeidbare Steuerungsprobleme, bspw. eine Fragmentierung der Abläufe, induzieren, sondern auch zu einer unzureichenden Verteilung der Steuerungsaufga-ben führen.[2] Eine organisationale Neuausrichtung stellt somit die notwendige Ausgangsbasis für Krankenhäuser dar, um langfristig Flexibilitäts-, sowie Qualitäts- und Wirtschaftlichkeitspotenti-ale zu erschließen.

So werden sich Krankenhäuser vermehrt einer Perspektive zuwenden müssen, welche die zeit-lich-logisch zusammenhängenden Tätigkeiten übergreifend erfasst und somit auf den Leistungs-erstellungsprozess fokussiert.[3] In diesem Zusammenhang wird auch für Krankenhäuser verstärkt auf Reorganisationsmöglichkeiten hingewiesen, wie sie in anderen Branchen bzw. Industrieun-ternehmen längst im Einsatz sind und welche eine Verbesserung der Steuerung durch die Einfüh-rung von modularen, dezentralen Strukturen in das Krankenhaus und damit eine Verdrängung von hierarchischen durch marktliche Prozesse versprechen.[4] Demnach sollen, neben einer Ver-stärkung des Ergebnis- und Prozesscontrollings, Steuerungsinstrumente wie die Dezentralisie-

---

[1]   Vgl. Becker (1990), S. 309.
[2]   Vgl. Körfer (2000), S. 134ff.
[3]   Vgl. bspw. Ament-Rambow (1998), S. 810ff.; Bauer (2002), S. 545ff.; Mühlbauer et al. (2002), S. 35ff.; Roeder et al. (2003), S. 20ff.; Mühlbauer (2004), S. 23ff.
[4]   Vgl. bspw. Philippi et al. (2002), S. 176f.; Strehlau-Schwoll (1996), S. 317ff.; Strehlau-Schwoll (1999); Dahlgaard et al. (2000); Conrad (1999); Eichhorn (1999); Gürkan (1999); Richter (1997); Sangen-Emden/v. Kries (1999). In diesem Zu-sammenhang wird allgemein auch von der „Theorie der internen Marktwirtschaft" oder auch von „Marktwirtschaft im Un-ternehmen" gesprochen; vgl. bspw. Eisenführ/Theuvsen (2004), S. 102ff.; Theuvsen (2001), Mauritz (2001), Lehmann (2002), Frese (2004) oder Kieser/Walgenbach (2003), S. 122ff.

rung und Delegation von Entscheidungsbefugnissen, Stärkung der Autonomie und Verantwortung von Unternehmenseinheiten durch die Einführung von Center-Strukturen sowie durch das Setzen von Leistungsanreizen durch eine Einbeziehung der Leistungsstellen in die wirtschaftliche Verantwortung stärker als in der Vergangenheit zur Geltung kommen.

Gleichzeitig sollen über das Benchmarking, verstanden als ein umfassendes Konzept des Leistungsvergleichs zwischen Unternehmen oder innerbetrieblichen Leistungseinheiten, welches die Verlagerung des Wettbewerbs nach „innen" betont, Effizienzdefizite lokalisiert werden. Im Sinne eines Wettbewerbssurrogates wird somit für eine wettbewerbsähnliche Anreizsituation mit dem Ergebnis der Initiierung eines kontinuierlichen Verbesserungsprozesses innerhalb des Unternehmens gesorgt.[1]

Ausgehend von diesen Überlegungen werden in den folgenden Ausführungen die innerbetrieblichen Strukturen der Leistungserstellung und damit verbundene Probleme thematisiert sowie Möglichkeiten, im Hinblick auf eine verbesserte Steuerung auf der Struktur-, Prozess- sowie der Potentialebene unter besonderer Berücksichtigung von marktorientierten Instrumenten, diskutiert.

6.2 Steuerungskonzepte auf der Struktur- und Prozessebene

6.2.1 Steuerungsrelevante Aspekte der traditionellen Krankenhausstruktur

Die Krankenhausorganisation lässt sich durch eine berufsständische Dreiteilung beschreiben, die in einer Drei-Säulen-Struktur ihren Niederschlag findet. Dabei repräsentieren der ärztliche Dienst, der Pflegedienst und die Verwaltung jeweils eine dieser Säulen.[2] Diese Struktur, welche die traditionelle Organisationsstruktur in Krankenhäusern darstellt und eine hohe Verbreitung aufweist, entspricht einer nach Funktionen differenzierten Organisation, da jede Berufsgruppe spezifische Tätigkeiten ausübt (vgl. Abb. 6-1).

---

[1] Vgl. bspw. Theuvsen (2001), S. 317ff.
[2] Vgl. Eichhorn (1976), S. 52ff.; Schmidt-Rettig (1995), S. 378ff.; Eichhorn/Schmidt-Rettig (2001), S. 4ff.

Bezogen auf die oberste Leitungsinstanz (Krankenhausdirektorium, Krankenhausleitung) hat sich eine Grundstruktur entwickelt, welche durch eine kollegiale Führung gekennzeichnet ist und dem trialen Organisationsverständnis entsprechend, institutionell aus der ärztlichen Leitung, der Pflegedienstleitung und dem Verwaltungsleiter besteht.

Innerhalb der drei berufsgruppen-spezifischen Säulen gliedert sich die Krankenhausorganisation in eine Vielzahl von Einheiten, welche wiederum in Stellen aufgeteilt sind, die die kleinsten organisatorischen Einheiten darstellen.[1]

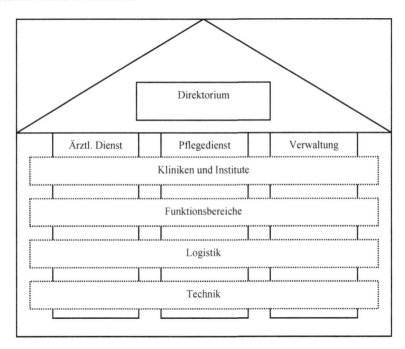

Abb. 6-1: Die funktionale Differenzierung im Krankenhaus[2]

Der *ärztliche Dienst* stellt als Hauptleistungserbringer den zentralen Funktionsbereich eines Krankenhauses dar. Neben administrativen Aufgaben, welche sich auf die Dokumentation der erbrachten Leistungen und ihrer Ergebnisse beziehen, erfüllt der ärztliche Dienst diagnostische und therapeutische Aufgaben. Zur Wahrnehmung dieser Aufgaben ist innerhalb des ärztlichen Dienstes eine weitgehende Differenzierung zu erkennen. Orientiert an den verschiedenen medi-

---

[1]   Vgl. Haubrock et al. (1997), S. 176ff.
[2]   Vgl. Feinen (1999), S. 189.

zinischen Fachdisziplinen, gliedern sich Krankenhäuser in Fachkliniken wie Chirurgie, Innere Medizin, Gynäkologie usw.[1] Diese verfügen über einzelne Fachabteilugen, denen jeweils Krankenhausbetten zugeordnet sind. Innerhalb der einzelnen Fachabteilungen erfolgt eine weitere Untergliederung in Stationen, die sich oft an der Art der Erkrankung oder an den durchzuführenden medizinischen Maßnahmen orientiert und eine weitere fachliche Spezialisierung der einzelnen Mitarbeiter bedeutet. Dabei ist auch für die Zukunft davon auszugehen, dass es aufgrund der medizinischen Fortschritte zu einer Zunahme der funktionalen Spezialisierung kommen wird. Neben den Fachabteilungen existieren medizinische oder medizinisch-technische Funktionsbereiche, die für die Fachabteilungen spezielle diagnostische oder therapeutische Dienstleistungen (z. B. Röntgen- oder Laboruntersuchungen) erbringen. Die Funktionsbereiche verfügen über keine eigenen Betten und sind entweder einzelnen Fachabteilungen angegliedert (Funktionsbereiche) oder werden als eigenständige Funktionsabteilung (Institute) geführt.

Grundsätzlich ist eine starke hierarchische Ordnung prägend für den ärztlichen Dienst. An der Spitze steht der Ärztliche Direktor, der aus dem Kreis der leitenden Ärzte für eine bestimmte Periode in das Krankenhausdirektorium gewählt wird. Diesem obliegt die Koordination der primären Leistungserstellung. Die Chefärzte leiten ihre Fachkliniken bzw. Fachabteilungen in eigener Verantwortung und haben als leitende Ärzte die Letztverantwortung gegenüber dem Patienten. Charakteristisch ist eine weitgehende Handlungsautonomie. Weiterhin haben sie gegenüber allen ihnen untergeordneten behandelnden Ärzten ein Weisungsrecht. Das Weisungsrecht des behandelnden Arztes bezieht sich auf die nachgeordneten ärztlichen und auf die weiteren an der Behandlung beteiligten Mitarbeiter.

Der *Pflegedienst* im Krankenhaus setzt sich zusammen aus Schwestern und Pflegern, deren Aufgabenbereich die Grundpflege, die Behandlungspflege und die Versorgung des Patienten sowie Verwaltungsaufgaben umfasst.[2] Ebenso wie der ärztliche Dienst ist auch der Pflegedienst durch

---

[1]   Ob die Differenzierung in Fachabteilungen als eine an Funktionen oder Objekten orientierte Variante charakterisiert wird, ist abhängig von der gewählten Perspektive; vgl. Körfer (2001), S. 22. So kann argumentiert werden, dass jede Fachabteilung ihre eigenen Patienten hat, und demnach eine objektorientierte Form der Differenzierung vorliegt. Dagegen spricht, dass die Zuordnung einzelner Patienten zu bestimmten Abteilungen sich an den durchzuführenden diagnostischen und therapeutischen Maßnahmen orientiert, auf die die Fachabteilungen spezialisiert sind. Auch steigt bei einer zunehmenden Leistungsdifferenzierung die Wahrscheinlichkeit, dass ein Patient von mehr als einer Abteilung behandelt wird. Im Folgenden wird der zweiten Auffassung gefolgt.

[2]   Vgl. Eichhorn (1976), S. 57f.

eine zunehmende Spezialisierung gekennzeichnet.[1] Vor diesem Hintergrund erfolgt innerhalb des Pflegedienstes eine dem ärztlichen Dienst analoge Differenzierung in Fach- und Funktionsabteilungen sowie Stationen und Pflegegruppen. Auch findet sich auf den einzelnen Stationen eine weitergehende Spezialisierung der Pflegekräfte. Im Wesentlichen lässt sich eine Charakterisierung durch zwei Merkmale vornehmen:[2] Einerseits kann in Abhängigkeit der patientenorientierten Behandlung zwischen Gruppen- und Individualpflege unterschieden werden. Andererseits bestimmt der Arbeitsablauf die Organisation. Erfolgt die Pflege arbeitsteilig, handelt es sich um eine Funktionspflege. Ist die einzelne Pflegekraft zuständig für alle Tätigkeiten am Patienten, ist die Pflege als Ganzheitspflege einzuordnen.

In Abhängigkeit der Größe und des Spezialisierungsgrades des Krankenhauses können sich Leistungshierarchien mit unterschiedlicher Tiefe ergeben. An der Spitze steht der Pflegedirektor, welcher Mitglied des Krankenhausdirektoriums ist und die Interessen des Pflegedienstes vertritt. In kleineren Häusern sind i. d. R. die Stationsleitungen der Pflegedienstleitung unmittelbar untergeordnet. Sie sind im Rahmen der ihnen übertragenen Kompetenzen verantwortlich für die ausreichende Versorgung des Patienten sowie für die organisatorischen Abläufe der Pflegeeinheit. In größeren Krankenhäusern ist üblicherweise eine zusätzliche Führungsebene mit leitenden Pflegekräften zu finden.

Als strukturelles Defizit der Organisation des Pflegedienstes lässt sich die Mehrfachunterstellung der einzelnen Pflegekraft anführen, welche zu Interessenkonflikten führen kann. Diese sind pflegerisch-fachlich der Weisungsbefugnis der verantwortlichen Pflegekraft unterworfen, ärztlich-fachlich den Anordnungen des für den behandelnden Patienten oder Aufgabenbereich zuständigen Arztes und organisatorisch-disziplinarisch der Direktive der Pflegeleitung unterworfen.

Dem *Verwaltungsdienst* obliegt die Logistik der Patientenadministration.[3] Damit übernimmt diese dritte strukturelle Säule im Krankenhaus Querschnittsfunktionen, die der Sicherstellung aller Krankenhausleistungen dienen. Dazu sind insbesondere die Patientenverwaltung, das Finanz- und Rechnungswesen, die Personalverwaltung, die Beschaffung und der technische Dienst zu

---

[1]   Dies ergibt sich aus der Unterstützungsfunktion, die der Pflegedienst bspw. bei Operationen oder Untersuchungen in den Funktionsbereichen für den ärztlichen Dienst ausübt.
[2]   Vgl. Haubrock et al. (1997), S. 236ff.
[3]   Vgl. Ditzel (1989), S. 32f.

zählen. Ziel ist die Sicherstellung der räumlichen, technischen, personellen und finanziellen Voraussetzungen für die pflegerischen und medizinischen Leistungen. Diese Funktionen übt die Verwaltung immer in Zusammenarbeit mit den anderen Berufsgruppen aus, so dass die Wahrnehmung von Verwaltungsaufgaben zu einem hohen Maße an Koordinationserfordernissen mit den originären Leistungserbringern führt. Häufig ist der Verwaltungsbereich von den Leistungsbereichen getrennt und weist überwiegend bürokratische Züge auf.

Zusammenfassend kann konstatiert werden, dass die beschriebene traditionelle Organisationsstruktur Ausdruck einer konsequenten Arbeitsteilung, Spezialisierung und einseitiger, fachspezifischer Professionalisierung der Mitarbeiter ist.[1] Krankenhäuser lassen sich im medizinisch-pflegerischen Kernbereich als Expertenorganisationen kennzeichnen, welche durch einen hohen Autonomiegrad, insbesondere bei den medizinischen operativen Einheiten, charakterisiert sind. Die Arbeitsteilung durch eine Zerlegung von Arbeitsgängen in ihre elementaren Teilaufgaben existiert nicht nur zwischen den bezeichneten Berufsgruppen, sondern es herrscht auch innerhalb der einzelnen berufsständischen Säulen ein hoher Grad an Spezialisierung vor. Darüber hinaus erfolgt eine (personelle und räumliche) Trennung von dispositiver und ausführender Arbeit. Im Ergebnis bedeutet dies, dass die drei Bereiche faktisch nebeneinander existieren und eine Verzahnung zwischen ihnen nur sehr eingeschränkt erfolgt.[2]

Zwar bleibt die medizinische Behandlung sowie die Betreuung des Patienten das Primärziel, jedoch sind die zusammengehörigen Abläufe der Leistungserbringung durch eine Vielzahl von funktionalen Schnittstellen an den Grenzen zwischen den Organisationseinheiten gekennzeichnet, da die Leistungsprozesse quer zur funktionalen Organisation verlaufen.[3] Die Abstimmungsprobleme können dabei zwischen den Abteilungen auftreten oder auch einzelne Stationen oder Bereiche einer Abteilung umfassen. An diesen Schnittstellen kommt es zu erheblichen Koordinationsproblemen, die sich z. B. in Wartezeiten des Patienten, aber auch in unnötigen Leerzeiten des Personals und Doppelarbeiten manifestieren und zu ungenutzten Produktivitätspotentialen und überhöhten Kosten führen.[4] Auch können sich die Schnittstellenprobleme auf die interpro-

---

[1]   Vgl. Heimerl-Wagner (1996), S. 132ff.
[2]   Vgl. Ament-Rambow (1998), S. 812.
[3]   Vgl. allgemein zu dieser Problematik in funktionalen Strukturen Gaitanides et al. (1994), S. 11f.; Kersting (1999), S. 160.
[4]   Vgl. bspw. Ziegenbein (2001), S. 113ff.; Gorschlüter (2001), S. 103ff.

fessionelle Arbeitsteilung beziehen, welche zu unmotivierten Mitarbeitern und damit konsequen-terweise zu Reibungsverlusten führen.[1] Gleichzeitig ist die mit einer Spezialisierung einherge-hende reine Aufgabenorientierung mit dem Verlust einer ganzheitlichen Betreuung verbunden, welches Qualitätsprobleme in der Leistungserbringung zur Folge hat. Damit korrespondiert die Tatsache, dass neben der beschriebenen Problematik einer geringen Prozessorientierung auch Defizite in der Kundenorientierung einhergehen. Im Hinblick auf eine patientenindividuelle Harmonisierung ist somit ein erheblicher Koordinationsbedarf verbunden, welcher dann zu einer Verschwendung von personellen, technischen und räumlichen Ressourcen führt. Mit der Zer-splitterung verbundene Unzulänglichkeiten in der Kommunikation erschweren die notwendige Abstimmung der Schnittstellen. Zur Sicherung einer ausreichenden Abstimmung erfolgt eine nur punktuelle Informationskonzentration z. B. durch Arztbriefe oder Konsile.

Hinsichtlich der zur Behandlung notwendigen Ressourcen lässt sich festhalten, dass die einzel-nen Fachkliniken diesbezüglich weitgehend autonom agieren können.[2] Eine interdisziplinäre Nutzung von Kapazitäten findet nur begrenzt statt. Es besteht die Gefahr, dass Bemühungen zur Verbesserung der Leistungserbringung sich nur in Form von bereichsbezogenen Optimierungen ergeben. Vor dem Hintergrund der durch die DRG-Einführung bedingten fallpauschalierten Ver-gütung ergibt sich auch das Problem, dass eine patientenbezogene Zurechnung von Kosten und Erlösen für eine zielgerichtete Steuerung der Leistungserbringung notwendig ist, aufgrund der komplexen Zusammenhänge allerdings nicht gewährleistet werden kann.[3] Besonders nachteilig erweist sich die Tatsache, dass die Erfolgsverantwortung der einzelnen Betriebsbereiche weder klar zu erkennen noch zuzuordnen ist. Abschließend lassen sich bei den traditionellen Strukturen Defizite im Managementverhalten feststellen, welches aufgrund einer einseitigen Aufgabenori-entierung geschieht und sich durch eine mangelnde Einbindung der Leistungserbringer in wirt-schaftliche Sachverhalte erklären lässt. Obwohl die primären Leistungserbringer, vor allem die Chefärzte, durch ihre Entscheidungen wesentliche wirtschaftliche Sachverhalte beeinflussen,

---

[1]   Vgl. Büssing et al. (1996); Unkel/Pfeil (1995).
[2]   Vgl. Behrends/Kuntz (2002), S. 135.
[3]   Vgl. Vera (2004), S. 26; Seis (2000), S. 364ff.

lässt sich festhalten, dass bspw. die Einbeziehung der leitenden Ärzte in die Budgetverantwortung keine Selbstverständlichkeit darstellt.[1]

Die angesprochenen Probleme fallen insbesondere unter Rahmenbedingungen, welche durch die steigende Dynamik geprägt sind, zunehmend ins Gewicht. Der sich verstärkende Wettbewerb durch die Einführung von DRG wird somit auch erheblichen Einfluss auf die Organisation von Krankenhäusern nehmen, in der Form, dass diese sich mit flexibleren Konzepten für eine effiziente Leistungserbringung auseinandersetzen müssen. Angesichts der neuen Entgeltstruktur und der damit verbundenen patientenbezogenen, pauschalierten Vergütung werden Krankenhäuser die beschriebene funktions- und bereichsisolierte Sichtweise zugunsten einer Perspektive aufgeben müssen, welche die zeitlich-logisch zusammenhängenden Tätigkeiten übergreifend erfasst und somit auf den Leistungserstellungsprozess fokussiert.[2]

Darüber hinaus werden für Krankenhäuser zur Lösung der gravierenden Steuerungsdefizite, die gerade durch eine starre Hierarchisierung der Entscheidungen entstehen und zum Abbau der Binnenkomplexität marktorientierte Reorganisationen durch modulare, dezentrale Strukturen, als sinnvoll erachtet. Durch eine solche Reorganisation und die Bildung autonomer Einheiten, verbunden mit einer diesbezüglichen Verlagerung von Steuerungskompetenzen durch eine Ergebnisverantwortung wird eine möglichst weitreichende Flexibilität unternehmensinterner Entscheidungsprozesse angestrebt.[3]

Die folgenden Ausführungen dienen der Erläuterung einer marktorientierten Steuerung in Krankenhäusern durch modulare Strukturen sowie -damit verbunden- einer Steuerung durch Bereichserfolge. Ausgehend von einer kurzen Erläuterung von Center-Konzepten und modularen Strukturen, stehen die Frage sowie die Darstellung der Übertragbarkeit und deren Implementierung im Mittelpunkt der weiteren Überlegungen.

---

[1] Vgl. Siess (1999), S. 161.
[2] Vgl. bspw. Conrad (1999), S. 571ff.; Rathje (1999); S. 152ff.; Mühlbauer (2004), S. 23ff. Allerdings sei hier schon angemerkt, dass eine funktionale Expertise im Krankenhaus unerlässlich ist, um die hohen Qualitätsanforderungen zu gewährleisten. Aus diesem Grund kann es nicht darum gehen, die funktionale Struktur gegenüber einer Prozessspezialisierung aufzulösen, vielmehr ist eine Zwischenform zwischen den Prinzipien anzustreben; vgl. Picot/Korb (1999), S. 17ff.
[3] Vgl. Schubert (2003), S. 223ff.

6.2.2 Steuerung durch Bereichserfolge

6.2.2.1 Grundlagen: Dezentrale Center-Strukturen und Modularisierung

Marktorientierte, dezentrale Strukturen sind eng mit dem Gedanken der *Center-Konzeption*, insbesondere mit dem Gedanken des Profit Center-Konzepts verbunden. Dieses zeichnet sich durch die Unterteilung eines Gesamtunternehmens in eigenständige Teilbereiche aus und stellt daher jede organisatorische Einheit innerhalb der Unternehmung dar, für welche ein Betriebsergebnis ermittelt werden kann und deren Leitung ergebnisverantwortlich ist.[1] Im Rahmen des Konzepts von Centern als „responsibility Center" stehen die Schaffung eindeutiger Verantwortungsbereiche sowie die Ermittlung ökonomischer Erfolgsgrößen im Vordergrund.[2] Auf diese Weise werden Verantwortungsbereiche durch organisatorische Teilbereiche gebildet, wobei unweigerlich eine Übertragung der für die Aufgaben notwendigen Kompetenzen einhergeht. Die Bildung von Verantwortungsbereichen soll dann eine verursachungsgerechte Leistungsbeurteilung der Verantwortlichen anhand genau definierter Kriterien ermöglichen. Somit rückt die Delegation von Verantwortung in den Vordergrund der Betrachtung und fokussiert damit auf die Führungs- und Managementperspektive der sich ergebenden Motivationswirkungen.[3] Mit der Ergebnisverantwortung verbunden muss eine weitreichende Handlungsautonomie der Führungsverantwortlichen sein, da sich die wahrzunehmende Verantwortung nur auf Aspekte beziehen darf, die vom jeweiligen Verantwortlichen auch beeinflussbar sind und nicht durch andere Bereiche des Unternehmens bestimmt werden (Kongruenz von Aufgaben, Kompetenz und Verantwortung).[4]

Aus organisatorischer Sicht ergibt sich weiterhin die Notwendigkeit einer eindeutigen Zurechenbarkeit von Erfolgskomponenten zu den einzelnen Profit-Centern.[5] Diese sollten daher möglichst über eigene Ressourcen verfügen, damit wenige Interdependenzen zu den anderen Centern bestehen. Darüber hinaus ist die Wahrnehmung unternehmerischer Grundfunktionen nur dann gewährleistet, wenn prinzipiell ein freier Marktzugang vorliegt. Die Marktfähigkeit der jeweils er-

---

[1] Vgl. Kreuter (1998), S. 573; Welge (1975), S. 84ff; Frese/Lehmann (2002), Sp. 1540ff.
[2] Vgl. Lehmann (2002), S. 85f.
[3] Vgl. Frese (1993), S. 1003f.
[4] Vgl. Friedl (1993), S. 833. Im Hinblick auf das Kongruenzprinzip wird für Profit-Center die Einrichtung objektorientierter Strukturen als vorteilhaft erachtet, da sich hier eine Autonomie und Unabhängigkeit von Entscheidungen anderer Bereiche einfacher umsetzen lässt. Dies muss allerdings nicht zwingender Ausgangspunkt der Profit Center-Organisation sein.
[5] Vgl. Frese (1990), S. 145ff.; Frese (1995), S. 80.

brachten Leistungen ist demnach eine weitere Vorraussetzung für die Bildung von Profit-Centern. Eine weitere Konsequenz, die aus der Ergebnisverantwortung resultiert, ist eine möglichst weitgehende rechnerische Verselbstständigung der Teilbereiche.[1]

Zusammenfassend können mit den Aspekten der Dezentralisierung der Führung bei relativer Autonomie verbunden mit Ergebnisverantwortung die für Profit-Center notwendigen Kernelemente gekennzeichnet werden.[2] Sofern Leistungsverflechtungen im Krankenhaus durch einen Leistungs- und Ressourcenverbund bestehen, werden diese beim Profit Center-Konzept über interne Märkte unter Rückgriff auf Verrechnungspreise erfasst.[3]

In Abhängigkeit der an den jeweiligen Bereichsleiter übertragenen Verantwortung und damit korrelierender Autonomie lassen sich neben dem Profit-Center auch Cost-Center, Revenue-Center und Investment-Center als alternative Center-Konzepte unterscheiden.[4] In den Cost-Centern hat der Bereichsleiter die Verantwortung für die Einhaltung bestimmter Standardkosten oder Budgets, die dann als Effizienzmaßstab dienen. Die Bereiche haben keinen unmittelbaren Zugang zu den Absatzmärkten, so dass eine entsprechende Erlösverantwortung nicht übertragen werden kann. Der Bereichsoutput hängt weitgehend von den anderen Einheiten ab. Für Kostenabweichungen, die aufgrund von Veränderungen der leistungsbeziehenden Einheiten entstehen, kann die Center-Leitung nicht verantwortlich gemacht werden. Umgekehrt stellt sich die Situation für Revenue-Center dar. Hierbei handelt es sich um Bereiche, in denen im Wesentlichen Absatzprozesse ablaufen, demnach die Erlösseite und nicht die originären Produktionskosten beeinflusst werden können. Bei Investment-Centern geht, im Gegensatz zu den Profit-Centern, bei denen als Effizienzmaßstab die Differenz zwischen Erlösen und Kosten gewählt wird, die Verantwortung der Bereichsleiter über die reine Erfolgsverantwortung hinaus und erstreckt sich auch auf das eingesetzte Kapital. Somit erhält der Bereichsleiter auch die Kompetenz hinsichtlich der zu tätigenden Investitionen.

---

[1] Vgl. Schweitzer (1992), Sp. 2078ff.
[2] Vgl. Eisenführ (1985), S. 99.
[3] Vgl. Frese (2004a), Sp. 1008ff.
[4] Vgl. Lehmann (2002), S. 85ff.; Friedl (1993), S. 833.

Durch die Dezentralisierung mit einer gleichzeitigen Verlagerung von Kompetenzen im Sinne von (Profit-) Center-Strukturen werden verschiedene Vorteile erwartet:[1]

Zum einen ermöglicht die Delegation von Entscheidungskompetenzen bei gleichzeitiger Übertragung von Erfolgsverantwortung eine höhere Flexibilität bei den Entscheidungen, welche eine schnellere und verbesserte Anpassungsfähigkeit auf veränderte Rahmen- und Marktbedingungen bewirkt. Darüber hinaus wird die durch Center-Strukturen erhöhte Transparenz im Unternehmen als positiv bewertet, denn auf diese Weise werden nicht nur Kompetenz- und Verantwortungsbereiche eindeutig abgegrenzt, sondern auch die Ergebnisbeiträge der einzelnen Bereiche als Problemindikatoren klar ausgewiesen. Auch soll durch die Übertragung von Entscheidungskompetenzen und Verantwortung sowie einer Vergütung, die in der Regel an den Erfolg der Profit-Center gekoppelt ist, die Motivation der Mitarbeiter, insbesondere der Führungskräfte, gesteigert werden. Abschließend zielt das Konzept durch die Nähe zum Markt bzw. durch die Möglichkeit, Leistungen sehr viel unmittelbarer am Markt abzusetzen oder aber auch von dort zu beziehen, auf eine wirtschaftlichere Ressourcennutzung im Unternehmen durch die Entstehung von „Marktdruck" ab.

Bezüglich der Grenzen von Center-Strukturen lässt sich das ausgeprägte Partialstreben der einzelnen Center anführen. Die Dezentralisierung kann dazu führen, dass die einzelnen Einheiten bestrebt sind, ihren Erfolg unter Vernachlässigung der übergeordneten Unternehmensziele zu maximieren. Somit besteht die Befürchtung, dass ein solches Konzept die Bereichsegoismen fördert und damit das vorhandene Autonomiebestreben verstärkt.

Neben dem bisherigen Prinzip der Implementierung von dezentralen Strukturen, welche sich durch eine Delegation von Verantwortungs- und Entscheidungselementen, durch eine Abflachung von Hierarchien und durch marktähnliche, nicht-hierarische Koordinationsformen im Sinne von internen Märkten und Verrechnungspreisen auszeichnen, besteht der Kerngedanke modularer Strukturen in der Restrukturierung der Unternehmensorganisation in relativ *kleine, überschaubare Einheiten* (Module).[2] Auf diese Weise soll die Komplexität der Arbeitsinhalte reduziert, dadurch eine schnellere und fehlerfreie Aufgabenbearbeitung ermöglicht und die Flexibili-

---

[1]   Vgl. Balzereit (1997), S. 383ff.
[2]   Vgl. Picot/Reichwald/Wigand (2001), S. 230ff.; Zenger/Hesterly (1997), S. 209ff.; Schilling (2000), S. 312ff.

tät und Anpassungsfähigkeit an sich verändernde Kundenanforderungen gewährleistet werden. Gleichzeitig ermöglichen kleine Einheiten eine bessere Messung des Beitrags der einzelnen Mitarbeiter zum Gesamtergebnis, so dass, insbesondere in Verbindung mit Anreizsystemen, deren Motivation gefördert wird.

Im Hinblick auf die Modulbildung ist eine ausgeprägte *Prozessorientierung* charakteristisch. Ziel dieser Gestaltungsmaßnahme ist die Reduktion von Schnittstellen.[1] Durch eine verbesserte Koordination einzelner Funktionen und Teilprozesse wird die Reduktion von Behandlungs- und Verweildauern angestrebt. Der Leistungserstellungsprozess wird dann in Teilprozesse unterteilt, die von den einzelnen Modulen autonom bearbeitet werden. Von besonderer Bedeutung ist dabei die Integration mehrerer Stufen der logistischen Kette. Ein Modul soll möglichst alle Aufgaben integrieren, die zur Erstellung dieses Produkts oder Zwischenprodukts notwendig sind. So erfolgen eine Erhöhung der Autonomie und damit eine Reduktion von fertigungsprozessbezogenen Schnittstellen durch eine Übertragung indirekter Funktionen in die Module. Vor dem Hintergrund der im Rahmen der traditionellen Krankenhausstruktur angesprochenen Probleme ist am Konzept der Modularisierung bedeutsam, dass mit der durchgängigen Ausrichtung der Module auf die Prozesse untrennbar eine verstärkte Kundenorientierung verbunden ist.[2] Die modularen Einheiten sehen sich einer unmittelbaren Kunden-Lieferanten-Beziehung gegenüber, die sich nicht nur auf die externen, sondern auch auf die internen Kunden bezieht. Diese Kundenorientierung erleichtert gleichzeitig das Qualitätsmanagement, da die Abnehmer auf diese Weise ihre Anforderungen präziser gegenüber dem vorgelagerten Modul definieren können.[3]

Für das Krankenhaus wird allerdings eine Berücksichtigung der bisher vorherrschenden funktionalen Spezialisierung als unerlässlich angesehen, so dass eine Prozessorientierung keinesfalls die Auflösung der funktionalen Expertise bedeuten darf.[4] Vielmehr ist die funktionale Expertise für spezifische Teilprozesse beizubehalten, welches allerdings eine Prozessorientierung auf der übergeordneten Ebene nicht ausschließt. Die Abstimmung der Beteiligten untereinander ist dann ebenso wie mit vor- und nachgelagerten Stufen zu optimieren.

---

[1] Vgl. Picot/Reichwald/Wiegand (2001), S. 231.
[2] Vgl. Scholz/Vrohlings (1994).
[3] Vgl. Kersting (1999), S. 165; Vera (2004), S. 26.
[4] Vgl. Picot/Korb (1999), S. 17ff.

Abschließend sei darauf hingewiesen, dass eine solche Aufteilung von Unternehmensaktivitäten, die vor allem der Komplexitätsreduktion und Erhöhung der Flexibilität, Qualität und Marktnähe dienen soll, auf verschiedenen Ebenen isoliert oder kombiniert denkbar ist. So kann eine Modularisierung auf der Ebene des Gesamtunternehmens, auf der Ebene von Prozessketten und Abteilungen sowie auf der Ebene der Arbeitsorganisation) ansetzen. In einer kombinierten Form kann demnach auf der übergeordneten Ebene eine produktorientierte Modulbildung durch Profit-Center erfolgen, die dann auf der nächsten Ebene weiter prozessorientiert zergliedert wird.

6.2.2.2   Organisatorische Verankerung von Center-Strukturen im Krankenhaus

Die Implementierung von dezentralen Strukturen verbunden mit der Delegation von Verantwortungs- und Entscheidungselementen im Sinne von Center-Strukturen bedeutet die Aufgliederung der Krankenhausorganisation. Für die folgenden Ausführungen werden mit den medizinischen Fachabteilungen, medizinischen Dienstleistern sowie nicht-medizinischen Dienstleistern verschiedene Einheiten unterschieden, die im Hinblick auf die Kriterien Entscheidungsautonomie und Erfolgsverantwortung unterschiedlich bewertet werden müssen.

6.2.2.2.1 Fachabteilungen

So lassen sich insbesondere die Fachabteilungen als eigenverantwortlich wirtschaftende Teilbereiche abgrenzen.[1] Diese verkörpern die Kernkompetenzen des Krankenhauses. Die ärztlichen Entscheidungen von der Diagnose über die Wahl der Behandlungsmethode und damit verbunden das Ausmaß der Behandlungsdauer, determinieren alle weiteren Arbeitsprozesse und haben maßgeblichen Einfluss auf die Kosten des Krankenhauses. Darüber hinaus basieren auch die Erlöse des Krankenhauses, welche den Fachabteilungen leistungsgerecht zugeteilt werden müssen und damit das wirtschaftliche Ergebnis einer Fachabteilung erheblich beeinflussen, auf Diagnoseschlüsseln, welche zur endgültig richtigen Eingruppierung eines medizinischen Sachverstandes bedürfen. Auch besteht langfristig die Möglichkeit, durch Spezialisierungsbestrebungen auf die wirtschaftliche Situation Einfluss zu nehmen. Aufgrund dieser Überlegungen erscheint es daher opportun, neben der medizinischen, auch die ökonomische Ergebnisverantwortung auf die Fach-

---

[1]   Vgl. Gorschlüter (2001), S. 118f.

abteilungen zu delegieren und diese als Profit-Center auszugestalten. Gleiches gilt auch im Hinblick auf die Ermittlung eines realistischen Bereichserfolges, denn aufgrund der Verantwortlichkeit für die entstehenden Behandlungsprozesse und damit verbundenen Kosten, sind diesen auch die von den Krankenkassen zu zahlenden DRG-Erlöse zuzurechen.[1] Gleichwohl muss einschränkend angemerkt werden, dass, obwohl im Hinblick auf die Wahl und Gestaltung der Diagnose- und Therapiemethoden ein hoher Grad an Autonomie vorliegt, eine operationelle Unabhängigkeit nur bedingt erfüllt werden kann. Dies liegt insbesondere an der starken Zentralisierung von Diagnostik-, Therapie- und Versorgungsbereichen, welches dann zu umfangreichen horizontalen und vertikalen internen Leistungsverflechtungen führt. Somit wird zur Koordination ein umfassendes Verrechnungspreissystem erforderlich, welches die leistungsprozessbezogenen Interdependenzen monetär abbildet und die Ermittlung von Bereichsergebnissen erst ermöglicht. Auch ergibt sich bezüglich der externen Autonomie eine Einschränkung in der Art, dass die Vorgaben des Krankenhausplans und die des Versorgungsauftrags zu beachten sind.[2]

6.2.2.2.2 Medizinische Dienstleister

Neben den Fachabteilungen existieren im Krankenhaus Leistungseinheiten, welche zumeist keine direkten externen Erlöse erzielen. Die Hauptaufgabe dieser Einheiten besteht vielmehr in der Erbringung von Vor- bzw. Sekundärleistungen im Hinblick auf die Primärleistung des Krankenhauses, welche sich somit als medizinische Dienstleister bezeichnen lassen. Als solche Behandlungseinheiten lassen sich die medizinischen Institutionen, welche als typische Service-Center nach dem Prinzip der Verrichtungszentralisation gegliedert und den Erfolgsbereichen hierarchisch gleichgestellt sind, einstufen.[3] Hierunter sind insbesondere Funktionsleistungen wie z. B. Röntgen, Laboratorien, diagnostische Einrichtungen oder Anästhesie zu subsumieren.[4] Wie diese Einheiten im Hinblick auf den Center-Gedanken ausgestaltet werden, muss dabei im Einzelfall geprüft werden.

---

[1] Vgl. Vera (2004), S. 30.
[2] Wegen der aufgezeigten Gründe, die im Ergebnis eine eingeschränkte Autonomie der Center bedeuten, wird im Krankenhaus auch der Begriff des Erfolgsbereichs synonym verwandt.
[3] Vgl. Ostertag (2002), S. 155f.
[4] Diese Einteilung entspricht auch der Kostenstelleneinteilung nach der Krankenhausbuchführungsverordnung (KHBV), Anlage 5, Kontengruppe 92.

Diesbezüglich ist anzumerken, dass die Finanzierung der Einheiten überwiegend auf internen Er-lösen im Rahmen der Leistungsverrechnung erfolgt, welche durch die Erbringung von Leistun-gen für die Fachabteilungen generiert werden. Allerdings ist ein Zugang zu den externen Ab-satzmärkten nicht generell auszuschließen, welches zur Verbesserung der Erlössituation oder des Preisniveaus sogar angestrebt werden kann. Da die erbrachten Leistungen in der Regel über all-gemeingültige Tarifwerke wie die Gebührenordnung für Ärzte (GOÄ) oder DKG-NT bewertet werden können, ist es relativ leicht möglich, „Marktpreise" zu ermitteln und mit Verrechnungs-preisen zu vergleichen. Somit kann dies auch dazu dienen, einen uneingeschränkten Marktzu-gang zu simulieren. In Abhängigkeit der Ausgestaltung tragen die medizinischen Dienstleister dann nicht nur Verantwortung für eine effiziente Leistungserstellung, ihnen obliegt dann auch in gewissem Umfang die Entscheidung über ihre Erlössituation sowie den Ressourceneinsatz in-nerhalb bestehender Kapazitäten.[1] Als problematisch erweist sich allerdings die Tatsache, dass die Einheiten nur auf Anforderung der Fachabteilungen tätig werden, demnach die organisatori-sche Einbindung durch die bestehenden umfangreichen Leistungsverflechtungen keine ausrei-chende Autonomie erkennen lässt. Somit verbleibt nur begrenzt Spielraum für unternehmeri-sches Denken und Handeln.

6.2.2.2.3 Pflegedienst

Auch für den Pflegedienst lassen sich keine allgemeingültigen Aussagen treffen, vielmehr muss ähnlich wie bei den Funktionseinheiten im Einzelfall überprüft werden, ob diese als Profit-Center oder aufgrund von zu geringer Autonomie lediglich als Cost-Center im Sinne einer Kos-tenstelle mit Budgetvorgaben ausgestaltet werden. Auch hier gilt, dass der Pflegedienst keine ei-genen externen Erlöse erzielt und vom Grundsatz her verrichtungsorientiert ausgerichtet ist. So-mit stellt auch die Pflege ein typisches Cost-Center dar, welches seine Leistungen für die medi-zinischen Fachabteilungen gegen innerbetriebliche Leistungsverrechnung erbringt. Allerdings lässt sich auch feststellen, dass eine Marktnähe zumindest theoretisch gegeben ist und der Pfle-gedienst eine gewisse Autonomie hinsichtlich der Leistungsstruktur und Leistungsmenge, eine

---

[1]   Vgl. Strehlau-Schwoll (1996), S. 320.

eigenständige Qualitätsverantwortung für die Pflegeleistungen sowie die Ausgestaltung der Leitungsstrukturen erfährt.

6.2.2.2.4 Nicht-medizinische Dienstleister

Bei nicht-medizinischen Dienstleistern muss unterschieden werden zwischen administrativen und technischen bzw. logistischen Dienstleistern. Während erstere für die sekundären Aufgaben der Unternehmensleitung zuständig sind, bietet die zweite Gruppe Leistungen an, die weder dem medizinisch-technischen, noch dem kaufmännisch-verwaltenden Bereichen zugeordnet werden können. Demnach lassen sich unter der ersten Gruppe vorwiegend Bereiche wie Controlling, Personal, EDV und Öffentlichkeitsarbeit für Koordinationsaufgaben sowie die Erbringung von strategisch wichtigen Leistungen subsumieren, während zur zweiten Gruppe Abteilungen des Wirtschaftsdienstes wie z. B. der Speisenversorgung oder Reinigung gehören.

Bezogen auf die Ausgestaltung des Verantwortungsbereichs kann konstatiert werden, dass in den administrativen Bereichen weder das notwendige Maß an Entscheidungsautonomie noch ein Marktzugang oder zumindest eine Marktnähe vorhanden sind. Darüber hinaus lassen sich die den Bereichen zurechenbaren Kosten nicht in Relation zu einer mengenmäßig messbaren Leistung setzen. Führen Entscheidungen über den Verbrauch von Gütern und Dienstleistungen nicht zu eindeutig quantifizierbaren Leistungen, liegen Cost-Center der ersten Kategorie vor.[1] Hier sind lediglich die Kosten messbar, somit erfolgt die Steuerung anhand vorgegebener Kostenbudgets. Für die logistischen Dienstleister stellt sich die Situation anders dar. Hier sind die Leistungen der Bereiche mengenmäßig eindeutig bestimmbar und stehen in einem ursächlichen Zusammenhang mit den Kosten der Leistungserstellung. Somit sind diese als Cost-Center der zweiten Kategorie zu führen; zur Steuerung wird auf die Kosten pro Leistungseinheit abgestellt. Allerdings ist anzumerken, dass aufgrund der Marktfähigkeit der Leistungen eine Ausgestaltung als Profit-Center problemlos möglich ist. So bieten sich auch weitergehende organisatorische Lösungen an, die

---

[1]   Vgl. Horváth (2002), S. 567.

sich auf die Leistungstiefe des Krankenhauses beziehen.[1] Insbesondere die Möglichkeit des Outsourcing oder die Auslagerung in eine eigene Service GmbH lassen Kostensenkungen erwarten.[2]

Ausgehend von der strategischen Ausrichtung zur Dezentralisierung von Entscheidungskompetenz und Ergebnisverantwortung beschäftigen sich die folgenden Ausführungen vor dem Hintergrund der Reorganisationsnotwendigkeit in Krankenhäusern mit Möglichkeiten der Implementierung von modularen Strukturen. Dabei erlangen die Fragen um eine Dezentralisierung bzw. Zentralisierung einzelner Aktivitäten, z. B. der Diagnostik, Therapie oder Versorgung sowie, damit verbunden, eine Ausgestaltung der Arbeitsteilung zwischen den behandelnden Berufsgruppen, erhöhte Beachtung.

6.2.2.3 Perspektiven der Modularisierung im Krankenhaus

Im Mittelpunkt der Modularisierung steht der Leistungsprozess des Krankenhauses, welcher den Behandlungsprozess des Patienten mit dem Ziel der Verbesserung des gesundheitlichen Status darstellt.[3] Zur Charakterisierung der im Krankenhaus ablaufenden Prozesse lassen sich verschiedene Formen der Leistungserbringung unterscheiden. Aus einer solchen Perspektive existiert zunächst der Kernprozess des Krankenhauses, welcher sich aus den Teilprozessen der Aufnahme, Diagnose, Therapie und Entlassung zusammensetzt (vgl. Abb. 6-2).

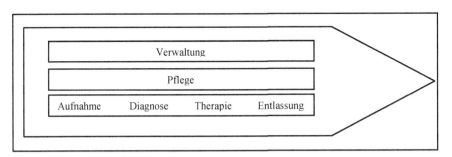

Abb. 6-2: Prozesssicht der Leistungserbringung im Krankenhaus

---

[1]   Vgl. Dullinger (1996), S. 43ff.; Picot/Korb (1999), S. 15f.
[2]   Vgl. Helmig (1997), S. 1ff.
[3]   Vgl. Feinen (1999), S. 192ff.

Dabei lassen sich die einzelnen Teilprozesse wiederum in weitere Teilprozesse untergliedern. So können insbesondere im Rahmen der Diagnose oder Therapie mehrere Tätigkeiten bspw. in Form von Röntgen- oder Laborleistungen bzw. chirurgische Eingriffen anfallen.[1] Daneben lassen sich auch noch verschiedene Supportprozesse identifizieren, welche sich auf den Verwaltungs- und Versorgungsbereich beziehen und damit nicht unmittelbar zu dem Kernanliegen beitragen.

Ausgehend von diesen Überlegungen kann eine institutionelle Umsetzung von modularen Strukturen in der Form erfolgen, dass zunächst ein Modul geschaffen wird, welches für die Aufnahme zuständig ist[2] (vgl. Abb. 6-3).

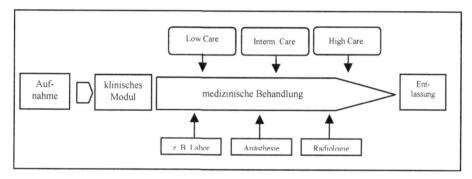

Abb, 6-3: Prozessorientierte Modularisierung im Krankenhaus[3]

Dieses Modul leitet dann entsprechend einer vorläufigen Diagnose den Patienten an die sog. klinischen Module weiter, welche für den gesamten restlichen Behandlungsprozess verantwortlich sind. Insgesamt müssen diese klinischen Module über Erfahrung und Spezialwissen verfügen, so dass hier eine mit den traditionellen Fachabteilungen (Innere Medizin, Gynäkologie, usw.) korrespondierende Aufteilung vorzunehmen ist. Diese klinischen Module bzw. die in den Modulen beschäftigten Ärzte sind dann durch die Übernahme der anfallenden medizinischen Arbeiten für die Verbesserung des Gesundheitszustands des Patienten verantwortlich.

---

[1] Darüber hinaus sei angemerkt, dass es insbesondere bei medizinischen Notfällen zu Abweichungen bezüglich der zeitlichen Abfolge der einzelnen Teilprozesse und zu Schwierigkeiten hinsichtlich einer Trennbarkeit der Leistungsprozesse kommt.

[2] Vgl. hierzu und im Folgenden Vera/Foit (2004), S. 7ff.; Vera (2004), S. 29ff. Vgl. zu einer ebenfalls prozessorientierten Modularisierung die Beiträge von Klimpe (2002) und Münch (1997), (1998) und (1999) sowie für eine diesbezüglich strategiekonforme Effizienzanalyse Hurlebaus (2004), S. 294ff.

[3] Vgl. Vera (2004), S. 28; Vera/Foit (2005), S. 363.

Im Unterschied zu den heutigen Strukturen wird die Ressourcenautonomie der klinischen Module eingeschränkt, folglich müssen diese umfassend auf Dienstleistungen zurückgreifen, die von anderen Modulen in Form von Pflegemodulen und Behandlungsmodulen angeboten werden. .[1]

Die Aufgabe der Pflegemodule besteht in der Pflege des Patienten, so dass sie in personeller Hinsicht nahezu alle Pflegekräfte umfassen. Darüber hinaus sind ihnen im Gegensatz zu den heutigen Strukturen auch die Krankenhausbetten und die dazugehörigen Räumlichkeiten zugeordnet. Ärzte müssen demnach für die zu behandelnden Fälle bei den Pflegemodulen entsprechende Kapazitäten buchen. Vorteilhaft an dieser Form der Pflegemodule ist, dass für die klinischen Module das Vorhalten von eigenen Kapazitäten entfällt und durch dieses Belegungsmanagement eine bessere Auslastung der Pflegekräfte sowie der Krankenhausbetten erreicht werden kann. Bezüglich der Differenzierung der Pflegemodule lässt sich dann eine Einteilung vornehmen, die sich an der Pflegeintensität orientiert. Um eine weitere Spezialisierung der Pflegekräfte zu gewährleisten, werden die Einheiten durch eine Unterteilung in Low Care, Intermediate Care und High Care weiter modularisiert, die dann gleichzeitig den sich stark unterscheidenden Behandlungsanforderungen der Patienten entsprechen.[2]

Auch die von Behandlungsmodulen angebotenen Dienstleistungen lassen sich als relativ abgeschlossene Leistung und somit als Zwischenprodukt auffassen, so dass eine Modulbildung angebracht ist. Zu diesen Modulen sind die Funktionsbereiche (bspw. Radiologie oder Anästhesie) zu zählen, die dann nach einer Aufforderung durch das klinische Modul ihre Leistungen erbringen. Charakteristisch für diese Module ist, dass sie im Behandlungsprozess nur für einen kleinen Teil verantwortlich sind, demnach die klinischen Module weiterhin die Gesamtverantwortung für den Fall tragen. Abschließend ist darauf hinzuweisen, dass bei der Ausgestaltung der Behandlungsmodule insbesondere die Koordination der medizinischen Teilprozesse aufgrund der vielfältigen Leistungsverflechtungen sich als problematisch erweisen kann, so dass ein übergreifendes Prozessmanagement als dringend notwendig anzusehen ist.

---

[1]   Vgl. Klimpe (2002), S. 122ff.
[2]   Auf diese Weise kann auch die Behandlungskonkurrenz aufgelöst werden. Diese äußert sich in unterschiedlichen Ressourcenansprüchen der einzelnen Fälle, die eine effiziente Ressourcenplanung im Hinblick auf den Personaleinsatz erschweren.

Die bisherigen Ausführungen zur Implementierung von modularen Strukturen lassen erkennen, dass es sich hierbei um eine *prozessorientierte* Alternative handelt, bei der die Service- und Pflegebereiche als eigenständige Einheiten bestehen bleiben und nicht in die klinischen Module integriert werden.

Mit der *patientenorientierten* Variante der Modularisierung[1] wird im Weiteren eine alternative Möglichkeit dargestellt, wobei sich Unterschiede insbesondere hinsichtlich der Arbeitsteilung zwischen den Berufsgruppen sowie der Dezentralisierung bzw. Zentralisierung von bestimmten Aufgaben zeigen. Forderungen nach dieser Art der Modularisierung ergeben sich insbesondere vor dem Hintergrund der Kritik, dass sich die traditionellen Strukturen häufig an den Bedürfnissen der Ärzte und nicht der Patienten orientieren und damit in einem wettbewerblichen System, welches gerade den Patienten in den Mittelpunkt stellt, als nicht mehr konform zu bewerten sind.[2] Darüber hinaus liegt ein Ansatzpunkt zur Verbesserung der derzeitigen Strukturen, welchen eine zu hohe Spezialisierung vorgehalten wird, in einer Bildung von interdisziplinären und interprofessionellen Teamstrukturen und Gruppenarbeit in der Form von Patient Care Teams.[3]

Neben der Bildung von Teamstrukturen ist eine Gruppierung der Einheiten entsprechend der Patientenbedürfnisse, eine weitgehende Integration von Dienstleistungsfunktionen in die Fachgebiete sowie eine unbedingte Erhöhung der Patientenpartizipation charakteristisch für diese Form der Modularisierung.

Ausgehend von einer Integration von Servicefunktionen soll die Autonomie der Fachabteilungen erhöht werden.[4] So können verschiedene Elemente, die normalerweise von Behandlungsmodulen in der Form von Laborleistungen oder radiologischen Leistungen erbracht werden, in die Fachabteilungen integriert werden. Gleiches gilt auch für Teilbereiche der Patientenadministration und der Logistik (z. B. die Integration der Apotheke). Durch diese Maßnahmen werden die Fachbereiche in die Lage versetzt, insbesondere die Standardleistungen, welche den überwiegenden Anteil der Aktivitäten ausmachen, eigenständig zu erbringen. Umfangreiche Wartezeiten

---

[1] Vgl. zum „patient focused-hospital" Lathrop (1991); Lathrop (1993); Lathrop et al. (1991); Dullinger (1996), S. 50ff.; Gorschlüter (2001), S. 110ff, Ostertag (2002), S. 152ff. Für eine strategiekonforme Bewertung des Konzepts vgl. Hurlebaus (2004), S. 291ff.
[2] Vgl. hierzu auch Eichhorn (1993), S. 247ff.
[3] Vgl. Heimerl-Wagner (1996), S. 176f.
[4] Vgl. Dullinger (1996), S. 51.

und Wegstrecken für den Patienten können so umgangen werden. Ein weiterer Vorteil wird in der Tatsache gesehen, dass hierdurch die Abstimmung der an der Behandlung beteiligten Einheiten verbessert wird.

Das zentrale Prinzip der patientenorientierten Modularisierung besteht aus der Bildung von interdisziplinären und interprofessionellen Teamstrukturen als kleinste organisatorische Einheit (Patient Care Teams). Hierbei handelt es sich um teilautonome Gruppen, die aus Ärzten, Pflegekräften und anderen am Behandlungsprozess beteiligten Berufsgruppen bestehen. Diese sind für den überwiegenden Teil der Behandlungsaufgaben von der Aufnahme bis zur Entlassung eigenständig verantwortlich. Neben diagnostisch-therpeutischen Aufgaben werden auch viele Servicefunktionen durch sie wahrgenommen. Auf diese Weise erfolgen eine Bündelung von operativen und dispositiven Aufgaben, sowie eine horizontale und vertikale Reintegration der Arbeitsaufgaben.[1] Neben einer Reduktion des berufsgruppenübergreifenden Abstimmungsaufwands, einer interdisziplinären Integration der Primärprozesse wird insbesondere die Möglichkeit der Entwicklung eines erhöhten Vertrauenspotentials zum Patienten als positiv angesehen.[2]

Weiteres Kennzeichen der patientenorientierten Modularisierung ist die Bildung der Arbeitsgruppen entsprechend der Patientenbedürfnisse. Patientengruppen, die jeweils von einem Team betreut werden, können nach Krankheitsbildern oder nach spezifischen Bedürfnissen z. B. in Form von altersbedingten Bedürfnissen gebildet werden. Innerhalb dieser Aufteilung kann eine erneute Spezialisierung vorgenommen werden. So ist z. B. im Rahmen der Inneren Medizin eine Teambildung für Kardiologie, Onkologie Pneumologie oder Gastroenterologie vorstellbar.

Von praktischer Relevanz sind auf Gruppenebene die Methoden der Arbeitsstrukturierung wie Aufgabenerweiterung (Job Enlargement) und der Aufgabenbereicherung (Job Enrichment).[3] Insbesondere das Pflegepersonal wird aufgabenübergreifend ausgebildet und deckt damit einen großen Teil der anfallenden Arbeiten ab, so dass auf diese Weise die Anzahl der Bezugspersonen zum Patienten verringert und darüber hinaus Prozess-, aber auch Ressourceninterdependenzen vermieden werden können.

---

[1]   Vgl. Richter (1994), S. 110; Frech (1996), S. 282f.; Heimerl-Wagner (1996), S. 175ff.
[2]   Vgl. Gorschlüter (2001), S. 111.
[3]   Vgl. hierzu Picot/Korb (1999), S. 17ff.; Picot/Reichwald/Wiegand (2001), S. 503ff.; Gorschlüter (2001), S. 112ff.

Im Konzept der patientenorientierten Modularisierung kommt dem Aspekt der Patientenpartizipation eine große Bedeutung zu. So wird bewusst der Patient in den Behandlungsablauf einbezogen, welches sich z. B. in der Vermittlung genereller Informationen sowie durch eine Berücksichtigung im Rahmen der Behandlungsplanung äußert.

Abschließend soll darauf hingewiesen werden, dass sich auch empirische Belege für die Steigerung der Effizienz der Leistungserstellung durch diese Form der Reorganisation, welche insbesondere in den USA implementiert wurde, finden lassen.[1] Für Deutschland ist kritisch anzumerken, dass die geforderte Aufgabendelegation sich aufgrund von berufsständischen Regelungen nicht vollständig übertragen lässt. Während eine Erweiterung für das Pflegepersonal hinsichtlich logistischer und administrativer Aufgaben noch vorstellbar ist, ist dies für die ärztlichen Aufgaben nicht möglich.

6.2.2.4 Steuerung von dezentralen Entscheidungen

Aus den bisherigen Ausführungen wurde deutlich, dass sich bei der Implementierung von modularen Strukturen erhebliche Leistungsverflechtungen im Rahmen der Leistungserbringung ergeben, so dass eine Koordination der verschiedenen Einheiten erfolgen muss. Dies kann über verschiedene Instrumente erfolgen, wobei Weisungen und allgemeine Regelungen gegenüber sachlichen Koordinationsmechanismen wie Budgets, Koordinierungsinstanzen oder Verrechnungspreisen an Bedeutung verlieren.[2]

Gestaltung von Verrechnungspreisen

Ausgehend von dem Aspekt der dezentralen Steuerung durch Profit Center-Strukturen kommt der Bildung und Gestaltung von Verrechnungspreisen, durch welche die Transaktionsbeziehungen zwischen klinischen Modulen und den dienstleistungserbringenden Einheiten erfasst werden, hohe Bedeutung zu.[3]

---

[1]   Vgl. bspw. Peters (1993), S. 303ff.; Weber (1991), S. 23ff.
[2]   Vgl. Eichhorn (1999), S. 4.
[3]   Vgl. Strehlau-Schwoll (1999), S. 72ff.; für Einsatzmöglichkeiten bspw. im Hinblick auf die Verrechnung von Anästhesieleistungen vgl. Kuntz/Vera (2004).

Vor dem Hintergrund der durch den innerbetrieblichen Ressourcenverbund verursachten Güter- und Leistungsströme bedarf es zur Ergebnisermittlung und damit zur Ermittlung des jeweiligen Beitrages von Bereichen zum gesamten Unternehmenserfolg einer monetären Bewertung, welche mittels Verrechnungspreisen erfolgt.[1] Da oftmals kein direkter Zugang zu externen Märkten besteht, wird eine Ergebnisermittlung und damit die Anwendung des Profit Center-Gedankens durch Verrechnungspreise überhaupt erst ermöglicht.[2] Durch Einsatz von Verrechnungspreisen lassen sich interne Märkte, auf denen der unternehmensinterne Leistungsaustausch Gegenstand von Verhandlungen ist, schaffen.[3] Der Anbieter erhält in einer Angebots-Nachfrage-Beziehung vom Nachfrager für die erbrachten Leistungen ein Entgelt. Im Ergebnis lässt sich für alle Stufen der Wertschöpfungskette ein Marktdruck erzeugen, wobei gleichzeitig die gewünschte Transparenz über den Erfolgsbeitrag generiert wird.[4]

Verrechnungspreisen kommen verschiedene Funktionen zu, wobei sich mit der Koordinations-, der Erfolgsermittlungs- und der Motivationsfunktion drei Hauptfunktionen ableiten lassen.[5] Demnach sollen auftretende Entscheidungsinterdependenzen bestmöglich aufeinander abgestimmt werden und dezentrale Entscheidungen so koordiniert werden, dass eine gesamtoptimale Ressourcenallokation, bei gleichzeitiger Berücksichtigung möglicher Verbundvorteile, erzielt wird. Durch die Etablierung eines internen Marktes sollen in Analogie zur Lenkungsfunktion von Preisen in gesamtwirtschaftlichen Modellen Entscheidungsgrundlagen geschaffen werden, anhand derer über eine quasiautonome Entscheidungsfindung eine Entkoppelung interdependenter Bereiche erfolgen kann. Über den Einsatz von Verrechnungspreisen lassen sich dann Bereichserfolge ermitteln, die wiederum Anknüpfungspunkte von Anreizmaßnahmen darstellen.

Angesichts der angeführten Funktionen ergeben sich zahlreiche Konzepte zur Bildung von Verrechnungspreisen. Unterscheiden lassen sich Verrechnungspreise nach der zugrunde liegenden Bestimmungsgröße der Preisbildung sowie nach dem Verfahren ihres Zustandekommens.[6] Dies-

---

[1]   Vgl. Gschwend (1986), S. 68.
[2]   Vgl. Frese (1995), S. 83.
[3]   Vgl. Eisenführ/Theuvsen (2004), S. 102.
[4]   Vgl. Kreuter (1997), S. 16.
[5]   Vgl. Scherz (1998), S. 116f.; Wolf (1985), S. 116f.; Frese (1995a), S. 943f.; Wagenhofer (2002), Sp. 2075. Darüber hinaus lassen sie sich auch als Hilfsmittel zur bilanziellen Bestandsbewertung, Kalkulation zur Preisrechtfertigung sowie als Instrument zur Optimierung der Steuern ansehen; vgl. bspw. Ewert/Wagenhofer (2003), S. 593-601.
[6]   Vgl. bspw. Anthony/Govindarajan (2000), S. 164ff.; Kreisel (1994), S. 257ff.; Coenenberg (1973), S. 376ff.

bezüglich lassen sich kosten- und marktorientierte sowie duale Verrechnungspreise oder Verhandlungspreise unterscheiden.

Bezogen auf die Bestimmungsgröße der Preiskomponente existiert eine Vielzahl von theoretischen Ansätzen, die sich mit der optimalen Ausgestaltung von Verrechnungspreisen beschäftigen. Dabei ergeben sich gemäß der Theorie der Unternehmung drei zentrale Richtungen, welche sich in Arbeiten in der Tradition der Neoklassik, in agency-theoretische Ansätze sowie Modelle auf der Basis von Transaktionskosten und unvollständigen Verträgen differenzieren lassen.[1] Zusammenfassend lässt sich feststellen, dass sich diese, je nach der gewählten Perspektive, mit Teilaspekten der Problematik befassen und auch zu unterschiedlichen Ergebnissen im Rahmen der optimalen Ausgestaltung von Verrechnungspreisen kommen.

Unter *kostenorientierten Verrechnungspreisen* werden Wertansätze verstanden, die sich auf interne Größen auf Kostenbasis aus dem betrieblichen Werteverzehr beziehen. Insgesamt können auf Ist- oder Plankosten sowie auf Voll- oder Teilkosten basierende Verrechnungspreise unterschieden werden.

In der praktischen Anwendung wird der Vollkostenbasis die größte Verbreitung zugeschrieben, welche mit der einfachen Ermittelbarkeit aus der Kostenrechnung erklärt wird. Hierbei werden alle Kosten, die ein Teilbereich bei der Leistungserstellung tragen muss, an den Leistungsnehmer weiterverrechnet. Das empfangende Center wird dann so gestellt, als ob es das Zwischenprodukt selbst erstellt hätte. Dieses Prinzip ist auch für Krankenhäuser typisch, denn hier werden traditionell die Sekundärleistungen vorwiegend auf der Basis von Vollkosten mit Äquivalenzziffern, z. B. DKG-NT, verrechnet.[2] Diese Vorgehensweise ist allerdings auch mit verschiedenen Problemen behaftet, welche zu Fehlsteuerungseffekten führen,[3] so dass die mit einem Vollkostenansatz

---

[1] Vgl. Pfaff/Pfeiffer (2004), S. 296ff.

[2] Der innerbetriebliche Verrechnungssatz ergibt sich durch eine Divisionskalkulation aus Gesamtkosten durch Leistungseinheiten (Summe der Punkte nach DKG-NT); vgl. Keun (1999), S. 137ff.

[3] Probleme ergeben sich insbesondere für den Fall, wenn die anfallenden Kosten nicht nur an einen Leistungsbezieher weitergegeben werden müssen, sondern auf mehrere Abnehmer aufgeteilt werden. Der Verrechnungspreis enthält dann regelmäßig nicht verursachungsgemäß zugeordnete Fixkosten, mit denen das empfangende Center belastet wird, allerdings von diesem nicht beeinflusst werden kann. So ergeben sich bei Mengenabweichungen falsche Informationen zur Wirtschaftlichkeit des Leistungsnachfragers. Die Koordinierungsfunktion hinsichtlich des Gesamterfolgs kann insbesondere bei mengenmäßig umfangreichen Verflechtungen nicht erfüllt werden; vgl. Geschwend (1986), S. 90. Insgesamt ergeben sich im Hinblick auf die Erfolgsermittlungsfunktion bedenkliche Ergebnisse, da die leistungserstellenden Bereiche zwar kostendeckend arbeiten können, ihnen jedoch die Möglichkeit zur Gewinnerzielung verwehrt bleibt; vgl. bspw. Wolf (1985), S. 132. Durch einen Gewinnzuschlag lässt sich auch die Möglichkeit der Gewinnerzielung implementieren. Allerdings muss auch

verfolgten Ziele sich auf das kostenrechnerische Interesse, z. B. im Rahmen der Bestandsbewertung, beziehen lassen.

Alternativ können Verrechnungspreise in Höhe der Grenzkosten angesetzt werden. Diese bilden dann bezüglich der Wertorientierung den niedrigsten Ansatz für Verrechnungspreise, welcher in Form des „Proportionalpreis" bei Schmalenbach Erwähnung findet sowie im Modell von Hirshleifer zur Optimierung der Ressourcenallokation herangezogen wird. Wenn Grenzkosten auch unter den engen modelltheoretischen Vorraussetzungen eine effiziente Koordination bewirken können, entsteht das Problem, dass der Leistende keine Fixkosten verrechnen und folglich der Leistungsnehmer sich über die marktliche Verwertung der Leistung den gesamten Erfolg zurechnen kann, was die Erfolgsermittlungsfunktion einschränkt.[1] Folgerichtig darf das liefernde Center nicht als Center mit Gewinnverantwortung geführt werden.

Bezogen auf den Zeitbezug der Kosten sollte auch für Krankenhäuser eine Verrechnung auf Plankosten erfolgen. Zwar lassen sich die Ist-Kosten einfacher aus dem Rechnungswesen ableiten, allerdings birgt diese Vorgehensweise die Gefahr, dass die Verrechnungspreise ihrer Funktion als Problemindikatoren nicht gerecht werden. Da die Kosten des Leistungsanbieters weiterverrechnet werden, wird im Ergebnis ein geringer Kostendruck auf den Anbieter ausgeübt, während der Nachfrager mit den Kosten unwirtschaftlichen Verhaltens konfrontiert wird.

Für interne Verrechnungen ist für Krankenhäuser insbesondere die Orientierung an *Marktpreisen* relevant. Den ausgetauschten Leistungen wird ein Preis zugeordnet, der mit dem Angebot auf dem unternehmensexternen Markt korrespondiert. Marktorientierte Verrechungspreise entsprechen demnach am ehesten dem Leitbild dezentraler, autonomer Entscheidungseinheiten, die einem internen Leistungsaustausch zu Marktbedingungen entsprechen. Ein solcher Preis weist zudem den Vorteil auf, dass er eine objektive Größe darstellt, die von den Teilbereichen kaum manipulierbar ist. Auch bietet die Verwendung von Marktpreisen die Möglichkeit, eine Bereichsau-

---

hier kritisch angemerkt werden, dass die Zuschlagshöhe aufgrund von nicht vorhandenen Vergleichsmöglichkeiten an Objektivität verliert.

[1]   Vgl. Hax (1981), Sp. 1692; Coenenberg (1973), S. 377f. Eine Verbesserung der Erfolgsermittlungsfunktion kann dadurch erzielt werden, dass die Grenzkostenbasis um einen Zuschlag zur Deckung der fixen Kosten des leistenden Bereichs ergänzt wird; vgl. Scherz (1998), S. 129.
Alternativ kann durch Opportunitätskostenzuschläge zu den Grenzkosten eine Situation simuliert werden, in welcher bezüglich der Leistungsabnahme eine Konkurrenzsituation besteht und die leistende Einheit zur Leistungsverwertung die beste Alternative sucht. Zu den damit verbundenen Problemen vgl. bspw. Bruckschen (1981), S. 251; Kreuter (1997), S. 31f.

tonomie zu suggerieren und gleichzeitig durch eine Übertragung des Marktdrucks auf die einzelnen Teilbereiche diese durch einen ständigen Vergleich mit dem Marktstandard hinsichtlich der zur Überprüfung des Ressourceneinsatzes oder der Arbeitsabläufe zu motivieren.

Voraussetzung für die Anwendung von Marktpreisen ist, dass für das zu transferierende Produkt ein unternehmensexterner Markt existiert. Für Krankenhäuser kann sich dies als problematisch erweisen. Während für Leistungen, welche anhand von allgemeinen Tarifwerken wie GOÄ abgerechnet werden, ein Marktpreis abgeleitet werden kann, ist dies für andere Leistungen, z. B. für Leistungen der Intensivpflege, nicht der Fall. Darüber hinaus ist auch eine Korrektur von Marktpreisen möglich, da die Transaktionen innerhalb der Unternehmung anderen Bedingungen unterliegen und deshalb verschiedene Kostenbestandteile enthalten, die auch nicht in die Verrechnungsbasis einbezogen werden müssen.[1]

Abschließend sei noch auf die *dualen Verrechnungspreise* und *Verhandlungspreise* hingewiesen. Die bisherigen Ausführungen belegen, dass marktorientierte Verrechnungspreise eher Motivationswirkungen aufweisen, während umgekehrt Verrechnungspreise auf der Basis von (Grenz)-Kosten sich besser für die Koordination eignen. Es ist daher nahe liegend, die Vorteile beider Ansätze zu kombinieren, welches dem Ansatz von dualen Verrechnungspreissystemen zugrunde liegt. In diesem Fall werden unterschiedliche preisliche Bewertungen für den liefernden und den belieferten Bereich gewählt.[2] Bei Verhandlungspreisen werden die Verrechnungspreise nicht vorgegeben, sondern zwischen den Centern ausgehandelt. Problematisch kann sich dann das Machtverhältnis zwischen den Parteien auswirken, welches in der Regel zu Konflikten führt.

Führungsorientierte Erfolgsrechnung

Besondere Bedeutung erlangt in dem Konzept, das auf dem Erfolgsausweis dezentraler Teilbereiche beruht, die Ausgestaltung einer adäquaten Kosten- und Leistungsrechnung bzw. Erfolgsrechnung, die als Grundlage für eine zielorientierte Führung von Centern dient. Zur Unterstüt-

---

[1]   Vgl. Schultheiss (1990), S. 251f.
[2]   Vgl. Buscher (1997), S. 43f.

zung der Center wird im Krankenhaus auch die Einrichtung eines Bereichscontrollings als notwendig angesehen.[1]

Grundsätzlich ist davon auszugehen, dass Teilbereiche nur für genau die Vorgänge und Erfolgsbeiträge verantwortlich sein sollen, hinsichtlich derer Einflussmöglichkeiten bestehen.[2] Das Rechnungswesen muss sich dann an den organisatorischen Voraussetzungen orientieren und durch abrechnungstechnische Maßnahmen eine Suboptimierung einzelner Teilbereiche verhindern. Eine Einhaltung dieser Überlegungen wird dann erschwert, wenn, wie bei Krankenhäusern üblich, Kostenstrukturen vorliegen, welche sich durch einen hohen Anteil fixer bzw. Gemeinkosten auszeichnen, welche auch als Kosten der Betriebsbereitschaft definiert werden können.[3] In einem solchen Fall stellt die Findung einer geeigneten Größe, die als Problemindikator sowohl für die Unternehmensleitung als auch für die Profit-Center-Leiter dient, ein weiteres Problem dar. Vollkostenrechnungssysteme, bei denen den Kostenträgern nicht nur direkt zurechenbare Kosten, sondern auch sämtliche Gemein- und Fixkosten zugeordnet werden, liefern aufgrund einer nicht verursachungsgerechten Schlüsselung dieser Kostenanteile nur bedingt aussagefähige Ergebnisse.[4] Vor diesem Hintergrund wird auch für Krankenhäuser eine Erfolgsrechnung und Leistungsbeurteilung der Profit-Center auf der Grundlage von Deckungsbeiträgen propagiert.[5] Insgesamt wird in einem solchen System, ausgehend von den für bestimmte Entscheidungen relevanten Bezugsobjekten, der Überschuss der Erlöse über bestimmte Partialkosten ausgewiesen, wobei die abnehmende Beeinflussbarkeit der Kosten als Abstufungskriterium dient. Die Summe der über alle Teilbereiche insgesamt erzielten Deckungsbeiträge muss dann gewährleisten, dass die nicht zugerechneten oder nicht zurechenbaren Gemeinkosten einer Rechnungsperiode gedeckt werden und darüber hinaus ein Überschuss entsteht.[6] Gleichzeitig können auf der Grundla-

---

[1]   Vgl. Strehlau-Schwoll (1999), S. 38.
[2]   Vgl. Wetekamp (1997), S. 130.
[3]   Vgl. Schlüchtermann/Gorschlüter (1996), S.101; Schweitzer/Küpper (1995), S. 491.
[4]   Vgl. Hentze/Kehres (1999), S. 24.
[5]   Vgl. bspw. Strehlau-Schwoll (1995), S. 299ff.; Preuß (1996); Hoppe et al. (1999), S. 57ff.; Behrends/Kuntz (2002), S. 140f.
      Bei der Deckungsbeitragsrechnung werden die im Rahmen der Leistungserstellung entstehenden Kosten in dem Kostenträger zurechenbare Kosten und zeitabhängige Gemeinkosten unterteilt (Teilkostenrechnung). Werden von dem pauschalierten Erlös die ermittelbaren variablen Kosten subtrahiert, erhält man den jeweiligen Deckungsbeitrag dieser Leistung für die noch unverteilten Gemeinkosten. In unterschiedlich differenzierten Verfahren werden dann die Gemeinkosten entweder als ganzer Block betrachtet (einstufige Deckungsbeitragsrechnung) oder nach dem Ort ihrer Entstehung und somit nach der Beinflussbarkeit des Centers in unterschiedliche Fixkosten aufgeteilt (mehrstufige Deckungsbeitragsrechnung). Dabei werden Leistungsartfixkosten, abteilungsbezogene Leistungsgruppenfixkosten, Bereichsfixkosten und Unternehmensfixkosten unterschieden. Im Krankenhaus lässt sich eine diesbezügliche Bezugsobjekthierarchie aus Behandlungsfälllen, Fall-bzw. Hauptgruppen (MDC), Abteilungen sowie Krankenhausbetrieb ableiten.
[6]   Vgl. Strehlau-Schwoll (1995), S. 302f.

ge der mehrstufigen Deckungsbeitragsrechnung Leistungen erkannt werden, die zwar hohe Erlöse erbringen, aber aufgrund ihrer Kostenintensität der Leistungserstellung nur einen geringen Beitrag zur Aufrechterhaltung der Betriebsbereitschaft leisten.[1]

Weiterentwicklung der internen Budgetierung

Ausgehend von den bisher erläuterten modularen Strukturen kommt vor dem Hintergrund der Erhöhung der Steuerungsintensität als notwendige Reaktion auf die sich ändernden Rahmenbedingungen in Krankenhäusern der sog. internen Budgetierung gestiegene Bedeutung zu.[2] Der Zusatz „interne" ergibt sich im Hinblick auf die Unterscheidung von den Budgets, die mit den Krankenkassen extern ausgehandelt werden.

Grundsätzlich stellt ein Budget das Ergebnis einer von an den Unternehmenszielen ausgerichteten, geplanten Sollgröße für eine dezentral organisierte Unternehmung mit einem bestimmten Verbindlichkeitsgrad dar. Budgets können Wertgrößen, aber auch Mengengrößen umfassen. Unter der Budgetierung wird der dynamische Prozess der Planaufstellung, Planimplementierung und der Plankontrolle verstanden, der sicherstellen soll, dass die vom Plan vorgegebenen Ziele erreicht werden. Eine Leistungs-, Kosten- und Erlösplanung sowie eine ergebnisorientierte Leistungsbeurteilung der verschiedenen als Center geführten Teilbereiche sind, unter Berücksichtigung der angestrebten Realisierung von Verbund- und Größenvorteilen im Krankenhaus, ohne Budgetierung nicht möglich. Nur mit von aufeinander abgestimmten Budgets lassen sich alle Aktivitäten auf das Gesamtziel des Krankenhauses ausrichten.

Ausgangspunkt im Krankenhaus ist das mit den Krankenkassen verhandelte Budget, womit gleichzeitig das Leistungsprogramm festgelegt wird. Der internen Budgetierung kommt dann die Aufgabe zu, dieses Budget auf die einzelnen Einheiten herunter zu brechen. Auf dieser Ebene müssen dann im Rahmen der Leistungsplanung die zu erbringenden Leistungen und damit verbundene Mengen geplant werden, während bei der Kostenplanung eine nach Personal- und Sachaufwand differenzierte Prognose abzugeben ist. Für jede Budgeteinheit ist dann ein in Geld-

---

[1]   Vgl. Koch (2004), S. 185ff.
[2]   Vgl. Wendel (2000), S. 195ff.; Böinig (1990); Greiling (2000), Philippi (1989), S. 533ff.; sowie in einem allgemeinen Zusammenhang bspw. Eisenführ (1992), Sp. 363ff.; Dilger (1991),Ewert/Wagenhofer (2003), S. 450ff.

größen ausgedrücktes Budget zu erstellen. Dieses stellt somit eine Plangröße für eine Kranken-hausabteilung dar, mit deren Hilfe die zulässigen Kosten der Budgetperiode vorgegeben werden.

Bei der Umsetzung von Elementen der internen Budgetierung ist eine Bildung von Budgetein-heiten nach dem Kostenstellenplan der Krankenhausbuchführungsverordnung (KHBV) einer be-reichsbezogenen Differenzierung nach Kostenarten[1] vorzuziehen.[2] Angesichts der DRG-Einführung erscheint auch eine Budgetierung nach Produktgruppen als lohnenswerte Alternative, insbesondere, weil hierdurch dem Krankenhaus ein einheitlicher Bezugsrahmen vorliegt.

Als Ziele der Budgetierung werden dann neben der Koordinations- und Abstimmungsfunktion die verstärkte Integration des mittleren Managements, insbesondere der Chefärzte und der Pfle-gedienstleitungen, in die Verantwortung für die Formalzielerfüllung angesehen.[3] So sollen die Verantwortlichen der einzelnen Bereiche zum zielorientierten Nachdenken über zukünftige Ent-wicklungen motiviert werden.[4] Darüber hinaus dienen die Budgets aufgrund ihres Vorgabecha-rakters zur Beurteilung der Verantwortlichen, wenn beobachtete Budgetabweichungen dann als Bemessungsgrundlage für Vergütungselemente genutzt werden. Im Ergebnis sollen somit Moti-vationspotenziale ausgeschöpft und eine Aktivierung von Wirtschaftlichkeitsreserven erreicht werden.

Die bisherigen Erläuterungen verdeutlichen, dass adäquate Verrechnungspreise die notwendige Voraussetzung darstellen, um eine bei dezentralen Strukturen erfolgende Leistungserstellung zu steuern und zu vergüten. Auf diese Weise werden in Verbindung mit der internen Budgetierung Anhaltspunkte im Hinblick auf Verbesserungspotentiale generiert und eindeutige Verantwort-lichkeiten zugewiesen. Gleichzeitig bewirkt der Marktdruck eine Steigerung des Serviceve-ständnisses sowie eine Stärkung der Kundenorientierung. Durch eine Erhöhung des Kostenbe-wusstseins sowie der Transparenz für die Kosten- und Leistungsströme sollen die Leistungspro-zesse effizienter gestaltet werden.

---

[1]   Hierbei würde bspw. die Verwaltung das Personalkostenbudget überwachen, die Apotheke die Arzneimittel und medizini-sches Verbrauchsmaterial und die Technik die Budgets für Energie- oder Instandhaltungskosten verantworten.
[2]   Vgl. Greiling (2000), S. 73f.
[3]   Vgl. Greiling (2000), S. 70.
[4]   Vgl. Ewert/Wagenhofer (2003), S. 455ff.

6.2.3   Prozessorientierter Steuerungsbedarf im Krankenhaus

Wenngleich die bisherigen Instrumente auf eine betriebswirtschaftliche Koordination bei modularen Strukturen abzielen, lösen diese Steuerungsinstrumente nicht das Problem der bereichsübergreifenden Schnittstellenproblematik im Rahmen der Leistungsprozesserstellung. Diese Thematik wird insbesondere durch die DRG-Einführung verschärft, denn die Erlöse orientieren sich zukünftig am Patientenfall und damit am Kernprozess der Leistungserstellung. Neben dem Aspekt der Verhinderung von dysfunktionalen Effekten der Bereichsoptimierung zulasten des Gesamtsystems im Rahmen der geschilderten modularen Center-Strukturen, wird unter der neuen Entgeltstruktur der wettbewerblichen Gestaltung der Organisation bereichsübergreifender, klinischer Prozesse erhebliche Bedeutung zukommen.[1] Durch eine Optimierung der pflegerischen und medizinischen Arbeitsabfolgen kann dann eine Senkung der Fallkosten bei einer gleichzeitigen Verbesserung der Prozessqualität sowie Zeitgewinnen erreicht werden.[2] Im Zentrum steht dabei nicht nur eine verbesserte Kapazitäts- und Terminplanung, sondern auch die notwendige Art und Anzahl einzelner Diagnose- und Therapieleistungen.[3]

Klinisches Prozessmanagement

Bezogen auf die Prozessoptimierung lassen sich, neben einer umfassenden Prozessanalyse, hinsichtlich der Differenzierung in direkt wertschöpfende und indirekt wertschöpfende Prozesse[4] sowie einer Prozessstrukturierung nach Geschäfts-, Haupt- und Teilprozessen zur Erhöhung der Transparenz und Übersichtlichkeit,[5] *klinische Behandlungspfade* („Clinical Pathways") als Instrument zur Umsetzung des klinischen Prozessmanagements hervorheben.[6] Vor dem Hintergrund der personellen, zeitlichen und räumlichen Unverbundenheit der einzelnen Teilleistungen im Krankenhaus zielen diese auf eine Standardisierung der Prozessgestaltung ab und erlauben somit eine Prozessoptimierung durch eine Reduktion der Prozesskomplexität.[7]

---

[1]   Vgl. Greiling (2004a); Reichert (2000), S. 903ff.; Graf (1999), S. 516ff.; Roeder et al. (2003), S. 124ff.
[2]   Vgl. Greulich/Thiele (1997), S. 16ff.
[3]   Vgl. Bauer (2002), S. 454ff.
[4]   Vgl. Ziegenbein (2001), S. 117ff.
[5]   Vgl. Hessel (2004), S. 27ff.
[6]   Vgl. Greiling (2004a), S. 19.
[7]   Vgl. Roeder (2002), S. 462ff.

Klinische Behandlungspfade stellen durch ihre fallbezogene Auflösung zu patientenbezogenen Behandlungsplänen eine Konkretisierung von „Clinical Guidelines" dar. [1]

Letztere sind systematisch entwickelte Entscheidungs- und Handlungshinweise für Ärzte und Pflegekräfte auf der Grundlage eines evidenzbasierten Ansatzes.[2] Ausgehend von eindeutig festgelegten medizinischen Indikationen werden dann Vorgaben bezüglich der medizinisch-therapeutischen Leistungsart und des -Umfanges gemacht, die aus wissenschaftlicher und praktischer Sicht, bezogen auf das betrachtete Krankheitsbild, zum gewünschten Erfolg führen. Die durch die Clinical Guidelines aufgestellten Forderungen[3] werden durch die klinischen Behandlungspfade krankenhausspezifisch von den Berufsgruppen selbst entwickelt und in einem zeitlich-logischen Zusammenhang abgebildet. Zum einen werden damit die einzelnen Gruppen zum Wohle des Patienten und des Krankenhauses zur Zusammenarbeit gezwungen. Zum anderen geben sie den Krankenhausmitarbeitern von der Aufnahme bis zur Entlassung des Patienten einzelne Behandlungsschritte, einzusetzende Ressourcen sowie Hinweise zur erforderlichen Dauer der einzelnen Aktivitäten vor. Gleichzeitig wird damit sichergestellt, dass der gewünschte Qualitätsstandard eingehalten wird.

Während Leitlinien, die von der Arbeitsgemeinschaft der Wissenschaftlichen Medizinischen Fachgesellschaften (AWMF) zur Verfügung gestellt werden, eher auf eine Qualitätssicherung abzielen, die den Aspekt der Kosteneffizienz nur dadurch berücksichtigen, dass aus dem Blickwinkel des medizinischen Erkenntnisstandes unnötige Maßnahmen unterbunden werden, beleuchten Behandlungspfade die Abläufe auch unter dem Blickwinkel des anfallenden Ressourceneinsatzes.

Mit Behandlungspfaden wird eine Perspektive geschaffen, die sich über die historisch gewachsenen Grenzen innerhalb des Krankenhauses hinwegsetzt. Behandlungspfade leisten einen Beitrag zur ärztlichen und pflegerischen Prozessqualität, da das Risiko von Behandlungsfehlern, z.

---

[1]   Klinische Behandlungspfade werden auch als Interdisziplinäre Behandlungspfade, Integrierte Versorgungspfade, Critical Pathways oder Practice Guidelines bezeichnet; vgl. zu verschiedenen Definitionsauffassungen von klinischen Behandlungspfaden Berger (2004), S. 44.

[2]   Vgl. bspw. Bauer (1998); Philippi (1999).

[3]   Der Einfluss, der von solchen Vorgaben ausgeht, ist abhängig von dem diesbezüglichen Verbindlichkeitscharakter. Während Richtlinien unbedingt befolgt werden müssen, handelt es sich bei den Leitlinien um Vorgaben, die prinzipiell befolgt werden sollten. Die schwächste Form der Vorgabe bedeuten dann unverbindliche Empfehlungen.

B. bei Arzt- oder Schichtwechseln, minimiert werden kann.[1] Mehrfachuntersuchung und unnötiger Ressourcenverbrauch können vermieden werden. Gleichzeitig kann, bezogen auf die inhaltliche Ausgestaltung, davon ausgegangen werden, dass neben einer Optimierung der medizinischen Behandlung auch eine ökonomische Abstimmung in dem Sinne erfolgt, dass die Behandlung den verursachten Aufwand rechtfertigen muss. Die durch die Standardisierung der Behandlung erreichten patientenbezogenen Resultate können dann über eine Dokumentation und eine Analyse der Abweichungen vom Behandlungspfad (variances) optimiert werden.[2] Im Ergebnis wird das Qualitätsmanagement erleichtert. Auch liefern Behandlungspfade durch ihren Ablaufplan der Behandlung, verbunden mit einer konsequenten Dokumentation, einen Beitrag zur Arzthaftung im Schadensfall und damit einen wertvollen Beitrag zum Risikomanagement.

Patientenpfade können neben der Verbesserung der internen Arbeitsabläufe gezielt zur Kommunikationsverbesserung mit Patienten eingesetzt werden. So können diese umfassend über den Ablauf informiert werden und ihnen bereits am Aufnahmetag das voraussichtliche Entlassungsdatum vorhergesagt werden. Auch wird auf diese Weise die Notwendigkeit des aktiven Mitwirkens signalisiert.

Trotz der vielen Hinweise, die auf die Vorteilhaftigkeit des Einsatzes von Behandlungspfaden hindeuten, ist insbesondere deren innovationshemmende Wirkung als kritisch zu betrachten.[3] Die Pfade müssen permanent an die sich verändernden Umstände und den wissenschaftlichen Erkenntnissen folgend angepasst werden. Gerade durch eine permanente Anwendung, verbunden mit einem Automatismus, besteht die Gefahr, dass, obwohl dies der Evidenz-Basierung widerspricht, eine kritische Hinterfragung ausbleibt und damit sich eine Behinderung medizinischer oder technischer Innovationen ergibt. Auch kann eine mangelnde Akzeptanz die Einführung solcher Instrumente erschweren. Insbesondere Ärzte fühlen sich in ihrer Freiheit eingeschränkt, welches dann zu einer abwehrenden Haltung führen kann.

---

[1] Vgl. Wuttke (2002), S. 60ff.
[2] Vgl. Johnson (2002), S. 28f.
[3] Vgl. Berger (2004), S. 57f.

Kostenmanagement im Krankenhaus

Neben den bisherigen Aspekten im Rahmen des klinischen Prozessmanagements, welche auf die
Reduktion von Schnittstellen sowie auf die Verhinderung von kostenintensiven Bereichsoptimie-
rungen abzielten, bedarf es für eine wettbewerbliche Steuerung der Leistungsprozesse auch einer
transparenten Kostensituation.[1] Für Krankenhäuser ergibt sich daher die Notwendigkeit der Einführung einer leistungsfähigen Kosten- und Erlösrechnung.[2] Insbesondere die Einführung einer
Kostenträgerrechnung wird dabei als unverzichtbar angesehen.[3]

Im Rahmen der innerbetrieblichen Steuerung wird unter DRG-Bedingungen der Hauptrech-
nungszweck durch die Nachkalkulation der Vollkosten der Leistungserbringung und die Abbildung bzw. Transparenz bezüglich der einzelnen Tätigkeiten bestimmt.[4] Das Rechnungsziel als
die zu berechnende Größe sind die Gesamtkosten je DRG, um durch den Vergleich mit einem
vorher festgelegten „Preis" je DRG den ökonomischen Behandlungserfolg je Behandlungsfall zu
ermitteln. Zur Beantwortung der retrospektiven Frage nach den angefallenen Kosten ergibt sich
für Krankenhäuser die Möglichkeit, das im Rahmen der DRG-Einführung zur Kalkulation der
Relativgewichte genutzte einheitliche Kalkulationsverfahren auf Ist-Kostenbasis für erste Hinweise zu nutzen.[5] Die in Form von Kostenmodulen aufbereiteten Kostendaten je Kostenträger
(Einzelfalldaten) erlauben dann Kostenhomogenitätsüberprüfungen innerhalb einer DRG.

Vor dem Hintergrund einer verstärkten Prozessorientierung durch die Einführung des neuen Entgeltsystems wird bei der Gestaltung des Kostenmanagements der Einsatz der *Prozesskostenrechnung* als adäquater Kostenrechnungsansatz zur Informationsgewinnung und Entscheidungsunter-
stützung angesehen.[6] Ihre Eignung beruht nicht nur auf ihrem expliziten Prozessbezug, sondern
auch auf der für das Krankenhaus typischen Kostenstruktur mit einem hohen Gemeinkostenan-
teil.[7] Die Prozesskostenrechnung geht dann in einem ersten Schritt von einer Tätigkeitsanalyse

---

[1]   Vgl. Maltry/Strehlau-Schwoll (1997), S. 533.
[2]   Nach § 8 KHBV müssen Krankenhäuser eine Kosten- und Leistungsrechnung führen, welche die betriebsinterne Steuerung
      und die Beurteilung der Wirtschaftlichkeit erlaubt. Diesbezügliche gesetzliche Gestaltungsvorschriften sehen die Einrich-
      tung einer Kostenstellenrechnung vor (§ 8 Satz 2 Nr. 1 KHBV). Eine Kostenartenrechnung wird nicht explizit erwähnt, al-
      lerdings fordert § 8 Satz 2 Nr. 2, dass die Kosten nachprüfbar aus der Buchführung herzuleiten sind.
[3]   Vgl. bspw. Philippi/Robbers/Schmitz/Strehlau-Schwoll (2002), S. 181f.; Düsch et al. (2002), S. 144ff.
[4]   Vgl. Güssow et al. (2002), S. 180.
[5]   Vgl. hierzu auch die Ausführungen in Kapitel 3.3.3.
[6]   Vgl. bspw. Berger/Mormann (2004), S. 127ff.; Güssow et al. (2002), S. 179ff.; Greiling (2002), S. 467ff.
[7]   Die Prozesskostenrechnung ist nicht isoliert zu betrachten, vielmehr setzt sie auf den traditionellen Kostenrechnungssyste-
      men auf. Im Unterschied zur klassischen Kosten(träger)rechnung werden die Gemeinkosten nicht auf Basis der Einzelkos-

zur Aufzeichnung der in den zu betrachtenden Bereichen anfallenden Aktivitäten aus.[1] Jeder Behandlungsfall, welcher aus mehreren kleinen Arbeitsgängen besteht, wird dann im Rahmen einer Prozesshierarchie in einzelne Teil- und Hauptprozesse zusammengefasst. Anschließend sollen aus diesen Prozessen Bezugsgrößen (Kostentreiber) ermittelt werden, welche eine verursachungsgerechte Beziehung zwischen Gemeinkosten und Leistungseinheiten erlauben sollen. Ziel ist die Identifizierung von Maßgrößen, anhand derer eine Beurteilung erfolgen kann, ob sich Prozesse in Abhängigkeit vom Leistungsvolumen (leistungsmengeninduziert) wertmäßig ändern.[2] Werden die einem Prozess zugeordneten Kosten zu den entsprechenden Prozessmengen des Kostentreibers in Relation gesetzt, lassen sich abschließend Prozesskostensätze ermitteln.[3]

Durch die Bestimmung der zur Leistungserstellung notwendigen Prozesse im Rahmen der Prozessanalyse kommt es bei der Anwendung der Prozesskostenrechnung zu einer Erhöhung der Kostentransparenz im Hinblick auf die Kostenverursachung. Gleichzeitig wird über eine Durchdringung des Gemeinkostenblocks eine Erleichterung der Produktkalkulation angestrebt. Im Hinblick auf die Prozessbeteiligten kann die Prozesskostenrechnung verdeutlichen, welche Mengen an Produktionsfaktoren erforderlich sind, um eine Einheit der jeweiligen Bezugsgröße zu erstellen.

Darüber hinaus bietet es sich vor dem Hintergrund der bisherigen Ausführungen hinsichtlich der Behandlungspfade an, deren Beitrag zur Ausgestaltung der Kostenrechnung nutzen. Durch eine Verknüpfung von Behandlungspfaden und Prozesskostenrechnung können dann Synergiepotentiale generiert werden.[4]

Einsatz von wettbewerbsbezogenen Instrumenten

Neben den bisher angesprochenen Aspekten, welche vornehmlich die kunden- bzw. qualitätsorientierte und kostenorientierte Perspektive zur Verbesserung der Leistungsprozesse in den Vor-

---

ten geschlüsselt, sondern mit Hilfe der Bestimmung von Aktivitäten auf (kostenstellenübergreifende) Prozesse verteilt und über deren Beanspruchung durch die Kostenträger, d. h. dem Patienten mit einem bestimmten Behandlungsbedarf, verrechnet; vgl. bspw. Keun (1999), S. 190ff.

[1]   Vgl. Schmidt-Rettig/Böhning (1999), S. 121ff.; Freidank (1997), S. 355ff.; Greulich (1997), S. 123ff.
[2]   Die leistungsmengenneutralen Aktivitäten bleiben dabei unberücksichtigt und führen dann zu einem verbleibenden, jedoch deutlich geringeren Gemeinkostenblock.
[3]   Vgl. hierzu die Praxisbeispiele bei Güssow et al. (2002), S. 182ff.; Hoffjan/Schröder (1998), S. 114ff.
[4]   Vgl. Greiling/Hofstetter (2002), S. 82ff.

dergrund stellen, müssen Krankenhäuser diesbezüglich auch wettbewerbsbezogene Instrumente

berücksichtigen. Dies gilt insbesondere für den Fall, wenn andere Krankenhäuser mit ihren Akti-

vitäten größere Markterfolge erzielen. Eine Möglichkeit der Einbeziehung wettbewerbsorientier-

ter Informationen zur Gestaltung und Verbesserung der Leistungserbringung bietet das *Bench-*

marking. Hierdurch kann eine marktorientierte Steuerung ins Krankenhaus eingeführt werden; es

wird dann auch von dem Wettbewerbssurrogat Benchmarking gesprochen.[1]

Unter dem Benchmarking wird ein kontinuierlicher, gezielter Vergleich mit herausragenden Or-

ganisationen mit dem Ziel der Steigerung der eigenen Leistungsfähigkeit angesehen[2] Diese Leis-

tungssteigerung kann sich sowohl auf mögliche Kostenreduktionen durch die Aufdeckung von

strukturellen Einsparpotentialen als auch auf die Verbesserung von Produkt- oder Prozessqualität

beziehen. Demnach können als Untersuchungsobjekte krankheitsartenbezogene Fallgruppen,

Prozesse oder Methoden festgelegt werden. Auch ergibt sich die Möglichkeit, betriebliche Struk-

turen z. B. ganze Funktionsbereiche anhand von Kennzahlen zu analysieren.[3] Benchmarking

dient dann nicht ausschließlich dazu, Effizienz- bzw. Leistungsunterschiede zu erkennen und

neue Zielgrößen festzulegen, vielmehr besteht der Weg zur Erreichung des Zielwertes in einem

kontinuierlichen Lernprozess, der zu einer Übertragung der „best practices" unter Berücksichti-

gung von unternehmensspezifischen Gegebenheiten führen soll.[4] Das Einsatzgebiet des Bench-

marking ist weder auf die eigene Organisation noch auf Unternehmen der gleichen Branche be-

grenzt, vielmehr lassen sich hinsichtlich der Vergleichsdimension mit dem internen, dem be-

---

[1]   Vgl. Picot/Schwarz (1998), S. 258ff.; v. Eiff (2000a), S. 217ff.
[2]   „Benchmarking is an ongoing investigation and learning experience ensuring that best industry practices are uncovered,
        adopted and implemented." Camp (1995), S. 1; vgl. bspw. hierzu auch die Definitionen von Camp (1989), S. 11ff.;
        Horváth/Herter (1992), S. 4f.; Meyer (1996), S. 5ff. und v. Eiff (2000), S. 95.
[3]   Zu möglichen strukturellen, ablauforganisatorischen, medizinischen oder zielgruppenorientierten Kennzahlen vgl.
        Braun/Schmutte (1999), S. 737f.
[4]   Vgl. Karlöf/Östblom (1994), S. 2; Zum Ablauf eines Benchmarking-Projektes vgl. bspw. Reichmann (2001), S. 508.

triebsübergreifenden und branchenübergreifenden Benchmarking verschiedene Formen unterscheiden.[1]

Neben der Funktion der Steigerung der Wettbewerbsfähigkeit, welche auf einer managementbezogenen Perspektive beruht und zu einer Verbesserung der internen Koordination beitragen soll, kommt dem Benchmarking im Krankenhaussektor aufgrund seiner Koordinationsfunktion gegenüber externen Dritten eine erhebliche Bedeutung zu. So sind Krankenhäuser zur Bereitstellung von Daten für einen anonymisierten Krankenhausbetriebsvergleich, welcher im weiteren Sinne auch unter dem Begriff des Benchmarking zu subsumieren ist,[2] gesetzlich verpflichtet. Über die damit angestrebte Erhöhung der Kosten- und Leistungstransparenz soll die Informationsgrundlage externer Interessengruppen, insbesondere die der Krankenkassen, verbessert werden.[3] Ein aussagekräftiger Vergleich auf Krankenhausebene z. B. anhand von durchschnittlichen Verweildauern oder Fallkosten ist nur durch eine Einbeziehung der Schweregrade und damit der krankenhausspezifischen Fallstruktur möglich. Auf diese Weise lässt sich der Case-Mix ermitteln, der dann zu einer Bereinigung der Vergleichszahlen herangezogen werden kann.

---

[1] Beim internen Benchmarking werden verschiedene Abteilungen oder Stationen innerhalb des eigenen Krankenhauses verglichen. Vorteilhaft ist, dass der Zugang bezüglich der Informationen keiner Beschränkung unterliegt, allerdings resultiert daraus auch ein begrenzter Blickwinkel, so dass die Chance die „beste Praxis" im eigenen Unternehmen zu finden, relativ gering einzustufen ist. Beim betriebsübergreifenden Benchmarking werden alle Unternehmen eines bestimmten Marktsegments untersucht. Auf diese Weise können Informationen verwertet werden, die aus weiter entfernt liegenden Krankenhäusern stammen, um daraus Konsequenzen für ein wettbewerbliches Verhalten gegenüber den näher gelegenen Krankenhäusern zu ziehen. Beim funktionalen, bereichsübergreifenden Benchmarking werden beste Praktiken von Unternehmen aus anderen Branchen auf das eigene Krankenhaus, z. B. Erfolgsfaktoren bestimmter Catering-Unternehmen zur Leistungssteigerung der eigenen Küche, transferiert; vgl. bspw. Braun/Schmutte (1999), S. 734ff.; Schmitz/Greißlinger (1998), S. 402ff.

[2] Vgl. zur Abgrenzung Schmitz (2000), S. 124ff.

[3] Vgl. zum Krankenhausbetriebsvergleich bspw. v. Eiff (Hrsg.) (2000b); Schmitz (2000); Sieben, G./Litsch, M. (Hrsg.) (2000). Zur Darstellung möglicher Formen des Krankenhausbetriebsvergleiches durch Landeskrankenhausgesellschaften oder des WIdO vgl. Litsch (2000), S. 355 oder Kolb (2000), S. 371ff.

6.3   Steuerungsaspekte auf der Potentialebene

Die bisher erläuterten Veränderungen zur Erzielung von Effizienzsteigerungen und Verbesserung der Leistungserstellung bezogen sich ausschließlich auf die Organisationsstruktur und damit verbunden auf das Prozessmanagement. Darüber hinaus kommt der Steuerung der Mitarbeiter im Krankenhaus eine besondere Bedeutung zu, da diese sowohl die Qualität als auch die Wirtschaftlichkeit der Leistungserstellung in erheblichem Maße mitbestimmen. Vor dem Hintergrund der veränderten Rahmenbedingungen sowie der Einführung von modularen, dezentralen Strukturen, werden auch für Krankenhausmitarbeiter Veränderungen im Anreizsystem, insbesondere die Einführung von leistungsorientierten Vergütungssystemen und damit einer Verknüpfung von individuellen Handlungen mit dem Einkommen, als notwendig erachtet. Wenngleich dieser Aspekt im Grundsatz alle Mitarbeiter im Krankenhaus betrifft, so gilt dies in besonderem Maße für die Führungskräfte (Geschäftsführung, leitende Ärzte, Pflegedienstleitung).[1]

Mit den Erläuterungen über leistungsorientierte Entgeltsysteme zur (unternehmens-) zielkonformen Steuerung des Mitarbeiterverhaltens bezüglich wirtschaftlicher Sachverhalte in Krankenhäusern, wird vornehmlich auf die Personengruppe der leitenden Ärzte bzw. Chefärzte fokussiert. Dies geschieht vor dem Hintergrund der Notwendigkeit einer verstärkten wirtschaftlichen Einbindung der leitenden Ärzte in das Krankenhaus, weil ein Großteil des Ressourcenverbrauchs unmittelbar durch ärztliche Entscheidungen verursacht wird.[2] Weiterführende Aspekte bezogen auf weitere Ausgestaltungsmöglichkeiten werden dabei soweit nötig skizziert.

Anreizsysteme umfassen Maßnahmen zur Motivation der Aufgabenträger.[3] Somit lassen sich hierunter alle Tätigkeiten bezeichnen, die durch eine bewusste Gestaltung der Arbeitsbedingungen bestimmte Verhaltensweisen (durch positive Anreize, Belohnungen) verstärken und die Wahrscheinlichkeit des Auftretens unerwünschter Verhaltensweisen (durch negative Anreize, Sanktionen) abmildern sollen.[4] Mitarbeitern werden demnach Anreize gewährt, um diese hin-

---

[1]   Vgl. Wagener (1999), S. 146ff.; Bohle (1999), S. 155ff.
[2]   Vgl. Westphal (1987), S. 46, der die mittelbar oder unmittelbar durch ärztliche Entscheidungen verursachten Kosten auf 70 % der gesamten Krankenhauskosten schätzt.
[3]   Für einen Überblick über Motivationstheorien, welche im Allgemeinen in Inhalts- und Prozesstheorien unterschieden werden, vgl. bspw. Staehle et al. (1999), S. 245ff.
[4]   Vgl. Wild (1973), S. 47; Becker (1993), S. 317.

sichtlich der Unternehmensziele zu konformen Beiträgen zu motivieren.[1] Das Anreizsystem zielt dabei vornehmlich auf die Erzeugung von extrinsischen Anreizen, welche an der Aufgabenerfüllung ansetzen, ab, während durch eine attraktive Aufgabengestaltung die Mitarbeiter durch die Arbeit selbst und damit intrinsisch motiviert werden sollen.[2]

Wesentliche Aspekte bei der Gestaltung des Anreizsystems beziehen sich auf die Frage nach der Art der zu gewährenden Anreize. Hierbei lassen sich materielle, d. h. monetäre oder immaterielle Anreize unterscheiden. Während immaterielle Anreize z. B. in der Gewährung von Weiterbildungsmaßnahmen oder durch Auszeichnungen bestehen, zeichnen sich monetäre Anreize i. d. R. durch Komponenten der direkten Entlohnung sowie durch eine mittelbar gewährte, d. h. variable Erfolgsbeteiligung aus. Über diesen variablen Bestandteil, der in Abhängigkeit der Erreichung bzw. Nichterreichung bestimmter Ergebnisse gewährt wird, soll dann die Zielharmonisierung erfolgen.[3]

In einem solchen Fall der leistungsorientierten Entgeltsysteme ist zu klären, welche Bemessungsgrundlage, die die Basis der zu gewährenden Anreize bildet, herangezogen wird.[4] Dies können finanzielle oder auch nicht-finanzielle Ziele, der Bereichserfolg oder die Planerfüllung sein. Abschließend muss auch die Prämienfunktion, in deren Rahmen die Anreize mit der Bemessungsgrundlage verknüpft werden, festgelegt werden. Hierüber wird der Zusammenhang zwischen der Höhe des variablen Entgeltes und einem bestimmten Ergebnis dargestellt.[5]

Wenngleich leistungsorientierte Entgeltsysteme zur Steuerung des wirtschaftlichen Verhaltens für alle Mitarbeiter relevant sind, so erweisen sie sich bei den leitenden Krankenhausärzten aufgrund der wirtschaftlichen Bedeutung ihrer Entscheidungen als besonders wichtig.[6] Diesbezügli-

---

[1] Vgl. zur Anreiz-Beitragstheorie im Krankenhaus Eichhorn/Schmidt-Rettig (1995), S. 17ff.; Riefenstahl (1991), S. 12ff.; zur Problematik der Generierung von konsistenten und transitiven Zielsystemen vgl. Eisenführ/Weber (2003), S. 53ff.
[2] Vgl. bspw. Eisenführ/Theuvsen (2004), S. 49ff.
[3] Neben den Motivationstheorien beschäftigt sich insbesondere die Vertretungstheorie mit den (positiven) Wirkungen leistungsorientierter Vergütungssysteme; vgl. hierzu auch die Ausführungen in Kapitel 4.4.1. Wenngleich die Motivationswirkung monetärer Anreize nicht unumstritten ist, so kommt ihr in der Umsetzung eine hohe Bedeutung zu. So geht von dem Einkommen eine existenzerhaltende Wirkung aus, welche die Realisierung der verschiedensten Bedürfnisse ermöglicht.
[4] Vgl. Schöb (1998), S. 37ff.
[5] Zu den an Anreizsysteme gestellten Anforderungen vgl. bspw. Winter (1996), S. 71ff.
[6] Vgl. Böckle (1993), S. 99ff.

che traditionelle Anreizstrukturen weisen allerdings Probleme auf, welche einen Zielkonflikt zwischen den Ärzten und dem Krankenhaus bewirken können.[1]

In den traditionellen Vergütungsregelungen kommt dem Privatliquidationsrecht der Chefärzte eine erhebliche Bedeutung zu. Neben einer festen Entlohnung für die Behandlung der gesetzlich Versicherten wird Chefärzten auch die Möglichkeit eingeräumt, gemäß der geltenden Dienstverträge Liquidationserlöse aus der Behandlung privat versicherter Patienten zu erzielen.[2] Der Arzt ist allerdings verpflichtet, einen Teil der zusätzlichen Erlöse, welche er unter Beachtung der Vorschriften der Gebührenordnung für Ärzte in Rechnung zu stellen hat, an das Krankenhaus zurückzuzahlen. Auch können Einkommenssteigerungen durch weitere Nebentätigkeiten, z. B. Betreiben einer Kassenambulanz, erzielt werden. Infolge dieser Möglichkeiten können Chefärzte aufgrund einer Konzentration auf die Nebentätigkeiten die eigentlichen Dienstaufgaben vernachlässigen. Hierdurch kann es zu Planungs- und Ablaufproblemen innerhalb des Krankenhauses kommen. Auch kann der Chefarzt im Rahmen seiner Nebentätigkeiten durch eine Lenkung der Patientenströme seinen Erfolg zulasten des Krankenhauses beeinflussen. Gleichzeitig gehen von diesem System, bei dem der Chefarzt das Liquidationsrecht selbstständig ausübt und die Prämienfunktion auf dem Festgehalt bei einer pauschalen Abgabe aufsetzt, nur geringe Anreize im Hinblick auf die Wirtschaftlichkeit aus.[3]

Vor diesem Hintergrund sehen neuere Anreizkonzepte in der Krankenhauspraxis eine Koppelung der Privatliquidation an die Wirtschaftlichkeit der eigenen Abteilung oder des Krankenhauses vor. Das sog. Hildesheimer Modell orientiert sich an den Abteilungsbudgets im Rahmen der internen Budgetierung.[4] Für jeden Prozentpunkt der Budgetüberschreitung erhöht sich die prozentuale Abgabe der Liquidationserlöse ebenfalls um einen Prozentpunkt. Im Unterschied zum Abteilungsbudget sieht das sog. Siegburger Modell eine Koppelung der Privatliquidation an den Krankenhauserfolg vor.[5] Als Alternative zum Liquidationsrecht wird die Beteiligungsvergütung

---

[1]   Vgl. Allert (1999), S. 657ff.
[2]   Vgl. Westphal (1987), S. 11f.
[3]   Vgl. Ernst (2000), S. 29.
[4]   Vgl. Westphal (1987); Hoffmann (1989).
[5]   Vgl. Wuttke (1988).

auch in den Beratungs- und Formulierungshilfen zum Chefarztvertrag der Deutschen Krankenhausgesellschaft empfohlen.[1]

Andere Modelle sehen vor, dass das Liquidationsrecht der Chefärzte an das Krankenhaus übertragen wird und der Chefarzt in Abhängigkeit des Betriebsergebnisses Tantiemen erhält.[2] Allerdings ist bei einem solchen System, welches auf einem Jahresgewinn des Krankenhauses beruht,
die mangelnde Beeinflussbarkeit der relevanten Erfolgsfaktoren durch die Chefärzte problematisch.

Zur Verhinderung dieser Probleme werden zum einen relative Performancemaße in Abhängigkeit der anderen Bereichsergebnisse als Bemessungsgrundlage vorgeschlagen.[3] Zum anderen
werden als Grundlage zur Gewährung positiver Motivationsanreize der Grad der Zielerreichung
hinsichtlich des vereinbarten Bereichsergebnisses in Form von Deckungsbeiträgen/ Deckungsbudgets angedacht.[4] Auf diese Weise können dann erhebliche Wirtschaftlichkeitspotentiale bei
den Chefärzten mobilisiert werden, weil die Verantwortung für die Erreichung der Erlös- und
Kostenziele gestärkt wird.

Neben den bisher angesprochenen Formen von Anreizsystemen, welche eine Bonusgewährung
bei Erreichung von finanziellen Bereichserfolgen vorsehen, wird insbesondere für das Krankenhaus eine variable Vergütung auf der Grundlage von prinzipiell frei gestaltbaren Zielvereinba-
rungen für sinnvoll erachtet.[5] Dies wird dadurch begründet, dass der Erfolg in Krankenhäusern
nur eingeschränkt durch finanzielle Größen erfasst werden kann. Die im Rahmen eines Management-by-Objectives vereinbarten persönlichen Ziele ermöglichen dann im Hinblick auf die
Bemessungsgrundlage auch eine Berücksichtigung von qualitativen und medizinischen Zielsetzungen und deren Umsetzung durch den leitenden Arzt.[6] Durch die partizipative Gestaltung der
Zielvorgaben soll die Akzeptanz und die Selbstmotivation der Mitarbeiter erhöht werden. Auch
können im Hinblick auf den Zeitbezug durch die Vorgaben von langfristigen Zielsetzungen dys-

---

[1]   Vgl. Kuck (1999), S. 168.
[2]   Vgl. Baur (2001), S. B-1486ff.; Pföhler (1996).
[3]   Vgl. Ernst (2000), S. 197ff.
[4]   Vgl. Kuck (1999), S. 164ff.
[5]   Vgl. Adam (1972), S. 54ff.
[6]   Vgl. zur Vorteilhaftigkeit des Management-by-Objectives in Krankenhäusern bspw. Manych (1987).

funktionale Effekte von Center-Strukturen, im Sinne einer Fokussierung auf die kurzfristige Perspektive, abgemildert werden.

Insgesamt lassen sich aus den bisherigen Aussagen verschiedene Möglichkeiten zur Steuerung des Verhaltens von leitenden Ärzten im Sinne von Führungskräften durch leistungsorientierte Entgeltsysteme ableiten. Gleichwohl ist die Gewährung nicht nur auf diese Personengruppe beschränkt, vielmehr bietet sich die Implementierung einer abgestuften Anreizhierarchie, welche sich auch auf die weiteren Krankenhausmitarbeiter erstreckt, an.[1] Auf diese Weise kann die bisherige starre Vergütungsstruktur, welche vornehmlich durch den Bundesangestelltentarif (BAT) geprägt ist, flexibler gestaltet werden. Gleichzeitig sind bereichsbezogene Maßnahmen bei positiven Abweichungen von den vereinbarten Deckungsbudgets denkbar. So kann z. B. der überplanmäßige Leistungserfolg anteilig als frei verfügbare Reinvestitionssumme im Bereich verbleiben.

6.4   Ergebnisse einer empirischen Untersuchung

Ziel der bisherigen Ausführungen war die Betrachtung der innerbetrieblichen Leistungserbringung und damit die operative Steuerung der Leistungsprozesse im Krankenhaus. Dabei zeigte sich, dass die traditionelle Krankenhausstruktur verschiedene Steuerungsprobleme induziert. Vor dem Hintergrund der sich verschärfenden Rahmenbedingungen durch die Einführung einer marktorientierten Krankenhausfinanzierung wurden in den bisherigen Ausführungen verschiedene Ansätze auf verschiedenen Ebenen für Verbesserungspotentiale hinsichtlich der Leistungserbringung thematisiert. Diesbezüglicher Ausgangspunkt war die Implementierung von marktorientierten, modularen Strukturen.

In den folgenden Ausführungen werden Ergebnisse einer empirischen Untersuchung vorgestellt.[2] Hiermit sollen die im Krankenhaus eingesetzten betriebswirtschaftlichen Steuerungsinstrumente evaluiert werden. Noch interessanter ist die Frage nach den Auswirkungen von marktorientierten, modularen Strukturen auf die Effizienz der Krankenhäuser, welches somit das Hauptziel der Untersuchung darstellt.

---

[1]   Vgl. Strehlau-Schwoll (1999), S. 41.
[2]   Vgl. hierzu und im Folgenden Vera/Foit (2005), S. 366ff.

Datengrundlage

Die Daten der zugrunde liegenden Untersuchung beziehen sich auf die im Landeskrankenhaus-
plan für das Jahr 2001 enthaltenen Krankenhäuser des Landes Rheinland-Pfalz. Grundlage war
ein an diese Krankenhäuser im Dezember 2003 postalisch verschickter Fragebogen, der die Organisation und den Einsatz von betriebswirtschaftlichen Maßnahmen in den Krankenhäusern
zum Gegenstand hatte und von der höchsten kaufmännischen Instanz ausgefüllt werden sollte.
Als zweite Datenquelle fungierte eine Datenbank, die für alle in dem o. g. Krankenhausplan geführten Krankenhäuser Kosten- und Leistungsdaten bereitstellte.[1] Insgesamt ergaben sich 92
Krankenhäuser, die in die Befragung hätten einfließen können. Allerdings wurden von dieser ursprünglichen Anzahl 11 Krankenhäuser nicht berücksichtigt, da es sich um reine psychiatrische
oder neurologische Spezialkliniken mit von geringer Größe handelte. Aufgrund der damit verbundenen Schwierigkeiten hinsichtlich einer Vergleichbarkeit mit den anderen Krankenhäusern
wurden diese von der Befragung ausgeschlossen. Die endgültige Anzahl der angeschriebenen
Krankenhäuser belief sich auf 80 Krankenhäuser, da in der Zwischenzeit zwei Krankenhäuser
fusioniert haben. Mit 32 antwortenden und verwertbaren Fragebögen konnte eine für den Ge-
sundheitsbereich sehr zufrieden stellende Rücklaufquote von 40% erzielt werden.[2]

Abb. 6-4 stellt die strukturellen Eigenschaften der antwortenden Krankenhäuser, welche nach
den Kriterien der Trägerschaft, Rechtsform, Verbundzugehörigkeit und Versorgungsstufe gegliedert sind, dar.

Bezogen auf die *Trägerschaft* weisen 23 Krankenhäuser eine freigemeinnützige Trägerschaft
und neun Krankenhäuser eine öffentliche Trägerschaft auf. Bezogen auf die *Rechtsform* zeigt
sich, dass die antwortenden Krankenhäuser überwiegend in der Rechtsform der GmbH (20mal)
geführt werden. Die übrigen Krankenhäuser werden jeweils zu gleichen Anteilen (4mal) als ein-
getragener Verein, Stiftung und Körperschaft des öffentlichen Rechts, welche als sonstige
Rechtsformen zusammengefasst werden, geführt. Eine Differenzierung nach Trägergruppen er-

---

[1]   Diese Datenbank entstand ursprünglich im Rahmen der Erstellung eines vorbereitenden Gutachtens zur Erarbeitung des
       Landeskrankenhausplans bis zum Jahr 2007 für Rheinland-Pfalz; vgl. hierzu auch die Ausführungen in Kapitel 5.2.3.1.
[2]   So kommen Zimmer/Priller bei einer Erhebung unter Nonprofit-Organisationen auf einen Rücklauf von 28%, wobei im Ge-
       sundheitsbereich allerdings nur eine diesbezügliche Quote von 10% erreicht werden konnte; vgl. Zimmer/Priller (1999), S.
       9.

gibt eine unterschiedliche Verbreitung der Rechtsformen. Die GmbH wird überwiegend von freigemeinnützigen Trägern (15mal) im Verhältnis zu öffentlichen Trägern (5mal) gewählt. Neben der GmbH weisen freigemeinnützige Krankenhäuser die Rechtsform des eingetragenen Vereins und der Stiftung (jeweils 4mal), öffentliche Krankenhäuser die Form der Körperschaft öffentlichen Rechts (4mal) auf.

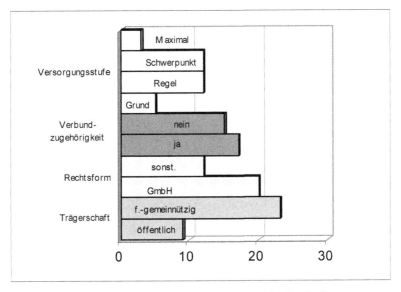

Abb. 6-4: Strukturelle Eigenschaften der antwortenden Krankenhäuser

Ein weiteres Basismerkmal von Krankenhäusern ist die *Versorgungsstufe.* Diese ist i. d. R. eng mit der Bettenanzahl und damit der Größe des Krankenhauses verknüpft. Hierauf bezogen antworteten 5 Krankenhäuser der Grundversorgung (bis 250 Betten), jeweils 12 Krankenhäuser der Regelversorgung (251-500 Betten) und Schwerpunktversorgung (501-800 Betten) sowie 3 Maximalversorgungskrankenhäuser (ab 801 Betten). Insbesondere die Krankenhäuser der Regelversorgung (7mal) und Schwerpunktversorgung (8mal) werden in der Rechtform der GmbH geführt, was daran liegt, dass diese sich überwiegend in freigemeinnütziger Trägerschaft befinden (Regelversorgung 8mal fg. Träger, Schwerpunktversorgung 10mal fg. Träger). Die Häuser der Grundversorgung sind alle in freigemeinnütziger Trägerschaft, Häuser der Maximalversorgung sind erwartungsgemäß ausschließlich öffentliche Krankenhäuser (2mal GmbH, 1mal Körperschaft ö. R.). Bezogen auf die *Anzahl der Betten* handelt es sich bei den antwortenden Krankenhäusern im Vergleich zur Grundgesamtheit um deutlich größere Krankenhäuser (469 zu 335 Betten). Dies gilt auch für die Anzahl der behandelten Patienten. Diese betrugen bei den antwortenden Krankenhäusern durchschnittlich 13.553 im Vergleich zu 9.864 behandelte Patienten der Grundgesamtheit.

Beim abschließenden konstituierenden Merkmal der *Verbundzugehörigkeit* der antwortenden Krankenhäuser zeigt sich ein ausgewogenes Bild.[1] 17 Krankenhäuser sind Mitglied in einem Krankenhausverbund, 15 Krankenhäuser sind Einzelkrankenhäuser. Insgesamt zeigen die erhobenen Daten, dass die Verbundlösung im Verhältnis zu öffentlichen Krankenhäusern (3mal) besonders häufig von freigemeinnützigen Trägern gewählt wird (14mal).

Einsatz von Steuerungsinstrumenten und Operationalisierung von modularen Strukturen

Vor dem Hintergrund der bisherigen Aussagen enthielt der Fragebogen verschiedene Fragen zum Einsatz von betriebswirtschaftlichen Steuerungsinstrumenten in den Krankenhäusern, die gleichzeitig auch zur Operationalisierung der Modularisierung dienen.

Überlegungen zur Operationalisierung von modularen Strukturen müssen an den diesbezüglichen Kennzeichen ansetzen. Diese sind durch eine prozessorientierte Bildung von relativ kleinen, überschaubaren Einheiten charakterisiert, die i. d. R. eine dezentrale Entscheidungskompetenz und Ergebnisverantwortung, d. h. eine weitgehende Autonomie bei gleichzeitiger Koordination durch nicht-hierarchische Formen, aufweisen. Bei dieser Definition wird deutlich, dass zur Messung von modularen Strukturen nicht ein einzelner Indikator ausreicht. Vielmehr müssen zur exakten Abbildung mehrere Dimensionen berücksichtigt werden. Als Dimensionen lassen sich die Prozessorientierung (PRO), die Autonomie der Module (AUT) und kleine Organisationseinheiten (KOE) ausmachen, welche zu einem einheitlichen (Modularisierungs-) Index zu aggregieren sind.[2]

---

[1]   Bei den Krankenhausverbünden handelt es sich um einen Zusammenschluss von mehreren Krankenhäusern eines Trägers. Dieser Gesamtverbund erhält im Rahmen der Krankenhausplanung einen Gesamtversorgungsauftrag, die einzelnen Krankenhäuser erhalten einen daraus abgeleiteten Teilversorgungsauftrag. Ein Verbund hat zwei positive Auswirkungen. Zum einen wird der Handlungsspielraum von Trägern erweitert, zum anderen können insbesondere kleinere Krankenhäuser aufrechterhalten werden.

[2]   Vgl. Vera/Foit (2005), S. 367.

Wenn auch die vorgenommene dimensionsorientierte Unterteilung den Grad der Modularisierung besser abbildet, so stellt dies hinsichtlich der Messung eine weiterhin zu grobe Einteilung dar. Aus diesem Grund werden die einzelnen Dimensionen durch eine weitere Aufgliederung in jeweils zwei Aspekte unterteilt, anhand derer dann die Messung vorgenommen werden kann:

- Zur Messung der Prozessorientierung (PRO) wurden die kaufmännischen Leiter bzw. Verwaltungsdirektoren nach dem Ausmaß gefragt, in dem Maßnahmen zur Definition und Optimierung von internen Geschäftsprozessen durchgeführt wurden (Variable POP). Auch wurde nach dem Einsatz von klinischen Behandlungspfaden („Clinical Pathways", Variable CLP) gefragt.

- Die Autonomie (AUT) wurde zum einen durch das Ausmaß des Einsatzes der internen Leistungsverrechnung (Variable ILV), zum anderen durch das Ausmaß des Einsatzes von Profit Centern (Variable PRC) gemessen.

- Die Dimension „kleine Organisationseinheiten" (KOE) wurde durch die Kennzahlen „Mitarbeiter je klinische Abteilung" (Variable MKA) und „Mitarbeiter je Verwaltungsabteilung" (Variable MVA) gemessen.[1] Die Messung der Anzahl der Mitarbeiter erfolgte dabei auf der Ebene der Abteilungen, so dass eine weitergehende Modularisierung auf der untergeordneten Ebene der Arbeitsorganisation und Arbeitsplatzgestaltung durch eine Teambildung nicht berücksichtigt wird.

Die Variablen POP, CLP, ILV und PRC wurden auf einer Skala von 1 bis 5 gemessen, bei der 1 für „gar nicht" und 5 für „sehr stark" steht. Zum Zwecke der Indexbildung wurden diese Variablen sowie die Variablen der Dimension KOE auf das Intervall [0, 1] normiert, wobei der Wert 1 für einen hohen Grad der Modularisierung steht. Der Modularisierungsindex, der dann einen

---

[1]   Darüber hinaus wurde im Fragebogen auch nach der Anzahl der Mitarbeiter in den sonstigen Bereichen gefragt. Diesbezüglich ergab sich das Problem, dass die Angaben häufig fehlten oder zu unplausiblen Ergebnissen führen, so dass auf den Einbezug dieser Daten verzichtet wurde.

Wert zwischen 0 und 1 annehmen kann und bei dem mit steigendem Index der Grad der Modul-

arisierung zunimmt, ermittelt sich durch:[1]

$$MOD = \frac{PRO + AUT + KOE}{3} = \frac{(POP + CLP) + (PRC + ILV) + (MKA + MVA)}{6}$$

Die Betrachtung der *Ausprägungen des Modularisierungsindex*, welcher den Grad der Modulari-

sierung für ein Krankenhaus angibt, lässt anhand der Mittelwerte deutliche Abweichung für die

unterschiedlichen Krankenhaustypen erkennen: So weisen Krankenhäuser freigemeinnütziger

Träger einen höheren Grad an modularen Strukturen als öffentliche Krankenhäuser auf (0,606 zu

0,473).[2] Darüber hinaus lässt sich anhand der Daten ableiten, dass Krankenhäuser in der Rechts-

form der GmbH einen höheren Modularisierungswert als die „sonstigen" Rechtsformen errei-

chen (0,607 zu 0,504), welches sich allerdings über den Zusammenhang zwischen der Träger-

schaft und der gewählten Rechtsform erklären lässt, da überwiegend freigemeinnützige Träger

die Rechtsform der GmbH wählen. Gleiches gilt auch im Hinblick auf die Betrachtung der Ver-

bundzugehörigkeit. Hier lässt sich ein erhöhter Wert für Verbundkrankenhäuser gegenüber Ein-

zelkrankenhäusern (0,614 zu 0,517) feststellen, wobei freigemeinnützige Krankenhäuser häufi-

ger in Verbünden zusammengeschlossen sind als öffentliche Krankenhäuser (14mal zu 3mal).

Bezogen auf die Versorgungsstufe weisen Krankenhäuser der Schwerpunktversorgung (0,624)

den höchsten Modularisierungsgrad auf, gefolgt von Krankenhäusern der Regelversorgung, der

Grundversorgung und der Maximalversorgung auf (0,572 zu 0,497 zu 0,457). Allerdings kann

dieses Ergebnis aufgrund der geringen Anzahl an Krankenhäusern und der Betrachtung auf Ab-

teilungsebene nicht verallgemeinert werden.

Hinsichtlich der Ausgestaltung von einzelnen modularisierungsbezogenen Parametern, welche

auf einer Skala von 1 („gar nicht") bis 5 („sehr stark") gemessen wurden, ergeben die Daten,

dass in den befragten Krankenhäusern insbesondere Maßnahmen zur Definition und Optimie-

rung von internen Geschäftsprozessen durchgeführt werden (MW = 3,39). Da unter dieser sehr

allgemein gehaltenen Frage verschiedene Möglichkeiten subsumiert werden können, erstaunt es

nicht unbedingt, dass klinische Behandlungspfade in verhältnismäßig geringerem Maße einge-

---

[1]   Vgl. Vera/Foit (2005), S. 368.
[2]   Dieses Ergebnis wurde durch einen Mittelwertvergleich anhand eines t-Tests überprüft. Dieser weist eine Signifikanz auf
      5%- Niveau auf, welches die Tendenz bestätigt.

setzt werden (MW = 2,65). Eine Verrechnung von Leistungen durch eine interne Leistungsverrechnung erfolgt in relativ starkem Maße (MW = 3,28). Der Einsatz von Profit-Centern findet in
den Krankenhäusern nur in geringem Maße statt (MW = 2,44).

Eine Differenzierung nach Rechtsformen zeigt, dass Maßnahmen hinsichtlich der Prozessoptimierung vermehrt bei den Krankenhäusern in der Rechtsform der GmbH im Vergleich zu den
„sonstigen" Rechtsformen eingesetzt werden (3,53 zu 3,17). Noch deutlicher fällt der Unterschied zugunsten der GmbH beim Einsatz von klinischen Behandlungspfaden aus (3,05 zu 2).
Darüber hinaus kann festgestellt werden, dass insbesondere in Krankenhäusern der Maximal-
und Schwerpunktversorgung den Maßnahmen zur Prozessoptimierung, dem Einsatz von klinischen Behandlungspfaden und der internen Leistungsverrechnung deutlich mehr Bedeutung als
in Häusern der Grund- und Regelversorgung eingeräumt wird.

Bezogen auf den Einsatz von weiteren betriebswirtschaftlichen Instrumenten (vgl. Abb. 6-5) lassen die Daten erkennen, dass als verbreitetes Kostenrechnungselement die Kostenstellenrechnung genannt wird (MW = 4,53). Überraschenderweise ist auch die Kostenträgerrechnung relativ
weit verbreitet (MW = 3,13), welches allerdings damit in Verbindung steht, dass die Krankenhäuser bezüglich des Standes der Umsetzung des DRG-Systems in ihrem Krankenhaus einen hohen Anpassungsstand (MW = 4,13) angeben. Der Prozesskostenrechnung kommt in den befragten Krankenhäusern eine nur geringe Bedeutung (MW = 2,07) zu.

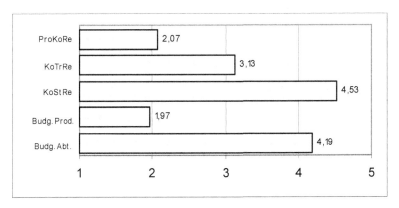

Abb. 6-5: Einsatz der Kostenrechnung und Budgetierung in den befragten Krankenhäusern

Eine Differenzierung nach der Trägerschaft zeigt, dass der Kostenstellenrechnung bei öffentlichen Krankenhäusern ein noch höherer Stellenwert als bei den freigemeinnützigen Krankenhäusern zukommt (4,83 zu 4,43), während es sich bei der Kostenträgerrechnung genau gegenläufig verhält (2,78 zu 3,27). Dies lässt die Vermutung zu, dass freigemeinnützige Krankenhäuser die Kostenrechnung eher als Steuerungsinstrument sehen, während bei öffentlichen Krankenhäusern eher die Erfüllung der gesetzlichen Anforderungen im Mittelpunkt steht. Ein enger Zusammenhang ergibt sich bei einer Differenzierung nach der Rechtsform. So wird die Kostenträgerrechnung bei Krankenhäusern in der Rechtsform der GmbH deutlich häufiger eingesetzt (3,26 zu 2,92), während bei den sonstigen Rechtsformen die Kostenstellenrechnung dominiert (4,83 zu 4,35). Bezogen auf die Versorgungsstufe ergibt sich erwartungsgemäß, dass die eingesetzten konventionellen Rechnungssysteme in den Häusern der Schwerpunkt- und Maximalversorgung deutlich ausgeprägter waren.

Bezogen auf die Budgetierung kommt der abteilungsbezogenen Budgetierung erwartungsgemäß eine hohe Bedeutung zu (MW = 4,19), während die Budgetierung nach Produkten (z. B. Krankheitsbildern) bei den heutigen Verhältnissen keine Rolle spielt (MW = 1,97). Insgesamt zeigt sich jedoch, dass die produktorientierte Budgetierung, eher in Krankenhäusern mit der Rechtsform der GmbH (2,06) und in Krankenhäusern der Maximalversorgung (2,67) angewandt wird.

Im Hinblick auf den Einsatz von Anreizsystemen belegen die Daten, dass diese insgesamt nur eine untergeordnete Rolle einnehmen. Abbildung 6-6 zeigt die Ausgestaltung von Anreizsystemen in den Krankenhäusern.

Neben mitarbeiterbezogenen Zielvereinbarung (MW = 2,77) wird vor allem eine erfolgsabhängige Vergütung auf Geschäftsführungsebene (MW = 2,55) am häufigsten eingesetzt. Eine erfolgsabhängige Vergütung auf Chefarzt- oder Mitarbeiterebene (MW = 1,93 bzw. 1,74) wird kaum eingesetzt, ebenso wie anreizorientierte Maßnahmen auf Bereichsebene, wie der Einrichtung von abteilungsbezogenen erfolgsabhängigen Investitionsbudgets (MW = 2,03). Allerdings muss darauf hingewiesen werden, dass die Angaben bei den Chefärzten nicht das traditionelle Liquidationsrecht mit einbeziehen.

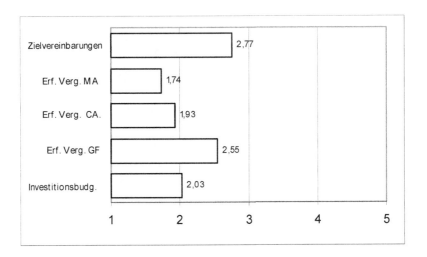

Abb. 6-6: Einsatz von Anreizsystemen in den befragten Krankenhäusern

Modulare Strukturen und Effizienz von Krankenhäusern

Die folgenden Ausführungen dienen der Evaluierung des Nutzens modularer Strukturen im Krankenhaus.[1] Wie bereits im Rahmen der Krankenhausplanung unter Berücksichtigung der Wirtschaftlichkeit[2] angesprochen, kann bei der Operationalisierung der sich ergebenden Wirkungen aufgrund der überwiegend bedarfsorientierten Ausrichtung von Krankenhäusern nicht auf Gewinngrößen abgestellt werden, sondern es muss auf die Effizienz des Leistungserstellungsprozesses zurückgegriffen werden. Aufgrund von Messschwierigkeiten des primären Outputs (Verbesserung des Gesundheitszustandes) wird die Fallzahl als geeignete Kennzahl des Outputs herangezogen. Als Effizienzkennzahlen werden die

- Kosten je Fall,

- Mitarbeiter je Fall und

- die Behandlungstage je Fall (Verweildauer) verwendet.

---

[1]   Vgl. Vera/Foit (2005), S. 369ff.
[2]   Vgl. Kapitel 5.2.3.1.

Bei der Bestimmung der Kosten wurden die sog. „bereinigten" Kosten zugrunde gelegt.[1] Hierbei handelt es sich um die Kosten, die mit der stationären Leistungserbringung verbunden sind. Alle Kosten, die sich im Rahmen der dualen Finanzierung durch Fördermittel des Bundes oder der Länder ergeben,[2] oder die auf ambulante Leistungen zurückzuführen sind, wurden aus der Berechnung ausgeklammert. Bei Krankenhäusern mit Belegbetten wurde allerdings ein fiktiver Kostenblock je Belegbett zugerechnet. Hiermit sollte ein Ungleichgewicht zwischen den durch die Belegbetten verursachten Kosten und Leistungen vermieden werden, da sonst die mit den Belegbetten verbundenen Kosten für die Ärzte im Gegensatz zu den in den Belegbetten behandelten Patienten nicht erfasst werden.

Bei der Betrachtung von Fällen als Output ergibt sich das Problem, dass hierbei nicht die Fallschwere berücksichtigt wird. Da diese allerdings erhebliche Auswirkungen auf den Ressourcenverbrauch hat, kann eine Nichtberücksichtigung zu erheblichen Verzerrungen führen, weil insbesondere Krankenhäuser der Schwerpunkt- und in noch größerem Maße Häuser der Maximalversorgung überwiegend Patienten mit besonders hoher Fallschwere behandeln. Kennzeichen des in Deutschland zukünftig geltenden DRG-Systems ist die Bildung diagnosebasierter Klassen von Behandlungsfällen mit vergleichbarem Ressourcenverbrauch. Somit wird jeder DRG gemäß der ökonomischen Fallschwere ein Relativgewicht zugeordnet, wodurch die Unterschiede erfasst werden. Allerdings konnten diese Daten zum Zeitpunkt der Befragung nicht zuverlässig erhoben werden. Um dennoch die Unterschiede zu berücksichtigen, wurde mittels eines versorgungsstufenspezifischen Faktors eine Korrektur vorgenommen. Der Korrekturfaktor entspricht dabei den durchschnittlichen Kostenunterschieden zwischen den Krankenhäusern der verschiedenen Versorgungsstufen in Deutschland.[3]

---

[1] Es handelt sich damit um die sog. pflegesatzfähigen Kosten.
[2] Vgl. hierzu Kapitel 5.1.1.
[3] Vgl. Polei (2001), S. 189ff., insb. Tabelle 3 auf S. 194. Durch die Multiplikation des Faktors mit den Krankenhausfällen erhöht man die Effizienz der Krankenhäuser der höheren Versorgungsstufen, welche insbesondere die Patienten mit hoher Fallschwere behandeln. Auch wenn dieser Korrekturfaktor nur ein grober Richtwert für die Unterschiede darstellt, so kann auf diese Weise eine realistischere effizienzorientierte Betrachtung vorgenommen werden als dies bei einem Verzicht auf die Berücksichtigung der Fallschwere der Fall gewesen wäre.

<u>Ergebnisse</u>

Den bisherigen Überlegungen folgend, wurde durch Korrelationsanalysen[1] überprüft, ob ein linearer Zusammenhang zwischen dem Modularisierungsindex (MOD), den einzelnen Dimensionen (PRO, AUT, KOE), den modularisierungsbezogenen Variablen (POP, CLP, PRC, ILV, MKA, MVA) und den Effizienzkennzahlen Kosten je Fall, Mitarbeiter je Fall und Verweildauer besteht.[2]

Bezogen auf den Modularisierungsindex (MOD) ergeben sich in Bezug auf alle drei Effizienzkennzahlen negative Korrelationen, welches bedeutet, dass ein hohes Ausmaß von modularen Strukturen mit einer relativ hohen Effizienz einhergeht (vgl. Abb. 6-7). Dabei existiert ein signifikanter Zusammenhang auf 10%-Niveau in Bezug auf die angefallenen Kosten je Fall (-0,30) und sogar auf 5%-Niveau in Bezug auf die eingesetzten Mitarbeiter je Fall (-0,43). Nur der Zusammenhang auf die Verweildauer ist nicht signifikant (-0,27). Insgesamt lässt sich damit ein positiver Zusammenhang zwischen modularen Strukturen und einer Effizienz festhalten.

	Verweil-dauer	Mitarbeiter/Fall	Kosten/Fall
Modularisierungsindex (MOD)	-0,27	-0,43**	-0,30*
***: p < 0,01; **: p < 0,05; *: p < 0,10			

Abb. 6-7: Ergebnisse der Korrelationsanalysen für den Modularisierungsindex MOD

Eine Differenzierung hinsichtlich der einzelnen Dimensionen und den damit einhergehenden Variablen ergibt diesbezüglich unterschiedliche Ergebnisse (vgl. Abb. 6-8):

Die Dimensionen Prozessorientierung (PRO) und Autonomie (AUT) mit den verbundenen Variablen POP, CLP, PRC und ILV weisen bei den sich ergebenden 18 Korrelationen ausschließlich negative Korrelationen zu den Effizienzkennzahlen auf. Dabei sind lediglich nur 6 nicht signifi-

---

[1] Vgl. Hartung et al. (2002), S. 545ff.
[2] Vgl. Vera/Foit (2005), S. 371ff. Bei einem zuvor durchgeführten Kolgomeroff-Smirnoff-Anpassungs-test konnte kein signifikanter Unterschied zwischen den Verteilungen der getesteten (metrisch skalierten) Variablen und der Normalverteilung festgestellt werden.

kant, während die anderen 12 Korrelationen mindestens auf 10%-Niveau signifikant sind. Drei Korrelationen weisen dabei sogar eine Signifikanz auf 1%-Niveau auf. Besondere Bedeutung für die Effizienz weist die Dimension Autonomie auf (signifikante Korrelationen hinsichtlich aller Kennzahlen zwischen -0,34 und -0,47), während eine umfassende Prozessorientierung nur in Bezug auf die Verweildauer signifikante Ergebnisse ergibt (-0,48).

	Verweildauer	Mitarbeiter je Fall	Kosten je Fall
Prozessorientierung (PRO)	-0,48***	-0,29	-0,14
Prozessoptimierung (POP)	-0,44**	-0,2	-0,10
Behandlungspfade (CLP)	-0,42**	-0,31	-0,15
Autonomie (AUT)	-0,34*	-0,47***	-0,41**
Profit-Center (PRC)	-0,29	-0,52***	-0,32*
interne Leistungsverrechnung (ILV)	-0,30*	-0,30*	-0,40**
***: $p < 0,01$; **: $p < 0,05$; *: $p < 0,10$			

Abb. 6-8: Ergebnisse der Korrelationsanalysen für die Dimensionen PRO und AUT

Die Betrachtung der Variablen lässt aufgrund der signifikanten Ergebnisse in Bezug auf alle drei Effizienzkennzahlen eine hohe Bedeutung der internen Leistungsverrechnung für die Effizienz vermuten. Gleiches gilt auch für den Einsatz von Profit-Centern, da hier zwei von drei Korrelationen signifikant sind. Maßnahmen zur Prozessorientierung und -optimierung sowie der Einsatz von Clinical Pathways wirken sich insbesondere positiv auf die Verweildauer aus.

Zusammenfassend ist erkennbar, dass die Dimensionen PRO und AUT in unterschiedlichem Maße auf die verschiedenen Effizienzkennzahlen wirken. Eine Prozessorientierung wirkt positiv,

d. h. in Richtung Verkürzung, auf die Verweildauer, die Autonomie bewirkt eine höhere Effizienz bei den Fallkosten und den Mitarbeitern je Fall.

Bezogen auf die Dimension „Kleine Organisationseinheiten" ergibt sich ein grundlegend anderes
Bild (vgl. Abb. 6-9):

	Verweildauer	Mitarbeiter je Fall	Kosten je Fall
Kleine Org. Einheiten (KOE)	0,34*	0,02	0,06
Mitarbeiter je klin. Abt. (MKA)	0,52***	0,14	0,23
Mitarbeiter je Verw. Abt. (MVA)	0,07	-0,11	-0,12
***: p < 0,01; **: p < 0,05; *: p < 0,10			

Abb. 6-9: Ergebnisse der Korrelationsanalysen für die Dimension KOE

Hier erhält man in Bezug auf die Effizienzkennzahlen ausschließlich positive Korrelationen, wobei zwei Korrelationen (Mitarbeiter je Fall und Kosten je Fall) sehr niedrig und nicht signifikant
sind. Die Signifikanz der positiven Korrelation in Bezug auf die Verweildauer (0,34) lässt vermuten, dass die Bildung von kleinen Organisationseinheiten sich negativ auf die Verweildauer
und damit auf die Effizienz auswirkt, welches insbesondere durch die hochsignifikante positive
Korrelation (0,52) der Variable „Mitarbeiter in klinischen Abteilungen" (MKA) bestätigt wird.
Als *Ergebnis der Korrelationsanalysen* lässt sich festhalten, dass die Maßnahmen zur Prozessorientierung und zur Autonomie einen in Bezug auf die Effizienzkennzahlen unterschiedlichen
und positiven Einfluss auf die Effizienz bewirken. Die Hypothese, dass sich die Bildung von
kleinen Organisationseinheiten positiv auf die Effizienz auswirkt, kann nicht bestätigt werden.

Die durchgeführten multiplen linearen *Regressionen*[1] geben weiteren Aufschluss bezüglich der
bisherigen Ergebnisse und Zusammenhänge:[2]

---

[1]   Bei den Regressionen stellen die drei Effizienzkennzahlen die zu erklärenden Variablen, die drei Dimensionen der Modul-
       arisierung die erklärenden Variablen (Regressoren) dar; vgl. Bowermann/O´Conell (1997), S. 734ff.
[2]   Vgl. Vera/Foit (2005), S. 373ff.

- Dabei wird deutlich, dass, in Bezug auf die Verweildauer, das Modell signifikante Ergebnisse auf 5%-Niveau liefert, welches einen hohen Erklärungswert bedeutet und folglich aussagekräftig ist. Die Varianz der Verweildauer wird zu 28% durch die drei Dimensionen der Modularisierung PRO, AUT und KOE erklärt. Gleichzeitig werden die im Rahmen der Korrelationsanalysen sich ergebenden Resultate bestätigt, denn von den standardisierten Regressionskoeffizienten ist lediglich derjenige der Dimension PRO (-0,36) signifikant. Es kann gefolgert werden, dass sich eine starke Prozessorientierung des Krankenhauses eindeutig positiv auf die Effizienz, gemessen an der Verweildauer, auswirkt.

- In Bezug auf die eingesetzten Mitarbeiter pro Fall liefert das gewählte Modell nur schwach signifikante Ergebnisse (auf 10%-Niveau). Die Varianz der Mitarbeiter je Fall wird nur noch zu 23% durch die drei Dimensionen erklärt. Dabei weist ausschließlich der standardisierte Regressionskoeffizient der Dimension AUT (-0,44) ein signifikantes Ergebnis (auf 5%-Niveau) auf. Somit werden auch hier die Ergebnisse der Korrelationsanalysen bestätigt, die zeigen, dass sich eine umfassende Verlagerung von Entscheidungskompetenzen in die Module positiv auf die Effizienz, gemessen an den Mitarbeitern, auswirkt.

- In Bezug auf die Kosten je Fall lässt sich anmerken, dass das gewählte Modell hier kein signifikantes Ergebnis liefert. Die Varianz der Kosten wird nur zu 18% durch das Modell erklärt. Allerdings zeigt sich auch hier, dass der standardisierte Regressionskoeffizient für die Dimension AUT signifikante Ergebnisse auf 5%-Niveau liefert (-0,48). Somit wird wieder belegt, dass mit der Verlagerung von Kompetenzen positive Effizienzwirkungen in Bezug auf die Kosten je Fall einhergehen.

Fazit

Eine umfassende Beurteilung setzt eine simultane Betrachtung aller drei Dimensionen voraus:

Dabei zeigen die Korrelationen zwischen dem Modularisierungsindex (MOD) und den Effizienzkennziffern durchgängig ein negatives Vorzeichen und sind nur in Bezug auf die Verweildauer nicht signifikant. Insofern kann von einer relativ zuverlässigen positiven Effizienzwirkung von modularen Strukturen im Krankenhaus ausgegangen werden. Die multiplen Regressionen führen nur bei den Kosten je Fall zu keinen signifikanten Ergebnissen. Auch hier zeigt sich der positive Einfluss der Dimensionen PRO auf die Verweildauer und AUT auf die Kosten je Fall und Mitarbeiter je Fall. Insgesamt kann die Aussage einer positiven Wirkung von modularen Strukturen bei den befragten Krankenhäusern vorsichtig bestätigt werden.

Allerdings lässt sich auf der Grundlage der empirischen Analyse festhalten, dass die positiven Effekte auf die Effizienz nicht gleichzeitig auf alle Dimensionen zurückzuführen sind: Während die Prozessorientierung (PRO) und der Einsatz von marktähnlichen Mechanismen (AUT) mit den jeweiligen Variablen POP, CLP, PRC und ILV sehr wohl Effizienzsteigerungen induzieren, zeigt sich bei der Dimension „Kleine Organisationseinheiten" eine gegenläufige Tendenz. So hat insbesondere die Variable „Mitarbeiter je klinische Abteilung" (MKA) einen deutlich negativen Einfluss auf die Effizienz, so dass sich für Krankenhäuser die Hypothese, dass kleine Organisationseinheiten effizienzsteigernde Wirkungen entfalten, nicht belegen lässt.

Der Grund für diese Ergebnisse könnte darin gesehen werden, dass der Leistungsprozess im Krankenhaus vor allem bei Patienten mit hoher Fallschwere sehr komplex, wissensintensiv und nicht standardisierbar ist. Hierbei wird die Trennung des gesamten Leistungsprozesses in einzelne Teilprozesse, die von verschiedenen Modulen bearbeitet werden, eingeschränkt. Eine genaue Zuweisung zu einem hoch spezialisierten, kleinen Modul ist in diesen Fällen, welche häufig mehrere schwerwiegende Krankheiten aufweisen, die erst im Laufe der Behandlung auftreten oder erkannt werden, dann offensichtlich nicht zweckmäßig. Das benötigte Wissen ist zu umfangreich, um in einem Modul vorhanden zu sein. Die in Tabelle 3 erkennbaren korrelationsbezogenen Ergebnisse lassen den Schluss zu, dass eine kleine Abteilungsgröße im klinischen Bereich sich negativer auf die Effizienz auswirkt als im Verwaltungsbereich.

7 Schlussbetrachtung

Die vorliegende Arbeit beschäftigte sich mit dem Krankenhaussektor als Subsystem des Gesundheitssektors. Vor dem Hintergrund der oft beklagten Effizienz- und Steuerungsdefizite in diesem für das Gesundheitswesen sehr bedeutenden Teilbereich, wird die aktuelle Situation durch die Realisierung und Implementierung eines nunmehr durchgängigen, leistungsorientierten und pauschalierten Entgeltsystems auf der Basis von DRG für allgemeine Krankenhausleistungen geprägt. Insgesamt lässt sich feststellen, dass diese Reformen, welche auf die Steigerung des Kosten- und Wettbewerbdrucks für Krankenhäuser abzielen, eine endgültige Neuordnung der Steuerungskonzeption für den Krankenhaussektor bedeuten. Die durch dirigistische Maßnahmen schwere Steuerbarkeit der Ausgaben wird durch eine marktorientierte Steuerung abgelöst.

Diese Entwicklung markiert gleichzeitig den Ausgangspunkt dieser Arbeit. Im Mittelpunkt steht ein strukturiertes Gesamtkonzept einer marktorientierten Steuerung für den Krankenhaussektor, welches mit der Steuerung von Krankenhäusern und der Steuerung in Krankenhäusern zwei miteinander verbundene und auch aufeinander aufbauende Ebenen umfasst.

Hierfür war es zunächst unabdingbar, den Krankenhaussektor mit seinen institutionellen und konstitutionellen Eigenschaften darzustellen. Ausgehend von den Aufgabenstellungen unterschiedlicher Krankenhaustypen wurden die zentralen Marktcharakteristika sowie die Perspektiven der Steuerung für den Krankenhaussektor abgeleitet. Eine ökonomische Analyse auf der Grundlage der Allokationscharakteristika von Gesundheitsgütern zeigte, dass es im Krankenhaussektor nicht zu einer Marktsteuerung im engeren Sinne, sondern nur zu einer marktorientierten Steuerung kommen kann. Mit der Steuerung von Krankenhäusern durch das Krankenhausfinanzierungssystem und der Steuerung in Krankenhäusern wurden zwei Ebenen unterschieden.

Darüber hinaus wurde aus verschiedenen theoretischen Perspektiven die Problematik der Leistungserstellung im Krankenhaussektor betrachtet. Als Ergebnis lässt sich festhalten, dass sowohl die Property Rights-Theorie, als auch die vorgestellten ökonomischen Krankenhausmodelle im Hinblick auf Effizienzsteigerungen insbesondere die positiven Wirkungen marktorientierter Rahmenbedingungen herausstellen. Zur Konkretisierung dieser Form der Steuerung wurde auf die Einführung einer preislichen Vergütung im Sinne von leistungsorientierten Entgeltsystemen,

© Springer Fachmedien Wiesbaden GmbH, ein Teil von Springer Nature 2006
K. Foit, *Marktorientierte Steuerung im Krankenhaussektor*,
Edition KWV, https://doi.org/10.1007/978-3-658-24070-7_7

wettbewerblichen Rahmenbedingungen und Privateigentum im Sinne von leistungsorientierten Anreizsystemen zurückgegriffen.

Mit der Einführung von leistungsorientierten Entgeltsystemen wurde der Aspekt der marktorientierten Krankenhausvergütung thematisiert. Nach einer Systematisierung von Vergütungssystemen in ihre elementaren Bestandteile standen vor dem Hintergrund der aktuellen Entwicklungen die DRG-basierten Fallpauschalen im Mittelpunkt der Betrachtung. Ausgehend von grundsätzlichen Eigenschaften hinsichtlich der Patientenklassifikations- und Bewertungsgrundsätze wurden die damit verbundenen Effizienzwirkungen herausgearbeitet. Auf der Grundlage einer vertretungstheoretischen Betrachtungsweise wurden die auftretenden Problemkreise analysiert und im Rahmen von außervertraglichen Qualitätssicherungsmaßnahmen Lösungsansätze aufgezeigt. Besonderes Augenmerk erlangte die Frage nach einer anreizkompatiblen Vergütung als vertraglicher Lösungsansatz der dysfunktionalen Effekte. Als Ergebnis der modelltheoretischen Betrachtung lässt sich festhalten, dass bei dem Vorliegen asymmetrischer Information über die Behandlungskosten und -Qualität ein gemischtes Vergütungssystem, welches den Leistungserbringer nicht vollständig für Kostenabweichungen verantwortlich macht, sich als optimal erweist.

Auch wenn die Einführung einer leistungsorientierten Vergütung bedeutende Steuerungswirkungen für die betroffenen Krankenhäuser induzieren, so stellt dies nur eine Einzelmaßnahme dar, die nicht zu einer umfassenden wettbewerblichen Neuorientierung des Krankenhaussektors führt. Vor diesem Hintergrund erfolgte eine Auseinandersetzung mit den Aus- und Wechselwirkungen von DRG auf die weiteren Subsysteme der Investitionskostenfinanzierung und Organisation der Krankenhausversorgung. Hier wurden mit dem Aspekt der monistischen Finanzierung und verschiedenen Modellen der wettbewerblichen Gestaltung der Organisation der Krankenhausversorgung jeweils Ausgestaltungsmöglichkeiten, deren Kompatibilität in einem DRG-System und damit verbundene Effizienzwirkungen aufgezeigt und diskutiert.

Ein eigenes Kapitel widmet sich den Auswirkungen von DRG auf die Steuerung in Krankenhäusern. Hier wurde deutlich, dass Krankenhäuser, unter dem gestiegenen Kosten- und Wettbewerbsdruck, der Steuerung der Leistungsprozesse einen deutlich höheren Stellenwert als in der Vergangenheit einräumen müssen, was gleichzeitig einer kritischen Überprüfung der traditionellen Organisationsstrukturen bedarf. Ausgehend von den damit verbundenen Steuerungsproblemen wurden insbesondere marktorientierte Reorganisationstendenzen durch die Einführung von dezentralen, modularen Strukturen thematisiert. Gleichzeitig wurde auf weitere steuerungsrelevante Aspekte in Bezug auf die Prozessorientierung durch das klinische Prozessmanagement und Kostenmanagement im Krankenhaus eingegangen. Auch fand die Einführung von Anreizsystemen im Krankenhaus Beachtung.

Abgeschlossen wurde die Arbeit mit einer empirischen Studie hinsichtlich der im Krankenhaus eingesetzten Steuerungsinstrumente. Im Mittelpunkt der Analyse stand die Evaluation des Nutzens von modularen Strukturen im Hinblick auf die Effizienz. Basierend auf einem neuen Messmodell zur Erfassung der verschiedenen Dimensionen von modularen Strukturen, konnte anhand von Korrelations- und Regressionsanalysen festgestellt werden, dass die Implementierung positive Effizienzwirkungen erwarten lässt, jedoch die einzelnen Dimensionen einen unterschiedlichen Beitrag hierzu leisten. Während eine Prozessorientierung und der Einsatz von marktähnlichen Mechanismen einen signifikant positiven Einfluss auf die Effizienz der befragten Krankenhäuser hatten, weist die Implementierung von kleinen Organisationseinheiten eine gegenläufige Tendenz auf.

Zusammenfassend ist zu konstatieren, dass die empirische Überprüfung der Zweckmäßigkeit des Einsatzes von betriebswirtschaftlichen Methoden im Krankenhaussektor an Bedeutung gewinnen wird. Die vorliegende Untersuchung mit der empirischen Überprüfung des Nutzens von modularen Strukturen ist aufgrund des allgemeinen Datenmangels und des Fehlens von anderen empirischen Arbeiten zu ähnlich gelagerten Themen daher als ein Einstieg zu betrachten. Auch in Zukunft ist es erforderlich, dieses Themengebiet zum Gegenstand weiterer Untersuchungen zu machen, wobei die Schwächen solcher empirischen Überprüfungen in Deutschland noch in der Qualität der Inputdaten liegen. Auch sind Arbeiten sinnvoll, die sich empirisch mit den einzelnen Dimensionen der Modularisierung beschäftigen. An diesen Stellen ergeben sich unmittelbare Anknüpfungspunkte für weitere Forschungsarbeiten.

Literaturverzeichnis

Aas, I.: Incentives and financing methods. In: Health Policy, Vol. 34, 1995, S. 205 – 220.

Ackermann, T./Schmithausen, D.: Zum Konzept einer Gewichtskalkulation. In: Krankenhaus-Report 2000, hrsg. v. Arnold, M. et al., Stuttgart, 2001, S. 75 – 114.

Adam, D.: Krankenhausmanagement im Konfliktfeld zwischen medizinischen und wirtschaftlichen Zielen, Wiesbaden, 1972.

Adam, D. et al.: Krankenhausmanagement. In: Das Wirtschaftsstudium, 23. Jg., 1993, S. 822 – 830.

Adam, D.: Krankenhausmanagement im Wandel. In: Krankenhausmanagement, hrsg. v. Adam, D., Wiesbaden, 1996, S. 1 – 12.

Adam, D.: Krankenhausmanagement im Wandel. In: Krankenhaus-Controlling, hrsg. v. Hentze, J. et al., 2. Auflage, Stuttgart, 2002, S. 33 – 44.

Ahrens, H./Feser, H.: Wirtschaftspolitik, 7. Auflage, München, 1997.

Akerlof, G.A.: The Market for Lemons: Quality Uncertainty and the Market Mechanism. In: Quarterly Journal of Economics, Vol. 84, 1970, S. 488 – 500.

Alchian, A./Demsetz, H.: Production, Information Costs and Economic Organizati-on. In: American Economic Review, Vol. 62, 1972, S. 777 – 795.

Allen, R./Gertler, P.: Regulation and the provision of quality to heterogeneous consumers: the case of prospective pricing of medial services. In: Journal of Regulatory Economics, Vol. 3, 1991, S. 361 – 375.

Allert, R.: Korrekturen dringend nötig. Von der Systemwidrigkeit der Chefarztvergütung im Krankenhaus. In: Krankenhaus Umschau, 68. Jg., 1999, S. 657 – 659.

Amelung, V./Schumacher, H.: Managed Care. Neue Wege im Gesundheitsmanagement, Wiesbaden, 2004.

Ament-Rambow, C.: Prozessmanagement - Schlüssel zur Kostensenkung im Krankenhaus. In: Krankenhaus-Umschau, 1998, S. 810 – 819.

Andersen, P./Petersen, N.C.: A Procedure für Ranking Efficient Units in Data Envelopment Analysis. In: Management Science, Vol. 39, 1993, S. 1261 – 1264.

Anthony, R.: The Management Control Function, Boston, 1988.

Anthony, R./Govindarajan, V.: Management Control Systems, 10. Auflage, Chicago, 2000.

Arnold, M./Geisbe, H.: Der Patient im Wettbewerb der Krankenhäuser. In: Krankenhaus-Report 2002, hrsg. v. Arnold, M. et al., Stuttgart, 2003, S. 55 – 70.

Arrow, K.: Uncertainty and the Welfare Economics of Medical Care. In: American Economic review, Vol. 4, 1963, S. 941 – 973.

Arrow, K.: The Economics of Agency. In: Principals and Agents: The Structure of Business, hrsg. v. Pratt, J./Zeckhauser, R., 1985, Boston, S. 37 – 51.

© Springer Fachmedien Wiesbaden GmbH, ein Teil von Springer Nature 2006
K. Foit, *Marktorientierte Steuerung im Krankenhaussektor*,
Edition KWV, https://doi.org/10.1007/978-3-658-24070-7

Augurzyk, B. et al.: Das Krankenhaus, Basel II und der Investitionsstau, Rheinisch-Westfälisches Institut für Wirtschaftsforschung, Heft 13, Essen, 2004.

Averill, R.F. et al.: Developement of the All Patient DRGs (APR-DRGs). In: 3M Health Information Systems Research Report, 1997, S. 1 – 22.

Balzereit, B.: Öffentliche Aufgabenstellung und Aufgabenerfüllung durch Profit-Center in der Versorgungswirtschaft. In: Zeitschrift für öffentliche und gemeinnützige Unternehmen, 20. Jg., 1997, S. 379 – 391.

Banker, R.D. et al.: An introduction to Data Envelopment Analysis with some of its Models and their Uses. In: Research in Governmental and Nonprofit Accounting, Vol. 5, 1989, S. 125 – 163.

Bauer, H.: Leitlinien als Grundlage rationalen ärtztlichen Handelns. In: Chancen und Risiken von Managed Care, hrsg. v. Eichhorn, S./Schmidt-Rettig, B., Stuttgart, 1998, S. 161 – 174.

Bauer, H.: 1. Nationales DRG-Forum. Zusammenfassung einzelner Vorträge. In: Führen und Wirtschaften im Krankenhaus, 2002, S. 454 – 458.

Baumberger, J.: So funktioniert Managed Care. Anspruch und Wirklichkeit der integrierten Gesundheitsversorgung in Europa, Stuttgart, 2001.

Baur, U.: Krankenhäuser. Der erfolgsabhängige Chefarztvertrag. In: Deutsches Ärzteblatt, 98. Jg., 2001, S. B1485 – B1488.

Becker, W.: Funktionsprinzipien des Controlling. In: Zeitschrift für Betriebswirt-schaft, 60. Jg., 1990, S. 295 – 318.

Becker, F.: Strategische Ausrichtung von Beteiligungssystemen. In: Entgeltsysteme, hrsg. v. Weber, W., Stuttgart, 1993, S. 331 – 338.

Behrends, B./Kuntz, L.: Die strategische Ausrichtung eines Universitätskrankenhauses. In: Zeitschrift für Betriebswirtschaft, 69. Jg., 1999, Ergänzungsheft 5, S. 11 – 25.

Berg, H.: Marktwirtschaft. In: Handwörterbuch des Marketing, 2. Auflage, hrsg. v. Tietz, B. et al., Stuttgart, 1995, Sp. 1202 – 1213.

Berger, K.: Behandlungspfade als Managementinstrumentarium im Krankenhaus. In: Pfade durch das Klinische Prozessmanagement, hrsg. v. Greiling, M., Stuttgart, 2004, S. 42 – 64.

Berger, K./Moormann, J.: Die „Prozessorientierte Kalkulation" im Krankenhaus. In: Pfade durch das klinische Prozessmanagement, hrsg. v. Greiling, M., 2004, S. 127 – 156.

Bickmann, C.: Die Bonität der Non-Profit-Häuser ist besser als jene des Mittelstandes. In: Führen und Wirtschaften im Krankenhaus, 20 Jg., 2003, S. 73 – 75.

Binder, S.: Effizienz durch Wettbewerb im Gesundheitswesen, Bayreuth, 1999.

Bodenbender, W.: Probleme und Perspektiven der Krankenhausbedarfsplanung in Nordrhein-Westfalen. In: Krankenhaus Umschau, 1992, S. 18 – 20.

Böckle, S.: Monetäre Leistungsanreize für Ärzte in kommunalen Krankenhäusern. In: Zeitschrift für öffentliche und gemeinwirtschaftliche Unternehmen, Bd. 16., 1993, S. 96 – 104.

Bönig, W.: Interne Budgetierung im Krankenhaus, Heidelberg, 1990.

Bös, D.: Pricing and Price Regulation. An Economic Theory for Public Enterprises and Public Utilities, Amsterdam-New-York-Oxford, 1994.

Bös, D./De Fraja, G.: Quality and outside capacity in the provision of health services. In: Journal of Public Economics, Vol. 84, S. 199 – 218.

Böhm, K.: Lineare Quotientenprogrammierung: Rentabilitätsoptimierung, Frankfurt a. M., 1978.

Bölke, G.: Auswirkungen der derzeitigen Finanzierung der Krankenhäuser in der Bundesrepublik Deutschland. In: Das Krankenhaus, 82. Jg., 1990, S. 303 – 301.

Borrmann, J./Finsinger, J.: Markt und Regulierung, München, 1999.

Bohle, T.: Profitcenter und Chefarztvertrag. In: Profitcenter und Prozessorientierung, hrsg. v. Eichhorn, S./Schmidt-Rettig, B., Stuttgart, 1999, S. 155 – 163.

Brandt, C. et al.: Hamburg: Überprüfung der Ziele des Krankenhausplans 2000 im Rahmen einer Zwischenfortschreibung. In: Das Krankenhaus, 90. Jg., 1998, S. 395 – 402.

Braun, G.: Betriebswirtschaftliche Aspekte eines modernen Krankenhausmanagements. In: Zeitschrift für öffentliche und gemeinnützige Unternehmen, 17. Jg., 1994, S. 141 – 155.

Braun,G./Schmutte, A.: Krankenhausvergleiche und Benchmarking. In: Handbuch Krankenhausmanagement, hrsg. v. Braun, G., Stuttgart, 1999, S. 725 – 741.

Breid, V.: Aussagefähigkeit agencytheoretischer Ansätze im Hinblick auf die Verhaltenssteuerung von Entscheidungsträgern. In: Zeitschrift für betriebswirtschaftliche Forschung, 47. Jg., 1995, S. 821 – 854.

Brewster, A.C. et al.: MEDISGRPS: a clinically based approach to classifying hospital patients at admission. In: Inquiry, Vol. 22, 1985, S. 377 – 387.

Breyer, F.: Die Fallpauschale als Vergütung von Krankenhausleistungen. Idee, Formen und vermutete Auswirkungen. In: Zeitschrift für Wirtschafts- und Sozialwissenschaften, 105. Jg., 1985, S. 743 – 767.

Breyer, F.: Preisbildung und Vergütung im stationären Sektor. In: Basiswissen Gesundheitsökonomie, hrsg. v. Andersen, H. et al., Berlin, 1992, S. 85 – 110.

Breyer, F./Zweifel, P.: Gesundheitsökonomie, 3. Auflage, Berlin, 1999.

Breyer, F./Zweifel, P./Kifmann, M.: Gesundheitsökonomie, 5. Auflage, Berlin, 2004.

Bruckenberger, E.: Dauerpatient Krankenhaus – Diagnosen und Heilungsansätze, Freiburg i. B., 1989.

Bruckenberger, E.: Auswirkungen der BPflV 1995 auf die Krankenhauspolitik der Länder. In: Das Krankenhaus, 86. Jg., 1994a, S. 154 – 160.

Bruckenberger, E.: „Investiver Nachholbedarf" oder „Investitionsstau"? In: Krankenhaus Umschau, 63. Jg., 1994b, S. 315 – 327.

Bruckenberger, E.: Gedeckelte monistische Krankenhausfinanzierung oder monistische Mittelverteilung. In: Krankenhaus Umschau, 63. Jg., 1994c, S. 841 - 852.

Bruckenberger, E.: Viel Lärm um Nichts – Auswirkungen des GSG im Krankenhausbereich. In: Krankenhaus Umschau, 65. Jg., 1996, S. 421 – 425.

Bruckenberger, E.: Das Krankenhaus im DRG-Zeitalter, 2001, http://www.-bruckenberger.de/pdf/drg_zeitalter.pdf (18.10.2004).

Bruckenberger, E.: Die Folgen des Fallpauschalengesetzes für die Krankenhausplanung, 2002, http://www.bruckenberger.de/doc/planung/fpg_aufsatz/fpg_plan.pdf, (18.10.2004).

Bruckenberger, E.: Zukunft der Krankenhausplanung – Wettbewerb versus flächendeckende Versorgung, 2002a, http://www.bruckenberger.de/pdf/bayreuth-02.pdf (18.10.2004).

Bruckenberger, E.: Investitionsoffensive für Krankenhäuser, 2002b, http://www.bruckenberger.de/pdf/IfK.pdf (18.10.2004).

Bruckenberger, E.: Die Folgen des Fallpauschalengesetzes für die Krankenhausfinanzierung, 2002c, http://www.bruckenberger.de/doc/planung/fpg_aufsatz/-fpg_fin.pdf (18.10.2004).

Bruckenberger, E.: Wettbewerb und Planung. In: Krankenhaus-Report 2002, hrsg. v. Arnold, M. et al. Stuttgart, 2003, S. 93 – 102.

Bruckschen, H.: Verrechnungspreise in Spartenorganisationen, Frankfurt a. M., 1981.

Brunner, H./Lauterbach, K.: Managed Care in den USA – Konzepte und Bedeutung für Krankenhäuser. In: Handbuch Krankenhausmanagement. Bausteine für eine moderne Krankenhausführung, hrsg. v. Braun, E., Stuttgart, 1999, S. 109 – 130.

Buchanan, J. M.: Positive Economics, Welfare Economics and Political Economy. In: Journal of Law and Economics, Vol. 2, 1959, S. 124 – 138.

Buchanan, J.M./Tullock, G.: The Calculus of Consent: Logicial Foundations of a Constitutional Democracy, Ann Arbor, 1962.

Buchener, F. et al.: Periodenbezogene Vergütungssysteme: Die risikoadjustierte Kopfpauschalenvergütung. In: Anreizkompatible Vergütungssysteme im Gesundheitswesen, hrsg. v. Wille, E., Baden-Baden, 2002, S. 63 – 96.

Budäus, D.: Theorie der Verfügungsrechte als Grundlage der Effizienzanalyse öffentlicher Regulierung und öffentlicher Unternehmen? In: Betriebswirtschaftslehre und Theorie der Verfügungsrechte, hrsg. v. Budäus, D. et al., Wiesbaden, 1988, S. 45 – 64.

Budäus, D.: Von der bürokratischen Steuerung zum New Public Management – Eine Einführung. In: Managementforschung 8 – New Public Management, hrsg. v. Budäus, D. et al., Berlin, S. 1 – 10.

Bürkle, B.: Effizienzmessung im Gesundheitswesen. Möglichkeiten und Grenzen der Data Envelopment Analysis, dargestellt anhand von Anwendungen aus dem Krankenhausbereich, Forschungsgruppe Medizinökonomie am Lehrstuhl für Betriebswirtschaftslehre und Operations Research der Universität Erlangen-Nürnberg, Arbeitsbericht Nr. 97-1, 1997.

Büssing, A. et al.: Schnittstellen im Krankenhaus. Analyse aus der Sicht des Pflegedienstes am Beispiel von Kooperation und Kommunikation. In: Zeitschrift für Arbeitswissenschaften, 50. Jg., 1996, S. 129 – 138.

Buscher, U.: Verrechnungspreise aus organisations- und agencytheoretischer Sicht, Wiesbaden, 1997.

Buschmann, H.: Freigemeinnützige Krankenhäuser – eine Studie ihres Verhaltens mit Hilfe der Theorie der Eigentumsrechte, Diss. Konstanz, 1977.

Busse, F.-J.: Grundlagen der betrieblichen Finanzwirtschaft, 5. Auflage, München.

Camp, R.C.: Benchmarking. The Search for Industry Best Level that Lead to Superior Performance, Milwaukee, 1989.

Camp, R.C.: Business Process Benchmarking. Finding and Implementing Best Practices, Wisconsin, 1995.

Canoy, M. et al.: Yardstick Competition – Theory, Design and Practice, Working Papers, Nr. 133, CPB Netherlands Bureau for Economic Policy Analysis, Den Haag, 2000.

Cantner, U./Hanusch, H.: Effizienzanalyse mit Hilfe der Data Envelopment Analysis. In: Wirtschaftswissenschaftliches Studium (WiSt), 27. Jg., 1998, S. 228 – 237.

Cassel, D. et al.: Für Marktsteuerung, gegen Dirigismus im Gesundheitswesen. In: Wirtschaftsdienst, 79. Jg., 1997, S. 29 – 36.

Cassel, D.: Ordnungspolitische Gestaltung des Gesundheitswesens in der Sozialen Marktwirtschaft. In: Hamburger Jahrbuch für Wirtschafts- und Gesellschaftspolitik, 45. Jg., 2000, S. 123 – 143.

Cassel, D.: Wettbewerb in der Gesundheitsversorgung: Funktionsbedingungen, Wirkungsweise und Gestaltungsbedarf. In: Krankenhaus-Report 2002, hrsg. v. Arnold, M. et al., Stuttgart, 2003, S. 3 – 20.

Chalkley, M./Malcomson, J.: Contracts for the National Health Service. In: Economic Journal, Vol. 106, 1996, S. 1691 – 1701.

Chalkley, M./Malcomson, J.: Contracting for health services when patient demand does not reflect quality. In: Journal of Health Economics, Vol. 17, 1998, S. 1 -19.

Chalkley, M./Malcomson, J.: Contracting for health services with unmonitored quality. In: Economic Journal, Vol. 108, 1998a, S. 1093 – 1110.

Chalkley, M./Malcomson, J.: Government Purchasing of Health Services. In: Handbook of Health Economics, Vol. 1, hrsg. v. Culyer, A./Newhouse, J., Amsterdam, 2000, S. 847 – 890.

Chalkley, M./Malcomson, J.: Cost sharing in health service provision: an empirical assessment of cost savings. In: Journal of Public Economics, Vol. 84, 2002, S. 219 – 249.

Charnes, A. et al.: Foundations of Data Envelopment Analysis for Pareto-Kopmans efficient empirical production function. In: Journal of Econometrics, Vol. 30, 1985a, S. 91 – 107.

Charnes, A. et al. (Hrsg.): Data Envelopment Analysis: Theory, methodology and applications, Boston, 1994.

Charnes, A./Cooper, W.W.: Programming with Linear Factional Functions. In: Naval Research Logistics Quarterly, Vol. 9, 1962, S. 181 – 186.

Charnes, A./Cooper, W.W.: Preface to Topics in Data Envelopment Analysis. In: Annals of Operation Research, Vol. 2, 1985, S. 59 – 94.

Charnes, A./Cooper, W.W./Rhodes, E.: Measuring the Efficiency of Decision Making Units. In: European Journal of Operational Research, Vol. 2, 1978, S. 429 – 444.

Charnes, A./Cooper, W.W./Rhodes, E.: Evaluating Program and Managerial Efficiency: An application of Data Envelopment Analysis to program follow through. In: Management Science, Vol. 27, 1981, S. 668 – 697.

Chulis, G.: Assessing Medicare's prospective payment systems for hospitals. In: Medical Care Review, Vol. 48, 1991, S. 167 – 206.

Clade, H.: Krankenhäuser sehen sich bestätigt. In: Deutsches Ärzteblatt, 95. Jg., 1998, S. C 401 – 402.

Clade, H. (1998a): Verstärkter Expansionsdrang. In: Deutsches Ärzteblatt, 95. Jg., 1998, S. C 645 – 646.

Clade, H.: Sektorale Budgetierung. In: Deutsches Ärzteblatt, 96. Jg., 1999, S. C-12.

Clade, H. (1999a): Monistische Finanzierung belastet Kassen. In: Deutsches Ärzteblatt, 96. Jg., 1999, S. A-2637/B-2247/C-2110.

Clade, H.: Länderfinanzierung vor dem Aus. In: Deutsches Ärzteblatt, 101. Jg., 2004, S. A-227/B-197/C-189.

Claussen, H./Scheele, U.: Benchmarking und Yardstick Competition, Volkswirtschaftliche Reihe, Nr. V232-01, Universität Oldenburg, 2001.

Coase, R.: The Nature of the Firm. In: Economica, Vol. 4, 1937, S. 386 – 405.

Coenenberg, A.G.: Verrechnungspreise zur Steuerung divisionalisierter Unternehmen. In: Wirtschaftswissenschaftliches Studium, 2. Jg., 1973, S. 373 – 382.

Coffey,R./Louis, D.: Fünzehn Jahre DRG-basierte Krankenhausvergütung in den USA. In: Krankenhaus-Report 2000, hrsg. v. Arnold, M. et al., Stuttgart, 2001, S. 33 – 48.

Conrad, H.-J.: Profitcenter-Organisation in der Krankenhauspraxis- Universitätsklinikum Marburg. In: Profit-Center und Prozessorientierung, hrsg. v. Eichhorn, S./Schmidt-Rettig, B., Stuttgart, 1999, S. 95 – 104.

Conrad, H.-J.: Konzept einer umfassenden Prozessorientierung im Krankenhaus. In: Handbuch Krankenhausmanagement, hrsg. v. Braun, G., Stuttgart, 1999, S. 571 – 582.

Cooper, W.W. et al.: Data Envelopment Analysis: A Comprehensive Text with Models, Applications, References and DEA-Solver Software, Boston, 1999.

Corsten, H.: Dienstleistungen in produktionstheoretischer Interpretation. In: Wirtschaftswissenschaftliches Studium, 17. Jg., 1988, S. 81 – 89.

Coulam, R./Gaumer, G.: Medicar's prospective payment system: A critical Appraisal. In: Health Care Financing Review, Vol. 13, 1991, Supplement, S. 45 – 77.

Culyer, A.: Cost Containment in Europe. In: Health Care Systems in Transition, OECD Social Policy Studies Nr.7, 1990, S. 29 – 40.

Dahlgaard, K. et al.: Profit-Center-Strukturen im Krankenhaus, Frankfurt a. M., 2001.

Damkowski, W./Precht, C.: Neuere Steuerungsansätze für das Krankenhausmanagement. In: Moderne Verwaltung in Deutschland. Public Management in der Praxis, hrsg. v. Damkowski, W./Precht, C., Stuttgart, 1998, S. 239 – 248.

Darby,M./Karni, E.: Free Competition and the Optimal Amount of Fraud. In: Journal of Law and Economics, Vol. 16, 1973, S. 67 – 88.

De Alessi, L.: The Economics of Property Rights: A Review of the Evidence. In: Privatization. Critical Perspectives on the World Economy, hrsg. v. Yarrow, G./Jasinski, P., London, 1996, S. 233 – 280.

De Fraja, G.: Contracts for health care and asymmetric information. In: Journal of Health Economics, Vol. 19, 2000, S. 663 – 677.

De Pouvourville, G.: Kann Qualität ein Wettbewerbsparameter im Gesundheitswesen sein? In: Krankenhaus-Report 2002, hrsg. v. Arnold, M. et al., Stuttgart, 2003, S. 175 – 188.

Demgenski, P./Nee, H.: Pauschalförderung im Krankenhaus – Diskussion von Bemessungskriterien und Weiterentwicklung in Hamburg. In: Das Krankenhaus, 88. Jg., 1996, S. 363 – 367.

Demmler, G.: Ausschreibungen im Gesundheitswesen, Bayreuth, 1992.

Demsetz, H.: Towards a Theory of Property Rights. In: American Economic Review, Vol. 57, 1967, S. 347 – 359.

Depenheuer, O.: Staatliche Finanzierung und Planung im Krankenhauswesen, Berlin, 1986.

Deutsches Institut für medizinische Dokumentation und Information (DIMDI): ICD-10 – SGB V, Internationale Klassifikation der Krankheiten (ICD), Band I- III, Stuttgart, 1999.

Deutsche Krankenhausgesellschaft (DKG): Zahlen, Daten, Fakten 2002, Düsseldorf, 2002.

Deutsche Krankenhausgesellschaft (DKG): Krankenhausplanung und Investitionsfinanzierung in den Ländern, Düsseldorf, 2003.

Dietzel, H.: Leitungsstruktur des Wirtschafts- und Verwaltungsdienstes. In: Wirtschaftliches Krankenhaus: Beiträge zu Management, Planung, Rechnungswesen, Prüfung, 3. Auflage, Köln, 1989, S. 32 – 39.

Dilger, F.: Budgetierung als Führungsinstrument, Köln, 1991.

Donabedian, A.: Evaluating the equality of medical care. In: Milbank Memorial Fund Quarterly, Vol. 44, 1966, Supplement, S. 166 – 206.

Donabedian, A.: The Role of Outcomes in Quality Assessment and Assurance. In: Quality Review Bulletin, Vol. 18, 1992, S. 356 – 360.

Donaldson, C./Gerard, K.: Economics of Health Care Financing, Houndsmill, 1993.

Downs, A.: An Economic Theory of Democracy, New York, 1957.

Downs, A.: Inside Bureaucracy, 6. Auflage, Boston, 1967.

Dranove, D.: Rate-setting by diagnoses related groups and hospital specialization. In: RAND Journal of Economics, Vol. 18, 1987, S. 417 – 427.

Draper, D. et al.: Studying the effects of the DRG-based prospective payment system on qualtiy of care. In: Journal of the American Medical Association, Vol. 264, 1990, S. 1956 – 1961.

Dröge, J.: Steuerungsinstrumente im Gesundheitswesen der Bundesrepublik Deutschland, Regensburg, 1989.

Drösler, S.: Qualitätsbericht. Darf es auch mehr sein? In: Führen und Wirtschaften im Krankenhaus, 21. Jg., 2004, S. 118 – 122.

Dudley, R. et al.: Selective referral to high-volume hospitals: estimating potentially avoidable
deaths. In: Journal of the American Medical Association, Vol. 283, 2000, S. 1159 – 1166.

Düsch, E. et al.: Kostenträgerrechnung als Steuerungsinstrument im Krankenhaus – eine mögliche Weiterführung der Kosten- und Leistungsrechnung. In: Betriebswirtschaftliche Forschung und Praxis, 2002, S. 144 – 155.

Dullinger, F.: Krankenhaus-Management im Spannungsfeld zwischen Patientenorientierung und
Rationalisierung. Probleme und Gestaltungsmöglichkeiten des Business Reengineering in
der Krankenhauspraxis, München, 1996.

Eastaugh, S.: Hosptial specialization and cost efficiency: Benefits of trimming product lines. In:
Hospital Health Service Administration, Vol. 37, 1992, S. 223 - 235.

Ebsen, I. et al.: Vertragswettbewerb in der gesetzlichen Krankenversicherung zur Verbesserung
der Qualität und Wirtschaftlichkeit der Gesundheitsversorgung, AOK im Dialog, Bd. 13,
Bonn, 2003.

Edwards, N. et al.: Refinement of Medicare diagnosis related groups to incorporate a measure of
severitiy. In: Health Care Financial Review, Vol. 16, 1994, S. 45 – 64.

Eichhorn, S.: Krankenhausbetriebslehre. Theorie und Praxis des Krankenhausbetriebes, Bd. I., 3.
Auflage, Stuttgart, 1975.

Eichhorn, S.: Krankenhausbetriebslehre. Theorie und Praxis des Krankenhausbetriebes, Bd. II.,
3. Auflage, Stuttgart, 1976.

Eichhorn, S.: Betriebswirtschaftliche Ansätze zu einer Theorie des Krankenhauses. In: Zeitschrift für Betriebswirtschaft, 49. Jg., 1979, S. 173 – 191.

Eichhorn, S.: Steuerungspotential der neuen Krankenhausgesetzgebung. In: Krankenhaus Umschau, 55. Jg., 1986, S. 249 – 254.

Eichhorn, S.: Patientenorientierte Krankenhausorganisation. In: System Krankenhaus: Arbeit,
Technik und Patientenorientierung, hrsg. v. Badura, B. et al., Weinheim, 1993, S. 241 –
253.

Eichhorn, S.: Stand und Perspektiven der Ordnungspolitik in der Krankenhauswirtschaft. In:
Krankenhausmanagement im Werte- und Strukturwandel, hrsg. v. Eichhorn, S./Schmidt-
Rettig, B., Köln, 1995, S. 1 – 33.

Eichhorn, S.: Profitcenter-Organisation und Prozessorientierung - Budget-, Prozess-, und Qualitätsverantwortung im Krankenhaus. In: Profitcenter und Prozessorientierung, hrsg. v. Eichhorn, S./Schmidt-Rettig, B., Stuttgart, 1999, S. 1 – 19.

Eichhorn, S./Schmidt-Rettig, B.: Mitarbeitermotivation im Krankenhaus, Beiträge zur Gesundheitsökonomie, Band 29, Gerlingen, 1995.

Eichhorn, S./Schmidt-Rettig, B.: Notwendigkeit und Empfehlungen für einen Paradigmenwech-
sel der Leitungsorganisation. In: Krankenhausmanagement, hrsg. v. Eichhorn, S./Schmidt-
Rettig, B., Beiträge zur Gesundheitsökonomie der Robert-Bosch-Stiftung, Band. 32, 2001,
S. 1 – 46.

Eichhorn, P./Greiling, D.: Das Krankenhaus als Unternehmen. In: Krankenhaus-Report 2002, hrsg. v. Arnold, M. et al., Stuttgart, 2003, S. 31 – 42.

Eisenführ, F.: Profit Center. In: Die Betriebswirtschaft, 45. Jg., 1985, S. 99 – 100.

Eisenführ, F.: Budgetierung. In: Handwörterbuch der Organisation, 3. Auflage, hrsg. v. Frese, E., Stuttgart, 1992, Sp. 363 – 373.

Eisenführ, F./Weber, M.: Rationales Entscheiden, 4. Auflage, Berlin, 2002.

Eisenführ, F./Theuvsen, L.: Einführung in die Betriebswirtschaftslehre, 4. Auflage, Stuttgart, 2004.

Ellis, R.: Creaming, Skimping and dumping: provider competition in the intensive and extensive margins. In: Journal of Health Economics, Vol. 17, 1998, S. 537 – 555.

Ellis, R./McGuire, T.: Provider Behavior under Prospective Reimbursement. Cost Sharing and Supply. In: Journal of Health Economics, Vol. 5, 1986, S. 129 – 151.

Ellis, R./McGuire, T.: Insurance Principles and the Design of Prospective payment Systems. In: Journal of Health Economics, Vol. 7, 1988, S. 215 – 237.

Ellis, R./McGuire, T.: Optimal Payment systems for health services. In: Journal of Health Economics, Vol. 9, 1990, S. 375 – 396.

Ellis, R./McGuire, T.: Supply-Side and Demand-Side Cost Sharing in Health Care. In: Journal of Economic Perspectives, Vol. 7, 1993, S. 135 – 151.

Ellis, R./McGuire, T.: Hospital Response to prospective payment: moral hazard, selection and practice-style effects. In: Journal of Health Economics, Vol. 15, 1996, S. 257 – 277.

Elschen, R.: Gegenstand und Anwendungsmöglichkeiten der Agency-Theorie. In: Zeitschrift für betriebswirtschaftliche Forschung, 43. Jg., 1991, S. 1002 – 1012.

Engelhardt, W.: Markt. In: Handwörterbuch des Marketing, 2. Auflage, hrsg. v. Tietz, B. et al., Stuttgart, 1995, Sp. 1696 – 1708.

Engelhardt, W. et al.: Leistungsbündel als Absatzobjekte – Ein Ansatz zur Überwindung der Dichotomie von Sach- und Dienstleistungen. In: Zeitschrift für betriebswirtschaftliche Forschung, 45. Jg., 1993, S. 395 – 426.

Engelhardt, W.: Leistungstypologien als Basis des Marketing – ein erneutes Plädoyer für die Aufhebung der Dichotomie von Sachleistungen und Dienstleistungen. In: Die Betriebswirtschaft, 55. Jg., 1995, S. 673 – 678.

Engels, M.: Die Steuerung von Universitäten in staatlicher Trägerschaft, Wiesbaden, 2001.

Ernst, C.: Krankenhaus-Controlling und monetäre Anreize für leitende Ärzte. Eine Agency-theoretische Analyse, Wiesbaden, 2000.

Eschenbach, R.: Controlling, 2. Auflage, Stuttgart, 1996.

Ewert, R./Wagenhofer, A.: Interne Unternehmensrechnung, 5. Auflage, Berlin u.a., 2003.

Faber, K.: Zur Vereinbarkeit von Qualität und Wirtschaftlichkeit im Akutkrankenhaus, Bayreuth, 2002.

Fahrley, D./Hogan, C.: Case-mix specialization in the markets for hospital services. In: Health Services Research, Vol. 25, 1990, S. 757 – 783.

Fama, E./Jensen, M.: Separation of Ownership and Control. In: Journal of Law and Economics, Vol. 26, 1983, S. 301 – 325.

Farell, M.J.: The Measurement of Productive Efficiency. In: Journal of the Royal Statistical Society, Vol. 120, 1957, Series A, Part 3, S. 253 – 290.

Feess, E.: Mikroökonomik, Marburg, 1997.

Felder, S./Schmitt, H.: Regulierung im Krankenhausbereich mit Hilfe der Effizienzfrontanalyse. In: Zeitschrift für öffentliche und gemeinnützige Unternehmen, 25. Jg., 2002, S. 140 – 154.

Feinen, R.: Patientenbezogene Organisation von Behandlungsprozessen. In: Profitcenter und Prozessorientierung, hrsg. v. Eichhorn, S./Schmidt-Rettig, B., Stuttgart, 1999, S. 188 – 199.

Fetter, R. et al.: Case Mix Definition by Diagnosis-Related Groups. In: Medical Care, Vol. 18, 1980, Supplement, S. 1 – 53.

Fetter, R.: Diagnosis Related Groups: Understanding Hospital Performance. In: Interfaces, Vol. 21, 1991, S. 6 – 26.

Fink, U.: Statement: Zur zukünftigen Ausrichtung der Gesundheitspolitik. In: Zur zukünftigen Ausrichtung der Gesundheitspolitik, hrsg. v. AOK-Bundesverband, Bonn, S. 23 – 26.

Finsinger, J./Mühlenkamp, H.: Neue Impulse durch die Novellierung der Krankenhausfinanzierung? In: Zeitschrift für öffentliche und gemeinwirtschaftliche Unternehmen, 9. Jg., 1986, S. 266 – 278.

Fischer, W.: Grundzüge von DRG-Systemen. In: Krankenhaus-Report 2000, hrsg. v. Arnold, M. et al., Stuttgart, 2001, S. 13 – 32.

Flassak, H.: Der Markt für Unternehmenskontrolle, Bergisch-Gladbach, 1995.

Forster, R.: Economic Models of the Hospital. In: Hospital Administation, 1974, S. 87 – 93.

Francke, R.: Rechtsfragen der Planung, Finanzierung und Organisation von Krankenhäusern. In: Das Krankenhaus: Kosten, Technik oder humane Versorgung, hrsg. v. Deppe, H.-U., Frankfurt, 1989, S. 41 – 63.

Franke, G./Hax, H.: Finanzwirtschaft der Unternehmung, 4. Auflage, Berlin, 1999.

Franz, S.: Controlling und effiziente Unternehmensführung, Wiesbaden, 1989.

Frech, M.: Gruppen- und Teamarbeit in Gesundheitsorganisationen. In: Management in Gesundheitsorganisationen, hrsg. v. Heimerl-Wagener, P./Köck, C., Wien, 1996, S. 234 – 291.

Freidank, C.C.: Kostenrechnung, München, 1997.

Freeman, J.L. et al.: Diagnosis-related Group refinement with diagnosis- and procedure-specific comorbidities and complications. In: Medical Care, Vol. 33, 1995, S. 806 – 827.

Frese, E.: Das Profit-Center-Konzept im Spannungsfeld von Organisation und Rechnungswesen. In: Finanz- und Rechungswesen als Führungsinstrument, hrsg. v. Ahlert, D. et al., Wiesbaden, 1990, S. 137 – 156.

Frese, E.: Geschäftssegmentierung als organisatorisches Konzept. In: Zeitschrift für betriebswirtschaftliche Forschung, 45. Jg., 1993, S. 999 – 1024.

Frese, E.: Profit Center – Motivation durch internen Marktdruck. In: Kreative Unternehmen –
Spitzenleistungen durch Produkt- und Prozessinnovationen, hrsg. v. Reichwald, R./ Wil-
demann, H., Stuttgart, 1995, S. 77 – 93.

Frese, E.: Profit Center und Verrechnungspreis. In: Zeitschrift für betriebswirtschaftliche Forschung, 47. Jg., 1995a, S. 942 – 954.

Frese, E.: Markt- und Plansteuerung in der Unternehmung, Wiesbaden, 2004.

Frese, E.: Interne Märkte. In: Handwörterbuch Unternehmensführung und Organisation, hrsg. v.
Schreyögg, G./v. Werder, A., 4. Auflage, Stuttgart, 2004a, Sp. 1008 – 1017.

Frese, E./Lehmann, P.: Profit-Center. In: Handwörterbuch Unternehmensrechnung und Controlling, hrsg. v. Küpper, H.-U./Wagenhofer, A., 4. Auflage, Stuttgart, 2002, Sp. 1540 – 1551.

Frese, E. et al.: Diagnosis Related Groups und kosteneffiziente Steuerungssysteme im Krankenhaus. In: Zeitschrift für betriebswirtschaftliche Forschung, 56. Jg., 2004, S. 737 – 759.

Friedel, B.: Anforderung des Profit Center-Konzepts an Führungssystem und Führungsinstru-
mente. In: Wirtschaftswissenschaftliches Studium, 1993, S. 830 – 842.

Friedl, G./Ott, R.: Anreizkompatible Gestaltung von Entgeltsystemen für Krankenhäuser. In:
Zeitschrift für Betriebswirtschaft, 72. Jg., 2002, S. 185 – 205.

Fritsch, M. et al.: Marktversagen und Wirtschaftspolitik: Mikroökonomische Grundlagen staatlichen Handelns, 3. Auflage, München, 1999.

Fudenberg, D./Tirole, J.: Game Theory, Cambridge, 1991.

Furubotn, E./Pejovich, S.: Property Rights and Economic Theory: A Survey of Recent Literature.
In: Journal of Economic Literature, 10. Jg., 1972, S. 1137 – 1162.

Gaitanides, M. et al: Prozessmanagement – Grundlagen und Zielsetzungen. In: Prozessmanagement: Konzepte, Umsetzungen und Erfahrungen des Reengineering, München, 1994, S. 1 –
14.

Gäfgen, G.: Effizienz- und Wettbewerbswirkungen der Krankenhausbedarfsplanung, Diskussi-
onsbeiträge der Fakultät für Wirtschaftswissenschaften und Statistik der Universität Konstanz, Serie A – Nr. 191, 1984.

Gäfgen, G.: Entwicklung und Stand der Theorie der Property-Rights: Eine kritische Bestandauf-
nahme. In: Ansprüche, Eigentums- und Verfügungsrechte, hrsg. v. Neumann, M., Berlin,
1984a, S. 43 – 62.

Gäfgen, G.: Vorgehensweise und Wirkungen der Krankenhausbedarfsplanung. In: Gesundheitsökonomische Grundlagen und Anwendungen, hrsg. v. Gäfgen, G., Baden-Baden, 1990, S.
283 – 298.

Gäfgen, G.: Betriebsverfassung, Entgeltsystem und Allokationsverhalten des Krankenhauses. In:
Gesundheitsökonomische Grundlagen und Anwendungen, hrsg. v. Gäfgen, G., Baden-
Baden, 1990, S. 169 – 230.

Ganjour, A. et al.: Mindestmengen in der stationären Versorgung. In: Krankenhaus-Report 2002, hrsg. v. Arnold, M. et al., Stuttgart, 2003, S. 189 – 202.

Gay, E. et al.: An appraisal of organizational response to fiscally constraining regulation: the case of hospitals and DRGs. In: Journal of Health and Social Behavior, Vol. 30, 1989, S. 41 - 55.

Geldmacher, D.: Marktorientierte Managerkontrolle, Wiesbaden, 2000.

Gerum, E.: Unternehmensverfassung und Theorie der Verfügungsrechte. In: Betriebswirtschafts-lehre und Theorie der Verfügungsrechte, hrsg. v. Budäus, D. et al., Wiesbaden, 1988, S. 21 – 43.

Gerum, E.: Property-Rights. In: Handwörterbuch der Organisation, 3. Auflage, hrsg. v. Frese, E., Stuttgart, 1992, Sp. 2116 – 2128.

Gesellschaft für betriebswirtschaftliche Beratung (GEBERA): Vorbereitendes Gutachten zur Er-arbeitung des Landeskrankenhausplanes bis 2007 für das Ministerium für Arbeit, Soziales, Familie und Gesundheit des Landes Rheinland-Pfalz.

Goedereis, K.: Finanzierung, Planung und Steuerung des Krankenhaussektors. Dualistik und Monistik im Strukturvergleich, Köln, 1999.

Gonella, J.S. et al.: Staging of disease. A case-mix measurement. In: Journal of the American Medical Association, Vol. 251, 1984, S. 637 – 644.

Goodall, C.: A Simple Objective Method for Determing a Percent Standard in Mixed Reim-bursement Systems. In: Journal of Health Economis, Vol. 9, 1990, S. 253 – 271.

Gorschlüter, P.: Das Krankenhaus der Zukunft, 2. Auflage, Stuttgart, 2001.

Graf, V.: Prozessoptimierung im Krankenhaus steigert die Effizienz und die Kundenbindung. In: Führen und Wirtschaften im Krankenhaus, 1999, S. 516 – 521.

Greiling, D.: Krankenhäuser als Dienstleistungsunternehmen. In: Krankenhaus-Controlling, hrsg. v. Hentze, J. et al., 2. Auflage, Stuttgart, 2002, S. 17 – 32.

Greiling, D.: Praxis und Probleme der internen Budgetierung. In: Zeitschrift für Betriebswirt-schaft, 70. Jg., 2000, Ergänzungsheft 4, S. 65 – 88.

Greiling, M.: Prozesskostenrechnung im Krankenhaus – Instrument und Umsetzung zur Kalkula-tion von DRG. In: Das Krankenhaus, 2002, S. 467 – 469.

Greiling, M./Hofstetter, J.: Patientenbehandlungspfade optimieren - Prozessmanagement im Krankenhaus, Kulmbach, 2002.

Greiling, M. et al.: Pfadmanagement im Krankenhaus. Führen mit Kennzahlensystemen, Stutt-gart, 2004.

Greiling, M.: Einführung in das Klinische Prozessmanagement. In: Pfade durch das Klinische Prozessmanagement, hrsg. v. Greiling, M., Stuttgart, 2004a, S. 15 – 26.

Greißlinger, P.: Wirtschaftlichkeitsanalysen im Gesundheitswesen, Wiesbaden, 2000.

Greß, S. et al.: Vertragswettbewerb und die Versorgung mit stationären Leistungen. In: Kran-kenhaus-Report 2003, hrsg. v. Schnellschmidt, H. et al., Stuttgart, 2004, S. 121 – 136.

Greulich, A.: Grundlagen der Prozesskostenrechnung als neuer Bestandteil einer Kosten- und Leistungsrechnung im Krankenhaus. In: Prozessmanagement im Krankenhaus, hrsg. v. Greulich, A. et al., Heidelberg, 1997, S. 111 – 142.

Greulich, A./Thiele, G.: Prozessmanagement im Krankenhaus. In: Prozessmanagement im Krankenhaus, hrsg. v. Greulich, A. et al., Heidelberg, 1997, S. 11 – 40.

Gronemann, J.: Überlegungen zur Rechtsformwahl bei Krankenhäusern. In: Führen und Wirtschaften im Krankenhaus, 5. Jg., 1988, S. 2 – 7.

Gschwend, W.: Die Zielproblematik des Verrechnungspreises. Eine kritische Analyse der verschiedenen Verrechnungspreisfunktionen, Diss. St. Gallen, 1986.

Günster, C.: Ausreißerregelungen in DRG-Systemen. In: Krankenhaus-Report 2000, hrsg. v. Arnold, M. et al., Stuttgart, 2001, S. 141 – 158.

Günster, C. et al.: Das deutsche DRG-Entgeltsystem. In: Krankenhaus-Report 2003, hrsg. v. Schellschmidt, H. et al., Stuttgart, 2004, S. 43 – 68.

Gürkan, I.: Profit-Center im Krankenhaus am Beispiel des Universitätsklinikums Frankfurt/Main. In: Handbuch Krankenhausmanagement, hrsg. v. Braun, G. Stuttgart, 1999.

Güssow, J. et al.: Beurteilung und Einsatz der Prozesskostenrechnung als Antwort der Krankenhäuser auf die Einführung von DRG. In: Kostenrechnungspraxis, 46. Jg., 2002, S. 179 – 189.

Hansmeyer, K.-H./Henke, K.-D.: Zur zukünftigen Finanzierung von Krankenhausinvestitionen, Diskussionspapier 1997/15, Wirtschaftswissenschaftliche Dokumentation der TU Berlin, 1997.

Hanusch, H./Kuhn, T./Cantner, U.: Volkswirtschaftslehre 1. Grundlegende Mikro- und Makroökonomie, 5. Auflage, Berlin, 2000.

Harris, J.: The Internal Organisation of Hospitals: Some Economic Implications. In: Bell Journal of Economics, Vol. 8, 1977, S. 467 – 482.

Hartmann-Wendels, T.: Prinzipal-Agenten-Theorie und asymmetrische Informations-verteilung. In: Zeitschrift für Betriebswirtschaft, 59. Jg., 1989, S. 714 – 734.

Hartmann-Wendels, T.: Agency-Theorie. In: Handwörterbuch der Organisation, 2. Auflage, hrsg. v. Frese, E., Stuttgart, 1992, Sp. 72 – 79.

Harsdorf, H./Friedrich, G.: Krankenhausfinanzierungsgesetz, Köln, 1972.

Hartung, J. et al.: Statistik, 13. Auflage, München, 2002.

Haubrock, M. et al.: Betriebswirtschaft und Management im Krankenhaus, Berlin, 1997.

Hax, H.: Die Koordination von Entscheidungen, Köln, 1965.

Hax, H.: Verrechnungspreise. In: Handwörterbuch des Rechnungswesen, hrsg. v. Kosiol, E., 1981, Stuttgart, Sp. 1688 – 1699.

Hax, H.: Theorie der Unternehmung – Information, Anreize und Vertragsgestaltung. In: Betriebswirtschaftslehre und ökonomische Theorie, hrsg. v. Ordelheide, D. et al., Stuttgart, 1991, S. 51 – 72.

Heeß, M.: Formen der Krankenhausvergütung. Eine mikroökonomische Analyse alternativer Systeme, Frankfurt a. M., 1988.

Heimerl-Wagner, P.: Organisation in Gesundheitsorganisationen. In: Management in Gesundheitsorganisationen. Strategien, Qualität, Wandel, hrsg. v. Heimerl-Wagner, P./Köck, C., Wien, 1996, S. 127 – 186.

Helmig, B.: Der transaktionkostentheoretische Ansatz zur Make-or-Buy-Entscheidungsfindung im Krankenhaus. In: Zeitschrift für öffentliche und gemeinnützige Unternehmen, 20. Jg., 1997, S. 1 – 17.

Henke, K.-D.: Deutsches Gesundheitswesen: Wie viel Marktwirtschaft? Mehr Markt erfordert starken Staat. In: ifo Schnelldienst, 55. Jg., Heft 17, 2002, S. 10-14.

Henke, K.-D.: Mehr Freiräume und weniger Verbändewirtschaft. In: Selbstverwaltung oder Selbstbedienung? Die Zukunft des Gesundheitssystems zwischen Korporatismus, Wettbewerb und staatlicher Regulierung, hrsg. v. Lange, J., Rehburg-Loccum, 2004.

Henke, K.-D. et al.: Zukunftsmodell für ein effizientes Gesundheitswesen in Deutschland, München, 2002.

Henke, K.-D./Hesse, M.: Gesundheitswesen. In: Handbuch der Wirtschaftsethik, Band 4: Ausgewählte Handlungsfelder, Gütersloh, 1999, S. 249 – 288.

Henke, K.-D./Göpfhardt, D.: Das Krankenhaus im System der Gesundheitsversorgung. In: Krankenhaus-Controlling, hrsg. v. Hentze, J. et al., 2. Auflage, Stuttgart, 2002, S. 1 – 16.

Hentze, J./Kehres, E.: Kosten- und Leistungsrechnung in Krankenhäusern, 4. Auflage, Stuttgart, 1999.

Herder-Dorneich, P.: Gesundheitsökonomik. Systemsteuerung und Ordnungspolitik im Gesundheitswesen, Stuttgart, 1980.

Herder-Dorneich, P.: Ordnungspolitik im Gesundheitswesen – Eine analytische Grundlegung. In: Ökonomie des Gesundheitswesens, hrsg. v. Gäfgen, G., Berlin, 1986, S. 55 – 70.

Herder-Dorneich. P./Wasem, J.: Krankenhausökonomik zwischen Humanität und Wirtschaftlichkeit, Baden-Baden, 1986.

Herder-Dorneich, P.: Ökonomische Theorie des Gesundheitswesens, Baden-Baden, 1994.

Herkenrath, J.: Leasing als Instrument einer innovativen Finanzierung öffentlicher Krankenhäuser. In: Mitteilungen und Berichte des Forschungsinstituts für Leasing an der Universität zu Köln, Nr. 27, 1998.

Hessel, M.: Standardprozessmodell für Klinische Pfade. In: Pfade durch das Klinische Prozessmanagement, hrsg. v. Greiling, M., Stuttgart, 2004, S. 27 – 41.

Hochreutener, M.-A.: Die Spitalreform LORAS und die Outcome-Messung im Spitalbereich im Kanton Zürich. In: Gesundheitsökonomie, Qualitätsmanagement, Evidence-based Medicine, hrsg. v. Lauterbach, K./Schrappe, M., Stuttgart, 2001, S. 445 – 456.

Hoffjan, A./Schröder, T.: Einsatzmöglichkeiten der Prozesskostenrechnung im Krankenhaus. In: Gesundheit und Ökonomie: Interdisziplinäre Lösungsvorschläge, hrsg. v. Burchert, H./Hering, T., Baden-Baden, 1998, S. 107 – 128.

Hoffmann, F.: Interne Budgetierung und Anreizsysteme im Krankenhaus, Frankfurt a. M., 1989.

Hofmann, C.: Anreizorientierte Controllingsysteme, Stuttgart, 2001.

Honsel, K.: Nur privates Kapital kann die Zukunft der deutschen Krankenhäuser sichern. In: Führen und Wirtschaften im Krankenhaus, 19. Jg., 2002, S. 580 – 584.

Hoppe, A. et al.: Modell einer Deckungsbeitragsrechnung für Ergebnisorientierte Leistungszentren. In: Profitcenter und Prozessorientierung, hrsg. v. Eichhorn, S./Schmidt-Rettig, B., Stuttgart, 1999, S. 57 – 71.

Hoppmann, E.: Wettbewerb als Norm der Wettbewerbspolitik. In: Wettbewerbstheorie, hrsg. v. Herdzina, K., Köln, 1975, S. 77 – 94.

Horn, S./Horn, R.: The Computerized Severity Index. In: Journal of Medical Systems, Vol. 10, 1986, S. 73 – 78.

Horváth, P.: Controlling, 8. Auflage, München, 2002.

Horváth, P./Herter, R.: Benchmarking – Vergleich mit den Besten der Besten. In: Controlling, 4. Jg., 1992, S. 4 -11.

Hurlebaus, T.: Strategiekonforme Organisationsgestaltung von Krankenhäusern, Wiesbaden, 2004.

Iezzoni, L.I./Daley, J.A.: A description and clinical assessment of the Computerizes Severity Index. In: Qualtiy Review Bulletin, Vol. 18, 1992, S. 44 – 52.

Jacobs, K./Schräder, W.: Wettbewerb als Motor der Integration. In: Krankenhaus-Report 2002, hrsg. v. Arnold, M. et al., Stuttgart, 2003, S. 103 – 112.

Jacobs, K./Schulze, S.: Wettbewerbsperspektiven der integrierten Versorgung in der gesetzlichen Krankenversicherung. In: Wettbewerb und Regulierung im Gesundheitswesen, hrsg. v. Cassel, D., Baden-Baden, 2004.

Jegers, M. et al.: A typologie for provider payment systems in health care. In: Health Policy, Vol. 60, 2002, S. 255 – 273.

Jensen, M./Meckling, W.: Theory of the Firm: Managerial Behavior, Agency Costs and Ownership Structure. In: Journal of Financial Economics, Vol. 3, 1976, S. 305 – 358.

Johnson, S.: Interdisziplinäre Versorgungspfade, Bern, 2002.

Jones, A./Zanola, R.: Agency and Health Care. In: Public Decision-Making. Processes and Asymmetry of Information, hrsg. v. Marelli, M./Pignataro, G., Boston, 2000, S. 175 – 194.

Jost, T.: Medicare peer review organizations. In: Quality Assurance in Health Care, Vol. 1, 1989, S. 235 – 248.

Jung, K.: Krankenhausfinanzierungsgesetz, 2. Auflage, Köln, 1985.

Kaas, K.: Marketing als Bewältigung von Informations- und Unsicherheitsproblemen im Markt. In: Die Betriebswirtschaft, 50. Jg., 1990, S. 539 – 548.

Kaas, K.: Kontraktgütermarketing als Kooperation zwischen Prinzipalen und Agenten. In: Zeitschrift für betriebswirtschaftliche Forschung, 44. Jg., 1992, S. 884 – 901.

Kaas, K.: Informationsökonomik. In: Handwörterbuch des Marketing, 2. Auflage, hrsg. v. Tietz, B. et al., Stuttgart, 1995, Sp. 971 – 981.

Kahn, K. et al.: Comparing outcomes of care before and after implementation of the DRG-based prospective payment system. In: Journal of the American Medical Association, Vol. 264, 1990, S. 1984 – 1988.

Kaltenbach, T.: Qualitätsmanagement im Krankenhaus, Melsungen, 1993.

Kampf, A.: Staatliche Krankenhausplanung und Auswirkungen auf die Investitionsentscheidungen. In: Praxis moderner Krankenhausführung, hrsg. v. Steinmetz, F., Hamburg, 1991, S. 35 – 42.

Kantzenbach, E.: Die Funktionsfähigkeit des Wettbewerbs, Göttingen, 1967.

Karlöf, B./Östblom, S.: Das Benchmarking Konzept. Wegweiser zu Spitzenleistungen in Qualität und Produktivität, München, 1994.

Karmann, A./Dittrich, P.: Zur Pauschalförderung im Krankenhausbereich – eine Diskussion am Beispiel Sachsens. In: Das Krankenhaus, 93. Jg., 2001, S. 989 – 998.

Kaschny, M.: Eintrittsbarrieren und Eintrittsverhalten im Markt für Krankenhausdienste, Bergisch Gladbach, 1998.

Kassaye, W./Mirmirani, S.: Making the most of conspicuous production in hospital marketing. In: Journal of Hospital Marketing, Vol. 9, 1994, S. 33 – 44.

Kastenholz, H.: Qualitätssicherung/Qualitätsmanagement im Krankenhaus. In: Das Krankenhaus, 92. Jg., 2000, S. 178 – 181.

Kaulmann, T.: Property rights und Unternehmenstheorie, München, 1987.

Keegan, A.: Hospitals will continue to treat all DRGs to Snare "Contribution Margin". In: Modern Healthcare, Vol. 13, 1983, S. 206 – 208.

Keeler, E.: What Proportion of Hospital Cost Differences is justifiable? In: Journal of Health Economics, Vol. 9, 1990, S. 359 – 365.

Keeler, E. et al.: Insurance aspects of DRG outlier payments. In: Journal of Health Economics, Vol. 7, 1988, S. 193-214.

Kersting, T.: Prozessoptimierung - ein Weg aus der Krise. In: Das Krankenhaus, 91. Jg., 1999, S. 159 – 166.

Keun, F.: Einführung in die Krankenhaus-Kostenrechnung, 3. Auflage, Wiesbaden, 1999.

Kiener, S.: Die Prinzipal-Agenten-Theorie aus informationsökonomischer Sicht, Heidelberg, 1990.

Kieser, A./Walgenbach, P.: Organisation, 4. Auflage, Stuttgart, 2003.

Kirch, P.: Zur zukünftigen Ausrichtung der Gesundheitspolitik. In: Zur zukünftigen Ausrichtung der Gesundheitspolitik, hrsg. v. AOK-Bundesverband, Bonn, S. 11 – 22.

Kirkmann-Liff, B.L.: Wettbewerbliche Preisverhandlungssysteme in der Krankenhausvergütung – Erfahrungen mit dem „Competitive Bidding" in Arizona und dem „Selective Contracting" in Kalifornien. In: Alternative Entgeltverfahren in der Krankenhausversorgung, hrsg. v. Neubauer, G./Sieben, G., Gerlingen, 1991, S. 225 – 248.

Kliemt, H.: Reziprozität und Versichertensouveränität als Leitvorstellung einer Neuordnung des Gesundheitswesens. In: Institutionelle Erneuerung des Gesundheitswesens in Deutschland, hrsg. v. Oberender, P., Baden-Baden, 1993, S. 9 – 32.

Klimpe, D.: Das modulare Großkrankenhaus. In: Betriebswirtschaftliche Forschung und Praxis, 54. Jg., 2002, S. 118 – 129.

Knappe, E.: Koreferat zum Beitrag von Kirkmann-Liff, B.L.: Wettbewerbliche Preisverhandlungssysteme in der Krankenhausvergütung – Erfahrungen mit dem „Competitive Bidding" in Arizona und dem „Selective Contracting" in Kalifornien. In: Alternative Entgeltverfahren in der Krankenhausversorgung, hrsg. v. Neubauer, G./Sieben, G., Gerlingen, 1991, S. 249 – 257.

Knorr, K./Leber, W.: Die Instandhaltungskosten und das StabG 1996. In: Das Krankenhaus, 89. Jg., 1997, S. 333 – 336.

Knappe, E./Schulz-Nieswandt, F.: Vertragssystemwettbewerb, Gutachten im Auftrag der KBV, Köln/Trier, 2003.

Knaus, W.A. et al.: The Apache III prognostic system. In: Chest, Vol. 100, 1991, S. 1619 – 1636.

Knorr, K.-E./Wernick, J.: Rechtsformen der Krankenhäuser, Düsseldorf, 1991.

Koch, J.: Betriebswirtschaftliches Kosten- und Leistungscontrolling in Krankenhaus und Pflege, 2. Auflage, München, 2004.

Köck, C.: Qualitätsmanagement: Definition und Abgrenzung. In: Gesundheitsökono-mie, Qualitätsmanagement, Evidence-based Medicine, hrsg. v. Lauterbach, K./Schrappe, M., Stuttgart, 2001, S. 282 – 290.

Körfer, R.: Die organisatorische Gestaltung von Krankenhäusern, Frankfurt a. M., 2001.

Kolb, T.: Krankenhausbetriebsvergleich der Landeskrankenhausgesellschaften. In: Krankenhausbetriebsvergleich, hrsg. v. v. Eiff, W., Neuwied, 2000, S. 369 – 398.

Kosekoff, J. et al.: Prospective payment system and impairment at discharge. The 'quicker-and-sicker' story revisited. In: Journal of the American Medical Association, Vol. 264, 1999, S. 1980 – 1983.

Koselowski, G./Koselowski, H.: Krankenhausplanung – ein Fazit der 90er Jahre. In: Das Krankenhaus, 90. Jg., 1998, S. 385 – 394.

Krankenhausfinanzierungsrecht 2004, KU-Sonderheft, 2/2004, Kulmbach, 2004.

Kraus, R.: Transformationsprozesse im Krankenhaus. Eine qualitative Untersuchung zu den Konsequenzen des Gesundheitsstrukturgesetzes für das Krankenhausmanagement, München, 1998.

Kreisel, H.: Zentralbereiche. Formen, Effizienz, Integration, Wiesbaden, 1994.

Kreuter, A.: Verrechnungspreise in Profit-Center-Organisationen, Mehring, 1997.

Kreuter, A.: Interne versus externe Leistungsabwicklung in Profit-Center-Organisationen. In: Zeitschrift für betriebswirtschaftliche Forschung, 50. Jg., 1998, S. 573 – 587.

Kuck, H.: Erfolgsabhängige Chefarztverträge. In: Profitcenter und Prozessorientierung, hrsg. v. Eichhorn, S./Schmidt-Rettig, B., Stuttgart, 1999, S. 164 – 177.

Kühn, H.: Managed Care – Medizin zwischen kommerzieller Bürokratie und Integrierter Versorgung, WZB-Paper, Berlin, 1997.

Kuhlmann, J.: Neue Versorgungsmöglichkeiten für Krankenhäuser durch das GMG. In: Das Krankenhaus, 96. Jg., 2004, S. 13 - 18.

Kuhlmann, J.: Vertragliche Regelungen und Strukturen bei der Integrierten Versorgung. In: Das Krankenhaus, 96. Jg., 2004, S. 417 – 426.

Kuhlmann, J.: Die Finanzierung stationärer Krankenhausleistungen als Bestandteil einer Integrationsversorgung. In: Das Krankenhaus, 96. Jg., 2004, S. 607 – 609.

Kuntz, L.: Krankenhauscontrolling in der Praxis, Stuttgart, 2002.

Kuntz, L.: Erste Unsicherheiten bei der DRG-Einführung. In: Forum für Gesundheitspolitik, März 2003, S. 67-69.

Kuntz, L./Scholtes, S.: Effizienzanalyse im Krankenhaus - Der Krankenhausbetriebsvergleich als Ansatzpunkt zur Erschließung von Wirtschaftlichkeitspotentialen, Forum für Gesellschaftspolitik, 5. Jg., 1996, S. 128-131.

Kuntz, L./Scholtes, S.: Sensitivity of efficient technologies in Data Envelopment Analysis. Research Papers in Management Studies, No. 12, The Judge Institute of Management Studies, University of Cambridge, 1996a.

Kuntz, L./Scholtes, S.: Wirtschaftlichkeitsanalyse mittels Data Envelopment Analysis zum Krankenhausbetriebsvergleich. In: Zeitschrift für Betriebswirtschaft, Ergänzungsheft 5, 1999, S. 187 – 206.

Kuntz, L./Scholtes, S.: Measuring the robustness of empirical efficiency valuations. In: Management Science, Vol. 46, 2000, S. 807 – 823.

Kuntz, L./Scholtes, S.: Krankenhausbetriebsvergleich. In: Krankenhauscontrolling in der Praxis, hrsg. v. Kuntz, L., Stuttgart, 2002.

Kuntz, L./Scholtes, S.: Effizienzanalyse zur Unterstützung der Krankenhausplanung. Modellrechnung am Beispiel der Krankenhausplanung Rheinland-Pfalz mit Hilfe der Data Envelopment Analysis, Arbeitsbericht des Seminars für Allgemeine Betriebswirtschaftslehre und Management im Gesundheitswesen der Universität zu Köln, 2004.

Kuntz, L./Vera, A.: Krankenhauscontrolling und Medizincontrolling – eine systematische Schnittstellenanalyse, Arbeitsbericht des Seminars für Allgemeine Betriebswirtschaftslehre und Management im Gesundheitswesen, Universität zu Köln, 2003.

Kuntz, L./Vera, A.: Interne Leistungsverrechnung und Effizienz im Krankenhaus – Fallstudie am Beispiel der Verrechnung der Anästhesieleistungen im Universitätsklinikum Hamburg – Eppendorf, erscheint in Zeitschrift für betriebswirtschaftliche Forschung, 2005.

Laffont, J.-J./Tirole, J.: Using Cost Observation to Regulate Firms. In: Journal of Politcal Economy, Vol. 94, 1986, S. 614 – 641.

Laffont, J.-J./Tirole, J.: A Theory of Incentives on Procurement and Regulation, Cambridge MA, 1993.

Laffont, J.-J.: The new Economics of Regulation – 10 Years after. In: Econometrica, Vol. 62, S. 507 – 537.

Laffont, J.-J./Martimont, D.: The Theory of Incentives, Oxford, 2002.

Lankers, C.: Erfolgsfaktoren von Managed Care auf europäischen Märkten, Bonn, 1997.

Lathrop, J.: The Patient-Focused Hospital. In: Healthcare Form Journal, 34. Jg., 1991, S. 17 – 20.

Lathrop, J.: Restructuring Health Care. The patient-focused Paradigm, San Fransisco, 1993.

Lathrop, J. et al.: The patient focused hospital: A patient care concept. In: Journal of the Society for Health Systems, 3. Jg., 1991, S. 33 – 50.

Lauterbach. K./Arnold, M.: Über die Vor- und Nachteile einer leistungsbezogenen Vergütung der stationären Versorgung. In: Krankenhaus-Report 1995, hrsg. v. Arnold, M./Paffrath, D., Stuttgart, 1995, S. 167 – 176.

Lauterbach, K./Lüngen, M.: DRG-Fallpauschalen: Eine Einführung, Stuttgart, 2000.

Lauterbach, K./Lüngen, M.: Ergebnisorientierte Vergütung bei DRG. Qualitätssicherung bei pauschalierender Vergütung stationärer Krankenhausleistungen, Berlin – Heidelberg, 2002.

Lauterbach, K./Lüngen, M.: DRG in deutschen Krankenhäusern. Umsetzung und Auswirkungen, Stuttgart, 2003.

Laux, H.: Die Steuerung von Entscheidungsprozessen bei Informationsasymmetrie und Zielkonflikt als Gegenstand der neueren betriebswirtschaftlichen Organisationstheorie. In: Zeitschrift für Wirtschafts- und Sozialwissenschaften, Band 109, 1989, S. 513 – 583.

Laux, H./Liermann, F.: Grundlagen der Organisation, 5. Auflage, Berlin, 2003.

Leber, W.-D.: DRG-Fallpauschalen als Kern einer Reform der Krankenhausentgelte. Ein Vorschlag zur Strukturreform im Krankenhausbereich. In: Arbeit und Sozialpolitik, 1999, S. 40 – 46.

Leber, W.-D.: Krankenhausplanung in Zeiten des Wettbewerbs. In: Führen und Wirtschaften im Krankenhaus, 20. Jg., 2003, S. 185 – 189.

Lee, M.: A Conspicous Production Theory of Hospital Behaviour. In: Southern Economic Journal, Vol. 38, 1971, S. 48 – 59.

Lehmann, H.: Managed Care. Kosten senken mit alternativen Krankenversicherungsformen? Zürich, 2003.

Leidl, R.: Die Ausgaben für Gesundheit und ihre Finanzierung. In: Public Health, 2. Auflage, hrsg. v. Schwartz, F. et al., München, 2003, S. 349 – 366.

Leipold, H.: Theorie der Property-Rights: Forschungsziele und Anwendungsgebiete. In: Wirtschaftswissenschaftliches Studium, 9. Jg., 1978, S. 518 – 525.

Leipold, H.: Wirtschafts- und Gesellschaftssysteme im Vergleich, 4. Auflage, Stuttgart, 1985.

Levaggi, R.: NHS Contracts: An Agency Approach. In: Health Economics, Vol. 5, 1996, S. 341 – 352.

Lehmann, A.: Dienstleistungsmanagement zwischen industrieller Produktion und zwischenmenschlicher Interaktion – Reflexe in der Versicherung, Diss. St. Gallen, 1989.

Lehmann, P.: Interne Märkte. Unternehmenssteuerung zwischen Abwanderung und Widerspruch, Wiesbaden, 2002.

Litsch, M.: Der leistungsbezogene Krankenhausbetriebsvergleich des WidO. In: Krankenhausbetriebsvergleich, hrsg. v. v. Eiff, W., Neuwied, 2000, S. 353 – 368.

Lorenser, H.: Rechtlich-organisatorische Voraussetzungen eines effizienten Krankenhausmanagement. In: Krankenhaus Umschau, 1987, S. 107 – 109.

Lüngen, M.: Möglichkeiten einer ergebnisorientierten Vergütung stationärer Krankenhausleistungen in Deutschland, Diss. Köln, 2001.

Lüngen, M. et al. (Hrsg.): Krankenhausvergleich, Stuttgart, 2001.

Lüngen, M./Lauterbach, K.: Effektivität von Strukturqualität in der Qualitätssicherung – Review. In: Zeitschrift für ärztliche Fortbildung und Qualitätssicherung, 2002a, S. 101 – 114.

Lüngen, M./Lauterbach, K.: Führen DRG zur Spezialisierung von Krankenhäusern? In: Zeitschrift für ärztliche Fortbildung und Qualitätssicherung, 2002b, S. 93 – 95.

Ma, C.-t.A.: Health care payment systems: cost and quality incentives. In: Journal of Economics and Management Strategy, Vol. 3, 1994, S. 93 – 112.

Ma, C.-t.A.: Cost and Quality Incentives in Health Care: Altruistic Providers, Department of Economics, Boston University, 1998.

Macho-Stadler, I./Pérez-Castrillo, J.: An introduction to the Economics of Infor-mation, Oxford, 1997.

Malcomson, J.: The Specification of Diagnosis-Related Groups, Discussion Paper Series, Nr. 162, Department of Economics, University of Oxford, 2003.

Maleri, R.: Grundzüge der Dienstleistungsproduktion, 4. Auflage, Berlin, 1997.

Maltry, H./Strehlau-Schwoll, H.: Kostenrechnung und Kostenmanagement im Krankenhaus. In: Kostenmanagement, hrsg. v. Freidank, C.-C. et al., Berlin, 1997, S. 533 – 564.

Manne, H.: Mergers and the Market of Corporate Control. In: Journal of Political Economics, Vol. 73, 1965, S. 110 – 120.

Mansky, T.: Grundlagen der fallorientierten Leistungsbewertung im Krankenhausvergleich und im Entgeltsystem: Bewertungsmodule des DRG-Systems am Beispiel der Mcdicare-Versicherung. In: Krankenhausbetriebsvergleich, hrsg. v. Sieben, G./Litsch, M., Berlin, 2000, S. 149 – 192.

Mansky, T./Mack, O.: Die Veränderungen der Rahmenbedingungen im Krankenhaus: Grundlagen für ein medizinisch begründetes Controlling. In: Management und Controlling im Krankenhaus, hrsg. v. Mayer, C./Walter, B., 1996, Stuttgart, S. 12 – 142.

Manych, A.: Untersuchung zur Vorteilhaftigkeit des Management by Objectives für das Krankenhaus, Frankfurt a.M., 1987.

Matthes, N./Wiest, A.: Qualität im Krankenhaus – Überlegungen zu Begriffen und Methoden der Leistungsbewertung. In: Krankenhaus-Report 2002, hrsg. v. Arnold, M. et al., Stuttgart, 2003, S. 161 – 174.

Mauritz, C.: Marktwirtschaft in der Unternehmung. Ein Prinzip zur Sicherung langfristiger Wettbewerbsfähigkeit, Wiesbaden, 2001.

McCellan, M.: Hospital Reimbursement Incentives: An Empirical Analysis. In: Journal of Economics and Management Strategy, Vol. 6, 1997, S. 91 – 128.

McLean, R.: Agency Costs and Complex Contracts in Health Care Organizations. In: Health Care Management Review, Vol. 14, 1989, S. 65 – 71.

Meckling, W.: Values and the Choice of the Model of the Individual in the Social Sciences. In: Schweizerische Zeitschrift für Volkswirtschaft und Statistik, 112. Jg., 1976, S. 545 – 559.

Meder, G./Münch, E.: Private Krankenhäuser der Akutversorgung. Modell für öffentliche Kliniken? In: Handbuch Krankenhausmanagement, hrsg. v. Braun, G., Stuttgart, 1999.

Menzel, K.-D.: Vergütung von Krankenhausleistungen. In: Die Krankenversicherung, 1998, S. 58 – 60.

Meyer, J. (Hrsg.): Benchmarking. Spitzenleistungen durch Lernen von den Besten, Stuttgart, 1996.

Meyer, M.: Die Planung von Kapazitäten. In: Führen und Wirtschaften im Krankenhaus, 7. Jg., 1978, S. 30 - 36.

Meyer, M./Wohlmannstetter, V.: Effizienzmessung in Krankenhäusern. In: Zeitschrift für Betriebswirtschaft, 55. Jg., 1985, S. 262 - 280.

Michaelis, E.: Planungs- und Kontrollprobleme in Unternehmungen und Property-Rights-Theorie. In: Betriebswirtschaftslehre und Theorie der Verfügungsrechte, hrsg. v. Budäus, D. et al., Wiesbaden, 1988, S. 119 – 148.

Mintzberg, H.: The Structuring of Organizations. A Synthesis of the Research, New Jersey, 1979.

Molzberger, B.: Pflegesatzfähigkeit von Kosten für Instandhaltungsaufwand. In: Führen und Wirtschaften im Krankenhaus, 13. Jg., 1996, S. 424 – 426.

Morra, F.: Wirkungsorientiertes Krankenhausmanagement, Bern, 1996.

Mühlbacher, A.: Die Organisation der „virtuellen" Integration von Versorgungsleistungen durch Unternehmensnetzwerke der Integrierten Versorgung. In: Integrierte Versorgung und neue Vergütungsformen in Deutschland, hrsg. v. Henke, K.-D. et al., Baden-Baden, 2004, S. 85 – 114.

Mühlbauer, B. et al.: Prozessmanagement im Krankenhaus am Vorabend der DRG-Einführung. In: Herausforderung DRG – Das Krankenhaus zwischen Qualitäts- und Kostenmanagement, hrsg. Mühlbauer, B./Geisen, R., Münster, 2002, S. 35 – 50.

Mühlbauer, B.: Prozessorganisation im DRG-geführten Krankenhaus, Weinheim, 2004.

Mühlenkamp, H.: Die Rolle von Managed Care im US-amerikanischen Gesundheitswesen; Institut für Haushalts- und Konsumökonomik der Universität Hohenheim, Arbeitsbericht Nr. 3, 2000.

Müller, H.: Das Gesundheitsstrukturgesetz und seine Auswirkungen auf das Krankenhaus. In: Krankenhaus Umschau, 1993, S. 13 – 22.

Münch, E.: Professionelles qualitäts- und kostenorientiertes Krankenhausmanagement. In: Chancen und Risiken von Managed-Care, hrsg. v. Eichhorn, S./Schmidt-Rettig, B., Stuttgart, 1998.

Musgrave, R.: Merit Goods. In: The New Palgrave, Vol. 2, London, 1987.

Myerson, R.: Incentive Compatibility and the Bargaining Problem. In: Econometrica, Vol. 47, 1979, S. 61 – 73.

Naegler, H.: Struktur und Organisation des Krankenhausmanagements, Frankfurt a. M., 1992.

Naschgold, F./Bogumil, J.: Modernisierung des Staates: New Public Management und Verwaltungsreform, Opladen, 1998.

Naschgold, F./Bogumil, J.: Modernisierung des Staates - New Public Management in deutscher und internationaler Perspektive, 2. Auflage, Opladen, 2000.

Neubauer, G.: Von der Leistung zum Entgelt. Neue Ansätze zur Vergütung von Krankenhäusern, hrsg. v. Robert Bosch Stiftung, Band 26, Stuttgart, 1989.

Neubauer, G.: Schritte zur Neuordnung der Krankenhausfinanzierung in Deutschland. In: institutionelle Erneuerung des Gesundheitswesens in Deutschland, hrsg. v. Oberender, P., Baden-Baden, 1993, S. 63 – 85.

Neubauer, G.: Kriterien zur Bewertung und Auswahl eines Krankenhaus-Vergütungssystems. In: Das Krankenhaus, 90. Jg., 1998a, S. 578 – 581.

Neubauer, G.: Systematische Bewertung der wichtigsten Vorschläge zur Weiterentwicklung der Krankenhausvergütung. In: Das Krankenhaus, 90. Jg., 1998b, S. 652 – 656.

Neubauer, G.: Formen der Vergütung von Krankenhäusern und deren Weiterentwicklung. In: Handbuch Krankenhausmanagement, hrsg. v. Braun, G., Stuttgart, 1999, S. 19 – 34.

Neubauer, G.: Leistungserbringer im Globalkorsett. In: Führen und Wirtschaften im Krankenhaus, 16. Jg., 1999a, S. 300 – 304.

Neubauer, G.: Anforderungen an ein leistungsfähiges Krankenhausentgeltsystem. In: Das Krankenhaus, 92. Jg., 2000, S. 163 – 167.

Neubauer, G.: Auswirkungen eines DRG-basierten Vergütungssystems auf den Wett-bewerb der Krankenhäuser. In: Anreizkompatible Vergütungssysteme im Gesundheitswesen, hrsg. v. Wille, E., Baden-Baden, 2002, S. 159 – 176.

Neubauer, G.: Zur Zukunft der dualen Finanzierung unter Wettbewerbsbedingungen. In: Krankenhaus-Report 2002, hrsg. v. Arnold, M. et al., Stuttgart, 2003, S. 71 – 92.

Neubauer, G.: Ordnungspolitische Neuorientierung der Krankenhausversorgung auf der Basis von diagnosebezogenen Fallpauschalen. In: Bausteine für ein neues Gesundheitswesen.

Technik, Ethik, Ökonomie, hrsg. v. Klusen, N./Straub, C., Baden-Baden, 2003a, S. 91 – 107.

Neubauer, G.: Zur ökonomischen Steuerung der Krankenhausversorgung unter DRG-Fallpauschalen. In: Krankenhaus-Report 2003, hrsg. v. Schellschmidt, H. et al., Stuttgart, 2004, S. 101 – 120.

Neubauer, G./Demmler, G.: Leistungssteuerung im Krankenhaus: Instrumente zur Sicherung der Qualität und Wirtschaftlichkeit in der stationären Versorgung, Landsberg/Lech, 1989.

Neubauer, G./Unterhuber, H.: Prospektive Entgeltverfahren – Versuch einer Systematisierung. In: Das Krankenhaus, 76. Jg., 1984, S. 467 – 471.

Neubauer. G./Unterhuber, H.: Ökonomische Beurteilung der Preisfindung im DRG-Konzept. In: Das Krankenhaus, 79. Jg., 1987, S. 113 – 119.

Neubauer, G./Unterhuber, H.: Ausschreibungen von Versorgungsaufträgen als Instrument zum Abbau von Überkapazitäten im Gesundheitswesen, Forschungsbericht 176, hrsg. v. Gesundheitsforschung des Bundesministers für Arbeit und Sozialordnung, 1988.

Neubauer, G./Zelle, B.: Finanzierungs- und Vergütungssysteme. In: Krankenhausmanagement, hrsg. v. Eichhorn, P. et al., München, 2000, S. 546 – 557.

Neuffer, A.B.: Managed Care. Umsetzbarkeit des Konzepts im deutschen Gesundheitssystem, St. Gallen, 1997.

Neuhauser, D./Eigner, E.: Health Care Organizations. In: Handbook of Organizational Behaviour, Englewood Cliffs, 1987, S. 419 – 430.

Newhouse, J.: Toward a Theory of Nonprofit Institutions: An Economic Model of a Hospital. In: American Economic Review, Vol. 60, 1970, S. 64 – 74.

Newhouse, J.: The Economics of Medical Care, Reading et al., 1978.

Newhouse, J.: Two prospective Difficulties with Prospective Payment, Or it´s better to be a Residnet than a Patient with a complex Problem. In: Journal of Health Economics, Vol. 3, 1983, S. 269 – 274.

Newhouse, J.: Do unprofitable Patients face Access Problems? In: Health Care Financing Review, Vol. 11, 1989, S. 33 – 42.

Newhouse, J.: Reimbursing Health Plans und Health Providers: Efficiency in Production Versus Selection. In: Journal of Economic Literature, Vol. XXXIV, 1996, S. 1236 – 1263.

Newhouse, J.: Did Medicare´s prospectives Payment System cause Lengths of Stay to fall? In: Journal of Health Economics, Vol. 7, 1998, S. 413 – 416.

Noth, M.: Regulierung bei asymmetrischer Informationsverteilung, Wiesbaden, 1994.

Niskanen, W.A.: Bureaucracy and Reprensentative Government, 2. Auflage, Chicago, 1971.

Niskanen, W.A.: Bureaucrats and Politicians. In: Journal of Law and Economics, Vol. 18, 1975, S. 617 – 643.

Oberender, P. et al.: Krankenhauszentrierte Integrierte Versorgung. In: Krankenhaus Umschau, 70. Jg., 2001, S. 574 – 577.

Oberender, P.: Privates Kapital ist für öffentliche Kliniken eine ökonomische Notwendigkeit. In: Führen und Wirtschaften im Krankenhaus, 20. Jg., 2003, S. 582 – 584.

Oberender, P./Ecker, T.: „Managed Care" und Wettbewerb im Gesundheitswesen - Vorausset-zungen und mögliche Auswirkungen. In: Reformstrategie „Managed Care", hrsg. v. Knap-pe, E., Baden-Baden, 1997.

Ocker, A.: Möglichkeiten und Grenzen der Finanzierung von Krankenhausinvestitionen durch Zuschläge auf Fallpauschalen und Sonderentgelte. In: Das Krankenhaus, 87. Jg., 1995, S. 73 – 78.

Olsen, M.: Die Logik des kollektiven Handelns, 3. Auflage, Tübingen, 1992.

Olten, R.: Wettbewerbstheorie und Wettbewerbspolitik, 2. Auflage, München, 1998.

Orlowski, U./Wasem, J.: Gesundheitsreform 2004, Heidelberg, 2003.

Ostertag, A.: Medizinischer und wirtschaftlicher Erfolg im Krankenhausbetrieb durch Profit-Center-Management, Berlin, 2002.

Oswald, B.: Aufgabenänderung des Krankenhausmanagements im Bereich der Investitionsfinan-zierung für die Neunziger Jahre, Aachen, 1995.

Paffrath, D.: Wie können wettbewerbliche Anreize bei der DRG-Weiterentwicklung implemen-tiert werden? In: Krankenhaus-Report 2000, hrsg. v. Arnold, M. et al., Stuttgart, 2001, S. 267 – 284.

Paeger, A.: Innovative Vergütungssysteme und Konsequenzen aus deren Implementierung. In: Integrierte Versorgung und neue Vergütungsformen in Deutschland, hrsg. v. Henke et al., Baden-Baden, 2004, S. 145 – 203.

Pauly, M.: Hospital Capital Investment: The Role of Demand, Profits and Physicians. In: Journal of Human Resources, Vol. 9, 1974, S. 7 – 19.

Pauly, M./Redisch, M.: The Not-For-Profit Hospital as a Physicians Cooperative. In: American Economic Review, Vol. 63, 1973, S. 87 – 99.

Pellisé, L.: Reimbursing Insurance Carriers: The Case of Muface in the Spanish Health Care Systems. In: Health Economics, Vol. 3, 1994, S. 243 – 253.

Perridon, L./Steiner, M.: Finanzwirtschaft der Unternehmung, 12. Auflage, München, 2003.

Perrow, C.: Hospitals: Technology, Structure and Goals. In: Handbook of Organizations, hrsg. v. March, J., 1965, Chicago, S. 910 – 971.

Peters, T.: Jenseits der Hierarchien – Liberation Management, Düsseldorf, 1993.

Pfaff, D./Pfeiffer, T.: Verrechnungspreise und ihre formaltheoretische Analyse: Zum State of the Art. In: Die Betriebswirtschaft, 64. Jahrgang, 2004, S. 296 -319.

Pföhler, W.: Die Stellung des Arztes im zukünftigen Gesundheitszentrum. Chefärzte als Mana-ger im Krankenhaus. In: Das Krankenhaus, 88. Jg., 1996, S. 329 – 332.

Philippi, M.: Krankenhausvergütung und Verhaltensanreize, Köln, 1987.

Philippi, M.: Interne Budgetierung im Krankenhaus – ein geeignetes Instrument zur Überwindung von Zielkonflikten? In: Betriebswirtschaftliche Forschung und Praxis, 41. Jg., 1989, S. 533 – 544.

Philippi, M.: EBM und Leitlinien. In: Führen und Wirtschaften im Krankenhaus, 16. Jg., 1999, S. 308 – 310.

Philippi, M. et al.: Meinungsspiegel. In: Betriebswirtschaftliche Forschung und Praxis, 54. Jg., 2002, S. 172 – 185.

Picot, A.: Der Beitrag der Theorie der Verfügungsrechte zur ökonomischen Analyse von Unternehmensverfassungen. In: Unternehmensverfassung als Problem der Betriebswirtschaftslehre, hrsg. v. Bohr, K. et al., Berlin, 1981, S. 153 – 197.

Picot, A./Kaulmann, T.: Industrielle Unternehmen im Staatseigentum aus verfügungsrechtlicher Sicht. In: Zeitschrift für betriebswirtschaftliche Forschung, 37. Jg., 1985, S. 956 – 980.

Picot, A./Korb, J.: Prozessorientierte Organisation – Perspektiven für das Krankenhausmanagement. In: Profitcenter und Prozessorientierung, hrsg. v. Eichhorn, S./Schmidt-Rettig, B., Stuttgart, 1999, S. 14 – 24.

Picot, A./Michaelis, E.: Verteilung von Verfügungsrechten in Großunternehmungen und Unternehmensverfassung. In: Zeitschrift für Betriebswirtschaft, 54. Jg., 1984, S. 252 – 272.

Picot, A./Schwartz, A.: Benchmarking im Krankenhaus. In: Moderne Verwaltung in Deutschland. Public Management in der Praxis, hrsg. v. Damkowski, W./Precht, C., Stuttgart, 1998, S. 258 – 269.

Picot, A./Wolff, B.: Institutional Economics and Public Firms and Administrations. Some Guidelines for Efficiency-Oriented Design. In: Journal of Insitutional and Theoretical Economics, 150. Jg., 1994, S. 211 – 232.

Picot, A. et al.: Die grenzenlose Unternehmung – Information, Organisation und Management, 4. Auflage, Wiesbaden, 2001.

Picot, A. et al.: Organisation. Eine ökonomische Perspektive, 3. Auflage, Stuttgart, 2002.

Polei, G.: Vorhaltung und Sondertatbestände im DRG-System – was ist über Zu- und Abschläge abzubilden? In: Das Krankenhaus, 93. Jg., 2001, S. 189 – 196.

Pope, G.: Using Hospital Specific Costs to Improve the Fairness of Prospective Reimbursement. In: Journal of Health Economics, Vol. 9, 1990, S. 237 – 251.

Pratt, J./Zeckhauser, R.: Principals and Agents: An Overview. In: Principals and Agents: The Structure of Business, hrsg. v. Pratt, J./Zeckhauser, R., Boston, 1985.

Preuß, O.: Kosten- und Deckungsbeitragsmanagement in Krankenhäusern unter besonderer Berücksichtigung von Fallpauschalen und Sonderentgelten, Frankfurt a. M., 1996.

Prößdorf, K.: Investitionsförderung der Krankenhäuser. In: Das Krankenhaus, 81. Jg., 1989, S. 615 – 620.

Rathje, E.: Prozessorientierung im Krankenhaus. In: Das Krankenhaus, 91. Jg., 1999, S. 152 – 158.

Rasmusen, R.: Games and Information: An Introduction to Game Theory, Oxford, 1991.

Reckers, W.: Krankenhausplanung und Investitionsprogramm – gleichberechtigte Mitwirkung der Krankenkassen? In: Das Krankenhaus, 91. Jg., 1999, S. 12 – 16.

Reichert, M.: Prozessmanagement im Krankenhaus. In: Das Krankenhaus, 92. Jg., 2000, S. 903 – 909.

Reichmann, T.: Controlling mit Kennzahlen und Managementberichten, 6. Auflage, München, 2001.

Richter, H.: Pro und Contra Profit-Center im Krankenhaus. In: Das Krankenhaus, 89. Jg., 1997, S. 16 – 21.

Richter, R.: Institutionsökonomische Aspekte der Theorie der Unternehmung. In: Betriebswirtschaftslehre und ökonomische Theorie, hrsg. v. Ordelheide, D. et al., Frankfurt a. M., 1991, S. 395 – 430.

Richter, T./Furubotn, E.: Neue Institutionenökonomik: eine Einführung und kritische Würdigung, Tübingen, 1996.

Ridder-Aab, C.-M.: Die moderne Aktiengesellschaft im Lichte der Theorie der Eigentumsrechte, Frankfurt a. M., 1980.

Riebel, P.: Grundfragen der Kostenrechnung im Gesundheitswesen und ihre Folgen für die Ordnungspolitik. In: Betrieb, Markt und Kontrolle im Gesundheitswesen, hrsg. v. Gäfgen, G., Gerlingen, 1982, s. 43 – 100.

Riefenstahl, R.: Motivationssysteme im Krankenhaus, Köln, 1991.

Robbers, J.: Wohin steuert die Investitionsfinanzierung der Krankenhäuser. In: Das Krankenhaus, 90. Jg., 1998, S. 145 – 251.

Robert Bosch Stiftung (Hrsg.): Krankenhausfinanzierung in Selbstverwaltung – Teil I: Kommissionsbericht, Gerlingen, 1987.

Robinson, J.C.: Physician-Hospital Integration and the Economic Theory of the Firm. In: Medicial Care research and Review, Vol. 54, 1997, S. 3 – 24.

Robinson, J.C./Casalino, L. P.: Vertical integration and organizational networks in health care. In: Health Affairs, Vol. 15, 1996, S. 7 – 22.

Robra, B.-P. et al.: Perspektiven des Wettbewerbs im Krankenhaussektor. In: Krankenhaus-Report 2002, hrsg. v. Arnold, M. et al., Stuttgart, 2003, S. 43 – 52.

Robra, B.-P. et al.: Krankenhausplanung auf Grundlage von DRGs. In: Krankenhaus-Report 2003, hrsg. v. Schellschmidt, H. et al., Stuttgart, 2004, S. 137 – 148.

Rochell, B.: ICD-10-SGB V – Was nun? In: Das Krankenhaus, 91. Jg., 1999, S. 654 – 660.

Rochell, B./Roeder, N.: Vergleichende Betrachtung und Auswahl eines Patientenklassifikationssystems auf der Grundlage der Diagnosis Related Groups. In: Das Krankenhaus, 92. Jg., 2000, S. 261 – 268.

Rochell, B./Roeder, N.: DRG-basierte Entgeltsysteme in Europa. In: Krankenhaus-Report 2000, hrsg. v. Arnold, M. et al., Stuttgart, 2001, S. 49 – 66.

Rochell, B./Roeder, N.: Starthilfe DRGs. Die notwendige Vorbereitung im Krankenhaus. In: Das Krankenhaus, 93. Jg., 2001a, Sonderausgabe.

Roeder, N.: Klinische Behandlungspfade: Erfolgreich durch Standardisierung. In: Führen und Wirtschaften im Krankenhaus, 19. Jg., 2002, S. 462 – 464.

Roeder, N. et al.: Frischer Wind mit klinischen Behandlungspfaden. In: Das Krankenhaus, 95. Jg., 2003, S. 20 – 27.

Roeder, N. et al.: Frischer Wind mit klinischen Behandlungspfaden. In: Das Krankenhaus, 95. Jg., 2003, S. 124 – 130.

Roeder, N. et al.: Analyse der Auswirkungen der Festlegung von Mindestmengen auf die Versorgungsstrukturen. In: Das Krankenhaus, 96. Jg., 2004, S. 427 – 436.

Rogers, W. et al.: Quality of care before and after implementation of the DRG-based prospective payment system. A summary of effects. In: Journal of the American Medical Association, Vol. 264, 1990, S. 1989 – 1994.

Rogerson, W.P.: Choice of treatment intensities by a nonprofit hospital under prospective pricing. In: Journal of Economics and Management Strategy, Vol. 3, 1994, S. 7 - 51.

Rolland, S./Rosenow, C.: Statistische Krankenhausdaten: Grund- und Kostendaten der Krankenhäuser 2001. In: Krankenhaus-Report 2003, hrsg. v. Schellschmidt, H. et al., Stuttgart, 2004, S. 323 – 342.

Ross, S.: The Economic Theory of Agency: The Principal's Problem. In: American Economic Review, Vol. 62, 1973, S. 134 – 139.

Rothschild, M./Stiglitz, J.: Equilibrium in Competitive Insurance Markets: An Essay on the Economics of Imperfect Information. In: Quarterly Journal of Economics, Vol. 90, 1976, S. 629 – 649.

Rühle, J.: Wertmanagement im Krankenhaus, Lohmar, 2000.

Rüschmann, H.H./Schmolling, K.: Konsequenzen aus dem Konflikt von staatlicher Planung und Wettbewerb. In: Krankenhausmanagement, hrsg. v. Eichhorn, P. et al., München, 2000, S. 630 – 649.

Rüschmann, H.-H. et al.: Krankenhausplanung für Wettbewerbssysteme. Leistungssicherung statt Kapazitätsplanung, Berlin, 2000.

Rüschmann, H.-H. et al.: Auswirkungen des DRG-Systems. In: Führen und Wirtschaften im Krankenhaus, 21. Jg., 2004, S. 124 – 131.

Russell, L.: Medicare's New Hospital Payment System. Is it Working?, Washington D.C., 1989.

Sachs, I.: Handlungsspielräume des Krankenhausmanagements, Wiesbaden, 1994.

Sachverständigenrat für die Konzertierte Aktion im Gesundheitswesen (SVRKAiG): Gesundheitsversorgung und Krankenversicherung 2000: Mehr Ergebnisorientierung, mehr Qualität und mehr Wirtschaftlichkeit, Baden-Baden, 1994.

Sachverständigenrat für die Konzertierte Aktion im Gesundheitswesen (SVRKAiG): Gesundheitswesen in Deutschland: Kostenfaktor und Zukunftsbranche. Band II, Baden-Baden, 1998.

Sachverständigenrat für die Konzertierte Aktion im Gesundheitswesen (SVRKAiG): Bedarfsgerechtigkeit und Wirtschaftlichkeit. Band III: Über-, Unter- und Fehlversorgung, Baden-Baden, 2002.

Sachverständigenrat für die Konzertierte Aktion im Gesundheitswesen (SVRKAiG): Finanzierung, Nutzerorientierung und Qualität. Band I: Finanzierung und Nutzerorientierung, Baden-Baden, 2003.

Sachverständigenrat zur Begutachtung der gesamtwirtschaftlichen Entwicklung (SVR): Jahresgutachten 1985/1986, Stuttgart, 1985.

Sachverständigenrat zur Begutachtung der gesamtwirtschaftlichen Entwicklung (SVR): Jahresgutachten 1986/1987, Stuttgart, 1986.

Sachverständigenrat zur Begutachtung der gesamtwirtschaftlichen Entwicklung (SVR): Jahresgutachten 2000/2001. Chancen auf einen höheren Wachstumspfad, Stuttgart, 2000.

Sachverständigenrat zur Begutachtung der gesamtwirtschaftlichen Entwicklung (SVR): Jahresgutachten 2002/2003. Zwanzig Punkte für Beschäftigung und Wachstum, Stuttgart, 2002.

Salop, J./Salop, S.: Self-Selection and Turn-over in the Labor Market. In: Quarterly Journal of Economics, Vol. 90, 1976, S. 619 – 628.

Sangen-Emden, R./v. Kries, F.: Profitcenter in der Krankenhauspraxis - St. Josef Krankenhaus. In: Profitcenter und Prozessorganisation, hrsg. v. Eichhorn, S./Schmidt-Rettig, B., Stuttgart, 1999, S. 105 – 122.

Schanz, G.: Unternehmensverfassungen aus verfügungsrechtlicher Perspektive . In: Die Betriebswirtschaft, 43. Jg., 1983, S. 259 – 270.

Schedler, K./Proeller, I.: New Public Management, Bern, 2000.

Scheel, H.: Effizienzmaße der Data Envelopment Analysis, Wiesbaden, 2000.

Schefczyk, M.: Data Envelopment Analysis: Eine Methode zur Effizienz- und Erfolgsschätzung von Unternehmen und öffentlichen Organisationen. In: Die Betriebswirtschaft, 56. Jg., 1996, S. 167 – 183.

Schefczyk, M./Gerpott, T.J.: Operativer und finanzieller Erfolg von Luftverkehrsunternehmen. In: Zeitschrift für Betriebswirtschaft, 64. Jg., 1994, S. 933 – 957.

Schefczyk, M./Gerpott, T.J.: Ein produktionswirtschaftlicher Benchmarking-Ansatz: Data Envelopment Analysis. In: Journal für Betriebswirtschaft, 45. Jg., 1995, S. 335 – 346.

Scherz, E.: Verrechnungspreise für unternehmensinterne Dienstleistungen, Wiesbaden, 1998.

Schilling, M.A.: Toward a General Modular Systems Theory and its Application of Interfirm Product Modularity. In: Academy of Management Review, 25. Jg., 2000, S. 312 – 334.

Schlüchtermann, J./Gorschlüter, P.: Ausgewählte Aspekte eines modernen Kostenmanagements im Krankenhaus. In: Krankenhausmanagement, hrsg. v. Adam, D., Wiesbaden, 1996, S. 97 – 111.

Schmidt, I.: Wettbewerbspolitik und Kartellrecht, 6. Auflage, Stuttgart, 1999.

Schmidt-Rettig, B.: Funktionsorientierte Gestaltung der Krankenhausleitung. In: Krankenhausmanagement im Werte und Strukturwandel, hrsg. v. Eichhorn, S./Schmidt-Rettig, B., Stuttgart, 1995, S. 377 – 384.

Schmidt-Rettig, B./Böhning, F.: Bedeutung und Konzeption einer Prozesskostenrechnung im Krankenhaus. In: Profitcenter und Prozessorientierung, hrsg. v. Eichhorn, S./Schmidt-Rettig, B., Stuttgart, 1999, S. 121 – 145.

Schmitz, H.: Der Krankenhausbetriebsvergleich als Instrument der internen und externen Koordination, Lohmar, 2000.

Schmitz, H./Greißlinger, P.: Benchmarking im Krankenhaus. In: Betriebswirtschaftliche Forschung und Praxis, 50. Jg., 1998, S. 402 – 420.

Schmitz, H./Platzköster, C.: Fallkostenkalkulation und Relativgewichte - entscheidende Faktoren der zukünftigen Krankenhausvergütung. In: Krankenhaus-Report 2003, hrsg. v. Schellschmidt, H. et al., Stuttgart, 2004, S. 21 – 42.

Schneider, U.: Theorie und Empirie der Arzt-Patienten-Beziehung: Zur Anwendung der Principal-Agent-Theorie auf die Gesundheitsnachfrage, Frankfurt a. M., 2001.

Schöb, O.: Gestaltung von Anreizsystemen bei dezentralen Organisationsstrukturen, Frankfurt a. M., 1998.

Scholz, R./Vrohlings, A.: Prozess-Leistungs-Transparenz. In: Prozessmanagement: Konzepte, Umsetzungen und Erfahrungen des Reengineering, hrsg. v. Gaitanides, M. et al., München, 1994, S. 57 – 98.

Schoppe, C. et al.: GKV-Gesundheitsreform 2000 – Neuregelungen zur Qualitätssicherung. In: Das Krankenhaus, 92. Jg., 2000, S. 182 – 187.

Schreiber, G.: Umsetzung des Krankenhausinvestitionsprogramms nach Artikel 14 GSG in den neuen Bundesländern. In: Das Krankenhaus, 88. Jg., 1996, S. 399 – 402.

Schreyögg, G.: Theorie der Verfügungsrechte als allgemeine Organisationstheorie. In: Betriebswirtschaftslehre und Theorie der Verfügungsrechte, hrsg. v. Budäus, D. et al., Wiesbaden, 1988, S. 149 – 167.

Schubert, H.-J.: Management von Gesundheits- und Sozialeinrichtungen, Neuwied, 2003.

Schüller, A.: Einführung. In: Property rights und ökonomische Theorie, hrsg. v. Schüller, A., München, 1983, S. VII – XXI.

Schultheiss, L.: Auswirkungen der Profit-Center-Organisation auf die Ausgestaltung des Controlling, Bamberg, 1990.

Schumpeter, J.: Kapitalismus, Sozialismus und Demokratie, 2. Auflage, München, 1950.

Schwartz, A.: Informations- und Anreizprobleme im Krankenhaussektor: eine institutionenökonomische Analyse, Wiesbaden, 1997.

Schwartz, F.W./Busse, R.: Denken in Zusammenhängen: Gesundheitssystemforschung. In: Das Public Health Buch, hrsg. v. Schwartz, F. et al., München, 1998.

Schwartz, F.W./Wismar, M.: Planung und Management. In: Das Public Health Buch, hrsg. v. Schwartz, F. et al., München, 1998, S. 558 – 573.

Schweitzer, M.: Profit-Center. In: Handwörterbuch der Organisation, 3. Auflage, hrsg. v. Frese, E., Stuttgart, 1992, Sp. 2078 – 2089.

Schweitzer, M./Küpper, H.-U.: Systeme der Kosten- und Leistungsrechnung, München, 1995.

Scott, W.: Institutional Change and Healthcare Organizations, Chicago, 2000.

Seelinger, A.: Leasing als Form der Krankenhausfinanzierung. In: Management Handbuch Krankenhaus (MHK), hrsg. v. Fischer, H. et al., Artikel 1660.

Seiford, L.M.: Data Envelopment Analysis: The Evolution of the State of the Art (1978-1995). In: The Journal of Productivity Analysis, Vol. 7, 1996, S. 99 – 137.

Seiford, L.M./Thrall, R.M.: Recent Developments in DEA: The Mathematical Approach to Frontier Analysis. In: Journal of Econometrics, Vol. 56, 1990, S. 7 – 38.

Seis, N.: Wie hoch sind die Gemeinkosten? In: Krankenhaus Umschau, 2000, S. 364 – 369.

Selbmann, H.-K.: Qualitätssicherung. In: Gesundheitsökonomie, Qualitätsmanagement, Evidence-based Medicine, hrsg. v. Lauterbach, K./Schrappe, M., Stuttgart, 2001, S. 273 – 281.

Shortell, S.M./Anderson, D.A./Gillies, R.R./Erickson, K.M.: Remaking Health Care in America: The Evolution of Organized Delivery Systems, San Francisco, 1996.

Shleifer, A.: A theory of yardstick competition. In: RAND Journal of Economics, Vol. 16, 1985, S. 319 – 327.

Sieben, G./Philippi, M.: Das Dilemma der pauschalen Förderung. In: Führen und Wirtschaften im Krankenhaus, 4. Jg., 1987, S. 64 – 66.

Sieben, G./Litsch, M. (Hrsg.): Krankenhausbetriebsvergleich, Berlin, 2000.

Siess, M.: Ärztliche Leitungsstrukturen und Führungsaufgaben, Wiesbaden, 1999.

Simborg, D.: DRG creep: a new hospital-acquired disease. In: New England Journal of Medicine, 1981, S. 1602 – 1604.

Simon, M.: Die Umsetzung des Gesundheitsstrukturgesetzes im Krankenhausbe-reich: Auswirkungen der Budgetdeckelung auf die Aufnahme und Verlegungspraxis von Allgemeinkrankenhäusern. In: Zeitschrift für Gesundheitswissenschaften, 4. Jg., 1996, S. 20 – 40.

Simon, M.: Die Ökonomisierung des Krankenhauses, Bericht Nr. P01-205, Arbeitsgruppe Public Health, Berlin, 2001.

Simonet, D.: Managed Care und traditionelle Krankenversicherung. Ein Vergleich der Versorgungsqualität. In: Internationale Revue für Soziale Sicherheit, 56. Jg., S. 115 – 136.

Sloan, F./Becker, E.: Internal Organization of Hospitals and Hospital Costs. In: Inquiry, Vol. 18., 1981, S. 224 – 239.

Sommer, J.: Gesundheitssysteme zwischen Plan und Markt, Stuttgart, 1999.

Spence, M.A.: Informational Aspects of Market Structure: An Introduction. In: Quarterly Journal of Economics, Vol. 90, 1976, S. 591 – 597.

Spreemann, K.: Agent and Principal. In: Agency Theory, Information and Incentives, hrsg. v. Bamberg, G./Spreemann, K., Berlin/Heidelberg, 1987.

Spreemann, K.: Asymmetrische Information. In: Zeitschrift für Betriebswirtschaft, 60. Jg., 1990, S. 561 – 586.

Staehle, W. et al.: Management. Eine verhaltenswissenschaftliche Perspektive, 8. Auflage, München, 1999.

Stapf-Finé, H./Polei, G.: Die Zukunft der Krankenhausplanung nach der DRG-Einführung. In: Das Krankenhaus, 94. Jg., 2002, S. 96 – 107.

Stapf-Finé, H./Schölkopf, M.: Die Krankenhausversorgung im internationalen Vergleich, Düsseldorf, 2003.

Statistisches Bundesamt: Fachserie 12, Reihe 6.1. (Grunddaten) und 6.3 (Kostennachweis), Wiesbaden, 2000.

Statistisches Bundesamt: Gesundheitsausgaben 2002, Wiesbaden, 2004.

Stauss, B.: Private und öffentliche Unternehmen im Effizienzvergleich. Unternehmensverfassungen im Lichte der Property-Rights-Theorie. In: Zeitschrift für öffentliche und gemeinwirtschaftliche Unternehmen, 6. Jg., 1983, S. 278 – 298.

Steen, P.M. et al.: Predictes propabilities of hospital death as a measure of admission severity of illness. In: Inquiry, Vol. 30, 1993, S. 128 – 141.

Stiglitz, J.: The Theory of „Screening", Education and the Distribution of income. In: American Economic Review, Vol. 65, 1975, S. 283 – 300.

Stolterfoht, J.: Einige Zweifelsfragen zum flexiblen Budget. In: Krankenhaus Umschau, 1986, S. 821 – 824.

Strehlau-Schwoll, H.: Die Profit-Center Konzeption. Baustein der Führungsorgani-sation des Krankenhauses. In: Führen und Wirtschaften im Krankenhaus, 13. Jg., 1996, S. 317 – 323.

Strehlau-Schwoll, H.: Profitcenter-Organisation als Antwort auf abteilungsbezogene Budgetverantwortung. In: Profitcenter und Prozessorganisation, hrsg. v. Eichhorn, S./Schmidt-Rettig, B., Stuttgart, 1999, S. 34 – 42.

Strehlau-Schwoll, H.: Bedeutung von internen Verrechnungspreisen in Profitcentern – Unterschiedliche Verfahren und ihre Wirkungsweisen. In: Profitcenter und Prozessorganisation, hrsg. v. Eichhorn, S./Schmidt-Rettig, B., Stuttgart, 1999, S. 72 – 79.

Theuvsen, L.: Ergebnis- und Marktsteuerung öffentlicher Unternehmen, Stuttgart, 2001.

Tiemeyer, T.: Wirkungsanalyse verschiedener öffentlicher Finanzzuschüsse in der Krankenhauswirtschaft. In: Planung und Kontrolle im Krankenhaus, hrsg. v. Eichhorn, S./Schmidt, R., Beiträge zur Gesundheitsökonomie der Robert Bosch Stiftung, Band 5, Gerlingen, 1984, S. 111 – 139.

Tietzel, M.: Die Ökonomie der Property-Rights. In: Zeitschrift für Wirtschaftspolitik, 30. Jg., 1981, S. 207 – 243.

Toepffer, J.: Krankenversicherung im Spannungsfeld zwischen Markt und Staat, Bayreuth, 1997.

Tscheulin, D./Helmig, B.: Krankenhauswerbung - wie würden potentielle Patienten reagieren? In: Krankenhaus Umschau, 1997, S. 714 – 716.

Tullock, G.: The Politics of Bureaucracy, Washington, 1965.

Tuschen, K.: Das neue Recht. In: Führen und Wirtschaften im Krankenhaus, 11. Jg., 1994, S. 442 – 444.

Tuschen, K./Dietz, U.: Entwicklung der Entgeltkataloge für Fallpauschalen und Sonderentgelte. In: Das Krankenhaus, 90. Jg., 1998, S. 60 – 69.

Tuschen, K./Quaas, M.: Bundespflegesatzverordnung, 5. Auflage, Stuttgart, 2001.

Tuschen, K./Trefz, U.: Krankenhausentgeltgesetz, Stuttgart, 2004.

Unkel, B.: Finanzierung baulicher Instandhaltungsmaßnahmen. In: Klinik Management Aktuell, 1998, S. 84 – 85.

Unkel, B./Pfeil, F.: Koordinations- und Schnittstellenproblematik. In: Krankenhausmanagement im Werte- und Strukturwandel, hrsg. v. Eichhorn, S./Schmidt-Rettig, B., Stuttgart, 1995, S. 397 – 415.

Vera, A.: Neue Organisationsstrukturen in deutschen Krankenhäusern nach der DRG-Einführung. In: Gesundheitsökonomie und Qualitätsmanagement, 9. Jg., 2004, S. 25 – 32.

Vera, A./Foit, K.: Modulare Krankenhausorganisation und Effizienz. In: Zeitschrift für Betriebswirtschaft, 75 Jg., 2005, s. 357 – 382.

Vollmer, R.: Das Krankenhaus in der Rechtssprechung des Bundesverwaltungsgerichts (III). In: Das Krankenhaus, 80. Jg., 1988, S. 457 – 467.

Vollmer, R./Hoffmann, G.: Staatliche Planung und Vertragsfreiheit im neuen Krankenhausrecht, Melsungen, 1987.

v. Eiff, W.: Das Elend mit dem Benchmarking. In: Das Krankenhaus, 82. Jg., 2000, S. 94 -97.

v. Eiff, W.: Der Betriebsvergleich: Marktersatz und/oder Innovationsmotor. In: Krankenhausbetriebsvergleich, hrsg. v. v. Eiff, W., Neuwied, 2000a, S. 217 – 228.

v. Eiff, W. (Hrsg.): Krankenhausbetriebsvergleich, Neuwied, 2000b.

v. Hayek, F.: Freiburger Studien: Gesammelte Aufsätze, Tübingen, 1969.

Wabnitz, R.: Zur rechtlichen Verbindlichkeit der Krankenhausplanung. In: Das Krankenhaus, 78. Jg., 1986, S. 102 – 106.

Wagener, A.: Gestaltung von Chefarztverträgen – Eine Voraussetzung für Profitcenter-Organisationen. In: Profitcenter und Prozessorientierung, hrsg. v. Eichhorn, S./Schmidt-Rettig, B., Stuttgart, 1999, S. 146 – 154.

Wagenhofer, A.: Verrechnungspreise. In: Handwörterbuch Unternehmensrechnung und Controlling, 4. Auflage, hrsg. v. Küpper, H.-U./Wagenhofer, A., Stuttgart, 2002, Sp. 2074 – 2083.

Waldmann, J.D. et al.: Learnig Curves in Health Care. In: Health Care Management Review, Vol. 28, 2003, S. 41 – 54.

Wasem, J.: Wettbewerbliche Weiterentwicklung des Gesundheitssystems an der Schnittstelle von der ambulanten zur stationären Versorgung, Essen, 2003.

Wasem, J./Vincenti, A.: Monistische Krankenhausfinanzierung. Vorstellungen des Gesetzgebers, Konsequenzen. In: Krankenhaus-Report 1999, hrsg. v. Arnold, M. et al., Stuttgart, 2000, S. 231 – 244.

Wasem, J./Vincenti, A.: Strukturbezogene Zuschlagselemente in einem kompletten Fallpauschalensystem. In: Krankenhaus-Report 2000, hrsg. v. Arnold, M. et al., Stuttgart, 2001, S. 127
   – 140.

Weber, D.: Six Models of patient-focused care. In: Healthcare Forum Journal, 1991, S. 23 – 31.

Weiber, R./Adler, J.: Informationsökonomisch begründete Typologisierung von Kaufprozessen.
   In: Zeitschrift für betriebswirtschaftliche Forschung, 47. Jg., 1995, S. 43 – 65.

Welge, M.: Profit Center-Organisation, Wiesbaden, 1975.

Wendel, V.: Controlling in Nonprofit-Unternehmen des stationären Gesundheitssektors, Baden-
   Baden, 2001.

Wenz, M./Asché, P.: Pauschalierte Investitionszuschläge zu den Entgelten passen am besten in
   das DRG-System. In: Führen und Wirtschaften im Krankenhaus, 19. Jg. 2002, S. 374 –
   381.

Westphal, E.: Neue Formen der Mitarbeitervergütung im Krankenhaus. In: Führen und Wirtschaften im Krankenhaus, 4. Jg., 1987, S. 10 – 16.

Wetekamp, W.: Profit-Center-Organisationen – Unternehmenskonzept für vertikal integrierte E-
   lektrizitätsversorgungsunternehmen, Köln, 1997.

Wiechmann, M.: Managed Care. Grundlagen, internationale Erfahrungen und Umsetzung im
   deutschen Gesundheitssystem, Wiesbaden, 2003.

Wiemeyer, J.: Krankenhausfinanzierung und Krankenhausplanung in der Bundesrepublik
   Deutschland, Berlin, 1984.

Wild, J.: Organisation und Hierarchie. In: Zeitschrift Führung und Organisation, 42. Jg., 1973, S.
   45 – 54.

Wille, E.: Vor alten und neuen Herausforderungen im Gesundheitswesen. In: Szenarien im Gesundheitswesen, hrsg. v. Albring, M./Wille, E., Frankfurt a. M., 1999, S. 13 – 22.

Winter, S.: Prinzipien der Gestaltung von Managementanreizsystemen, Wiesbaden, 1996.

Worthington, A.: Frontier Efficiency Measurement in Health Care: A Review of Empirical
   Techniques and Selected Application. In: Medicial Care Research and Review, Vol. 61,
   2004, S. 135 - 170.

Wuttke, R.: Chefarztverträge: Fünf Jahre Erfahrung mit dem Siegburger Modell. In: Führen und
   Wirtschaften im Krankenhaus, 5. Jg., 1988, S. 46 – 49.

Wuttke, R.: Behandlungspfade führen Patienten, Personal und die Klinik zum Erfolg. In: Führen
   und Wirtschaften im Krankenhaus, 19. Jg., 2002, S. 60 – 64.

Young, W.: Patient Management Categories: An analytic Tool for Health Care Management. In:
   Alternative Entgeltverfahren in der Krankenhausversorgung, hrsg. v. Neubauer, G./Sieben,
   G., Beiträge zur Gesundheitsökonomie der Robert Bosch Stiftung, Band 24, Gerlingen,
   1991, S. 406 – 426.

Young, W. et al.: PMC Patient Severity Scale: derivation and validation. In: Health Services Re-
   seach, Vol. 29, 1994, S. 367 – 390.

Zenger, T./Hesterly, W.: The Disaggregation of Corporations – Selective Intervention, High-powered Incentives, and Modecular Units. In: Organization Science, 8. Jg., 1997, S. 209 – 222.

Zerth, J.: Flächendeckende Versorgung in einem liberalen Gesundheitssystem, Bayreuth, 2004.

Ziegenbein, R.: Klinisches Prozessmanagement, Gütersloh, 2001.

Zimmer, A./Priller, E.: Gemeinnützige Organisationen im gesellschaftlichen Wandel., Münster, 1999.

Zipperer, M.: Weniger Staat im Krankenhausbereich - Motive und Hintergründe des Gesetzgebers. In: Das Krankenhaus, 90. Jg., 1998, S. 321 – 323.

Zwanziger, J. et al.: How hospitals practice cost containment with selective contracting und the Medicare Prospective Payment System. In: Medical Care, Vol. 32, 1994, S. 1153 – 1162.

Zwanziger, J. et al.: Differentiation and specialization in the California hospital industry 1983 to 1988. In: Medical Care, Vol. 34, 1996, S. 361 – 372.

Zweifel, P./Breuer, M.: Weiterentwicklung des deutschen Gesundheitssystems, Zürich, 2002.

Zweifel, P./Zysset-Petroni, G.: Was ist Gesundheit und wie lässt sie sich messen? In: Basiswissen Gesundheitsökonomie, hrsg. v. Andersen, H. et al., Berlin, 1992, S. 41 – 60.